ESG 시대의 CSR, CSV, CSI

CSR, CSV, CSI IN THE ERA OF ESG

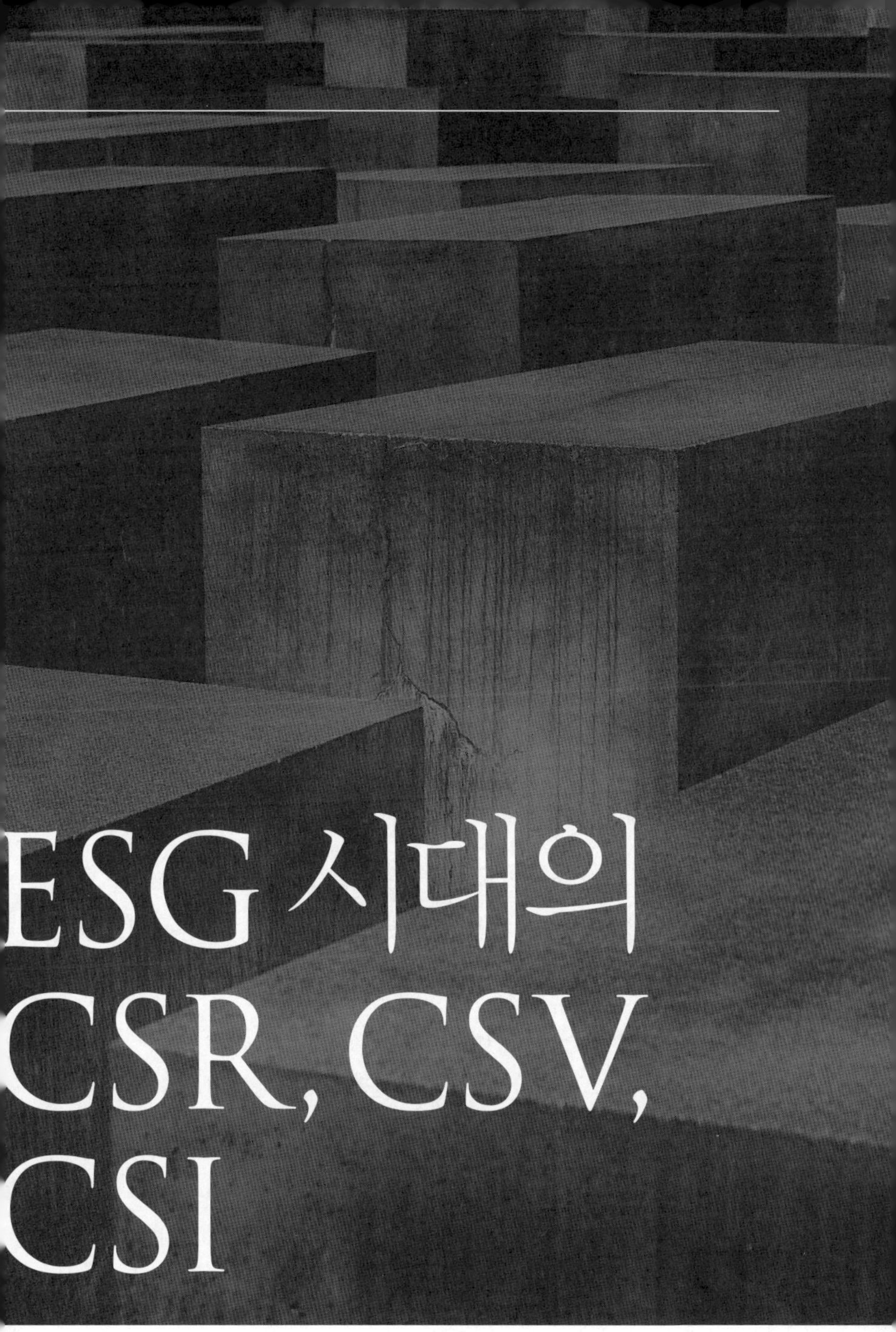

ESG 시대의 CSR, CSV, CSI

CSR, CSV, CSI IN THE ERA OF ESG

주성수 지음

한양대학교 출판부

서문

기업 사회적 책임의 임팩트

20년 전, 저자가 『기업시민정신』이란 책을 낼 때 한국 기업의 사회적 책임은 자선적, 선의의 사회공헌이라는 초기 단계에 들어섰다. 기업들의 CSR 활동이 방어적, 수동적 단계에 머물러, 선진형 '기업시민정신'으로 갈 길이 먼 것으로 보았다.

20년이 지난 지금 한국 기업들은 초보 → 중간 → 선진형으로 급진전하며 글로벌 ESG 패러다임에 열중하고 있다. 한국 기업들이 글로벌 ESG 패러다임을 소극적이나마 받아들이기까지는 CSR에서 CSV로 이어지는 글로벌 변화에 적응해온 수십년의 역사가 있다. 지금의 글로벌 ESG 압력은 CSR 중심의 수동적인 '리스크 완화' 접근에서 능동적인 CSV 또는 포용적 비즈니스 등 '가치창출'로의 전환을 이끌고 있다. CSI 전략은 전통적인 접근과 달리 ESG 경영이나 ESG 투자 중심의 ESG 제도를 갖추고, 기업 필랜스로피보다는 CIV(기업임팩트벤처링)으로, 또는 CSV와 포용적 비즈니스가 주류를 이룬다.

일부 대기업들은 그간 회계부정, 정경유착, 자금세탁, 환경오염 등 심각한 문제를 일으킨 다음에는 기부나 사회공헌으로 마치 죄값을 치루는 듯한 구태를 거듭해왔다. 이같은 그린 와싱, 소셜 와싱에 CSR이 이용된 게 아니었는지 의심을 받았다. 이제는 방어적인 리스크 관리 접근에서 벗어나 능동적으로 혁신적인 가치창출, 임팩트 창출의 주역으로 탈바꿈할 시기를 ESG 시대가 압박하고 있다.

ESG 시대를 맞은 한국과 글로벌 기업들은 코로나 팬데믹에 우크라이나 전쟁이 몰고온 경제위기의 파도에 휩쓸려 ESG 통합의 길을 잘 찾아갈지는 불투명하다. 그럼에도 ESG로 패러다임 이동을 하지 않고서는 중장기적으로 살 길이 없다는 현실 또한 냉엄하다.

이 책은 글로벌 경쟁뿐 아니라 기후위기, 인간안보의 시각에서 사람과 지구를 살리는 기업의 사회적 책임을 혁신해 강화하는 '기업의 사회적임팩트'(CSI) 패러다임을 소개하는 데 목적이 있다. 전통적인 CSR의 한계와 최근 유행하는 CSV와 새로운 CSI 논의가 활발히 진행되길 기대해본다.

연말연초에도 수고를 아끼지 않으신 한양대학교 출판부 선생님들의 노고에 감사드린다.

2022년 말에

저자 주성수

차례

제1장

사람과 지구에 대한 책임과 투자

1. ESG 투자 패러다임

1) 코로나 팬데믹과 ESG 투자

코로나 팬데믹이 엄습했던 2020년과 2021년은 기업의 사회적 책임에 패러다임 전환을 갖다준 새로운 역사로 기록되고 있다. 코로나 팬데믹이 '책임있는 투자'를 강화시키고 있다는 여러 보고들이 있다. UN PRI 대표 레이놀즈(Reynolds 2021)에 따르면, 코로나 팬데믹은 글로벌 차원에서 ESG(environmental, social, governance)와 이해관계자 거버넌스의 두드러진 진전을 추구하는 '지속가능한 투자'의 중요성을 높였다. 팬데믹이 보다 지속가능한 방법으로 투자할 필요성을 일깨워주는 투자 공동체의 '뉴노말'이 되었다는 것이다. 이런 '지속가능한 투자' 전략은 실제로 수익을 갖다 준다는 것이다. 그가 언급한 Morningstar의 자료에 따르면, 글로벌 대기업에 투자된 745개의 지속가능한 펀드의 연수익율은 7.3%로 전통적인 4,900개 펀드의 수익률 6.1%를 능가했다.

(1) ESG의 'S'(사람)

코로나 팬데믹은 취약층은 물론이고 일반 가계의 생계에도 심각한 위협을 가했다. OECD 25개국 2만 5천 명 대상의 2020년 10월 서베이에서 팬데믹으로 일자리 상실, 시간단축, 임금삭감 등 하나 이상의 피해를 입은 사람은 37%에 달한다(OECD 2022c). 일자리를 잃었다는 사람 중 68%가 전기, 수도 등 공과금 납부를 하지 못했다고 한다.

코로나 팬데믹은 지구촌 전역에서 경제위기를 초래하며, 경제를 떠받치고 있는 저임금 노동층을 가장 심하게 타격했다. 세계적으로는 팬데믹으로 1억 6천만 명 이상이 빈곤층으로 전락한 반면에 세계 10대 부자들의 자산은 두 배로 불었다(Oxfam 2022). 이런 소득불평등 때문에 "코로나19는 더 치명적이고, 더 오래 지속되며, 생계에 더 많은 피해를 입히고 있다." 백신접종을 했다면 수백만 명이 살아 남았을텐데, 백신 불균형이 목숨을 앗아가며 세계적으로 불평등을 악화시켰다. 이같은 분석을 제시하는 옥스팜(Oxfam 2022: 9)은 다음과 같이 강조한다.

> 부자 나라들은 백신을 독점하는 제약사를 지지하고 자국민 보호를 위해 백신을 비축할 수 있겠지만 그로 인해 백신 불균형이 만들어 내는 변이 바이러스가 발생해 오히려 자국민을 위험에 빠뜨릴 수 있다. 불평등이 심각할수록 범죄, 불행, 불신, 폭력이 더 많이 발생된다. 국가 간, 국가 내 불평등은 미래에도 치명적이다. 부유한 국가들이 과거 초과 배출한 탄소의 약 92%가

미치는 영향을 해결하지 못한다면, 우리 모두가 지구 온난화로 고통받게 된다. 오늘날 기후위기를 주도하고 있는 부유층의 과도한 소비로 전 인류가 피해를 입고 있다. 소득상위 1%의 배출량이 소득하위 50%의 배출량을 합친 것보다 두 배나 많다.

또 팬데믹으로 세계적으로 지속가능개발목표(SDG) 17개 지표 대부분이 퇴보했다. 이를 보고한 UN의 〈SDGs 2021〉 보고서에 따르면, 21세기 20년 기간에 처음으로 빈곤이 다시 늘면서, 2030년 절대빈곤율이 7%에 달할 것으로 전망된다. 세계 인구 30%에 달하는 23억 7천만 명이 매일 먹을 음식이 없거나 건강한 식사를 하지 못한다. 아이러니하게도 GHG 배출만 조금 낮아진 실적으로 보였다. 경제적 봉쇄가 GHG 배출 약 7% 감소를 만들었지만, 기후변화는 최악이었다.

코로나 팬데믹에 대처하는 전략적 방안은 무엇인가? 2021년초 세계경제포럼(World Economic Forum)의 다보스 어젠다에는 정부와 기업의 '공동생산' 해법이 제시되었다. 발표를 맡은 Infosys의 로이(Roy 2021)에 따르면, 코로나 팬데믹으로 심각한 안전과 위생 문제, 빈곤과 실업 등에 시의적절한 솔루션을 제공하는데 공공과 민간이 공조하지 않으면 안 되는 위기상황이다. 정부가 전략적 정책기획과 결정을 하듯이 기업도 전략적 기획과 결정을 위한 강력한 거버넌스를 갖춰야 한다. 기업 리더십은 물론이며 이사회와 임원들이 "다양성과 전문성과 임파워먼트를 갖춰 전략적 통찰력을 제공하고 완전한 책무성을 가진 기업의 가치를 제시해 모범"을 보여줘야 한다며, "이런 책무성은 직원, 협력사, 판매사로 이어지는 공급망 전반에서 갖춰져야 한다."고 강조한다.

글로벌 기업과 사회기관들도 팬데믹으로 희생된 사람들에 자원과 역량을 집중할 것을 요청받고 있다. 2020년 UN PRI(Principles for Responsible Investment) 참여기관들은 팬데믹으로 인한 사회적 이슈들에 높은 관심과 관여 의사를 보였다(UNPRI 2020). PRI 조사에서 회원기관의 64%가 팬데믹으로 사회적 이슈가 우선적 관심사로 보았다. 직장의 보건과 안전, 사회안전망, 노동자 보호, 책임있는 구매활동, 공급사슬 이슈, 다양과 사생활 등이 주요 이슈로 포함되어 있다. 팬데믹으로 인한 사회적 이슈들에 응답기관들이 관여하는 방식의 변화에 대해서는 71%가 장애물 해결을 위한 투자자 공조 강화를 주문했다.

세계경제포럼의 〈글로벌 리스크 2022 보고서〉에 따르면, 코로나 팬데믹이 불러온 글로벌 리스크 중 사회통합 약화(27.8%), 생계위기(25.5%), 정신건강 악화(23.0%) 등 사회적(societal) 리스크가 가장 심각하며, 다음으로 기후행동 실패(25.4%), 극심한 기상(22.7%)로 나타났다(WEF 2022).

팬데믹 이후 금융계는 어떤 반응과 변화를 겪고 있는가? 코로나가 팬데믹으로 확산된 2020년 1월부터 5월 기간에 투자금융사와 관리사의 주요 논의 토픽은 ESG, 그 중에서도 'S'(사람)으로 폭증되었다(그림 1-1).[1] 직원의 건강과 안전, 노동현장이 절반 이상의 비중으로 폭증하며 또 공급사슬 관리까지 '사회적' 토픽이 되었다.

---

1 자료 출처 Truvalue Labs, Sustainability Accounting Standards Board(SASB)이 규정한 ESG 분류와 정보 소스 10만 개에 근거함.

그림 1-1 COVID-19 논의에서 ESG 토픽

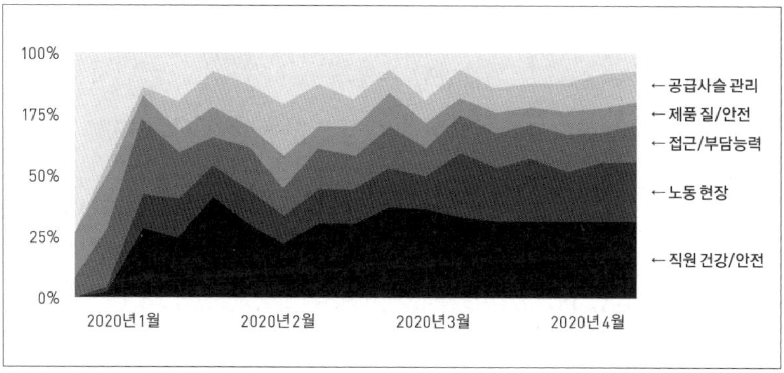

자료 Goldman Sachs Asset Management(2020 : 6).

또 기업들은 기후위기가 심화되면서 탈탄소화 전략을 수립해 추진해야 하는 긴급상황에 처해 있다. 그런데 글로벌 비즈니스 리더 1,095명의 조사에서 절반이 안되는 49%만이 탈탄소화 계획을 갖고 있는 것으로 나타난다(KPMG 2021). 또 64%는 기업이 속한 지역사회와 환경에 미치는 기후임팩트에 책무성을 느낀다고 답하지만, 또 절반 가량은 탄소중립 타깃 달성에 필요한 비즈니스 모델의 급변에 임직원들의 상당한 저항이 있을 것으로 내다보고 있다. 이런 결과들은 기후변화에 대응하는 탈탄소화는 충분한 자본과 올바른 정책 환경 그리고 정확한 테크놀러지 솔루션만으로는 충분하지 않다는 것을 보여준다. 탄소중립 전략이 성공하려면 인간적 요소, 즉 ESG의 'S'(사람)이 핵심이라 볼 수 있다(KPMG 2022). 이에 따라 EU의 환경 택소노미(environmental taxonomy)가 시행되고 이어서 사회 택소노미(social taxonomy)도 논의를 마치고 시행을 서두르고 있다(제2장 참조).

(2) ESG의 'E'(지구)

생태 정의(eco justice), 기후난민, 자원전쟁, 식량-식수-에너지 연계 등은 지구적으로 보편화된 용어들이다. 이들은 모두 경제, 사회, 환경, 거버넌스 이슈들이 밀접하게 연관되어 있다는 것을 보여주는 키워드다. 경제, 사회, 환경 등 무수하고 다양한 이슈들이 각기 점들로 분산되어 있는 게 아니라 서로 연결되어 사슬 모양을 갖춰가고 있다. "오늘날 인간의 생산과 소비 패턴, 기후변화와 환경적 피해는 사회적, 경제적 비용과 밀접히 관련되어 있다는 연관성은 부인될 수 없는 현실이다."(UNGC 2015: 135). 과학자들의 97%는 기후변화의 원인은 인간이 자초한 인간의 활동에 있다고 입을 모은다(IPCC 2014, 2019). 또 IPCC는 2020년대의 기후변화가 예측치보다 훨씬 심각한 재앙을 낳고 있다는 〈2022년 기후변화 보고서〉를 제시한다(IPCC 2022). 팬데믹뿐 아니라 기후위기에 대한 기업들의 책임있는 행동 또한 주목할 만하다. 2020년 1월 Microsoft가 2030년에 탄소중립을 달성하겠다는 의욕적인 기후계획을 발표하였다. Google은 2030년에 RE100(재생에너지 100% 사용) 달성을 발표했고, Apple은 공급망 전체에 2030년 탄소중립 전략계획을 내세웠다(Winston 2020).

또 팬데믹 위기를 환경보전의 기회로 활용할 것을 PRI 참여기관들(자산운영사, 투자자)은 요청하고 있다. 응답기관 79%는 2050년까지 '넷제로'(net zero)를 향한 정부의 강력한 정책추진을 주문하였다. 또 57%는 팬데믹으로 새로운 에너지 구조변화가 가속화되고 있기 때문에 정책당국이 이를 기회로 삼아 정책개혁과 신재생에너지 확대를 추진할 것을 주문한다.

2021년에는 더 많은 투자가 ESG 펀드에 몰리며 이제 '지속가능한 투자'가 뉴노말이 될 것이라 전망한다. 미국의 바이든 정부의 출범으로 ESG

정책 추진과 더불어 ESG 투자 활성화가 기대되고 있다. 미국이 파리기후협약에 돌아오며 세계적으로 '탄소중립' 시대가 다시 열리고 있다. 영국이 최초로 2019년에 '탄소중립'법을 시행하자 EU는 2020년에 그 뒤를 따랐고, 한국과 일본도 합류해 이제 2050년까지 110개국이 동참한다. 트럼프 행정부 기간의 미국은 투자정책과 규제 때문에 ESG 통합이 유럽과 아시아에 비해 뒤쳐졌었다. 그러나 이제 바이든 정부가 지속가능 투자를 지원하며 책무성, 굿 거버넌스, 주주권리 등의 강화하는 정책을 강력하게 추진할 것이다.

2021년 프랑스와 영국은 '생다양성 손실'을 돌려놓는 정책들을 발표하였다. 마크롱 대통령은 2030년까지 프랑스 기후기금의 30%를 '자연기반의 솔루션'(nature-based solutions)에 지정 투자하는 정책을 시행하였다. 보리스 존슨 수상은 영국의 국제기후기금(116억 파운드) 중 30억 파운드를 자연과 생다양성 지원금으로 투입될 것으로 발표하였다. 이런 조치들에는 해양보존, 불법 벌목, 숲제거 감시, 기후임팩트로부터 공동체를 보호하는 망그로브 등 생태자원의 보전이 포함된다.

또 투자자들의 ESG 러시도 두드러진 변화다. Suncorp 등의 은행들이 화석연료 투자에서 퇴장하며 ESG로 질주하는 추세가 이어지고 있다. 세계 최대 자산운영사 Blackrock은 투자자와 기업들에게 ESG 안내문을 발송하며 2020년 새해를 맞이했다. Morgan Stanley는 자산소유사 80%가 투자 과정에 ESG를 통합하고 있다는 2020년 조사결과를 내놓았다. 이는 2017년 70%에서 급증한 변화다. 세계적인 네덜란드연금자산운용사 APG는 자신이 투자하는 삼성전자에 RE100을 고려할 것을 압박하는 서한을 보냈다.[2] 삼성전자는 RE100 가입도 탄소중립 선언도 하지 않고 있다. APG는 세계 3대 연기금운용사로, 삼성전자와 SK하이닉스, LG화학, 네이버에 10조 원을 투자하고 있다.

RE100은 영향력 있는 대기업들이 재생전기 사용 100% 목표를 설정해 실천하도록 지원해서 전기의 탈탄소화를 가속화시키는 글로벌 이니셔티브가 되고 있다. RE100의 〈2021년 연간보고서〉에 따르면 315개 기업들이 참여했고, 이 중 61개 기업들이 100% 목표를 달성한 것으로 나타난다(CDP 2022). 한국의 경우 2022년 현재, SK 7개사, 현대자동차, LG에너지솔루션 등 22개사가 RE100에 가입했으며 삼성전자도 가입을 추진중에 있다(대한상공회의소 2022). 또 대기업 29%, 중견기업 10%가 해외의 수요기업으로부터 재생에너지 사용 요구를 받고 있는 현실이다.

ESG의 'E'(환경)와 관련해서는 기후변화에 대응하는 글로벌 탈탄소화 동향이 뉴노말로 부각되고 있다. IEA에 따르면 글로벌 GHG 배출의 1/4 가량이 발전에서 나온 것이며, 기업들은 전기의 절반 가량을 소비하는 주고객이다(CDP 2022). 이에 따라 기업들은 재생전기 수요를 레버리지 해서 전기의 탈탄소화에 상당한 역할을 할 것을 요청받고 있다. 2021년 글로벌 공급망 쇼크와 높은 생필품과 제조비용에도 불구하고 재생전기 생산은 끊임없이 성장했다.

또 2021년 제26차 유엔기후변화협약 당사국 총회(COP26)의 합의문은 민간부문의 주요 역할을 요청했다. 기후적응에 재정 지원과 배출집중적 부문의 탈탄소화 지원을 요청한 것이 핵심이다. UN 기후변화기본협약(UNF-

2 KBS TV, 2022. 02. 17. https://news.v.daum.net/v/20220217080005619

CCC)은 196개 회원국이 화석연료 보조금을 단계적으로 폐지해 석탄 사용을 감축할 것을 서약하는 문서에 화석연료 부문의 보조금 의존 문제를 심각하게 제기하였다.

세계경제포럼(World Economic Forum)이 예측하는 〈글로벌 리스크〉의 동향에서도 기후변화가 리스크 개연성(likelihood)과 임팩트 모두에서 가장 심각한 리스크로 드러난다. 2017년 이래 2021년까지 '극심한 기상'이 리스크 개연성에서 1위를 차지해왔고 뒤이어 기후행동실패와 자연재해가 개연성이 높은 2~3위 자리를 차지했다. 임팩트 측면에서는 2021년 코로나 팬데믹이 단연 앞서고 뒤이어 기후행동 실패는 2019, 2020년에 1~2위를 차지하는 글로벌 리스크로 주목받았다.

표 1-1 글로벌 리스크(임팩트)

	1위	2위	3위	4위
2021	전염병(팬데믹)	기후행동 실패	대량살상무기	생다양성 손실
2020	기후행동 실패	대량살상무기	생다양성 손실	극심한 기상
2019	대량살상무기	기후행동 실패	극심한 기상	물위기
2018	대량살상무기	극심한 기상	자연재해	기후행동 실패
2017	대량살상무기	극심한 기상	물위기	자연재해

자료 World Economic Forum(2021), Global Risks Perception Survey 2021.

(3) ESG의 'G'(거버넌스)

ESG의 거버넌스(G)와 관련되는 UN PRI의 요인들에는 임원 임금, 뇌물과 부패, 정치적 로비와 기부금, 이사회 다양성과 구조, 세금 전략 등이 있다. EU의 '기업지속가능성리포팅지침'(CSRD)은 기업들이 다음의 거버넌스 요인들을 공개할 것을 규제한다. i) 기업의 행정, 관리 및 감독기관(지속가능성 사안 포함) 그리고 기관의 구성, ii) 기업윤리와 기업문화 (반부패, 반뇌물, 로비활동 등 정치적 관여), iii) 기업과 비즈니스 파트너와의 관계, iv) 기업의 내부통제와 리스크관리 시스템(리포팅 과정 포함), 작업 조건(단체협상과 노동자 관여) 등 (Platform on Sustainable Finance 2022: 15-16).

특히 주주의 관여는 강력한 동향을 보여준다. 2019년 글로벌 스튜어드십 팀(Global Stewardship Team)이 가진 363개 기업과의 미팅의 73%가 ESG 리포팅, 사회적 환경적 리스크, 이사회 구성을 포함한 ESG 요소들에 초점을 맞추었다(GSAM 2020: 6). 팬데믹 직전의 이런 동향은 이후에는 급진전되는 동향을 보여준다. 특히 주주의 관여는 일자리가 줄어드는 팬데믹 환경에서의 기업 대표의 급여에 관심이 증폭되고 있다.

한국에서 심각한 ESG 이슈 중 하나는 사회적 물의를 일으킨 금융사 대표들의 무리한 연임과 관련된 거버넌스 리스크다. 채용비리, 펀드 부실판매 같은 여러 문제를 일으켰던 금융사 대표들이 책임지고 물러나기보다 연임을 거듭하고 있다. 이에 세계 최대 의결권 자문사인 ISS는 2022년 3월 주주들에게 함영주 하나금융지주 회장의 선임에 반대표를 던지라는 의견을 냈다.[3]

---

3 MBC TV 2022-03-22. https://imnews.imbc.com/replay/2022/nwdesk/article/6352445_35744.html

그럼에도 함회장이 취임에 성공하자, 찬성표를 던진 국민연금에 대해 "수탁자책임원칙 위반"이라는 비난이 쏟아졌다.

국민연금의 경우, 가습기 살균제 참사 이래 책임이 가장 큰 기업인 옥시에 지난 10년여간 투자액을 꾸준히 늘어 2022년 3,200억 원에 달했다.[4] 국민연금은 2015년 책임투자원칙을 세우고도 이 원칙이 해외 기업은 아니고 국내 기업에만 적용된다는 변명을 해 비난을 사고 있다.

세계적으로 팬데믹 기간이지만 ESG에 대한 긍정적 반응이 확산되고 있다. ESG가 비용부담만 된다는 초기 인식은 사라지고 오히려 수익을 올리며 더 나은 미래를 보장한다는 인식이 확고해지고 있다. '지속가능한 투자'의 회복력이 증거로 검증되고 있는 것이다. Blackrock의 팬데믹 초기(2020년 1~4월말)의 자료에 따르면, 지속가능한 펀드 88%가 전통적인 비지속가능 펀드보다 경역실적이 더 높은 것으로 나타난다. 모닝스타의 분석에서는 지속가능 지표 57개 중 51개가 전통적인 상대에 비해 실적이 앞선 것으로 나타난다. 팬데믹 초기에는 ESG 이슈들이 줄어들 것으로 예측했지만 시간이 지난 수개월 만에 사회적 이슈 중심으로 ESG 이슈들이 투자의 토픽으로 올라섰다.

2020년은 '덕행은 수지가 맞는다'(virtue pays)는 해가 되었다고 파이낸셜 타임즈(*Financial Times*)는 분석한다. ESG 포트폴리오에서 화석연료에 대한 낮은 익스포저 덕분인지, ESG 자산의 높은 유입 또는 높은 기업의 ESG 실천(공급사슬 관리와 기업 거버넌스 등)으로 쇼크에 대한 기업의 회복력이 강화되고 실적이 늘어난다는 것이다.

---

4 KBS TV 2022-10-11. https://www.youtube.com/watch?v=X5kbIQZ25e0

2) ESG의 시대적 배경

(1) 2020년 : ESG 전환점

글로벌 차원의 ESG 논의는 최근의 일이지만 이미 1970년대부터 기업과 사회기관의 사회적 책임에 관한 논의는 지속되어 왔다. 기업사회적책임(CSR) 논의가 UN, OECD 등 글로벌 차원에서 기업시민정신 정책과 전략으로 발전했고, 뒤이어 기업과 지역사회가 사회문제 해결의 솔루션과 가치를 공유하는 CSV로 진전되었다.

그러다 최근 2019년과 2020년에 ESG의 역사적인 등장과 기업 책임투자의 패러다임 전환이라 볼 수 있는 강력한 글로벌 ESG 동향이 이어졌다. 2019년이 저무는 시점에서 〈2020 다보스 선언〉(Davos Manifesto)은 새로운 '이해관계자 자본주의'(stakeholder capitalism) 시대의 개막을 알렸다. 선언문은 "기업은 부를 창출하는 경제적 주체 이상으로, 기업의 성과는 주주에 대한 수익뿐 아니라 환경, 사회, 굿 거버넌스 목표를 어떻게 달성했는지에 측정되어야 한다."며 새로운 패러다임의 전환을 알렸다(WEF 2020).

또 2020년 새해 아침에 50차 세계경제포럼 50차 회의에서는 ESG의 광범위한 관리와 ESG의 재무적 '중요성'(materiality) 논의가 있었다. 이는 투자자의 의사결정 과정과 기업의 비즈니스 전략과 운영에서의 근본적인 변화를 예고한 것이다. 이미 4차 산업혁명의 사람과 지구에 대한 가시적 효과는 익히 잘 알려졌고, 이제는 글로벌 의사결정자들의 행동을 촉구하는 것이다.

기업의 '책임있는 투자' 연대조직인 PRI 서명기관은 3,634개(2021년 1월 기준)로 2019년에 비해 53% 늘며 지속적인 증가세를 보여준다. PRI 중에는 1천억 달러 이상의 거대 자산기관 중 3천여 개 이상이 ESG 이슈를 다루며 지속가능성 전략을 추진하는 기록적인 추세를 보여준다. PRI 참여기관을 대상으로 한 2020년 조사에서 팬데믹으로 인한 ESG의 정당성이 확인되고 있다. 코로나 관련 이슈들과 관련된 기업들과 관계되는 응답기관이 절반이 넘었고, 63%는 그럴 계획이라고 밝혔다(UNPRI 2020). 그리고 절반 이상이 이런 일상적인 관여가 향후 2~3년 지속될 것으로 내다보았다.

기업들에게는 특히 2019년부터 사람과 지구에 대한 인식의 대전환을 갖다준 해가 되고 있다. 파리기후협약을 이어받은 글로벌 급변이다. 비즈니스 리더들이 사회적 가치 실현을 위한 새로운 모델을 본격적으로 탐구하게 만드는 변화를 특히 주목해볼 만하다. 그래서 기업들이 공유가치창출(CSV), 순환경제, 지속가능한 비즈니스 2.0, B Corp 등이 제시하는 사회적 가치 실현에 동참해오며 새로운 주류화를 이루고 있다(Heitmann et al. 2020). 미국에서는 세계 최대기업 181개의 CEO들이 모든 미국인을 위한 경제를 기업의 사명으로 천명했고, 유럽에서는 34개 다국적기업들이 〈포용적 성장의 비즈니스〉(Business for Inclusive Growth : B4IG)를 출범시켰다(앞글: 42). 이 모두가 UN의 지속가능개발목표(SDGs)와 파리기후협약의 이행에 대한 기업의 사회적 책임과 투자를 반영한 글로벌 전환으로 볼 수 있다.

UN은 2020년 지금이 기업의 '새로운 행동과 임팩트의 시대'라 선언하며, 다음과 같이 강조한다(UNGC 2020).

> "UN 지속가능개발목표(SDGs)와 파리 기후협약은 건강한 지구에서의 평화와 번영을 달성하기 위한 가장 강력한 공동의 어젠다를 제시하는데, 이에 기업들이 필수적인 역할을 하도록 제안한다. 세계 최대의 기업 지속가능성 이니셔티브인 글로벌 컴팩트(Global Compact)는 우선적으로 글로벌 전환의 선도적인 촉진자가 될 것을 자임한다."

(2) 기관투자자와 자산운영사

ESG를 적극 활용하는 측은 기관투자자와 자산운영사다. 이들은 ESG를 적극 활용해 리스크 조정의 수익과 리스크 관리에 경쟁력을 높이려 한다. 주요 서베이 결과가 이를 입증해준다(OECD 2020b: 17). 모건 스탠리의 150개 기관투자자 설문조사는 기관투자자 70%가 투자 결정에 지속가능한 투자 기금을 통합시켰고, 다른 14%는 고려중에 있다고 보고한다. 또 BNP의 기관투자자와 자산운영사 설문에서는 절반 이상의 응답자가 ESG 통합으로 '장기적 수익 개선'을 위해서라고 답했고, 기업 평판, 이타적 가치 등은 소수 의견에 그쳤다.

(3) 기후위기와 ESG 투자

글로벌 기후위기를 극복하는 정책 우선에 정부나 기업이나 국제기관이 한 목소리를 내고 있다. 넷제로 경제로의 전환을 목표로 기후관련 리스크와 기회를 분석해 처방하는 다양한 프레임워크와 이니셔티브들이 제기되며 기후위기 대처 방안을 탐색하고 있다. ESG 투자는 지속가능한 금융을 대표하며 이제는 OECD뿐 아니라 개도국에서도 주류 금융으로 발전하고 있다(OECD 2022a: 7). ESG 등급제는 이제 각국 중앙은행들과 금융당국이 금융체계에서 기후 전환 리스크와 진전의 분석에 사용하는 새로운 주류로 부상하고 있다.

그런데 OECD(2022a)의 분석에 따르면, ESG 등급에서 환경(E) 요소와 관련해서는 기업들의 공시를 우선하는 지금의 관행에 기후 목표와 지속가능성 목표로의 진전을 우선하는 정책변화가 뒷받침될 필요가 있다. 글로벌 기관들의 ESG 등급제는 기후관련 기업의 정책, 타깃, 목표의 존재 여부에 치중되어 있어, 기업의 그린하우스 가스배출, 배출농도, 기후 완화와 적응 및 재생에너지 투자 등 미래지향적인 기후 메트릭스와 전환 프레임워크로는 한계가 있다.

(4) ESG 공시 의무화

2021년 11월 유엔기후협약 당사국총회(COP26)는 국제지속가능성기준위원회(ISSB) 설립을 공식화했습니다. ISSB는'지속가능성 공시기준'을 2022년 3월에 초안을 마련해 7월 말까지 세계적으로 의견 수렴을 진행해서 2022년 말에 확정안을 공개할 계획이다. 지속가능성 공시기준은 ESG에 대한 전 지구적 관심과 트렌드를 포괄적인 공시로 반영하려는 시도이다. 하나는 '지속가능성 관련 재무정보 공시'로 투자자의 의사결정에 유용한 지속가능성 관련 위험 및 기회에 대한 기업의 재무정보 공시이며. 다른 하나는 '기후 관련 공시'로, 기업이 노출된 기후 관련 재무정보에 특정한 요구사항을 공시하는 것이다.

이러한 세계적 흐름에 따라 우리나라도 2025년부터 자산 총액이 2조원 이상인 유가증권시장 상장사를 대상으로 ESG 정보 공시를 의무화하겠다고 나섰다. 수출 경쟁력을 유지해야 하는 한국은 ESG에서 특히 재생에너지 관련 사항이 수출 경쟁력에 직접적인 영향을 줄 것으로 전망된다.[5]

---

5 한국에너지정보문화재단 2022. https://m.blog.naver.com/energyinfoplaza/22284585647

3) ESG의 '재무적 중요성'

ESG의 '재무적 중요성'(financial materiality)은 기업이 재무적으로 영향을 받을 수 있는 ESG 중요성을 의미한다. 기업이 ESG로 사람과 지구를 위한 임팩트를 생산하는 '임팩트 중요성'(impact materiality)과는 대조된다. 능동적인 입장의 임팩트 중요성과 달리, 수동적 입장의 '재무적 중요성'을 바탕으로 방어적 실천 전략을 수립해 추진해야 하는 시대적 배경은 복합적이다. 다음과 같이 i) 증거와 투명성 증대, ii) 이해관계자 행동주의 급증, iii) 의사결정자(정부, 소비자 등)의 압력, iv) 투자자의 압력 증대를 꼽을 수 있다(WEF 2020: 8-11).

(1) 증거와 투명성 증대

'하이퍼 투명성'의 시대는 공개(disclosure)에 초점을 맞추고 있다(WEF 2020: 7). 4차 산업혁명은 전대미문의 투명성을 현실화시키므로 공개의 압력은 급증하고 있다. 공개의 요구가 거세지고 있는 이유는 테크놀러지의 발달로 투자자와 이해관계자들이 기업의 운영과 임팩트에 대해 엄청난 분량의 데이터를 제공받고 있기 때문이다.

투명성과 이해관계자 영향력이 복합되면서 공개 압력은 가속화되고 있다. NGO, 시민사회단체들도 기업의 성과에 상당한 영향을 미칠 만한 역량과 기회를 갖추고 있다. 실제로 기업들은 장래에 기업에게 중요성이 되는 ESG 이슈들의 성과 개선을 위한 이니셔티브를 마련하는 변화를 일으키고 있다. 이에 행동에 나서는 기업들은 경쟁적 어드밴티지를 누릴 것이며, 이런 기업들을 선택한 투자자들은 혜택을 누릴 것이다.

기업의 활동이 환경과 사회에 미치는 임팩트에 대해 면밀히 모니터링을 한 새로운 증거들이 축적되고 있다. 환경과 사회적 외부경제의 임팩트에 대한 강력하면서 확고한 증거들이 나오고 있다. 일회용 플라스틱을 거부하는 글로벌 사회운동이 세계적인 플라스틱 쓰레기의 양과 해양에 미치는 부정적 임팩트에 관한 과학자들과 국제기관들에 제시한 증거들이 그것이다. 마찬가지로 도시의 대기오염의 피해를 다룬 과학 출판물들이 크게 늘면서 화석연료 자동차를 금지하는 공공 및 정치적 논쟁이 가열되고 있다.

투자자들은 이런 과학적 연구 활동의 성장을 시그날로 활용해 자산가치에 영향을 미칠 수 있는 증거들이 어디서 나올지를 살펴보고 있다. 4차 산업혁명으로 AI, 블록체인, 가상현실이 늘어나 거대한 양의 새로운 정보의 생산이 가능해지고 이에 따라 투명성 수준이 급증하고 있다. 투자자들은 이제 AI를 이용해 부정확한 리포팅을 걸러내고 있다. 인공위성 테크놀러지가 환경적 변화를 모니터링하는 이미지를 생성해주고 있다. 자산운영사 Robeco는 인공위성 이미지를 이용해 기업이 '제로 숲제거'를 이행하고 있는지를 실시간 팜 플랜테이션 모니터링을 할 계획이다. 투자자들이 이런 증거들을 이용해 자신들의 통찰력에 더욱 의존할 수 있게 되면서 기업들이 시장의 외부경제를 감추고 변명하기도 어렵게 될 것이다.

(2) 이해관계자 행동주의 급증

기업의 긍정적 또는 부정적 외부경제에 관한 증거만으로 ESG 이슈가 재무적 중요성으로 부각되는 것은 아니다. 탄소배출이 기후변화나 건강에 미치는 피해에 대해서는 이미 수십년간 잘 알려져 있지만, 이 이슈가 재무적 중요성이 된다는 '촉매적 증거'가 더 필요하다. 이해관계자들 또는 주주들의 행동주의가 촉매 역할을 하기에 충분한 현실이 되고 있다.

NGO들과 시민활동가들이 이제는 투자자들의 역할에 초점을 맞춰 사회운동의 역량을 높이고 있다. 환경과 소비자 권리단체들의 〈Insure Our Future〉 캠페인은 보험업계로 하여금 석탄과 타르샌드 프로젝트 보험을 중단하도록 압력을 행사한다. 자세한 내용은 제5장(기후정의와 기후투자)에서 소개된다.

이같은 '금융적으로 영악한 에코전사들'이 투자자들에게 타깃 정보를 제공해준다. '글로벌 석탄퇴출리스트'(Global Coal Exit List)를 제안한 NGO는 금융섹터에서의 석탄투자 철회를 제시한다.[6] 주창활동가들과 단체들은 전문적인 캠페인과 미디어 전략을 활용한다. 300개 이상의 시민단체들이 참여하는 기후활동가들은 2020년 미국 대선에서 정치력을 발휘했고, 600만 명이 지지하는 기후 스트라이크를 2019년 9월에 가졌다. 2019년 UN의 마드리드 기후변화 총회에서는 200개 이상의 기후활동단체들이 〈오염자 퇴출〉(Polluters Out) 캠페인을 했다. 환경단체들의 주창활동에 시민들뿐 아니라 유럽기후재단 등 거대 기금제공기관들이 동참하고 있다.

(3) 정부규제와 소비자 호응

이상의 2단계의 압력에 더해 이제 3단계로 핵심 의사결정자들에게 영향이 미치는 과정에 있다. 의사결정자들은 입법을 하는 정치인과 정부기관, 구매결정자인 소비자, 임직원 등이다.

---

6 Global Coal Exit List. https://www.coalexit.org/

정부의 경우, 독일 정부는 2020년에 석탄 전력을 2038년까지 점차 폐지하는 결정을 했다. 또 EU를 비롯해 영국, 네덜란드. 스코틀랜드 정부는 플라스틱 쓰레기 감소목표를 세워 추진한다. 신장 위그루족의 강제노동 이슈도 정치화되면서 기업들이 곤경에 처해 있다. 중국정부가 소수민족에 강제노동 등의 인권 탄압을 한다는 의혹이 일자, 이를 이유로 바이든 미국 대통령은 모든 신장 관련 제품의 수입을 금지하는 법에 서명했다. 이런 수입금지 조치를 위반했다며 유니클로 브랜드를 운영하는 패스트리테일링은 신장산 면화를 사용한 협의를 받는 유니클로 남성용 셔츠 수입통관이 막히는 제재를 당했다. 이런 움직임에 미즈노 등 일본 기업 다수는 신장산 면화를 제품에 사용하지 않기로 했고, 일본 정부는 2022년 2월에 자국 기업이 해외 공급망에서 강제노동 등 인권침해가 없는지 직접 조사하도록 하는 지침을 만들기로 했다.[7]

소비자들도 중요한 의사결정자다. 소비자의 행태에 변화가 일어나 지속가능한 제품과 서비스에 대한 요구가 피크에 달하고 있다. 보스톤 컨설팅그룹(Boston Consulting Group)에 따르면 유럽 소비자 72%는 친환경 포장의 제품을 구매할 선호를 보였다. 세계적으로는 소비자 46%가 유명 브랜드 제품보다 친환경 제품을 구매할 것이라고 답했다.

식품과 농업 분야의 기업 리더들은 이런 소비자 행태가 제품 혁신의 유형에 상당한 영향을 미친다고 답했다. 지속가능한 제품이 시장 성장에서 절반 가량의 비중을 차지한다는 통계(2013~18년 기간)도 있다. 또 밀레니얼 67%는 사회적 임팩트가 있는 일자리를 갖고 싶다고 답했다. 2020년 MZ

---

7 연합뉴스. 2022.2.16. https://news.v.daum.net/v/20220216105857631?x_trkm=t

세대가 노동력의 59%를 차지하기 때문에 기업들도 이들의 요구를 경시하기 어려울 것이다.

(4) 투자자의 ESG 요청

투자자들은 이상의 글로벌 ESG 상황에 호응하는 투자결정의 변화를 겪고 있다. 투자자들의 ESG 요청이 현실화되려면 투자자들의 연대로 기업의 ESG 성과에 대한 평가가 뒷받침되어야 한다. ESG 성과가 측정되는 과정에 대한 의견 수렴을 하고 있지만, 평가기관의 ESG 스코어 사이의 연관성이 부족한 것이 문제로 남아 있다.

일부 투자자들은 보다 공개적으로 ESG 이슈들을 강조하는 영향력을 행사하고 있다. 미국에서는 환경과 사회 이슈들을 포함시키는 주주 의결이 2006~10년 33%에서 2017년 50%로 늘었다. 투자은행과 자산운영사들은 '투자자 스튜어드십'을 강화해가고 있다. 보다 적극적인 투자자들은 지속가능성을 주요 어젠다로 삼아 활동한다. 뉴욕의 자산운영사 Trian Partners는 드퐁과 다농을 설득해 노동현장 다양성을 높이고 탄소배출과 폐기물 감축을 하는 혁신을 일으키게 했다.

2. ESG 시대의 CSV와 CSI

어느 기업이든 사람이나 지구에 피해가 되는 비즈니스를 하는 일이 불가능해지는 'ESG 시대'가 열리고 있다. 전통적인 기업의 사회적 책임 중심축이 사회적, 환경적 임팩트를 생산하는 '공유가치창출'(creating shared value : CSV)의 ESG 패러다임으로 이동하고 있다. 선도적인 기업들은 지속가능성과 '포용적 비즈니스' (inclusive business) 또는 '기후금융'(climate finance)의 경영전략으로 혁신을 이끌고 있다. 심각한 기후위기가 압박하는 시대적 요청이자 ESG 시대의 요청이다.

1) 기업의 사회적 임팩트(CSI)

(1) CSI = 리스크 완화 → 가치창출

기업의 '사회적 책임' 접근법은 이제 자선적 필랜스로피(philanthropy)에서 '사회적 투자'(social investment)로 이동하고 있다. 수익뿐 아니라 사회적 임팩트를 동시에 추구하는 새로운 ESG 시대의 변화다. 이를 기업사회임팩트(Corporate Social Impact : CSI) 전략이라 한다. CSI 전략은 기업의 "전략적 수익뿐 아니라 사회적 (또는 환경적) 편익을 창출하는 지속가능한 가치창출 모델을 개발해 기업이 활용하는 광범위한 투자 전략과 접근"을 의미한다 (EVPA 2015 : 18).

〈표 1-2〉와 같이 CSI 전략은 방어적인 '리스크 완화'의 접근에서 '가치창출' 접근으로의 전환을 이끌고 있다. CSI 전략은 전통적인 기업 필랜스로피보다는 CIV(기업임팩트벤처링)으로, 전통적인 CSR보다는 CSV 또는 포용적 비즈니스에 초점을 맞춘다. CSR이 CSV 또는 CIV와 다른 점은 '가치 창출' 목적보다는 '이미지 창출' 목적에 있다. CSR은 일반적으로 대외, 대내적으로 기업이 비즈니스를 잘 하고 있다는 이미지를 보여주기 위한 리스크 완

화의 목적에 초점을 맞춘다(EVPA 2015: 28).

표 1-2 CSI(기업사회임팩트) = 리스크 완화(CSR) → 가치창출(CSV 또는 CIV)

	CSI 전략
기업 필랜스로피 corporate philanthropy	CIV(기업임팩트벤처링)
CSR	CSV(공유가치창출) 포용적 비즈니스
리스크 완화	가치 창출

(2) 기업사회투자자(CSI)

또 기업의 사회적 임팩트를 지원하기 위해 투자하는 투자자들을 CSI(corporate social investor)라 부른다. 투자자로서 CSI 개념은 "전통적인 기업 기금 조성과 자선적 재단을 초월하는 기업재단, 기업임팩트기금, 기업사회액셀레이터, 사회적기업"을 의미한다(Heitmann et al. 2020: 45). 투자자들은 새로운 기관이 아니지만 비즈니스 영역에서 개혁의 촉매자로 새롭게 부상하고 있다.

CSI는 비즈니스와 비영리 섹터 사이에 위치해, 잠정적인 비즈니스 관련성을 가진 '전환적' 소셜 솔루션을 파악하는 독창적인 입장에 있다. 비영리 섹터에 속해 있는 CSI는 기업, 비영리조직, 정부 등 사회적 이해관계자들을 동원해 공유된 관심사에 대해 서로 협력하도록 하는 역량을 발휘한다. CSI는 재정 수익을 추구하지 않기 때문에 혁신을 인큐베이팅 하거나 테스트 하는데 필요한 리스크 감수의 인내자본을 제공할 수 있는 위치에 있다. 기업들의 성공적인 개념 입증이 있어야 투자하는 것과는 근본적으로 다른 입장이다.

CSI는 기업과 사회적 임팩트를 생산하는 사회적기업 등을 동시에 지원하는 독특한 위상을 갖고 있는 특징이 있다. 먼저 기업과의 밀접한 관계로 기업이 가진 자산, 전문성, 네트워크 등의 많은 자원을 활용해서 투자처가 되는 사회적기업 등을 적극 지원해서 이들이 사회적 임팩트 스케일링을 최대화 하도록 지원한다(EVPA 2022: 6). 또 CSI는 CSI 기업이 ESG 경영으로 사회적 임팩트 생산의 혁신을 추구하도록 촉진하는 역할을 한다.

또 CSI는 자선적이며 비영리적 특성 때문에 혁신적 기업가정신을 가진 벤처필랜스로피(venture philanthropy: VP)의 특성을 지향해간다. 투자처의 필요에 따라 증여, 대여, 지분 또는 다양한 복합 금융수단을 활용한 맞춤형 파이낸싱, (사회적기업 모델 구축 지원 등) 비금융적 지원, 임팩트 측정과 관리를 하는 VP이다. 이런 실천들은 비즈니스 논리에 기반하므로, CSI는 기업의 실천과 역량에 맞춘 상호 이해와 공조를 구축하는 지원을 한다.

2) CSI와 CSV

기업의 비즈니스 활동이 야기하는 사람이나 지구에 대한 부정적인 임팩트는 이제 사회적 책임을 묻는 시대로 진입해가고 있다. 그런데 일부 혁신적인 기업들은 사회적 책임(CSR) 차원을 넘어 기업과 사회가 서로 '공유된 가치창출'(CSV)을 선도하는, 나아가 사회적 임팩트를 창출하는 모델(CSI)을 선도한다.

(1) 기업의 CSV와 CSI

기업은 '사회문제의 뿌리'라는 그간의 부정적 시각이 이제는 사회문제의 해결과 사회변화의 임팩트를 생산한다는 긍정적 시각으로 바뀌고 있다. 기업은 사회에 기여할 수 있는 충분한 인력, 기술, 자원을 갖고 있기 때문이다.

선도적인 기업들은 사회에 대한 부정적인 임팩트를 감소시키는 '사회적 책임' 차원에만 머물지 않는다. 사회에 긍정적인 임팩트 창출을 최대화하는 전략을 선도하는 역할을 한다. 기업의 비즈니스 수익 추구가 사회적, 환경적 혜택과 충돌하는 게 아니다. 둘 다 동시에 추구하며 성장하는 혁신적인 기업들의 사례는 무수하다. 기업의 사회적, 환경적 임팩트가 기업의 장기적 지속가능성과 성장에 기여한다는 시각이 이제 주류로 정착해가고 있다.

선도적인 기업들은 대표들이 강력한 리더십을 발휘한다. 강력한 리더십 덕분에 이제 CSV 또는 CSI는 지속가능성 추진전략의 핵심이 되고 있다. 새로운 혁신, 테크놀러지, 지속가능한 비즈니스 모델이 새로운 제품과 서비스에 반영되는 변화가 일어나고 있다. 선도적인 기업들은 '넷제로 발자국'(net zero footprint) 전략을 도입해 탄소, 물, 폐기물의 제로 전략으로 사람과 지구를 위한 임팩트 목표를 추구하고 있다.

사회적, 환경적 이슈에 대한 기업의 책임과 문제해결 실천은 전통적으로 두 가지 모델에 기초하였다. 하나는 환경오염 등 대형사고가 발생하면서 사회와 환경에 '피해 안주기'(do no harm)에 초점을 맞춰 환경규제에 적응하는 리스크 관리 모델이다. 다른 하나는 자선적 필랜스로피 모델로 기업의 수익의 일부를 '사회에 환원'하는 방식의 모델이다. 그런데 지금은 제3의 접근법으로 CSV 또는 CSI가 사람과 지구, 사회와 환경에 대한 지속가능성 이슈들이 비즈니스 가치에 상당한 임팩트를 내고 있다는 인식에서 많은 주목을 받고 있다. 기후변화 이슈와 관련해 기업들은 장기적인 성공은 새로운 저탄소 테크놀러지로 달성될 수 있다고 생각한다. 안전, 인권, 상생, 취약층 보호 등 사회적 이슈들에 대해서도 비즈니스 성과와 연계하는 새로운 혁신적 인식이 더디지만 중요한 발걸음을 내딛고 있다.

(2) 사회적 가치 창출과 임팩트

세계화 질서에서 세계는 풍요 속에 빈곤과 불평등을 겪어왔다. 2008년 뉴욕발 금융위기의 경우 다른 모든 지역에 심각한 성장위기뿐 아니라 분배의 위기도 불러왔다. 많은 OECD 국가에서 불평등이 2019년에 30년만에 사상 최고를 기록하며 상위 10% 고소득자가 하위 10% 저소득자보다 열배 이상 높은 소득을 가져갔다(OECD 2019d). 자연자원의 고갈, 기후변화의 일상화, 자연재해 빈도와 강도 증가, 계층간 불평등 증대, 대량 이주, 종교근본주의와 극우집단의 등장, 미중 무역과 안보 전쟁 등 모두가 자본의 위기를 가중시키는 글로벌 배경 요인들이다(OECD 2018; GIIN 2018: 14). 그런데 글로벌 금융체계는 2008년 이후에도 거의 변화 없이 현상유지를 하고 있다. 이 금융체계는 엄청난 규모의 자본을 효율적으로 배분해 기업과 기초 인프라에 투자하는 다양한 방안을 추진하는 동력이다. 금융체계의 혜택이 국가들 사이에 그리고 계층들 사이에 불균등하게 분배되고 있는 것이 심각한 글로벌 이슈가 된다.

2008년의 금융위기는 자본주의에 대한 심각한 문제제기와 함께'사회적' 가치와 '임팩트'의 중요성을 확산시킨 시대적 전환점이 되었다. 유럽이

사회(EC 2018: 84)에 따르면, “글로벌 금융위기로 (청년) 고용과 경제적 산출의 대규모 상실이 발생해 소득 배분과 성장의 포용성에 금융의 긍정적 영향에 대한 의문이 제기되었다.” 금융부문의 높은 보상이 많은 국가에서는 소득불평등의 증가와 나란히 늘었고, 반면에 사회취약층과 임금노동자의 실질 임금은 정체 상태에 머물렀다. 주변화되고 소외된 지역과 분야들은 수익가능성이 낮아 계속 주변으로 밀려나는 주변화가 지속되었다.

이제는 보다 장기적인 ‘가치창출’에 관심을 갖는 변화가 시장 인센티브가 되고 있다. 글로벌 임팩트투자 네트워크(GIIN)에 따르면, 그간 투자자와 금융사들이 단기적인 수익에만 몰두해왔지만 이제는 ESG 변화를 모색한다(GIIN 2018: 14).

> “지난 수십년간 많은 투자자들이 피해를 주는 투자를 적극 스크린해서 자신들의 투자가 ESG 실천을 하는지를 분석하기 시작했다. 이런 변화는 전통적인 사고에 도전해 통합적 리포팅이 일반화되고, ESG 요인들이 장기적인 재무성과에 필수적이라는 것이 ESG 투자 연구로 밝혀지고 있다”

‘가치창출’에 대한 투자자의 관심이 임팩트투자를 유행하게 만든 일차적인 요인이 되고 있다. 그래서 “기업의 사회적 역할에 대한 규범이 바뀌며, 이제 투자자들이 다양한 이해관계자들과 환경에 대한 기업의 임팩트에 책무성을 갖기를 바란다.”(앞글: 15). 임팩트투자는 새로운 고액자산가 또는 자산통제자로 새롭게 등장하는 여성과 밀레니얼 사이에서 새로운 투자문화로 정착되고 있다. 또 사회적, 환경적 임팩트를 고려하는 것이 장기적으로 지역사회로부터 비즈니스 인정을 받아 수익성을 개선하는 ‘좋은 비즈니스’라는 이해가 널리 인식되고 있다. 세계적으로 지속가능개발목표(Sustainable

Development Goals : SDGs)가 널리 인지되며 관심을 모으는 시대적 흐름과 같이 가는 동향이다.

(3) CSR과 ESG 차이

전통적인 CSR과 ESG의 근본적 차이는 기업 주도와 투자자 주도의 차이다. CSR은 정부 규제, NGO 압력 등 이해관계자들의 요구에 대한 기업의 반응적 활동이 배경이라면, ESG는 투자자들의 압력에 기인한다. 기업은 CSR을 '비용'으로 인식해 리스크 완화 정도의 최소한 수준에서 그치게 된다.[8] ESG는 투자자 입장에서 장기적 수익률 달성을 목적으로 하지만, 이런 장기적 수익 달성을 위해 단기적 수익을 희생하면서 CSR 활동을 하는 것은 아니다.

그런데 일부 기업들은 ESG를 CSR의 새로운 연장으로 오해하며 이름만 ESG로 바꾸는 ESG 와싱(washing)이 있는 것 같다. "기존 CSR 활동을 모두 ESG로 바꾸고 무늬만 ESG로 변화시키는 '환경위장주의'(Green washing 또는 ESG Washing)이 만연하고 있다"는 지적이 있다.[9]

---

8 이로운넷, 2021.08.20. https://www.eroun.net/news/articleView.html?idxno=25953

9 김영기 산업연구원장. https://www.getnews.co.kr/news/articleView.html?idxno=567543

3) ESG 투자와 임팩트투자

(1) ESG와 임팩트투자 개념

ESG는 기업의 운영에 관한 개념이며, 임팩트투자는 기업이 생산하는 제품이나 서비스의 결과와 임팩트에 초점을 맞춘다. ESG는 기업의 ESG 경영을 요구하며 투자하는 개념이며, 임팩트투자는 기업의 사회적, 환경적 임팩트를 목적으로 투자한다.

그런데 일부 문헌에서는 ESG와 임팩트투자가 같은 부류의 '지속가능한 투자'로 간주하지만, 둘은 뚜렷한 차이가 있다. i) 임팩트 의도를 가진 자산의 선택, ii) 투자처의 임팩트에 대한 기여, iii) 투자처 임팩트의 객관적 측정이다(Gregory and Hornberger 2020). ESG는 이같은 의도, 기여, 측정이 없을 수 있지만, 임팩트투자는 이같은 의도, 기여, 측정이 있어야 한다. 임팩트투자는 투자처에 대한 기여(임팩트)의 의도가 분명하며, 이를 객관적으로 측정하는 투자다.

〈임팩트관리 운영원칙〉에는 임팩트가 있는 것처럼 위장하지 않고, 투자가 실제로 긍정적인 임팩트가 있다는 것으로 보증해서 '임팩트 워싱'(impact washing)을 제거해야 한다고 밝힌다.

첫째는 '의도'다. 임팩트투자자는 세계에서 가장 심각한, 난해한 문제들의 해결에 투자하는 의도를 갖고 있다. 젠더차별, 기후변화에 맞서고 빈곤퇴치, 인종차별, 불평등 해소에 분명한 의도를 갖고 있다. 임팩트투자자에게는 이런 문제해결에 잠정적인 방해가 되는 기업을 스크리닝 하는 것으로 충분하지 않다. AXA 투자관리사는 2019년 기후변화와 생다양성 손실 완화에 신뢰할만한 솔루션에 2억 달러의 자본 투자를 개시하는 선도적 역할을 했다.

둘째는 '기여'다. 임팩트투자자에게는 기업이 ESG 리스크를 잘 관리해서 긍정적인 임팩트를 갖고 있다고 해서 투자를 하지는 않는다. 기업의 성장에 투자하거나 기업 행태에 영향력을 행사해서 기업이 의미있는 임팩트의 차이를 생산하기를 바란다. 영국의 운영사 Actis는 각 투자마다 투자 이전의 상태에 비교한 기여도를 저, 중, 고 스케일로 측정해 평가한다.

마지막은 '측정'이다. 임팩트투자는 현실주의적이고, 증거기반의 투자 타깃을 설정해 투자로 무엇을 달성할 수 있는지를 실제 성취도를 모니터링하고 평가한다. 임팩트투자가 어떤 유형의 긍정적인 변화를 만든 원인이었는지를 데이터와 증거로써 측정한다. 글로벌 파트너십(Global Partnerships)은 투자처로 하여금 일련의 임팩트 지표에 정기적인 보고를 하도록 하고, 자체 심층 임팩트 연구, 현장 방문을 하거나 외부 평가를 의뢰한다.

(2) ESG 투자 스펙트럼

ESG 투자는 전통적인 투자와 사회임팩트투자와 구분되는 특징이 있다. 〈표 1-3〉에서 ESG 투자는 좁은 의미에서 사회임팩트투자(사회적투자+임팩트투자)와 구분되지만, 넓은 의미에서는 ESG 성과를 측정하는 메트릭스와 방법론을 공유하므로 같이 우측의 상업적 투자와 좌측의 필랜스로피와는 구분되는 특장점을 갖고 있다.

표 1-3 ESG 투자와 사회임팩트투자 스펙트럼

	필랜스로피		사회임팩트투자		지속가능한 책임투자	전통적 금융투자
	전통적 필랜스로피	벤처 필랜스로피	사회적 투자	임팩트 투자	ESG 투자	상업적 투자
	1	1	1	1	1	1
포커스	증여로 사회문제 해결	벤처투자로 사회문제 해결	사회/환경 결과와 일부 금융수익	측정가능한 사회/환경 수익 목적 투자	리스크완화 성장기회로 ESG 활용 장기수익	ESG 실천 부재 또는 미흡
	1	1	ESG 메트릭스/방법론 사용			1
수익 기대	사회적 수익만 기대	사회적 수익 초점	사회적 수익과 하위시장수익	사회적 수익과 적정금융수익	장기가치 기반의 금융시장수익	금융시장 수익
	사회적 임팩트 ↔		사회적/금융적		↔ 금융적 수익	

자료 OECD(2020b: 15).

ESG 투자가 급성장하는데는 여러 배경요인들이 있다(OECD 2020b: 15). 첫째는 비투자자의 사회적 요구다. 주주 이외의 이해관계자들의 요구가 기업의 CSR의 성장을 촉구하면서 기업은 주주에게만 서비스를 한다는 전통적인 주주 모델이 도전을 받아 왔다. 주주(shareholder) 모델이 이해관계자(stakeholder) 모델로 패러다임 이동을 한 것이다. 단기적인 금융수익에는 관계가 없지만 장기적인 가치, 즉 평판, 브랜드 충성도, 인재유치 등의 가치에 영향을 미치는 도덕적 실천과 스탠다드에 관련된 이슈들에 대한 리포팅을 할 수밖에 없는 상황이 이어졌다.

둘째와 셋째는 투자자들의 요구로, ESG는 투자자 주도의 특성이 있다. 둘째는 사회적 임팩트 투자자들의 요구 증대다. 투자자들은 ESG 요인

들과 윤리적 실천과 관련된 데이터를 요구한다. 셋째는 책임투자를 하는 ESG 투자자들은 ESG의 리스크 관리 요소들로부터 이득이 되면서 동시에 사회적 가치와 잘 연계되는 지속가능한 입장을 취하도록 요구한다.

ESG 요소들을 전통적인 금융 분석에 통합해야 한다는 요구가 계속 늘고 있다. UN PRI는 '책임있는 투자' 6대 원칙 중 제1의 원칙으로 "ESG 이슈들을 투자분석과 의사결정 과정에 통합시킨다"며 통합을 강조한다. 이제 PRI가 강력한 글로벌 동향을 이루며, 투자자들의 사회적 책임투자 인식에서 비롯된 새로운 변화가 일어난다. 투자자들은 ESG 리스크에 대한 평판 개선을 지속적으로 요청해 왔고, 이제는 리스크 관리 차원을 넘어 '임팩트투자'를 선도한다. 투자자들은 전통적인 금융 분석에 ESG 요소들을 통합시켜 금융수익 이외에 투자처의 사회적, 환경적 임팩트를 생산하는 목적을 가진 펀드사에 임팩트투자를 늘리고 있다.

ESG 임팩트투자는 점차 주류화의 동향을 보여준다. 영국의 사회임팩트 국가자문위원회에 따르면, "지난 10년은 투자결정에 ESG 요인들이 포함되는 두드러진 성장이 있었다. 다음 10년은 ESG 실천이 완전히 주류가 되는 것을 목격하고 또 형식적 요건이 아닌 실질적인 투자결정으로의 전환이 필요하다"(UK NAB 2018: 16).

ESG 임팩트투자는 비즈니스 리더들에게는 사회적 목적을 통합하는 것이 경제적 정당성이 있다는 것을 확인시켜준다. 지금의 고객과 내일의 고객 모두에게 어필하는 투자이며, 임직원에게도 어필하는 투자이기 때문이다. 밀레니어 60%가 사회적 목적을 가진 기업에서 일하고 싶어 한다(앞글: 16).

지속가능성이나 ESG 실천에 '임팩트'를 통합하면 여러 재무적 성과를 낸다. 옥스퍼드 대학의 200개 이상의 사례연구를 분석한 메타 연구는 다음과 같이 설명한다(UK NAB 2018: 16).

첫째는 자본비용의 감소다. 사례 연구의 90% 가량이 건전한 지속가능성 스탠다드로 기업의 자본비용을 감소시켰다는 결과를 보였다.

둘째는 운영성과 개선이다. 사례 연구의 88%가 견고한 ESG 실천이 기업의 운영성과를 개선한 결과를 보여주었다.

마지막은 주가성과 개선이다. 사례 연구의 80%가 모범적인 지속가능성 실천으로 기업의 주가성과를 개선한 결과를 보여주었다.

또 투자자에게는 임팩트 경제(impact economy)는 자신들이 선호하는 가치와 일치하는 투자기회를 주며 동시에 성장기회도 가지는 것을 의미한다. ESG 요인들을 투자결정에 통합하면 리스크 조정의 금융수익을 생산하는 긍정적 기반이 된다. 동시에 투자자에게 '탄소중립 사회'로의 전환과 같은 거시적 성장 트렌드를 뒷받침하는 기회를 갖게 된다(UK NAB 2018: 17).

(3) ESG 투자 접근

ESG 투자 접근은 자산운영사가 ESG 프레임워크를 활용하는 종합성 정도에 따라 여러 유형으로 나타나고 있다(OECD 2020b: 32-33). OECD, 글로벌 지속가능투자연대(Global Sustainable Investment Alliance), CFA Institute 등은 각기 지속가능투자 전략의 여섯 가지 유형을 제시한다. 한편으로는 도덕적 고려 기준으로 특정 기업을 배제하는 유형이 있고, 다른 한편으로는 확고한 투자문화로 완전한 ESG 통합을 해서 투자 과정, 거버넌스, 의사결정의 통합체가 되는 유형이 있다. 6개 유형의 접근법은 서로 배타적이지 않아 포트폴리오가 둘 이상의 유형에 동시 적용이 될 수 있다.

첫째는 '배제' 또는 '회피' 유형이다. 기본적인 사회적 가치와 적합하지 않은 행태를 하는 기업이나 정부를 배제하는 스크리닝이다.

- 대량살상무기 등 논란대상의 무기 제조,
- 담배, 주류, 도박 등 윤리적 스탠다드에 부적합한 활동,
- 글로벌 컴팩트 원칙 위반,
- 석탄채취 수입의 높은 비중 또는 사회적 가치에 대한 부정적 임팩트 등.

둘째는 규범 기반 또는 '포괄적 스크리닝'(inclusionary screening)이다. OECD와 UN 등의 국제적 규범을 준수하는 기관의 포괄 또는 높은 대표성을 추구하는 유형이다. ESG 최저점수 이상을 달성한 기업의 '베스트 인 클라스'(best in class) 투자 유형이다.

셋째는 위의 '포괄적 스크리닝'에 이어서 ESG 점수에 따라 잔여 자산의 재조정이다. 포트폴리오 익스포저의 편향이 높은 ESG 점수 대상으로 치중한다.

넷째는 E, S, G 각각의 분야 중 하나에 ESG 테마(theme) 초점을 맞추는 유형이다. 테마 전략은 대부분이 금융지향적이거나 가치지향적일 수 있다. ESG 점수에만 기반하는 포트폴리오를 배제하거나 배제하지 않을 수도 있고 재조정할 수도 있지만 탄소발자국 등의 특정 점수와 메트릭스에 초점을 맞출 수도 있다. 또 특정 사회적 스탠다드에 초점을 맞출 수도 있다.

이 유형에서 금융적, 사회적 투자 목표가 구분이 없이 테마에 따라 장기적 금융수익의 최대화와는 구분되는 사회적 목적을 가질 수 있다. 또 임팩트에만 초점을 맞출 수도 있다. ESG 임팩트투자자는 사회임팩트투자자와 유사하지만, 다른 점은 ESG 실천의 개선 과정에서 금융적 수익을 위한 결과 달성을 추구해야 하는 특성이다. 금융실적의 개선은 부분적으로 ESG 임팩트투자자의 적극적인 관여로 가능해지고, 이는 다시 거버넌스 또는 기후리스크 관리의 개선이나 또는 비윤리적인 투자를 철회하는 데 기여

하게 되고, 이는 다시 금융실적 개선으로 선순환을 이룬다. 따라서 ESG 투자는 ESG 점수가 낮지만 향후 높은 ESG 기업으로 전환될 가능성이 보이면 투자가 가능하다. 테마 접근은 예를 들면 녹색채권 투자로 금융수익을 최대화하는 ESG 임팩트투자도 가능하다.

마지막은 ESG 통합(integration)이다. ESG 통합은 투자자의 투자과정의 모든 핵심 부분들에서 ESG 리스크와 기회의 체계적, 명확한 포괄을 의미한다. '베스트 인 클라스' 방법과는 달리 동료집단 벤치마킹이나 또는 선도자(후발자)에 대한 과대(과소) 편중이 필요 없다. ESG 요소들은 자산 선정, 포트폴리오 밸런싱. 리스크 관리 과정들에서 사정된다.

ESG 통합의 주요 내용은 여러 가지가 있다(앞글: 32). i) ESG 통합을 감독하는 확고한 거버넌스, ii) 포트폴리오 관리팀 내부의 ESG 통합 사정에 상당한 자원 배정, iii) 상당히 낮은 점수의 특정 기업 회피의 배제 정책 그리고 낮은 점수지만 개선의 기회를 가진 기업의 임팩트 개선을 위한 관여 정책, iv) 실적 사정을 하는 계량적 연구와 도구 등이다.

표 1-4 ESG 지속가능성 투자 유형

	부정적 스크리닝	ESG 재조정	테마 포커스	임팩트
목표	부정적 활동 기업을 스크리닝으로 배제	ESG 점수와 등급체계 기반의 투자	특정 E, S, G 이슈 초점의 투자	특정 비금융결과 타깃과 금융수익
핵심 고려	스크린의 개념정의/ 금융임팩트	ESG 데이터소스 관심리스크 고려	광범 대 특정 익스포저	임팩트 결과 진척보고서
예시	무기, 화석연료 생산자 배제, 국제규범 준수 생산자 배려	ESG 벤치마크, 적극전략 등	저배출에 환경적 포커스	특정 녹색채권 의무

자료 OECD(2020b: 33).

4) 책임투자원칙(PRI)

기업 입장에서는 훌륭한 ESG를 갖추고 있다고 말하기에 앞서 실제로 사람과 지구와 거버넌스 실천의 성과를 보여줄 필요가 있다. 이런 높은 ESG 실적을 갖고 있다고 모두 '임팩트 기업'이 되는 것은 아니다. 임팩트 기업은 빈곤퇴치, 기후변화 완화 등 지속가능한 목표를 달성하는데 필요한 솔루션, 제품, 서비스를 생산하는 임팩트 있는 기업이 되어야 한다.

(1) 책임투자원칙(PRI)

국제적으로 공인된 '책임투자원칙'(PRI : Principles for Responsible Investment)이 2006년 PRI로 출범해, 동참하는 서명기관들이 늘고 있다. 서명기관이 되면 책임있는 투자를 실천하는 기관이라는 공인을 받으며 지속가능한 금융시스템 구축을 추진하는 글로벌 공동체의 일원으로 동참하게 된다.

PRI 6대 원칙에 서명한 기관들은 자산소유자, 투자관리자, 서비스시행자 등으로 구분된다. 자산소유자는 장기 퇴직예금, 보험 등의 자산소유기관이다. 연금기금, 국부펀드, 재단, 인다우먼트, 보험 및 재보험사, 기타 예금을 운영하는 금융사들이다. 투자관리자는 제3자로 자산을 관리하는 기관으로, 제도, 소매 시장 역할을 한다. 서비스시행자는 자산소유자 또는 투자관리자에게 제품이나 서비스를 제공하는 기관이다. 자산 소유자나 관리자는 아니지만 고객들이 ESG 이슈들에 관심을 갖도록 하는데 상당한 영향력을 갖고 있다.

글로벌 기업이라면 책임투자원칙(PRI)에 동참해 사람과 지구를 위한 책임있는 비즈니스 실천을 하려 한다. UN PRI의 〈책임있는 투자 청사진〉은 기업의 ESG 성과가 기업의 재정, 지속가능성 성과와 밀접히 관련된다는 경험적 자료들을 제시한다(UNPRI 2017).

a) 기업의 ESG 성과는 재무 성과와 긍정적인 상관관계가 있다는 것이 1970년 이래로 진행된 2천 개 이상의 연구 결과로 확인된다.

b) 투자자와 ESG 이슈들에 정기적인 관계를 유지해온 기업들이 지속가능성, 관리, 수익/리스크 프로필을 개선하고 있다. 기업과 투자자 공조의 관심사는 ESG 전반(29%), E(29%), S(19%), G(35%)에 집중된 것으로 조사되었다.

표 1-5 책임있는 투자의 6대 원칙(UNPRI)

1. ESG 이슈들을 투자분석과 의사결정 과정에 통합시킨다.
2. 능동적인 소유자로 ESG 이슈들을 소유권 정책과 실천에 통합시킨다.
3. 자사의 투자처가 ESG 이슈들을 적정 수준에서 공개하도록 요청한다.
4. 투자산업의 원칙들의 수용과 시행을 진흥시킨다.
5. 투자산업의 원칙들의 시행에서 효과성을 증진시킨다.
6. 원칙들의 시행을 진행하는 활동과 진척을 각자 보고한다.

자료 UNPRI. https://www.unpri.org/about-us/about-the-pri

(2) PRI의 ESG 요인

'책임있는 투자'에 대한 글로벌 관심은 최근 PRI에 집중되어 다음과 같은 발전 배경을 보여준다.[10]

a) ESG 요인들이 리스크와 수익 결정에 중요한 역할을 한다는 금융계의 인식;

b) ESG 요인들은 고객과 수혜층에 대한 투자자의 일부 의무라는 이해;

c) 단기실적주의(short-termism)가 기업의 성과, 투자 수익과 시장행태에 미치는 임팩트에 대한 관심;

d) 수혜층의 장기적 이해와 광범한 금융시스템을 보호하기 위한 법률적 요건;

e) 경쟁사의 경쟁적 어드밴티지로 책임투자 서비스를 제공하며 차별화하는 압력;

f) 자본이 어디에 어떻게 투자되는지, 투명성을 요구하는 수혜층의 관심과 활동;

g) 지구화와 소셜 미디어 세계에서의 기후변화, 오명, 노동조건, 고용자 다양성, 부패, 공세적 세금전략 이슈들의 가치파괴적 평판 리스크(value-destroying reputational risk).

10 UNPRI. https://www.unpri.org/about/what-is-responsible-investment

PRI가 지향하는 ESG 요인들 각각을 살펴보면 〈표 1-6〉와 같다.

표 1-6 PRI의 ESG(환경, 사회, 거버넌스) 요인 목록

환경 (Environmental : E)	사회 (Social : S)	거버넌스 (Governance : G)
• 기후변화 • GHG 배출 • 식수 등 자원고갈 • 쓰레기와 오염 • 숲제거(deforestation) 등	• 노예, 아동노동 노동조건 • 지역공동체(원주민 등) • 갈등 • 보건과 안전 • 고용자 관계와 다양성	• 임원 임금 • 뇌물과 부패 • 정치적 로비와 기부금 • 이사회 다양성과 구조 • 세금 전략

자료 UNPRI. https://www.unpri.org/about/what-is-responsible-investment

3. ESG와 기업 이해관계자

1) 기업의 사회적 책임과 투자

앞서 설명한 '사회적 투자' 패러다임, ESG 패러다임은 모두 기업의 근본적인 시각변화, 전략변화를 주문한다. 투자자뿐 아니라 법과 규정으로 압박하는 규제기관들의 요청에 순응하지 않으면 안 되는 시대가 되고 있다. 또 정부, 시민사회, 고객, 협력사 등 핵심 이해관계자들 또한 방어적인 기업 사회적 책임(CSR)을 혁신적인 CSV, CSI로 전환할 것을 요청하거나 압력을 행사하고 있다.

(1) 규제기관

규제기관은 특정 산업분야 또는 거의 모든 산업 분야에 걸쳐 기업을 압박해 사회적, 환경적 임팩트를 규제한다. 대표적으로 영국 정부는 2017년 8월 '기업 거버넌스 개혁'을 시행해, 기업운영이 지역사회와 환경에 미치는 임팩트를 보고하도록 규제했다. 금융리포팅위원회(FRC)의 개정된 '기업 거버넌스 규정'에는 리더십 사안이 포함되어 있다. "성공적인 기업은 효과적인 기업가적 이사회가 이끈다. 이사회는 주주에게 가치를 창출하고 광범한 사회에 기여하며 기업의 장기적인, 지속가능한 성공을 진흥하는 역할을 한다." 또 성공적인 기업은 핵심 이해관계자인 노동자의 관여를 확대해 목적, 전략, 가치 측면의 폭넓은 사고를 추진한다. 금융리포팅위원회(FRC)에 따르면, 이사회는 환경적 문제뿐 아니라 사회적, 지역사회 문제와 인권 이슈들이 포함된다. 특히 구체적인 ESG 이슈들이 법 규정에 포함되어 있다. 젠더 임금격차 리포팅, 현대판 노예 등이 대표적인 사안이다(SII TF 2018: 17).

영국 정부에 따르면 새로운 개혁입법은 '세계 수준급의 기업거버넌스 개혁'으로 이사회 책무성을 강화해 기업 신뢰 개선을 목적으로 한다(UK DBEIS 2017). 모든 상장 대기업은 임원과 직원의 급여 비율을 공시하도록 규제한다. 특히 이사회는 직원의 목소리를 의사결정에 반영하도록 규제한다. 개혁입법에는 다음의 혁신안을 제시해 규제한다. a) 직원을 대표하는 비상임이사 선임 또는 b) 직원자문위원회 설치 또는 c) 직원 가운데 이사의 선임.

그림 1-2 기업의 이해관계자 생태계

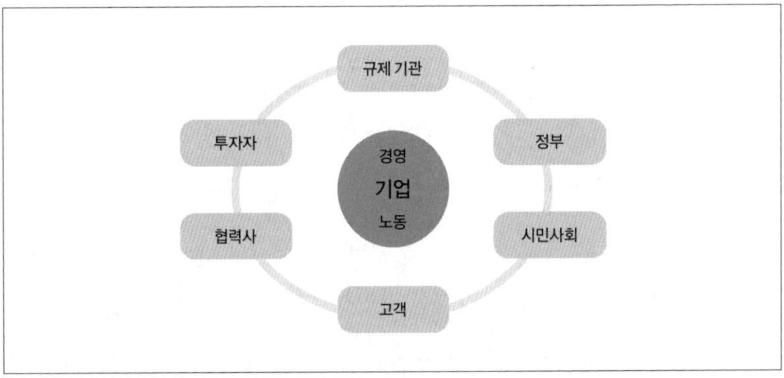

자료 SII TF (2018 : 16). "Growing a Culture of Social Impact Investing in the UK."

(2) 정부

정부는 사회적 임팩트 진흥에 적극 나선다. 영국 정부의 공식 입장은 "사회적 임팩트를 전달하는 것은 보편적 관심사가 되어야 하고, 사회적 임팩트투자는 개인과 기관투자자에게는 '일상적 일'이 되어야 한다"(SII TF 2018: 17). 정부는 세계적인 SDGs 추진에도 매우 적극적이다. 주요 중앙정부의 정책에 SDGs 기획과 시행이 이뤄져 있다. 영국의 문화미디어부(DCMS)는 기업의 SDGs 참여 진흥에 나섰고 정부의 산업전략에는 포용적 경제성장이 추진되며 기업의 동참을 요청하고 있다.

(3) 고객(소비자)

소비자는 구매결정으로 기업에 압력을 행사한다. 윤리적 제품과 서비스의 성장은 광범한 시장 실적을 높이고 브랜드 신뢰는 이제 결정적인 구매

기준이 되고 있다. 또 소비자는 유권자이자 납세자로 정부를 압박해 기업에 대한 규제 강화를 취하도록 하는 파워를 갖고 있고, 은행이나 보험사 등 금융기관의 고객으로 비윤리적, 환경침해적 기업에 대한 투자나 보험을 철회하도록 의견을 형성하는 역할도 한다.

(4) 직원과 공급사

기업의 직원, 특히 청년층은 사회, 환경 기여가 높은 조직을 위한 공익 활동을 선호한다. 자신들이 선호하는 기업 모델과 문화에 기업사회공헌이 정착하길 기대한다. 기업 리더들도 이제 사회공헌을 파악해 임팩트 추구적인 사명과 목적을 발표하며, 자신의 비즈니스에 사회적 임팩트 적용을 추구한다. 공급사와 협력사들도 조달 규정이나 비공식 관계를 통해 공유된 가치에 기반하는 관계의 설정을 기대하고 있다.

(5) 시민사회

시민사회단체들은 자신들이 추구하는 사회적, 환경적 이슈들을 파악해 사회적 반향을 일으키며 기업과 노동자와의 관여를 확대해가고 있다. 그린 와싱(green washing)이나 소셜 와싱(social washing)이 심각해지면서 이를 저지해서 투자를 철회하도록 주창활동을 하는 조직들도 늘고 있다. 글로벌 운동의 성과를 내는 단체로는 화석연료 보험이나 투자를 저지하는 〈Insure Our Future〉가 대표적이다. 또 〈Global Coal Exit List〉는 투자자에게 금융섹터에서의 석탄산업 투자 철회를 압박한다.

(6) 투자자

투자자들은 자신의 투자가 사회에 긍정적 기여를 하기를 바라고 있다. 이런 관심은 지속적으로 높아지고 있다. ESG 타깃을 맞춘 다양한 펀드들과 투자 상품들이 늘어나면서 투자자들의 관심을 모으고 있다. 글로벌 개발에 대한 관심도 SDGs 관련 투자로 이어지고 있다.

2) EU 환경과 사회 택소노미(taxonomy)

EU에서는 ESG 관련 기업의 경제활동에 대해 환경적 규제와 사회적 규제를 강화하는 입법과 이니셔티브들이 잇달아 시행되고 있다. 글로벌 ESG 규제가 강화되는 추세에서 EU에 국한된 문제라기보다 글로벌 비즈니스를 하는 모든 기업들과 영리활동 조직과 공익 관련 조직들 모두에게 해당되는 강력한 글로벌 동향이다.

환경과 사회 택소노미의 시행에는 심각해지는 '그린 와싱'과 '소셜 와싱'에 대한 대응이라는 평가도 있다. 대표적인 사례가 주류 은행들의 행태인데, 일례로 가치은행(value bank)으로 알려진 BNP Paribas는 COP26 회의를 지원하는 주요 스폰서로 지속가능성 지지그룹 중 상당한 홍보효과를 누려왔는데, 감추진 진실은 이 가치은행이 화석연료 산업과 무기산업의 수익 극대화를 지원하는 최대 금융기관이라는 점이다.[11] 또 '탄소중립보험연

---

11 https://www.socialeconomy.eu.org/2021/12/15/unravelling-the-green-and-social-taxonomy-a-fight-against-green-and-social-washing/

대' 창설 보험사 Allianz, Munich Re, Zurich는 화석연료산업의 보험과 투자를 지원하고 있어 〈Insure Our Future〉 운동의 타깃이 되고 있다(Insure Our Future 2021).

(1) 환경 택소노미

EU 택소노미는 왜 필요했나? EU의 2030년 목표의 기후와 에너지 타깃에 맞춰 유럽 그린 딜(European green deal) 목표 달성을 위해 택소노미가 2022년 첫 날부터 시행되었다. 코로나 팬데믹에 휩쓸린 경제, 비즈니스, 사회가 기후와 환경 쇼크에 복원력을 가지려면 금전을 지속가능한 프로젝트에 투자하도록 방향을 재조정할 필요가 있다. 지속가능한 성장에 금융을 지원하려면 지속가능한 경제활동이 무엇인지를 분류해 보편적인 분류체계, 즉 "EU taxonomy"를 창출하는 것이 시급했다.

택소노미 규제(Taxonomy Regulation)는 우선 기후위기를 극복하는 환경에 규제의 초점을 맞춰, '환경 택소노미'로 알려지고 있다. 2022년 시행에 들어간 택소노미 규제는 환경적으로 지속가능한 활동이 무엇인지를 결정하는 분류도구를 제시해, 자산운영사와 은행 등 금융기관이 무엇에 투자할지를 결정하는데 지원한다. 또 최종 투자자와 도매 투자자들이 환경 택소노미 기준을 충족하는 활동에 환경적 지속가능한 투자펀드나 녹색채권을 얼마나 투자할지를 평가하도록 지원한다.

환경 택소노미의 기본 구조는 (i) 6개 환경 목표 중 하나 이상에 '상당한 기여'를 하고, (ii) 다른 5개 목표에는 '상당한 피해'가 되지 않는 경제활동에 대한 기술적 스크리닝 기준들이다. 나아가 (iii) 환경 택소노미는 인권과 거버넌스에 책무성을 갖도록 보장하는 최소한의 안전장치를 담고 있다(TEG

2020: 2).

첫째, '상당한 기여'는 6개 환경목표 각각에 대해 두 가지가 택소노미 관련성이 있다. 하나는 경제활동 그 자체가 내재적인 실적으로 상당한 기여를 하는 경우로, 환경적으로 지속가능한 방식의 경제활동이다. 다른 하나는 경제활동이 제품이나 서비스를 제공하면서 다른 활동에 상당한 기여를 가능하게 하는 경우다. 예를 들면 특정 부품을 제조하는 경제활동이 다른 활동의 환경적 성과를 개선하는 경우다(TEG 2020: 14). 6개 환경 목표는 기후변화 완화, 기후변화 적응, 물과 해양자원의 지속가능한 이용과 보존, 순환적 경제로의 전환, 오염 방지와 통제, 생다양성과 생태계 보호와 복원이다.

기업들에 대한 택소노미 규제는 다음과 같다.

- 유럽에서 금융 상품을 제공하는 금융시장 참여자들은 모두 택소노미와 관련해 정보공개를 통합해야 한다. 정보공개 의무는 금융서비스 분야의 지속가능성 관련 정보공개에 관한 규제상의 개념정의와 연관된 제품 유형에 따라 다르게 적용되며,
- 비재무리포팅지침(NFRD)의 정보공개 규제 대상인 기업들은 택소노미 관련 정보공개를 해야 한다(TEG 2020: 9).

(2) 사회 택소노미(social taxonomy)

EU의 지속가능한 금융 전략에서 환경과 사회적 측면 논의는 지속적인 관심을 받으며 2022년 3월에 최종 보고서가 발표되었다(Platform on Sustainable Finance 2022). 사회적 투자는 UN의 2030 어젠다 SDGs를 달성하고,

기업들은 UNGP(guiding principles)의 기업과 인권에 명시된 인권 존중을 제시해야 한다는 내용이다. 저소득층 등 대상집단을 위한 소셜하우징, 보건, 일자리 지원의 금융수단인 사회적 채권(social bonds)에 대한 높은 수요는 투자자들이 사회적 투자를 기회로 보는 또 다른 지표이며, 민간 자본이 사회적 가치 활동에 유입될 수 있는 가능성을 잘 보여준다. 투자자들은 사회적 요소들을 소홀하게 되면 아동노동, 노예노동 등의 인권 침해 논란에 휩싸이는 리스크에 처할 것이라는 인식을 갖게 된다. 따라서 사회적 투자를 구성하는 요소들은 무엇인지를 이미 분류를 마친 환경적 투자 분류를 따라 사회적 투자 분류를 할 필요가 있다. EU의 기본 헌장들은 이미 사회 택소노미에 필요한 풍부한 기초를 제공해준다.

중소기업 등은 사회 택소노미에 새로운 부담이 된다는 의견이 적지 않아, 최종안은 기존의 지속가능한 금융과 지속가능한 거버넌스에 관한 입법 환경의 범위에서 사회 택소노미의 구조를 제안한다. (i) 입법과 EU 택소노미 이니셔티브 제안, (ii) 기업지속가능성리포팅지침(CSRD) 제안, (iii) 지속가능금융정보공개규제, (iv) 지속가능한 기업-거버넌스(SCG) 이니셔티브이다.

기업의 경제활동에 대한 분류도 중요하다. 경제활동 대부분은 환경에 피해가 되는 임팩트를 갖고 있는데 일자리 마련, 납세, 사회적 혜택이 되는 제품과 서비스의 생산 등의 경제활동 대부분은 사회적 혜택이 되는 사회적 가치를 내재하고 있다. 사회 택소노미는 이런 내재적 혜택과 양질의 보건 개선이나 적절한 일자리 마련 등의 인권 실현에 직접적으로 기여하는 추가적인 사회적 혜택을 구분할 필요가 있다.

환경적 목표와 기준은 과학에 기초할 가능성이 높지만 사회 택소노미는 국제인권헌장 등 국제적으로 권위있는 스탠다드에 기초할 필요가 있다. 이런 차이를 고려해 제안된 사회 택소노미의 구조는, (i)사회적 목표 개발, (ii) 상당 수준의 사회적 기여의 유형, (iii) 상당 수준의 피해 없음(do no significant harm: DNSH) 기준, (iv) 최소한의 안전장치이다(Platform on Sustainable Finance 2022: 8).

첫째는 '사회적 목표 개발'이다. 국제적으로 합의된 인권 관련 헌장이나 이니셔티브들에서 출발하면 사회 택소노미는 이해관계자의 유형에 따른 분류가 있다. 기업활동에 영향을 받는 이해관계자는 기업의 (i) 자체 노동력(가치사슬 노동자도 포함), (ii) 최종소비자/이용자, (iii) (직접 또는 가치사슬을 통한) 영향을 받는 지역사회이다. 이 세 유형의 이해관계자에 초점을 맞춰 이들 각각이 처한 문제해결을 지향하는 목표 세 가지를 사회 택소노미 구조로 제안한다(앞글: 8).

a) (가치사슬 노동자를 포함하는) 품위 있는 노동
b) 최종소비자를 위한 적절한 생활수준과 웰빙
c) 포용적이며 지속가능한 공동체와 사회

표 1-7 사회 택소노미의 '가치사슬' 개념

GRI(Global Reporting Initiative)의 가치사슬 개념을 도입한다. 조직의 가치사슬은 "투입에 가치를 추가해서 산출로 전환하는 활동을 포괄한다." 조직이 직접 또는 간접적 비즈니스 관계를 갖고 있는 주체들뿐 아니라 (a) 조직 자체의 제품과 서비스에 기여하는 제품이나 서비스를 공급하거나 (b) 조직으로부터 제품이나 서비스를 받는 주체들도 포함된다. 이 개념은 UN의 2012년 〈인권을 존중하는 기업의 책임〉 가이드에 기초한 것이다. 따라서 가치사슬은 제품이나 서비스의 전체 라이프사이클을 포괄하는 조직의 상류와 하류 부문 활동 전체에 해당된다.

자료 Platform on Sustainable Finance (2022: 8).

둘째는 '상당 수준의 기여' 유형을 파악하는 것이다. 기업의 경제활동이 가져오는 상당한 수준의 기여를 이해관계자 세 그룹에 따라 분류한다. 첫째 유형은 경제활동 그 자체에 내재적인 추가적 사회적 혜택 유형이다. 대표적으로 의약품의 연구와 마케팅이다. 두 번째 유형은 노동자, 소비자, 지역사회에 부정적인 임팩트를 회피해 문제 해결을 하는 것으로, 다음이 포함된다. (i) 직업 보건과 안전(OHS); (ii) 정의로운 전환을 위한 노동자 교육, (iii) 단체협상으로 합의된 임금 지불, (iv) 노동자와 가족의 품위있는 생활이다(앞글: 9). 세 번째 유형은 사회적 혜택을 주는 다른 활동들을 가능하게 하는 지원 활동이다.

셋째는 상당 수준의 '피해 안주기' 기준이다. 기업 활동이 사회적 목표 중 하나에 기여하면서 다른 목표에 피해를 안 주도록 하는 기준이다. 이는 경제 주체와 관련되어 비일관적 활동을 피하는 최소한의 안전장치를 필요로 한다. 비일관적 활동에는 '상당 수준의 기여'를 하는 기업이 다른 지역에서는 사회적, 거버넌스 원칙에 위반되는 활동을 하는 경우 등이다. 일반적으로 거버넌스 항목들이 연계될 필요가 있다.

마지막으로 사회 택소노미는 사회적 피해가 되는 활동을 분류하는 것이다. 이상의 사회 택소노미의 구조에 관한 제안과 다른 두 가지 제안은 환경 택소노미와의 관계의 균형에 관한 것이다. ESG의 S(사회적), G(거버넌스) 관련 최소한의 안전장치(UNGP, OECD 다국적기업 가이드라인)가 최소한의 환경적 안전장치가 되듯이, 이 최소한의 환경적 안전장치가 사회 택소노미의 안전장치가 되어야 한다. 또 다른 제안은 사회 택소노미와 환경 택소노미의 통합은 '심각한 피해 안주기' 환경적, 사회적 기준에서 보다 밀접한 접근을 하는 것이다.

(3) 환경 택소노미와 사회 택소노미 차이점

환경 택소노미와 사회 택소노미는 다음 세 가지에서 구분된다(Platform on Sustainable Finance 2022: 31). 첫째, 환경적으로 지속가능한 경제활동은 부정적인 환경 임팩트를 줄이거나 또는 탄소 포집이나 생태 복원으로 부정적 임팩트를 반전시키는 목표를 추구한다. 그런데 경제활동은 일자리 창출, 훈련 실시, 납세, 사회보호 진흥, 사회적으로 유익한 제품과 서비스 제공 등으로 내재적인 사회적 혜택을 갖고 있다. 이런 내재적 경제활동과 추가적인 사회적 혜택을 구분하는 것이 택소노미의 주요 역할이다. 예를 들면, 의약품의 생산은 제약사의 비즈니스의 일부로 '상당한 사회적 기여'로 간주될 수 없다. 그러나 제약사가 특정 인구집단에 특정 약품의 접근성과 비용부담성을 개선하게 되면, 이 활동은 추가적인 사회적 혜택이 된다.

둘째, 환경 택소노미의 기본바탕은 자연과학과 파리기후협약 등의 국제적 프레임워크이다. 환경 택소노미의 기준은 과학적으로 검증된 연구결과의 기초해 개발된 것이다. 이에 반해 사회 택소노미는 과학적 방식에 기초하지 않을 수 있다. 기후변화 과학이 탄소배출 필요성에 확고한 해법을 제시할 수 있지만 사회 요소들에 대해서도 같은 역할을 하는 것은 아니다.

사회 택소노미의 기준은 과학을 대신해 이미 국제적으로 인정된 권위 있는 협약이나 이니셔티브들의 기준에 기초한다. (i)OECD 다국적기업 가이드라인, (ii)UN 거버넌스원칙(UNGP), (iii)ILO의 기본원칙 선언 등에서 제시된 8가지 기본적 협약, (iv)국제인권헌장, (v)유럽사회적권리, (vi)유럽사회헌장 등이다.

셋째, 환경 택소노미보다 사회 택소노미에 대한 계량가능한 기준을 개발하는 어려움이 있다. 환경적 토픽들(그리고 기후변화 완화)에 대한 과학적 연구로 경제활동의 계량적 기준 마련은 비교적 어렵지 않지만, 사회적 지속가능성은 다분히 정성적 기준에서 마련되어야 한다. EU의 경우, '사회적 스코보드'로 사회적 권리의 20개 원칙들과 임팩트 지표들의 시행을 측정하는 방식이 있다.[12] UN SDGs 지표 측정 방식도 중요한 접근으로 참고될 수 있다.

사회 택소노미는 이런 계량적 어려움 때문에 정책결정층의 정치적 합의를 이끌어내지 못하고 있다. 환경 택소노미가 탄소배출량 등과 같은 계량적 임팩트를 측정한 과학적 근거가 강하지만 사회 택소노미는 계량적 임팩트 등의 과학적 근거가 취약하기 때문이다. 따라서 EU의 사회 택소노미 의결과 시행은 답보상태에 머물다 2024년 이후에나 가능할 것으로 내다보인다(ImpactInvestor 2022).

3) ESG 리스크 관리

기업들은 ESG 리스크에 직면하면 상당한 재무적 리스크 임팩트가 된다는 인식을 갖고 있어, ESG 리스크 관리 전략을 마련하고 있다.

(1) ESG 리스크의 재무적 임팩트

ESG 이슈들로 발생하는 리스크의 규모는 크게 확대되고 있다. ESG 리스크로 인해 자본시장이 피해를 입고 위협을 받으며 지역사회(사람), 환경

12 https://ec.europa.eu/eurostat/web/european-pillar-of-social-rights/indicators/social-scoreboard-indicators

(지구)에도 직간접적인 피해가 속출한다. ESG가 '재무적 중요성'이 있다는 인식이 필요한 것이다.

세계경제포럼(World Economic Forum)의 〈글로벌 리스크〉 연간보고서에 올라 있는 리스크 목록에 기후변화, 식수 위기, 비자발적 이주 등은 발생 가능성과 임팩트 양면 모두에서 심각성을 더해간다. 〈글로벌 리스크〉 2019년 보고서는 "모든 리스크 가운데 환경은 세계가 대파국으로 가장 확실하게 휩쓸리고 있는 리스크"라고 강조한다(Ceres 2019: 4).

최근의 ESG 리스크 발생으로 인한 재정적 손실 임팩트는 상당하다. 기후변화, 물부족, 숲제거 등 주요 리스크 요인별로 재정적 임팩트를 살펴보면 다음과 같다. 2020년과 2021년에는 코로나19 팬데믹이 제1순위로 추가되어야 할 것이다.

표 1-8 주요 ESG 리스크의 재무적 임팩트

기후변화	500대 글로벌 대기업의 2019년 평가 결과 기후변화가 미치는 재무적 임팩트는 약 1조 달러 이하이지만, 다음 5년에는 대기업 절반 이상이 물질적 피해를 보게 된다.
식수 부족	2050년이면 인구 97억 명의 욕구를 충족시키려면 지금보다 식수가 55% 증가해야 하는데, 이는 식품, 음료, 에너지 등 물집약적 산업에 위협이 되며 지리적, 공급사슬 리스크가 되며 생필품 가격 변동성을 높이고 공급 신뢰성을 낮추는 리스크가 된다.
숲제거 위협	공시된 기업들의 수입의 9410억 달러까지 숲제거와 관련된 생필품에 의존한다. 글로벌 300대 기업의 87%가 목재, 팜오일, 가축과 콩을 포함한 숲 리스크 생필품의 생산과 소비에 관련된 하나 이상의 리스크를 파악했다. 이 기업들의 1/3 가량이 공급의 감소나 혼란, 비용 증가 또는 평판 피해 등 리스크의 임팩트를 경험한 것으로 나타난다.
#MeToo 운동	#MeToo에 연류된 것으로 알려진 기업에 전문직 여성 55%가 구직할 가능성이 낮고, 49%는 제품이나 주식 구매를 할 가능성이 낮은 것으로 조사되었다. 성희롱은 심각한 투자 리스크가 되어, 이사회가 기업의 성희롱 정책 시행의 감시를 강화하도록 압력을 받고 있다.
착한 소비	미국 소비자 열 명 중 아홉은 자신이 관심을 가진 이슈에 기업이 관심을 갖도록 구매결정을 할 것이라고 응답했다. 소비자 78%는 중요한 사회 이슈들의 해결에 기업이 동참할 것을 희망한다.

다양성	다양성 관리팀을 가진 기업들이 19% 이상 높은 혁신 수입의 혜택을 누리고 전반적인 재무 성과가 좋은 것으로 알려져 있다.

자료 Ceres(2019: 4). "Running the Risk: How Corporate Boards Can Oversee Environmental, Social and Governance (ESG) Issues."

(2) 투자자의 ESG 압력

투자자들도 기업의 ESG 리스크 대응을 강하게 요청하는 추세다. 투자자들은 어떤 방식으로 압력을 행사하는지는 다음의 압력 수단들을 살펴볼 만하다(Ceres 2019: 5).

① ESG 이슈들 공개

투자자들은 포트폴리오 기업들에게 비즈니스 관련 ESG 이슈들을 공개할 것을 요청한다. 기후변화와 기타 지속가능성 이슈들이 투자자 요청의 톱 ESG 리스크에 랭크되어 있다. 로얄 더치 쉘의 경우, 2018년 주주들의 요청에 따라 탄소배출 타깃을 설정해 실행 보상금의 일부를 실제 연계하는 방안을 발표하였다.

② ESG 리스크 기업에 직접 관여

투자자들은 ESG 리스크에 노출된 기업들에 직접 관여하는 행동에 나선다. 2018년 33조 달러 이상의 고액자산 투자자 300명이 GHG 배출 집약적인 기업 161개의 기후변화 리스크에 관여하는 CA100+ 이니셔티브를 추진했다. 이들은 "기후변화 리스크를 최소화하고 공표하며 기후변화와 기후

정책이 제시하는 기회를 최대화 할 것"을 요청했다.[13] 2019년에는 230개 기관투자자들이 숲제거 리스크의 재정 손실을 해결해, 비즈니스 운영과 글로벌 공급사슬에서의 시장 리스크와 평판 리스크를 개선할 것을 요청했다.

③ ESG 리스크 자료 공개

투자자들은 기업들의 포트폴리오에 대한 임팩트 사정을 개선하기 위해 ESG 리스크의 자료 공개도 요청한다. 투자자 400여 명이 기업들에게 기후변화 리스크 관련 자료 공개를 요청했다. 이들은 자발적, 일관적인 기후 관련 재무 리스크 공개 양식인 '기후관련 재무정보공개 TF'(Climate-related Financial Disclosure : TCFD)를 활용했다. TCFD는 투자자, 채권자, 보험자, 기타 이해관계자들에게 관련 정보를 제공하는 리포팅 이니셔티브다.

④ ESG 이슈들에 대한 이사회 감독

투자자들은 이사회가 비즈니스 관련 ESG 이슈들을 감독할 것을 요청한다. 미국에서는 주요 기관투자자인 State Street, 캘리포니아 공무원퇴직제도(CalPERS), 캘리포니아 공공교사퇴직제도(CalSTRS) 등이 이같은 요청을 하며, 장기적인 지속가능한 가치전략을 제시하였다. 기관투자자들의 톱 우선순위 세 가지 관여활동에는 이사회 감독이 포함되어 있다.

이에 따라 투자자의 ESG 행동이 주류화로 정착되어 가는 동향이다 (Ceres 2019: 5).

---

13 CA100+ http://www.climateaction100.org/

- 2017년 최초로 자사관리사 톱 10개 중 4개사가 기후 프로포절을 선호하는 찬성 표를 행사했다.
- 주주들의 프로포절에도 ESG 지지가 늘고 있다. 2018년 다수 표결을 획득한 ESG 프로포절은 두 배로 늘었다. 최소 40%를 확보한 경우는 전체의 19%, 30% 이상을 확보한 경우는 전체의 41%로, 2017년에 비해 각기 12%, 29% 늘어난 것이다.
- 글로벌 기관투자자 89%가 포트폴리오 기업에 직접 지속가능성 정보를 요청할 것이며, 50%는 지속가능성 이슈 관련 주주 프로포절을 지원하거나 공동 지원할 가능성이 매우 높다고 응답했다.

(3) ESG 리스크 사정

EU에서 '사회적' 가치와 '임팩트'의 중요성이 본격적으로 제기된 계기는 2008년의 금융위기다. 크레딧 중개와 주식시장 가치는 단기 투기거래에 상당한 영향을 받아 최근 수십년간 꾸준한 상승세를 이어왔다(EC 2018b : 84). 이런 문제들을 보다 공정한 유형으로 바꿔 사회부문을 강화하는 목표가 EU의 우선 전략이 되고 있다. 2017년에는 '유럽 사회권리증진'(European Pillar of Social Rights)이 공표되며 사회적 가치와 임팩트를 강화하는 정책이 추진되었다. 평등한 기회와 노동시장 접근, 공정한 노동조건, 사회적 보호와 포용이 그것이다. 사회권리 증진에서 금융은 자본의 배분에 사회적 지속가능성 고려사항들을 내재화시키고 또 보다 사회적으로 지속가능한 금융의 접근법을 진흥시켜 사회권리 증진의 3대 목표 달성에 기여한다는 것이다.

은행과 투자자들은 ESG 리스크 사정을 활용해 자신들의 핵심 운영에 사회적 지표들을 통합한다. 금융 접근을 기업의 사회적 이슈 스탠다드 개선의 도구로 활용하는 것이다. 그럼으로써 낮은 생산성, 장기실업, 불평등, 불평등한 교육기회, 인권침해로 인한 낮은 생산성과 성장 문제를 해결하는 새로운 기회를 창출하려는 것이다.

고위 전문가그룹은 다음 다섯 영역에 초점을 맞출 것을 제안한다(EC 2018b: 87).

a) 사회적기업의 성장 지원: 사회적기업은 포용적 성장의 장기지속적인 주도기관으로 경제적 위기에서도 두드러진 복원의 자생력을 입증하였다. 유럽이사회는 사회적기업이 사회적 임팩트 생산을 목적으로 하는 가치있는 기관이라 평가한다. 그럼에도 사회적기업은 스타트업과 같이 금융 접근에서 여러 장애물에 직면해 있다.
b) 정의로운 전환기금(just transition fund): 유럽의회가 시행한 이 기금은 노동자, 고용인, 지역사회가 EU 배출거래시스템(Emissions Trading System)의 수익 혜택을 정의롭게 분배하는 기금이다.
c) 사회임팩트채권(SIB) 또는 결과지불(payment-by-results): SIB는 유럽전략투자기금의 3대 사회적 임팩트투자 방법 중 하나다. SIB는 사회적경제 조직들이 자본접근의 어려움을 해소하는 혁신적 방법이다.
d) 사회적 요인 강화: ESG 리스크 사정과 관련해 EU 금융 입법에서의 사회적 요인의 강화. EU 입법은 사회적 요인과 사회적 리스크에 관한 분명한 개념정의를 갖고 있지 않아 혼란을 야기하므로, 개념정의가 필요하다.
e) 보다 포용적, 지속가능한 은행업무: 지속가능한 은행업무의 다양

한 생태계로 지역재생과 금융 포용성을 개선한다. 유럽인 상당수가 은행계좌가 없거나 기타 금융 서비스를 받지 않은 경제에 머물러 통합되지 않은 상태에 있다.

2018년 유럽이사회는 '지속가능한 성장 금융지원' 시행계획의 후속 조치들을 발표하였다. 패키지에는 다음 두 개의 제안이 포함되어 있다(EC 2018a).

a) 지속가능한 경제활동 분류의 통합적 시스템의 구축: 이 제안은 경제활동이 환경적 지속가능성이 있는지를 판단하는 통일된 기준을 설정하는데 있다.
b) 기관투자자의 ESG 요인의 리스크 과정에 통합: 자산관리사, 보험사, 연금기금, 투자자문사 등 기관투자자들이 투자 의사결정에 ESG 요인들을 통합할 것을 제안한다. 자산관리사와 기관투자자들은 자신들의 투자가 ESG 목표에 어떻게 부합한지 그리고 이런 의무를 어떻게 준수할 것인지를 공표할 것을 제안한다.

EU와 각국 정부들은 2015년 〈파리 기후협약〉을 체결하고 〈지속가능개발 2030 어젠다〉를 체결하면서 지속가능한 경제와 사회의 목표를 설정하였다. EU는 이미 여러 이니셔티브를 시행해 '지속가능한 경제와 사회' 목표 추구에 선도적인 역할을 해왔다. EU 2030 에너지와 기후 프레임워크, 에너지 유니온(Energy Union), 순환적 경제 시행 계획(Circular Economy Action Plan) 등이 그것이다.

그런데 지금의 투자 수준으로는 기후변화와 자원 고갈에 맞서는 환경적으로 지속가능한 경제 시스템을 지원하는 데는 역부족이다. 더 많은 민간 자본의 흐름이 지속가능한 투자에 유입되어, 파리 기후협약의 목표 달성에 필요한 추가적인 투자(1800억 유로)의 갭을 매워야 한다. 지속가능한 경제에 대한 금융지원 방안을 논의한 결과는 '지속가능한 금융' 전략을 여러 제안으로 제시해, 일부는 입법으로 시행하며 다른 제안들도 이해관계자 의견수렴을 거쳐 입법, 시행을 예고하고 있다(EC 2018a).

4) 글로벌 ESG 전망

이상과 같이 ESG는 시대적 요청으로 기업에게는 선택이 아니라 '재무적 중요성' 차원에서도 필수가 되고 있다. 앞으로의 ESG 전망 또한 더욱 강력해질 것이라는 여러 이유들이 있다. 세계경제포럼(WEF)은 2020년 ESG의 시대적 배경 요인들을 i) 증거와 투명성의 증대, ii) 이해관계자 행동주의 급증, iii) 의사결정자(정부, 소비자 등)의 관심과 압력, iv) 투자자의 압력 증대로 설명한다(WEF 2020: 8-11).

이와 유사하게 글로벌 투자자문사 MSCI(2019)는 2019년 투자동향에서 ESG 동향을 특히 주목할 만한 주요 배경으로 소개한다.

(1) 또 다른 무역전쟁 : 플라스틱

많은 기업들이 플라스틱 관련 비즈니스 규제에 직면해 있다. 기업들이 다양한 플라스틱 대체 제품과 생산과 유통 방식을 찾고 있다. 재생 가능한 포장, 종이 등 포장 혁신이 리스크에 직면한 기업들의 수요를 충족시킬 것이며, 이미 관련 변화가 일어나고 있다. ESG 투자 전망이 밝아지는 동향이다. 여러 산업에 걸쳐, 무수한 국가들에 미치는 플라스틱 전쟁의 파급효과를 세계가 어떻게 해결할지, 임팩트투자에 관심이 집중되고 있다.

(2) ESG 투자 비즈니스 규제

정부 ESG 규제도 강화되고 있다. 호주는 2018년에 '현대판 노예'법을 시행하며 기업들이 공급사슬에서의 현대판 노예 리스크에 대한 행동을 취할 것을 규제하고 나섰다. 영국은 '젠더 급여 갭'을 공표하도록 했고, 일본은 기업 임원의 '젠더 구성, 유지, 진급'을 공표하도록 했다. 말레시아와 태국은 '기업거버넌스' 규정을 강화했다. 말레시아는 법에 '순응 또는 설명'에서 '순응 또는 대안 제시'로 강화된 거버넌스 규정을 시행한다.

이렇듯이 정부의 기업 관련 규제는 투자자 관련 규제를 수적으로 넘어섰다. 2019년 현재 ESG 관련 공표 의무가 있는 것은 기업뿐만이 아니다. 개인 자산가와 자산관리사 등 투자자들도 ESG 투자 비즈니스에 대한 관리감독의 규제를 받게 될 것이다.

ESG 관련 규제의 초점은 점차 투자 상품과 과정에 모아지고 있다. 2018년 170개의 규제 규정 가운데 80% 가량이 기관투자자들을 타깃으로 한다. 많은 규제조치들이 투자자, 특히 거대자산 소유자들과 금융기관의 역할과 의무를 공표하도록 하고 있다. 가장 대표적인 사례가 영국 노동연금부가 공표한 2018년의 규제 조치다. 기업 이사들의 의무에는 "전통적인 이슈가 되는 기업 성과, 이자 또는 환율, 또는 기후변화를 포함한 ESG 고려사항들에 기인한 보다 광범한 이슈들"을 고려할 것을 규제한다(MSCI 2019).

EU에서는 2019년 유럽이사회(European Commission)가 〈지속가능한 금융 이니셔티브〉 제안 가운데 ESG 리스크를 의무사항 중 하나로 포함시킬 것을 의결했다. 캐나다 온타리오에서는 규제가 예방적이기보다 서술적이다. 기관투자자들은 ESG 요인들에 대한 책무성 방안을 공표하면 된다. 미국에서는 노동성이 지침을 발간해 기업연금기금이 ESG가 경제적으로 관련성이 있는 경우에 ESG 요인들을 고려할 수 있다는 다소 소극적 규제를 제시한다.

(3) 기후 리스크(Climate Risk)

기후변화 문제를 연계한 포트폴리오에는 다양한 투자 의도가 있다. 일부 투자자들은 많은 배출자들에게 자본의 비용을 높이게 되거나 또는 이들에게 변화가 필요하다는 시장 시그날을 주는 방법으로 자본을 배분해 기후변화에 대응하려 한다. 또 다른 투자자들은 단순히 탄소집약적 경제에서 가치를 상실하는 자산을 보전하는 하방 리스크를 회피하려는 단순한 이유에서 투자한다. 미래를 변화시키려는 투자자, 잠정적인 미래 손실을 줄이려는 투자자다. 그런데 둘 다 기본적인 가정은 같다. 테크놀러지와 정책규제로 탄소배출을 줄이는 것이며, 그럼으로써 최악의 기후변화의 결과를 회피하려는 의도다.

2018년 미국 국가기후사정(National Climate Assessment) 보고서는 기후변화로 인한 경제적 임팩트가 대공황의 임팩트에 두 배에 달할 수 있다고 강조한다. 다음 십년 새에 부동산이 기후변화의 부정적 임팩트가 최고가 될 것이라는 분석도 있다.

(4) 빅시그널 혁명(Big Signal Revolution)

이제 빅데이터의 폭증에서 빅시그널의 폭증으로 관심이 바뀌고 있다. 다양한 종류의 새로운 데이터 소스가 크게 활용되며 투자자 포트폴리오에 대한 이해가 확장되고 있다. IBM의 추산에 따르면, 오늘 사용하는 데이터의 90% 가량은 겨우 2년 사이에 생산된 것이다.

ESG 투자는 이런 새로운 데이터 소스의 폭증에서 최대의 수혜자가 된다. 지난 10년 새에 ESG 리스크에 대한 기업 리스크를 사정하는 기업의 자발적인 데이터 공표에 힘입어 새로운 대안적 데이터가 활용되어 왔다. 대안적 자료의 활용으로 잠정적인 새로 등장하는 기업의 ESG 리스크에 대한 투자자 정보가 크게 늘었다.

'빅데이터 혁명'으로 투자자는 자발적인 기업의 자료 발표에 의존하기보다 대안적 소스가 제공하는 풍부한 ESG 정보에 의존하게 되었다. 후자가 전자를 능가하며 빠른 속도로 확장하고 있다. 그런데 데이터만으로는 '무엇을 소유'하는 문제가 아니라 '무엇을 왜 소유'하는지를 알 수 없다. '왜'에 대한 답이 투자자에게 데이터의 의미를 파악하게 해주며 가장 의미있는 시그날을 모색하게 된다.

일부 투자자들에게는 핵심 목표가 새로 등장하는 리스크와 기회를 파악해 장기적인 투자 수익을 최대화하는 것이다. 그런데 다른 투자자들의 목표는 긍정적인 사회적, 환경적 임팩트를 파악해 투자를 도덕적 가치에 연계하는 것이다.

모든 'ESG 등급(rating)' 또는 다른 ESG 관련 등급은 동일한 목표 달성을 추구하지만 특정 목표 달성에서는 동일한 효과적인 성과를 내는 것은 아니다. 서로 다른 방법론이 전혀 관련 없는 시그날을 만든다. ESG 등급은 이제 많은 투자자에서는 참고서와 같이 기업의 ESG 리스크와 기회를 관리하는 능력과 장기적인 복원력을 측정하는 공통어가 되고 있다. ESG 등급은 이제 부가가치를 만드는 기본을 제공해준다. 인공지능을 활용한 테크놀러지 솔루션으로 기존의 투자 시그날과 더불어 활용될 수 있는 빅데이터 패턴의 탐색을 용이하게 해주고 있다.

ESG의 주류화는 이같은 거대한 변화의 일부 지표로, 더욱 거대해지는 빅데이터의 증대에서 시그날을 가장 잘 탐색할 수 있는 방법에 대한 이해로서 투자자에게 '왜' 투자하는지를 가장 잘 답하는 빅시그날이 된다.

(5) 투명성 시대의 리더십

기업 리더십은 외부의 철저한 심사 상태에 있다. 기업 대표의 사무실과 시장, 정부와 종업원 사이에 막힌 벽의 붕괴는 기업 리더십을 잠정적인 평판 훼손에 노출하는 정도에 그치는 것은 아니다. 여러 기업들의 불법 활동부터 의문이 가는 행위들이 노출되면서 투자자에게는 새로운 취약성을 제시하는 것이다.

ESG 관련된 지난 5년간의 논란 자료들을 분석해보면 기업 리더십의 행태 문제가 줄곧 늘고 있다. '투명성의 시대'란 의문이 가는 기업 실행들이 더 이상 감출 장소를 잃어가고 있는 것을 의미한다. 투명성의 시대는 곧 경제의 시대를 의미한다. 투자자들은 CEO의 그릇된 행동이 예측하기, 회피하기 어려울 수 있지만 그들을 대체하는 것은 예측도 회피도 할 수 있다고 주장한다. 그 결과 내부 문제가 외부 문제가 되고 있고, 전 세계가 그릇된 행동을 판단할 수 있는 시대의 요청에 기업이 더디게 순응하며 치러야 하는 비용지불에 투자자들이 외면하는 지금이 터닝 포인트가 되고 있다.

5) 미래가 보장된 기업(Future-Proof Business)

이상의 ESG 이슈와 관련된 기업 지속가능성을 종합적으로 진단해 볼 만한 글로벌 평가틀을 주목해볼 만하다. 세계기업지속가능개발협회(WBCSD)는 ESG 관련 글로벌 규제 및 평가기관들의 프레임워크와 스탠다드를 종합해 미래가 보장되는 기업(Future-Proof Business)의 발전과정을 일곱 단계로 구분해 제시한다. '미래보장의 기업'은 i) 전략개발에서 ESG 이중의 중요성(double materiality), 글로벌 동향, SDGs 기여에 기반하고, ii) 비즈니스 모델로 (B Corps과 같이) 기업, 사회, 지구에 혜택이 되는 거버넌스를 갖추며, iii) 자원의 책임있는 기획과 관리(스튜어드십), iv) B Corp 인증의 비즈니스 모델, v) 글로벌 문제해결의 목적으로 기업문화 재창출, vi) 이해관계자의 대표성을 사업운영의 기본으로 수용한다. 그리고 미래가 보장되는 기업 시스템으로 vii) ESG 이슈를 기업의 중기 임팩트 역량으로 간주하는 특징도 보여준다.

표 1-9 미래가 보장된 기업의 발전과정

	비지속가능한 기업			전환 과정의 기업			미래보장 기업
	1 〉〉	2 〉〉	3 〉〉	4 〉〉	5 〉〉	6 〉〉	7
기업의 목적, 전략, 거버넌스 발전							
비전, 전략, ESG	금융초점 전략과 메트릭스			자본성과 수익을 위한 ESG 관리	전략수립과 사정에 ESG 일부 소개	ESG 리스크/기회 이중 중요성[14] 전략분석/개발에 통합	ESG 이중 중요성, SDGs 기여 중심으로 전략 개발
비즈니스 모델–의무	주주가치 최대화 의무(좁은 의미)			큰 변화 없이 모델 조정 가능	평판 지속 가능성과 가치 창출	순환경제 모델 일부 적용	기업,사회, 지구에 혜택이 되는 거버넌스
비즈니스 모델–자연자원 관계	자원 채취적 관계		효율성과 비용으로 자원 이용	경제성 차원의 재생에너지	라이프사이클분석,[15] 물중립, 탄소 중립	일부 제품, 과정의 순환성 적용	스튜어드십 기반 자원 관계[16]
비즈니스 모델–행동주의, 정책	환경/안전 규제완화 적극 로비	새규제 위협 최소화 주창 활동	규제에 중립적 입장	새규제에 소극적 호응	환경/안전 규제에 순응	공유가치 창출(CSV)	B Corp[17] 인증
문화–기업과 사회	지속가능성은 정부의 책임 인식	ESG 이슈에 중립적	사업운영권 차원에서 호응	운영효율성 차원에서 ESG 접근	모델 변화없이 벤처 혁신	성장 동력으로 ESG 수용	글로벌 문제해결 목적에서 문화 재창출
문화–이해 관계자	이해관계자 접촉 없음	이해관계자와 접촉 최소화	일방적 소통의 이해관계자관리	리스크 관리의 이해관계자 관리	혁신을 위한 이해관계자 호응	복원을 위한 이해관계자 관여	사업운영의 기본으로 이해관계자 접근/대표
미래가 보장되는 비즈니스 시스템							
ESG	리스크 과정에 ESG 없음	물적리스크에 ESG 해당 안 됨	ESG 리스크를 위생요인[18]으로 간주	ESG 리스크 과정은 기업리스크 관리에 통합 안 됨	기업관리과정에 ESG 리스크 통합	ESG 이슈 중요성으로 공시. TCFD[19], TNFD[20]	ESG 이슈를 기업의 중기 임팩트 역량으로 간주

14 재무 중요성과 환경/사회 중요성.

15 제품의 원료채취, 가공, 조립, 수송, 사용, 폐기의 모든 과정에서 제품의 환경적 영향을 평가.

16 자원의 책임있는 기획과 관리.

17 https://bcorporation.net/

ESG 관리	ESG 관리 과정 없음	자선적 이슈로 ESG 접근	운영 이슈로 ESG 관리	ESG 성과 타깃 측정	성과/관리 시스템 전체에 ESG 반영	ESG와 재무 실적을 같은 비중으로 성과인센티브	ESG 실적으로 리더십 성과 인센티브
지속가능한 성과 추진							
성과-타깃	ESG 타깃 없음	규제대응이 성과목표 설정	단기, 점진적 성과 목표	점진적 성과 목표	절대적 중기 임팩트 감소 타깃	지속가능 전환, SDG 임팩트 장기 실적	검증가능한 환경/사회 기여와 복원
성과-포커스	해당 없음	해당 없음	수동적 SDG 접근	능동적 SDG 접근	자본접근[21] 측정과 관리 정보	자본접근 탄소제로, 자연제로 손실 타깃	전부가치 회계[22] 사회, 환경 비용 반영
성과-범위	해당 없음	해당 없음	직접적 운영 임팩트 초점	직접적 운영 임팩트 범위	일부 간접적 임팩트 관리	직접, 간접 임팩트 동등의 책임	통합적 가치 사슬관리와 리포팅
ESG 공시	재무 사항만 해당	재무와 홍보용ESG, 자선 중심 공시	별도의 지속 가능보고, 비투자자 대상	ESG 없는 투자자 소통	위생요인의 재무 지속 가능 공시	투자자 소통에 완전한, 일관된 ESG 내포	사회효용/사회가치 공시로 ESG와 성과 통합
ESG 보증	ESG 공시도 보증도 없음	보증이 어려운 ESG 공시	공시의 제3자 보증 가능	ESG KPI의 일부 제3자 보증	ESG KPI의 상당수준 제3자 보증	ESG KPI의 심도 깊은 제3자 보증	ESG KPI의 실시간 보증 과정

자료 WBCSD(2021 : 23-25).

18 factors. 기업의 관리에 있어서 어떠한 상황이 고차적인 욕구를 충족시킬 수 있는 동기가 되는가를 탐구하는 위생이론의 요인들(불쾌감 회피, 자아실현 욕구 등).

19 기후 관련 기업의 금융정보공개 프레임워크. https://www.fsb-tcfd.org/recommendations/

20 기업과 투자자의 자연관련 리스크 리포팅과 행동 프레임워크. https://tnfd.info/how-it-works/

21 자본 접근(capitals approach)으로 조직은 자연자본, 사회자본, 인적자본이 어떻게 직접, 간접적 성공의 요인인지 이해해서, 모든 자본에 걸친 최대 가치를 만드는 의사결정을 할 역량을 부여한다. https://capitalscoalition.org/capitals-approach/

22 full value accounting. 단위당 전체 비용계산에 모든 고정 및 변동비용을 포함한 관리용 회계. ESG에서는 환경적 비용과 사회적 비용 모두를 포함.

제2장

ESG 시대의 CSR, CSV, CSI

지금의 글로벌 ESG 시대는 글로벌 경제의 급변이나 기후위기로 찾아온 것은 아니다. 이를 충격으로 받아들이는 기업들은 전통적인 CSR 활동에서 소극적인 '리스크 완화' 입장에 머물러 있다고 볼 수 있다. 반면에 이를 기회로 보는 기업들은 CSV 등의 포용적 비즈니스 모델에 기반한 ESG 투자로 사람과 지구에 대한 책임을 ESG 경영으로 선도하는 혁신적 기업이다. 최근의 ESG 시대의 특징을 정리한 다음, CSR → CSV, CSI로의 발전 상황을 차례로 정리해본다.

1. ESG 시대의 기업

1) 기업 ESG에 대한 압력

기업에 대한 ESG 압력 또는 요청은 여러 방면에서 지속되고 있다. 〈그림 2-1〉에서 볼 수 있듯이 먼저 소비자의 행태 변화와 투자자의 요청으로 기업의 ESG 수용은 이제 필수가 되고 있다. 또 글로벌 ESG 규제와 함께 ESG 공시 의무화, 신용평가사의 ESG 반영도 기업에 대한 상당한 회피하기 어려운 압력이 되고 있다.

그림 2-1 기업 ESG에 대한 압력

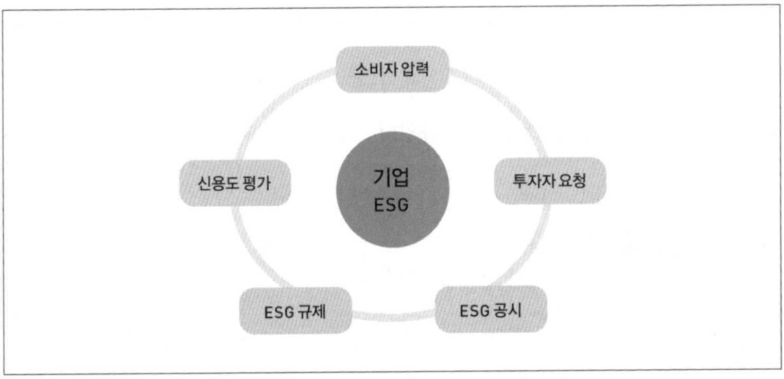

(1) 소비자 압력

글로벌임팩트투자(GSG 2019)의 〈임팩트 경제로의 전환〉 각국 보고서에 서술된 소비자 동향은 소비자의 ESG 압력에 기업이 상당한 영향을 받을 것으로 볼 수 있다. 임팩트투자 글로벌운영그룹(GSG 2019)의 각국 보고서에 서술된 소비자 행태 변화를 정리해보면 다음과 같다.

- 호주 소비자 64%는 사회적 의식이 있는 브랜드를 더 소비할 의향이 있고, 전체 가계 중 21%는 지붕에 태양열 패널을 갖고 있다.
- 캐나다인 62%는 동물의 인도적 대우를 지지하고, 또 농민을 위한 공정노동(59%), 농약없는 식량(46%), 지역재배식량(43%), GMO 없는 식량재배(42%), 유기농 식량(16%)을 지지한다. 밀레니얼 중에는 74%가 지역생산을, 70%는 유기농 식량을 지지한다.
- 핀란드 소비자 76%는 구매결정에 지속가능성이 영향을 미치며, 36%는 지속가능 대안에 10% 더 비용 지불을 할 의향이 있다고 답한다.
- 프랑스 소비자 53%는 친환경 인증(공정무역, 열대우림연대인증) 영향을 받으며, 45%는 건강 피해를 줄이기 위해 친환경제품을 구매하고, 65%는 투자결정에서 환경, 사회적 이슈를 고려한다.
- 독일인 60%는 구매결정에 제품의 지속가능성을 가끔 고려한다고 답했다.
- 이탈리아 소비자 53%는 지속가능한 라이프스타일을 하는데, 유기농 제품(39%), 소비욕구 억제(36%), 일회용품 구매회피(30%)를 한다. 또 소비자 64%는 기업이 오염물질 배출, GHG 감소할 것을 요청한다.
- 네덜란드 소비자 79%는 구매결정에서 지속가능성 임팩트를 고려하며, 네덜란드 자전거는 인구 1,700만 명보다 많은 1,800만 대가 있어, 모든 교통수단의 1/4 가량이 자전거로 이뤄진다.

- 스페인 소비자 73%는 구매결정에서 윤리적, 환경적 요인을 고려하며, 62%는 자신의 소비가 세상을 바꾸는 강력한 도구라고 믿는다.
- 영국인 60%는 사람과 지구에 피해를 주는 기업에 대한 투자를 금융기관이 줄일 것을 요구한다. 57%는 자신의 연금이 가치를 반영하는 지속가능하길 바라며, 53%는 지속가능한 제품을 구매하면 기분이 좋다고 답했고, 80%는 패션 브랜드들이 글로벌 빈곤과 기후변화 해결하는게 중요하다고 답했다.
- 미국인 밀레니얼 75%는 베이비부머(34%)에 비해 친환경, 지속가능 원료 사용 제품을 구매하거나 유기농/자연원료, 사회적 책임의 제품 등을 구매해 환경피해를 줄일 의사가 있다고 답했다.
- 스웨덴 소비자 74%가 구매결정에 지속가능성 관심사를 갖고 있다고 답했다. 또 65%는 소비를 줄이는 것이 기후위기 해결에 가장 중요하다며 개인의 책임을 강조한다.
- 한국 소비자 75%는 구매결정에 제품의 환경적 성과를 고려하며, 친환경제품 구매는 유기농(49.5%), 에너지절약제품(38.6%), 화장품과 자연소재 의류(34.6%), 리사이클 제품(27.4%), 에코인증품(22.3%)이라 응답했다.

(2) 투자자 요청

ESG 투자전략도 초기에는 담배, 주류, 도박 등 비윤리적 종목을 포트폴리오에서 배제하는 '네거티브 스크리닝'(negative screening)이 일반적이었다. 그러다 최근에는 ESG 통합, 주주관여, 임팩트/지역사회 투자, 지속가능테마 투자, '포지티브 스크리닝'(positive screening)으로 다양화되는 추세다(박해진 2020). 또 UN PRI 제1원칙에 해당되는 ESG 통합(integration)의 투자도 늘어나고 있다. 또 ESG 성과가 우수한 기업에 선택과 집중해 투자하는 포지티브 스크리닝, 신재생에너지, 기후변화, 녹색기술 등 특정 테마 관련 기업에 투자하는 지속가능 테마 투자(sustainability-themed investing), 취약계층과 지역사회 문제 해결을 목표로 한 임팩트/지역사회 투자(impact/community investing) 등의 전략도 활용되고 있다(박해진 2020).

투자자들은 자신의 투자가 사회에 긍정적 기여를 하기를 선호하며 기업의 ESG 경영을 꾸준히 요청하고 있다. ESG 타깃을 맞춘 다양한 펀드들과 투자 상품들이 늘어나면서 투자자들의 관심을 모으고 있다. 글로벌 개발에 대한 관심도 SDGs 관련 투자로 이어지고 있다.

JP Morgan(2022)은 다음 ESG 요인들에 투자자들이 주목할 것을 강조한다.

a) ESG가 소비자 선호도와 행동에 영향을 미치고 있다. 2021년 조사에서 소비자들이 '환경보호를 의식하는 기업에서 제품을 구입'하는 비중이 비교적 높게 나타났다. 중국과 미국 소비자가 각기 71%와 52%, 한국 소비자는 48%가 긍정적으로 답했다.

b) 정책 당국이 환경 및 사회 목표를 세우고 있다. 세계 최대 GHG 배출국인 중국과 미국 등이 탄소중립 미래를 지향하는 동향이 있다. 글로벌 GHG 배출의 절반 이상을 차지하는 60여 국가가 향후 수십년간 야심찬 탄소중립 목표를 세웠다.

c) 일부 산업의 경우 지속가능성으로의 전환은 역풍이 될 수도 있다. 탄소중립을 2050년까지 달성하려면 전통적인 에너지는 글로벌 에너지 믹스에서 훨씬 더 적은 비중으로 낮춰져야 한다. 재생에너

지로의 전환은 화석연료에 의존하는 산업들에게는 도전이 될 것이지만 다행히도 기업들이 전환할 기회는 있다.

d) ESG는 변화의 선구자에게는 상당한 기회를 제공한다. 에너지 전환에 상당한 투자금이 몰리며, 지속가능성은 수익 잠재력을 가진 투자 기회를 확장시키고 있다.

e) ESG는 기후에 국한되지 않고 사회와 거버넌스에도 초점을 맞추며 증가하는 추세다. 최근 사회적 이슈에 대한 기업들의 논의가 급증하면서 관심도 늘면서 규제 압력도 늘 것을 예고한다.

f) ESG는 투자 지형을 바꾸고 있다. 지속가능한 전략에 대한 수요는 급증해 지속가능 채권 발행도 2020년 두 배 불었다. 지속가능한 투자는 이제 환경과 사회 프로젝트에도 파이낸싱 접근이 늘고 있다.

g) ESG는 투자 흐름의 속성을 바꾸고 있다. 지속가능한 펀드가 증가할 것으로 전망된다. EU와 미국은 물론 아시아태평양 지역에서도 2020년 두드러진 증가가 있었다.

(3) ESG 정보 공시

기업의 ESG 정보공시와 관련해서는 관련 정보 공개를 법으로 강제해야 하는지 또는 기업 자율에 맡겨야 하는지를 두고 논의가 계속되고 있다. ESG 정보공시 의무화를 찬성하는 입장은 ESG 공시 의무화는 기업과 투자자 사이의 정보 비대칭성 문제를 완화함으로써 투자자들의 기업에 대한 신뢰성을 높이고, 궁극적으로 기업 가치 향상에 긍정적인 영향을 미친다고 주장한다. 반면, 기업의 자율에 맡겨야 한다는 입장은 ESG 공시 확대에 따른 기업의 비용 증가로 수익성이 악화될 가능성, ESG 내용 및 수준에 대한 정확한 평가지표의 부재로 정확한 정보 반영이 어려운 현실을 감안할 때 강제적인 ESG 공시보다 자발적인 공시 형태를 취하는 것이 바람직하다고 주장한다.

이런 논란이 있지만 ESG 관련 공시는 강화되는 추세다. EU를 비롯해서 영국, 싱가포르, 남아프리카공화국, 대만 등은 전체 또는 일부 상장기업에 ESG 공시를 의무화하였다(박해진 2020). EU와 영국에서는 '기후변화관련 재무정보공개 태스크포스'(TCFD : Task Force Climate-Related Financial Disclosure)'의 권고안에 따라 사업보고서 내 기후변화 관련 재무정보 공시를 법으로 강제하고 있다. 이와 달리 미국에서는 기업지배구조와 환경과 관련한 사항에 대해서만 부분적인 공시 의무를 부과하고 있다. 미국의 경우 동일한 내용의 법안이 2020년 7월 의회에서 부결되었다.

ESG 정보 공시 제도와 관련해서는 기업, 투자자, 정부, NGO 등 다양한 주체들의 이해관계가 얽혀 있다. 기업의 규모나 산업별 특수성도 고려되어야 하므로 일률적으로 어떤 제도가 바람직한지 판단하기 쉽지 않다. 공시 범위를 확대하면 외부 투자자들의 편익은 증가하지만, 기업에게는 공시 관련 부담으로 작용할 수 있다. 또 산업별로 ESG 리스크 유형이나 범위도 다르므로 일률적인 공시 기준을 적용하기도 쉽지 않다. 따라서 정보 공시 범위를 포괄적으로 하기보다는 정보의 중요성(materiality)에 따라 공개 우선순위를 정해 점차 확대해 나가는 방안이 바람직할 것이다. 개별 기업이 처한 산업별 특수성을 반영하여 핵심 이슈를 선정, 이에 대한 표준화된 지표를 만들어 제공하면 기업들의 공시 부담도 줄이면서 동시에 투자자들은 명확한 성과 평가를 할 수 있을 것이다.

(4) 기업 신용도 평가

탄소중립 등 기후위기 극복에 기업이 당장 타깃이 되는 글로벌 추세가 뉴노말이 되고 있다. 2015년 파리기후협약이 체결되어 지구의 평균기온을 산업화 대비 1.5℃ 이하 억제하는 목표에서 기업이 일차적인 규제대상이 되고 있다. 세계 주요국과 한국은 탄소배출량을 절감하거나 장기적으로 탄소배출량을 제로화 하기 위한 계획을 수립하여 시행하고 있다.

유럽에서 2023년 도입 검토 중인 '탄소국경세'가 실현될 경우, 생산과정에서 탄소를 많이 배출한 기업의 글로벌 가격경쟁력은 저하될 것이다(http://esg.krx.co.kr/). 자금 이동의 주요기준으로 ESG가 부각됨에 따라 ESG 정보공개 관련 규제도 속속 도입되고 있다. 특히 불특정 다수의 투자를 받는 상장기업들의 경우 ESG 정보공개에 대한 압박이 커지고 있으며, 글로벌 ESG 정보공개 정책에 발맞추어 한국의 상장기업도 ESG 보고 의무화가 추진 중이다. 2025년부터 단계적인 ESG 공시 의무화 추진중이다.

글로벌 신용평가사들이 기업의 신용도 평가에 ESG 경영을 반영하는 추세다. 기업이 ESG 경영 제도화를 하지 않게 되면 기업가치 평가에 부정적인 영향을 받아 금융비용이 증가할 것이다. Moody's는 2019년 ESG 기반으로 전체 33% 신용등급을 조정했고, Fitch's Ratings는 신용등급 평가에서 ESG 리스크 수준이 높은 경우 반영한다(http://esg.krx.co.kr/). 글로벌 자산운용사, 투자은행, 신용평가사는 상품 개발 및 투자의사결정에 지속가능경영 평가를 통합해 나가고 있는 추세다.

ESG 투자가 수익에 유리하다는 평가도 있지만 부정적인 시각도 있다(OECD 2020b). 투자와 투자수익률의 관계를 분석한 2,000여 개의 선행연구를 분석한 2015년의 연구에 따르면 ESG 기준의 투자가 63% 정도는 긍정적인 영향을 미친다. 그런데 ESG 투자의 재무적 성과에 대해서는 명확한 정보가 부재한 가운데 성과가 상당하다는 일부 보고들이 있다. ESG 투자가 유럽과 미국을 중심으로 새로운 투자 기법의 하나로 주목받고 있는 가운데, 한편에서는 사회적, 환경적 가치와 재무적 수익을 동시에 달성할 수 있는지에 대한 의문도 제기되고 있다. 2019년 IMF 보고서에 따르면, 지속가능펀드가 다른 일반 글로벌 주식형 펀드보다 지속적으로 더 높은 또는 낮은 수익률을 보인다는 명확한 증거가 없으며 투자 대상을 제한하면 오히려 성과가 더 하락할 수 있다(박해진 2020).

2) ESG 통합과 ESG 경영

(1) ESG 통합

UN PRI는 투자자들이 투자의사결정에서 반영해야 하는 ESG 핵심 가치를 담은 투자 6개 원칙(PRI)을 제시한다. 투자분석 및 투자의사결정에 ESG 이슈 반영, 투자철학 및 운용원칙에 ESG 이슈를 통합, 투자대상기업에 ESG 정보공개 요구, 금융산업의 PRI 준수 및 이행 노력, PRI 이행을 위한 상호 협력, PRI 이행에 대한 세부활동 및 진행사항 외부 보고 등이다. ESG 통합은 기업 가치 및 위험분석에 ESG 이슈를 함께 고려하는 방식, 적극적 주주권 행사는 기업 경영진과 대화 또는 의결권 행사를 통해 ESG 이슈에 관여하는 방식을 의미한다.

ESG 통합은 글로벌 추세가 되고 있다. ESG를 투자선택, 모니터링 실천에 통합한 자산소유자의 비중은 2020년 71%에서 2021년 82%로 증가해, 주류의 동향을 보여준다(UNPRI 2021: 13). 자산운영사 중에 J.P Morgan이 2016년 최초로 ESG 통합과정을 공식화하고 나섰다. 5년후 80개국의 450여 전략에 전체 자산 중 97%에 달하는 자산의 통합을 이뤄냈다.[1] 강력한 투명한 과정의 통합으로 성공을 이뤄낸 것이다.

(2) ESG 경영

ESG 경영은 ESG 프로그램 개발의 과정을 의미한다. ESG 프로그램이란 "조직이 직면하는 중요한 환경적, 사회적, 거버넌스 리스크를 관리하기 위한 조직의 정책, 관리시스템과 과정들"을 의미한다(Papadopoulos & Araujo 2020). ESG 프로그램 개발의 핵심 요소들은 ①중요한 ESG 이슈들의 파악부터 ②전략적 연계, ③이사회 감독, ④정책과 이니셔티브, ⑤메트릭스와 목표 설정, 그리고 ⑥모니터링의 과정을 거친다(앞글).

기업은 정기적으로 'ESG 중요성' 사정을 실시해 기업과 핵심 이해관계자에게 미치는 임팩트 관련 ESG 요인들의 우선순위를 파악하는 것이 중요하다. 중요 이슈들의 파악으로 사회적, 환경적 리스크와 기회들로 인한 직접, 간접적인 재무적 임팩트를 파악하는 장기적 접근이 가능해진다. 이어서 기업의 전략 시행을 위한 ESG 프로그램의 설치는 혁신과 산업 공조의 소스가 되어, 지속적인 개선의 기회를 갖게 된다. ESG 프로그램의 효과적인 시행을 위한 정기적인 모니터링과 핵심 성과 지표들을 활용한 모니터링과 사정이 뒷받침되어야 한다.

---

1 UNPRI. https://www.unpri.org/showcasing-leadership/esg-integration-investment-led-expert-driven/8881.article

(3) ESG 정보공개

ESG 경영 시스템 구축과 동시에 'ESG 정보공개' 리포팅이 병행되어야 한다. 투자자들은 기업의 ESG 활동에 대한 대외 평가를 기반으로 투자를 할 수 있으며, 이러한 투자를 통해 ESG 경영이 재무적 성과를 내는 선순환 구조가 만들어질 수 있다(http://esg.krx.co.kr/). 선도적인 글로벌 기업들은 이미 96%가 ESG 리포팅을 하는 것으로 파악되지만 한국 기업들은 미비한 수준에 머물러 있다. 대다수 기업들은 GRI와 SASB 스탠다드로 리포팅을 했는데, 최근에 TCFD 등 새로운 프레임워크 공시도 증가하는 추세다.

가장 많이 참고하는 ESG 글로벌 스탠다드는 다음과 같다(http://esg.krx.co.kr/).

a) GRI: 기업이 경제, 환경, 사회에 미치는 영향을 보고하는 지속가능보고서에 대한 작성지침.

b) SASB: 지속가능산업분류체계(Sustainable Industry Classification System)에 따른 11대 산업군에 따라 별도의 보고지침.

c) WEF-IBC-MSC: 거버넌스의 원칙, 지구, 사람, 번영의 4개 영역으로 구분하고 ESG 관련 21개 핵심지표, 34개 확장지표 제시.

d) TCFD: 기후변화 관련 지배구조, 전략, 리스크 관리, 위험과 기회를 평가하는 지표와 목표 등.

e) IR 프레임워크: 재무/비재무 정보 통합 공시.

f) ISO 26000: 기업이 사회적 책임을 이행하고 커뮤니케이션을 제고하는 방법에 대한 지침 제공.

3) 재무 중요성과 사회/환경 중요성

2017년 유럽이사회는 ESG 관련 '비재무 정보'의 자발적 공시 가이드라인을 제시하였다. 일반적, 부문별 '핵심성과지표'(KPI: key performance indicators)도 포함되며, 환경에서는 재생에너지 자원 사용과 GHG 배출, 사회에서는 기본인권협약의 실행, 노동자권리, 부패방지 등이다. 기업들은 글로벌 프레임워크(OECD 가이드라인, GRI, ISO 26000, SASB 등) 중에서 자유롭게 선택할 수 있다. 관련 정보를 제공하지 않은 기업들은 그 이유를 보고서로 제시해야 한다.

(1) TCFD(기후변화관련 금융정보공시 태스크포스)

유럽의 이니셔티브들 가운데 획기적인 글로벌 진전은 TCFD(Task Force Climate-Related Financial Disclosure)이다. 기업들이 당면하는 기후위기에 초점을 맞춰 기업들이 시나리오 분석으로 효과적인 기업복원정책을 평가하도록 지원하는 프레임워크이다.

TCFD의 거버넌스, 전략, 리스크관리, 메트릭스를 참고하면 〈표 2-1〉과 같이 메트릭스는 부진하지만 다른 셋은 상당한 진전을 보여준다. 2020년 TCFD 기반의 투자자 리포팅은 2019년 591개에서 3.5배가 늘어난 2,097개로 나왔다(UNPRI 2020: 6). 2020년부터 거버넌스와 전략 지표에 대해 의무 리포팅을 실시한 결과인데, 공시는 의무가 아니라 여전히 자발적인 것이다.

TCFD는 COP26에서 글로벌 스탠다드로 채택되는 등 대표성을 인정받았지만 여전히 지속적인 지표 측정과 메트릭스 개선의 과제를 갖고 있다.

2019년 유럽이사회는 TCFD를 기준으로 기업이 기후변화에 미치는 영향, 그리고 기후변화가 기업에 미치는 영향 등 쌍방향 리스크에 대한 가이드라인(비재무리포팅)을 제시한다.

(2) 기업 ↔ 기후임팩트

일반적으로 기후변화가 기업에 미치는 영향을 '재무적 중요성'으로 파악하는데, 〈표 2-1〉에서는 기업이 기후에 미치는 영향 또한 재무적 중요성이 될 수 있는 가능성을 시사한다. TCFD는 기업에 대한 기후변화 임팩트에 관한 재무정보 공개를 권고하는 반면, NFRD(비재무리포팅지침)은 기후 → 기업 임팩트의 재무적 중요성뿐 아니라 기업 → 기후임팩트의 사회/환경적 중요성도 기업이 리포팅을 하는 지침을 의무화하고 있다.

표 2-1 기후정보의 재무적, 사회/환경적 중요성

재무적 중요성 financial materiality		사회/환경적 중요성 social, environmental materiality
기업 ⇐ 기후 기업에 대한 기후변화 임팩트	기업 → 기후 임팩트 재무 중요성 가능 ⇐	**기업 ⇒ 기후** 기후에 대한 기업의 임팩트
핵심 이해관계자 : 투자자		핵심 이해관계자 : 소비자, 시민사회, 임직원, 투자자
TCFD 권고안		
NFRD(비재무리포팅지침)		

자료 AIAF(2022: 6).

2020년 세계경제포럼(WEF)은 〈새로운 중요성의 시대〉 보고서에서 "오늘 기업에게 재무적으로 중요하지 않지만 내일은 중요해진다"며, 그 과정을 '역동적 중요성'(dynamic materiality)으로 설명한다. 기업과 투자자들은 역동적인 ESG 이슈들을 잘 파악해서 투자나 관리 과정에 통합하기 위한 시그날로 인지하려면 중요성에 대해 미래지향적인 진취적인 접근을 해야 한다. 리스크 분석에 기후요소를 고려해 녹색 투자에 자본유입을 촉진하는 노력으로 2017년 중앙은행들과 감독기관들이 합작으로 금융시스템녹색화네트워크(NGFS)를 개설했다.

유럽이사회는 2020년 '이중의 중요성' 원칙에 따라 기후관련 리스크 기회를 파악해 분류하는 '지속가능 경제활동' 택소노미(taxonomy)를 제안한다. 투자의 환경적 지속가능성을 결정하는 법적 요구사항이다. 6가지의 환경적 목표는 기후변화 완화, 기후변화 적응, 물과 해양자원의 지속가능한 이용과 보전, 순환적경제로의 전환, 오염방지와 통제, 생다양성과 에코시스템의 보전과 복원이다(AIAF 2022: 8).

4) EU의 기업정보공개 동향

(1) EU 택소노미(Taxonomy)

2021년 4월 유럽이사회(European Commission)는 지속가능 금융과 기업 지속가능리포팅을 위한 'EU 택소노미 기후법', '기업지속가능성리포팅지

침'(CSRD), '유럽 그린딜'(European Green Deal) 도입을 결정했다.[2]

먼저 'EU 택소노미(Taxonomy) 기후법'은 기업과 투자자를 위한 강력한, 과학기반의 투명성 도구이다. 투자자들이 기후와 환경에 긍정적인 임팩트를 가진 프로젝트와 경제활동에 투자할 때 이용할 수 있는 공통의 언어를 만든다. 기업들과 금융시장 참여자들에게는 공시의무를 제시하는 것이다. 법률은 어떤 활동이 택소노미 규제에서 환경적 목표 중 두 가지(기후변화 완화와 적응)에 상당히 기여하는지를 정의하는 첫번째 기술적 스크리닝 스탠다드에 해당된다. 이 법은 유럽의 GHG 80% 배출 책임이 있는 산업부문의 상장 기업 약 40%에 적용된다. 에너지, 산림, 제조업, 수송 및 건물 부문이다.

(2) 비재무정보공개(NFRD)

EU Taxonomy Regulation은 2020년 세계 최초의 지속가능한 경제활동의 분류, 즉 '그린 리스트'를 창출하였다. 일차 대상은 대기업들로 기존의 NFRD 규제를 받고 있고, 이어서 CSRD 규제를 받게 되는데, 기업들은 택소노미에 연계 수준을 공개해야 한다(Platform on Sustainable Finance 2022: 15). 그리고 자산운영사, 연금기관 등의 금융시장 참여자들도 택소노미에 연관된 투자 내용을 리포팅해야 한다.

NFRD는 특정 대기업의 비재무정보공개를 규제하는데, 이제는 500인 이상의 상장기업, 은행, 보험사, 기타 각국이 공익 기업으로 지정한 기업들

2 EC. https://ec.europa.eu/commission/presscorner/detail/en/ip_21_1804

이다. 대기업이 공개해야 하는 비재무 정보는 (i) 환경, (ii) 사회적 관심사와 임직원 처우, (iii) 인권 존중, (iv) 반부패와 뇌물 배척, (v) 이사회의 다양성(연령, 젠더, 교육수준, 전문성 경력).

(3) 기업지속가능성리포팅지침(CSRD)

CSRD는 2021년 4월에 유럽이사회가 의결해 입법 단계에서 기존의 NFRD 리포팅 의무화 부분을 조정하는 과정에 있다. CSRD는 리포팅 정보의 감사를 요구하고, 또 의무적인 EU 지속가능성 리포팅 스탠다드에 따른 리포팅을 요구한다.

또 CSRD는 이중의 중요성(double materiality)에 대한 기업의 공시를 요구할 예정이다. 지속가능성 현안이 기업에 어떤 영향을 미치고 있는지, 그리고 기업이 사람과 환경에 미치는 임팩트를 이해하는 정보를 공시해야 한다. 기업뿐 아니라 가치사슬에서도 부정적 임팩트를 전략과 목표, 이사회 역할 정보를 공시해야 한다. 현황뿐 아니라 과거 사실과 미래 예측도 포함된 양적, 질적 정보를 제공하며 기업의 운영, 제품, 서비스, 비즈니스 관계 가치사슬을 포함해야 한다.

CSRD는 다음의 사회적 토픽 정보도 공시할 것을 요구한다.

a) 모든 사람을 위한 평등한 기회 : (i) 젠더 평등과 동일 노동에 대한 동일 급여; (ii) 훈련과 기술 개발, (iii) 장애인 고용과 포용.
b) 작업 조건 : (i) 안정적, 수용가능한 고용, (ii) 임금, (iii) 사회적 대화, 단체협상과 노동자 관여, (iv) 노동-생활 균형, (v) 건강한, 안전한, 적정의 작업환경.

c) 인권 존중, 기본권 자유, 민주적 원칙과 스탠다드.

CSRD는 비재무정보에 다음의 거버넌스 요소들도 공개할 것을 요구한다.

a) 기업의 행정, 관리 및 감독기관(지속가능성 사안 포함), 기관의 구성.
b) 기업윤리와 기업문화 (반부패, 반뇌물, 로비활동 등 정치적 관여)
c) 기업과 비즈니스 파트너와의 관계 (지불 실천 포함)
d) 기업의 내부통제와 리스크관리 시스템(리포팅 과정 포함).

(4) 유럽 그린딜(European Green Deal)

또 유럽 그린딜(European Green Deal)은 시민의 건강과 웰빙 개선을 목적으로 하는 성장 전략이다. 유럽을 2050년까지 기후중립으로 만들고, 유럽의 자연 자본과 생다양성을 보호, 보전, 개량하는 목적이 있다. 이를 위해 기업들은 자신의 비즈니스 모델을 바꾸는 종합적인 지속가능성 프레임워크를 필요로 한다. 금융의 전환을 보장하고 그린 와싱을 차단하기 위해 모든 정책 패키지들의 요소들이 지속가능성 정보의 신뢰성과 비교가능성을 개선할 것이다. 유럽이사회는 그린딜을 법적 구속력을 가진 목표로 만들기 위해 유럽 기후법(1990년 대비 2030년까지 넷 GHG 배출 감축 제시)을 제안하고 있다.

2. 기업의 사회적 임팩트(CSI)

CSI는 투자전략에 초점을 맞춘다는 의미에서 포용적 비즈니스와 공유가치창출과 구분되지만, 이들을 포용하는 새로운 임팩트 개념이다. 공유가치창출(CSV)은 "기업의 관리전략으로, 비즈니스와 연관된 사회문제를 파악해 해결하면서 측정가능한 비즈니스 가치를 창출하는 전략"을 의미한다(EVPA 2015). 또 포용적 비즈니스(inclusive Business)는 "상업적으로 생존가능한 비즈니스로 저소득 고객, 소매상, 공급자 또는 배급자를 핵심 운영에 포용하는 모델"로 설명한다.

1) 기업의 사회적 임팩트 창출

한편 CSI 시각에서 기업은 사회적 임팩트 창출자로 부각된다. 기업은 경제적 발전을 이끄는 강력한 주도자이며 동시에 기업의 역량, 지식, 기술, 네트워크 및 자산을 사회적 이슈 해결에 적용시켜 사회적 임팩트를 창출한다. 일부 대기업들은 금융적 임팩트와 사회적 임팩트를 동시에 창출하는 특별한 역할도 한다. 기업임팩트벤처링(Corporate Impact Venturing : CIV)으로, "사회적, 환경적, 재정적 수익을 추구하는 임팩트가 있는 외부의 벤처에 대한 투자"로, "임팩트투자를 통한 벤처 활동에 참여하는 기업의 활동"을 의미한다(앞글: 18).

또 다른 혁신적인 기업들은 내부의 벤처에 투자하거나 벤처 필랜스로피와 사회적 투자를 하는 자신의 기업재단에 대한 사회적 가치 창출의 아웃소싱을 한다. 쉘 재단(Shell Foundation)이 대표적인 사례다. SF는 아시아와 아프리카에서 선도적인 사회적기업을 지원해 저소득층에게 에너지와 수송 접근을 개선해 빈곤해소의 임팩트를 창출하는 프로그램을 운영한다. SF는 연간 두 차례 정기적인 성과 모니터링, 핵심 지표 추적을 실시한다. 협력사 차원의 데이터를 지표화해서 생계 개선, 일자리 지원, CO2 감축, 금융 레버리지 등의 임팩트를 측정한다. 2015~21년 기간에 매년 네 가지 지표 개선이 두드러지게 나타난다.[3] 일자리는 73만 개 이상, 금융 레버리지의 경우 SF 프로그램 지원을 받은 기업들이나 활동으로 협력사가 동원한 후속 금융도 매년 증가세를 유지한다.

이런 다양한 유형의 기업 투자전략은 CIV처럼 금융투자 형태가 되거나 비금융투자(기술자문, 네트워크 접근 등)가 될 수 있다. 유럽의 벤처필랜스토피(VP)와 사회적 투자 산업계 조사에 따르면, 2013년 VP 펀드의 17%가 기업의 투자로 개인 자산가 다음으로 높은 비중을 차지한다(앞글: 18).

지속가능성, 공유가치 또는 포용적 비즈니스는 대기업 CEO의 마음속에 있는 것 같지만, 실제 현장 활동에서는 기업의 핵심 비즈니스 중 극소형 일부에 지나지 않는다. 여전히 탐색 단계에 머물러 있다. 대부분의 기업들은 자연보호는 기업이 아니라 정부나 환경운동가들이 하는 일로 간주되어 왔다. 그런데 파리기후협약 이후 세계는 이제 CO2 발자국 정도는 인식하고 있다. 많은 기업들은 자신들의 활동으로 발생하는 환경적 임팩트 리포팅 수준을 넘어, 도전을 경쟁적 엣지로 바꿔 활용하고 있다. 에너지 사용감소, 리싸이클링, 녹색 소비자 욕구 등으로 실제 비용절감의 성과를 거두고 있다. 이같은 '녹색혁명'은 테크놀러지 주도적인 것으로, 조직의 마켓팅

---

3 Shell Foundation. https://shellfoundation.org/impact/

전문가뿐 아니라 관리, 공급사슬, 엔지리어링 부서가 관여하게 된다(앞글: 19).

일부 선도적 기업은 녹색 혁신을 적극 소싱하는 벤처캐피탈 펀드를 개시하였다. 파타고니아(Patagonia)의 2천만 달러 펀드가 대표적 사례다. 또는 CO2 제품의 오프셋 거래로 펀드를 개시한 다농(Danone)의 탄소크레딧 거래를 위한 생계펀드(Livelihood Fund)가 있다(앞글: 19).

환경보호와 사업수익과 같은 대립적 목표를 조화시키는 사례들이 성공을 거두기도 했다. 1970년 일본 기업은 좋은 품질과 낮은 비용, 둘의 조화를 이룬 것이 둘의 중간에서 선택하는 것이 불가피하다는 전통적 상식을 바꾸었다. 마찬가지로 1980년대에는 비용 효율성과 다양성이라는 대립적인 목표가 조화를 이뤄내기도 했다. 자동차 산업은 대량 맞춤형의 개념을 수용했고, IKEA 등의 기업들은 소비자에게 선택권을 주는 맞춤형 생산이 반드시 높은 가격을 의미하는 것은 아니라는 것을 확인시켜 주었다.

지금의 '지속가능한 성장'이란 비즈니스 패러다임에서는 '비즈니스를 하는 것'(doing business)과 '선행을 하는 것'(doing good)이 대립적이지 않고 조화를 이루고 있다. 선도적 기업들은 긍정적인 사회적 임팩트를 창출하면서 비즈니스 수익도 올리는 방법을 터득하고 있다.

사회적 포용은 신흥 중산층의 욕구를 성공적으로 충족시킨다는 점은 개발도상국에서 활동중인 다국적기업들에게는 널리 인식되어 있다. 그럼에도 소득과 재산 상의 갭이 점차 벌어지고 있는 서구 사회에서는 중산층이 점차 붕괴되면서, 사회적 포용은 장래 비즈니스 성공에 결정적으로 중요한 이슈가 된다.

녹색 벤처캐피탈 펀드는 지난 수십년 기간에 개시되어 녹색 지속가능성과 녹색 혁신의 관심을 일으키는데 성공했다. 지속가능성의 사회적 측면이 되는 사회적 임팩트에 임팩트투자자가 새로운 인물로 등장한다. GIIN의 개념정의에 따르면, 임팩트투자는 "금융적 수익 이외에 사회적, 환경적 임팩트 창출의 목적을 가진 기업, 조직, 펀드에 대한 투자다."(앞글: 20)

기관투자자는 기업의 대주주들로 기업의 지속가능성 어젠다에 압력을 행사하는 파워를 가지고 있다. 이에 대해 기업들은 어떻게 반응할까? 기업들은 녹색 혁명보다는 테크놀러지 집약적이지 않은 혁신들을 소싱할 것인가? 비즈니스 모델 혁신, 공동창출 도전 또는 사회 취약층의 욕구 해결의 제품과 서비스는 어떠할까? 기업은 전략적/금융적 수익뿐 아니라 사회적(또는 환경적) 편익을 목표로 하는 CSI 전략을 어느 정도에서 수용할까?

2) 기업임팩트 리포팅 변화이론

기업의 사회임팩트에 대한 기대들은 널리 보급된 패러다임이 아니라 하나의 동향에 머물러 있다. 패러다임 이동이 되려면 다음과 같은 장애물이 제거되어야 할 것이다(SII TF 2018: 19-20).

- 규제기관/정부는 상업적 성과, 소비자 가격과 선택 사이의 트레이드 오프의 불확실성에 직면해 있다. 기업의 사회적 임팩트 관련 정보를 충분히 갖고 있지 않다.
- 고객들도 제품과 서비스 관련 정보를 충분히 갖고 있지 않다. 기업의 사회적, 환경적 발자국에 대한 정보도 부족하다. 이에 따라 '가격 대비 임팩트' 비교가 쉽지 않은 상황에 있다.
- 직원들은 자사의 주장에서 진정성을 찾지 못하고 있다. 기업주의

'목적'이나 '브랜드 메시지'는 슬로건에 지나지 않은 것으로 간주한다.

- 매니저들은 사회적, 환경적 임팩트가 비즈니스 사례가 없다는 전제에서 단기적 금융 결과 이상을 내다보지 않는다. 사회적, 환경적 임팩트와 금융 결과를 트레이드 오프로 간주한다.
- 공급사는 가격을 가장 중요한 요인을 본다.
- 투자자들은 사회적, 환경적 임팩트와 금융수익 사이의 관계를 금전화하는데 어려움을 겪고 있다. 기업이 정보를 주지 않는다. 좋은 임팩트가 좋은 수익과 같이 간다는 결정적인 증거가 없다는 것이다.

이상의 장애물을 극복하는 방안으로 변화이론(theory of change)을 설정하는 것이 중요하다. 변화이론을 이용하고 임팩트 측정의 방법으로 기업의 투입이 산출을 넘어 결과와 임팩트를 어떻게 창출하는지를 리포팅으로 제시할 필요가 있다.

그림 2-2 임팩트 리포팅의 변화이론

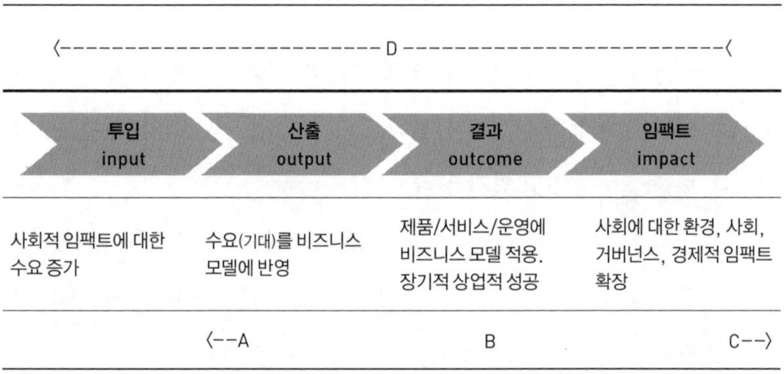

자료 SII TF (2018: 17). "Growing a Culture of Social Impact Investing in the UK."

① 투입(input) : 기업의 사회적 임팩트에 대한 투자자, 고객, 정부 등의 요구가 늘고 있다. 이를 중요한 투입으로 설정하는 기획이 필요하다.

② 산출(output) : '임팩트' 수요(기대)를 기업의 비즈니스 모델에 반영한다.

(A) 이해관계자 기대와 소통하고 이해하는 과정이 필요하다.

③ 결과(outcome) : 비즈니스 모델을 제품/서비스/운영에 적용해, 장기적인 상업적 성공(수익증대 등)을 결과로 얻는다.

(B) 제품, 서비스, 운영 전반에 비즈니스 모델의 추진방안 디자인을 리포팅한다.

④ 임팩트(impact) : 사회에 대한 ESG 확장과 동시에, 경제적 임팩트를 확장한다. 전형적인 CSV 임팩트를 지향한다.

(C) 다양한 기대에 대한 임팩트를 측정하는 기초를 제공한다.

(D) 이해관계자들에게 기대가 어떻게 충족되었는지를 임팩트 보고로 소통한다.

3) 기업사회임팩트(CSI) 프레임워크

1990년대초 '런던벤치마킹그룹'(London Benchmarking Group)은 기업이 지역사회투자를 생각하는 방식의 변화로 자선적 활동에서 지역사회 전략적 투자로 바꾸는 역사적 전환점을 마련했다. 사회적 가치와 임팩트를 최대화하는 사회적 임팩트를 탐구하는 과정에서 〈기업 사회적 임팩트〉(Business for Societal Impact : B4SI)를 제시해 많은 기업들의 호응을 이끌었다

(Corporate Citizenship 2020). 약 300여 기업들이 B4SI 전통을 유지해오며, 오늘날 ESG의 선도적 프레임워크로 간주될 만하다. GRI와 글로벌 컴팩트는 B4SI에 대해, "이해관계자들에 대한 기업의 사회적 임팩트 서술"의 증거라 인정하고 있다.

B4SI의 변화이론에서 무엇이 변하는지를 제시하는 '임팩트'는 먼저 지역사회와 사람에 초점을 맞춘다. 그런 다음 기업조직 임팩트, 환경 임팩트, 비즈니스 임팩트 등으로 ESG 전반에 걸친 임팩트를 제시한다. 지역사회 임팩트의 '사람' 대상의 연계 → 개선 → 전환으로 발전하는 임팩트는 다음과 같이 제시된다.

- 연계 : 비즈니스 활동으로 (예 : 문자해득율 향상 기회 인식) 다소 변화가 있다고 응답한 사람들과 접촉.
- 개선 : 비즈니스 활동으로 (문자해득 개선 등) 상당한 생활 개선이 있다고 응답한 사람의 수
- 전환 : 자신의 환경에서 지속적 변화가 있다는 사람 또는 (문자해득 개선의 결과로 취업 등) 생활 개선의 결과로 변화가 관찰된 사람.

표 2-2 기업 사회임팩트 변화이론

투입 Inputs 무엇을 기여하는가?	산출 Outputs 무엇이 일어나는가?	임팩트 Impacts 무엇이 변하는가?
1. 어떻게(기여 유형) – 현금 – 시간 – 현물 – 관리비용	1. 지역사회 산출: – 개인 지원 – 수혜자 유형 – 조직유형 – 기타 유형	1. 지역사회 임팩트 – 사람 대상 : 임팩트 깊이 : 연결, 개선, 전환 – 사람대상 : 임팩트 유형 : 행태, 태도변화, 기술, 개인 효과성, 삶의질/웰빙

투입 Inputs 무엇을 기여하는가?	산출 Outputs 무엇이 일어나는가?	임팩트 Impacts 무엇이 변하는가?
2. 왜(기여의 동기) – 자선기부 – 지역사회투자 – 지역사회이니셔티브	2. 비즈니스 산출: – 참여 임직원 – 언론 홍보 – 고객/소비자 접촉 – 공급사/배분사 접촉 – 기타 이해관계자 접촉	2. 조직 임팩트 – 조직 개선: 새로운 서비스 사람 접촉, 고객 접촉 – 관리과정 개선: 임직원, 자원봉사자 증가
3. 무엇을(타깃 이슈) – 교육 – 보건 – 환경 – 경제개발 – 사회복지, 구호 등	3. 레버리지 – 전체 레버리지: 임금 기부, 임직원 기부, 고객, 기타 조직 – 직원 관여 시간 – 기여 시간 – 시간 기회비용	3. 환경 임팩트 – 환경 임팩트 – 환경에 대한 행태 임팩트
4. 어디서(활동 지역) – 유럽 – 아프리카 – 도시 등		4. 비즈니스 임팩트 – 임직원 자원봉사자: 전문성 관련 기술, 개인 웰빙, 행태 변화 – 비즈니스 임팩트: 인적자원 혜택, 이해관계자 관계/인식 – 비즈니스 창출 – 운영 개선 – 브랜드 인지 개선

자료 Corporate Citizenship (2020: 7).

이상의 '기업사회임팩트' 변화이론은 세 가지 루트로 구분되는 프레임워크를 제시한다. 먼저 지역사회투자 루트에서 '사회적 임팩트가 있는 지역사회투자'는 "기업의 핵심 비즈니스 활동을 넘어서 지역의 비영리조직이나 활동에 자발적인 관여"로 창출된 임팩트를 말한다. 두 번째 '사회임팩트 혁신' 루트는 사회적 임팩트 창출을 목적으로 금융투자 등으로 핵심 비즈니스를 개발하는 루트로, 앞에서 제시한 기업임팩트벤처링(CIV) 등이 포함된다. 마지막은 사회임팩트조달 루트는 지속가능한 공급품 조달, 지역 소싱 등이 포함된다.

표 2-3 기업사회임팩트 프레임워크

	투입 Inputs	산출 Outputs	임팩트 Impacts
지역사회투자 루트 지역사회조직과 파트너십, 기부	어떻게, 왜, 무엇을, 어디서	사회적 산출 비즈니스 산출 레버리지	사회적 임팩트 비즈니스 임팩트
사회임팩트혁신 루트 사회임팩트 창출의 핵심 비즈니스 개발	금융 투자, 추가 자원	사회적 산출 비즈니스 산출 레버리지	사회적 임팩트 상업적 수익
사회임팩트조달 루트 사회임팩트 공급사 제품 조달	지출, 시간, 현물, 관리비용	사회적 산출 비즈니스 산출 레버리지	사회적 임팩트 조직(공급사) 임팩트 비즈니스 임팩트

자료 Corporate Citizenship(2020 : 19).

4) ECG(공공선경제)

또 다른 기업 주도의 이니셔티브가 되는 ECG는 기업의 자발적인 ESG 성과 리포팅의 전통을 갖고 있다. ESG 프레임워크뿐 아니라 SDGs와도 연계되어 성과 결과를 측정해 공시하기 때문에 기업들이 더 자구적 노력으로 더 좋은 성과를 높이려는 의욕도 확인되고 있다.

ECG는 2022년 5월 현재 독일과 덴마크 등지의 813개 기업, 공공기관, 교육기관 등이 동참해, ECG 5.0 스탠다드 20개 항목에 감사나 동료집단 평가 결과를 공시한다(표 2-4).[4] 공공선경제(ECG)는 평화롭고 지속가능한 문

---

4 ECG. https://www.ecogood.org/who-is-ecg/ecg-companies/

명에서 바람직한 생활의 문화에 기여한다는 비전과 가치를 선언한다. 이론적 배경으로는 다음 10가지를 소개한다.

표 2-4 ECG(공공선경제)의 이론적 배경

1. 공공선경제(ECG : Economy for the Common Good)는 금전 자본의 증가가 아니라 모든 사람의 좋은 삶을 목표로 하는 윤리적 시장경제에 다리가 된다.
2. 인간의 존엄, 연대, 사회정의, 환경 지속가능성 그리고 민주주의는 길잡이를 해주는 가치들이다.
3. 공공선 메트릭스는 이 가치들이 일상의 비즈니스 생활에서 어떻게 생명력을 유지할 수 있는지를 잘 보여준다. 메트릭스는 지속적으로 개발중에 있으며 민주적으로 결정되어야만 한다.
4. 기업들은 메트릭스를 이용해 공동선 대차대조표를 작성한다. 기업들은 공동선 리포트에서 공공선 가치들뿐 아니라 가치들의 개발 잠재력도 설명하며 사정을 한다. 보고서와 공공선대차대조표는 감사들의 감사를 거쳐 대중에게 공시된다.
5. ECG 기업들은 소비자, 협력사와 공공선 지향의 스폰서들이 인지해서 지원한다.
6. ECG 기업들은 평균 이상의 실적을 낳으면 그에 대한 보상으로 세금, 융자, 공공계약, 국제무역에서 법적 가산점을 받는다.
7. 비즈니스 수익은 기업을 강화시키고 수익을 내며 소유자와 임직원의 장기적인 금융적 안정을 주지만 외부 투자자의 자산을 증가시키는 것은 아니다. 따라서 소유자는 투자 수익을 최대화하라는 압력으로부터 자유롭게 공공선 지향의 비즈니스 실천을 개발할 자유를 누린다.
8. 경제성장의 동력은 감소한다. 자연자원을 보전하면서 성취된 삶에 대한 기회는 열린다. 일하면서 창의성과 협력뿐 아니라 감사와 공정이 더 잘 진전된다.
9. 부의 불평등을 제한시켜 경제적, 정치적 생활에서 모든 사람들의 평등한 참여의 기회를 늘린다.
10. ECG 운동은 존엄, 사회정의와 환경지속가능성에 기반하는 새로운 경제를 만드는데 도움을 줄 사람들을 초청한다. 지속가능한 경제 질서를 위한 모든 아이디어는 주권자 국민들에 의해 결정되고 국가의 헌법에 기반하는 민주적 과정으로 개발되어야 한다.

자료 ECG, https://www.ecogood.org/

ECG에 대해 EU는 '윤리적 시장경제 창출의 매개체'로 발표하였다. 2015년 EU의 경제사회위원회는 비금융 리포팅 전략의 프레임워크로 ECG를 절대다수(86%) 표결로 도입하였다. 높은 윤리적 성과를 내는 기업들이 보상을 받아야 한다는 취지로 ECG 메트릭스를 평가했다. 2017년에는 EU의 대기업들이 비재무정보 공시 의무화가 추진되어, 기업의 비즈니스 활동의 투명성을 높이고, 특히 사회, 환경, 임직원에 미치는 영향에 관한 정보를 공시하게 되었다. 이제 대기업 차원을 넘어 중소기업들에 대해서도 비재무 리포팅이 의무화되는 논의가 진행중이다. 이에 대해 EU 회원국들은 자국의 입법을 추진하고 있고, 그 과정에서 독일과 오스트리아 연방정부는 ECG 대차대조표를 효과적인 리포팅 모범사례로 삼고 있다.

또 2019년 UN 지속가능개발연구소(UNRISD)는 ECG 모델을 "사회연대경제의 지속가능개발 임팩트 지표"로 소개했다. 독일, 덴마크, 일부 동유럽 국가들에서 시행되고 있다. ECG는 전통적인 기업의 CSR은 비효과적이라 지적하며, 그 근거로 총체적 접근, 종합적, 측정가능한, 비교가능한, 이해가능한, 외부검증, 법적 구속력 결여 문제를 꼽는다.[5]

---

5 ECG. https://www.ecogood.org/what-is-ecg/faqs/

3. 기업시민정신: CSR, CSV, CSI의 발전

기업들은 19세기말부터 임직원의 복지와 사회적 영향에 대해 관심을 갖기 시작했다. 산업혁명으로 제기된 다양한 노동운동의 등장으로 기업들은 병원 건립과 식량 부조 등 직원복지 책임을 맡기 시작했다(Carroll 2008). 19세기말 '진보주의의 시대'에 접어든 미국에서는 개인 기업자선가들의 활동이 시작되기도 했다. 록펠러(John D. Rockefeller), 반더빌트(Cornelius Vanderbilt) 등 기업자선가들은 지역사회와 사회단체들에 자선적 기부를 통해 기여하는 활동을 시작했다(UN ECAP 2013). 같은 시기에 YMCA 등의 종교단체들의 역할이 활성화되기 시작한 시기였다. 1929년의 대공황은 기업의 사회적 책임의 실질적인 도입기로 간주할 만한 기업의 사회공헌 활동이 이뤄졌다. 캐롤(Carroll 2008)은 이 시기가 CSR 개념의 맹아기에 해당된다고 본다.

1) 기업시민정신 패러다임

ESG 투자 패러다임의 등장은 '기업시민정신'(corporate citizenship) 논의가 지속되며, 사회적 임팩트를 심화하기 위한 전략에서 등장한 시대적 배경을 갖고 있다. 따라서 기업시민정신에 대한 이해가 지금의 ESG 임팩트투자를 이해하는데 기초라 볼 수 있다.

(1) 기업시민정신이란?

기업시민정신이란 세계경제포럼(World Economic Forum 2002)은 "기업이 핵심적인 비즈니스 활동을 통한, 사회적 투자와 사회공헌 프로그램에 의한, 또 공공정책에 대한 관여를 통한 사회공헌"이라고 정의한다. 재덱(Zadek 2001b)은 기업시민정신을 실천하는 모범적인 기업을 '시민기업'(civil corporation)으로 지칭하며, 이는 "기업 내부의 가치와 역량을 효과적으로 개발해서 기업의 핵심 비즈니스에 사회적, 환경적 목표를 설정하는 학습과 행동의 기회를 충분히 이용하는 기업"이라 정의한다.

그렇다면 기업시민정신이 강조되는 주요 배경요인은 무엇인가? 첫째는 기존의 기업 평판을 유지시키고 잠정적인 재정 손실을 막기 위한 '방어적' 동기다. 둘째는 전통적인 비용-효과 비즈니스 측면으로, 사회공헌 활동이 유형의 재정적 이득을 생산할 것이라는 기대에서 나온 동기다. 셋째는 전략적 비즈니스 동기로, 기업시민정신이 장기적 성취력을 높이는 광범위한 전략적 접근의 한 통합적 요소가 된다는 것이다. 넷째는 '신경제' 시대상황적 동기로, 역동적인 환경에 대처해서 기업시민정신으로 위기관리에 도움이 되고 혁신과 학습에 기여하기 위한 것이다.

(2) 글로벌 기업시민정신

21세기초 글로벌 거버넌스 시대의 개막과 더불어 '글로벌 기업시민정신'(global corporate citizenship)에 대한 압력과 요청도 높아졌다. 글로벌 차원에서 다국적기업의 경제적 역량은 엄청나리 만큼 막강해서 이들에 대한 '글로벌 거버넌스' 논의 또한 글로벌 어젠다가 된 것이다.

다국적기업들은 막강한 경제력을 갖고 있기 때문에 글로벌 환경보호 영역에서 지속가능한 개발에 주요 기여자 역할을 할 수 있다는 긍정적인 시각도 싹트기 시작했다. UNDP(2000)는 "국제 상거래와 경제적 및 사회적 개발을 방해하기보다 촉진시키기 위해서는 다국적기업들을 단순히 규제하는데 그치는 게 아니라 공조적인 국가차원의 접근법을 구조화시키는 일"이 중요하다고 강조했다. 실제로 다국적기업들은 21세기 초까지도 "다자무역협정, 쌍무적 무역협정과 국내 자유화"로 글로벌 권리를 계속 확장해갔다(Ruggie 2002). 글로벌 권리가 계속 늘어난 만큼 글로벌 책임에 대한 압력이 가중되고 있는 것은 당연한 순리였다. UNDP(2000)는 "다국적기업들은 막강한 파워를 향유하면서도 민주적으로 책임성을 갖고 있지 않고, 행동이 투명하지 않으며 또 그들의 활동이 사회개발과 환경친화적 개발에 유익할 것이라는 보장도 없다."고 지적했다.

그렇다면 다국적기업들은 어떻게 규제되어야 하는가? 2000년 5월 UN 밀레니움 포럼에서 아난 UN사무총장은 다국적기업의 '글로벌 기업시민정신'을 강조한다(UNGA 2000: 13-4).

> "글로벌 기업들은 … 그 누구보다도 우리들이 살고 있는 단일의 경제적 공간을 창출해 놓으면서 그들의 의사결정은 전 세계의 사람들과 국가들에게도 경제적 전망에 대한 중요한 의미를 갖게 된다. 그들의 글로벌 차원에서의 운영에 관한 권리들은 국제협약과 국가정책에 의해 크게 확대되었지만 이 권리들에 수반되어야만 하는 것이 더욱 많은 책임, 즉 글로벌 기업시민정신의 개념과 실천인 것이다."

(3) 기업과 정부와 시민사회 파트너십

기업 지속가능성 실천은 새로운 환경과 사회적 책임의 실천으로 정착하고 있다. 정부로부터의 허가나 규제보다는 사회로부터의 허가를 받지 않으면 안 되는 상황에 이르러 '사업운영권'(license to operate)의 개념이 변화될 정도로 사회에 대한 책임이 강력한 동향이 되고 있다(UNGC 2015). 이는 주류 경제학을 형성하는 '이해관계자 경제' 시각에서 이해할 볼 만하다. 많은 정보를 가진 이해관계자들은 시장과 사회 양면에서 더 많은 압력을 행사한 결과, 이제 '기업 지속가능성'은 '기업의 책임'을 대신하는 개념을 정착하고 있다는 분석이다(UNGC 2013).

시민사회 또한 변화하고 있다. 기업에 대한 공세적인'이름공개와 망신주기'(naming and shaming) 전략에서 기업과의 대화와 공조를 중시하는 파트너로 변모하고 있다는 것이 UN 글로벌 컴팩트의 평가다(UNGC 2015). 21세기 초 기업과 시민사회 사이에는 상당 수준의 회의감과 함께 기업의 과실과 무책임에 대한 NGO의 활동이 활성화되었다. 그 후 기업과 시민사회의 관계는 개선되고 있지만 여전히 NGO들의 역할은 기업의 책무성에 대한 감시견 역할을 중시한다.

시민사회의 시각 변화도 주목할 만하다. 기업을 재정지원의 원천으로 보는 전통적인 시각에서 기업은 사회의 긍정적인 변화를 이끄는 지식, 기술, 네트워크를 가진 조직이라는 새로운 시각이 일반화되고 있다. UN 글로벌 컴팩트에 따르면(UNGC 2015), 다양한 대형 이니셔티브들은 기업과 시민사회의 공조로 가능해지면서 정책 대화부터 국제표준과 모범사례 개발, 지식과 전문기술의 동등한 공유에 기초한 다양한 파트너십이 발전되고 있다. 그럼에도 금융위기 이후 기업의 투명성과 책무성 제고에 대한 시민사회의 엄격한 모니터링은 지속되고 있다.

2) 기업시민정신 이론의 발전

(1) CSR 이론의 발전

CSR 개념을 소개한 최초의 학자는 1953년 보웬(Bowen)이다. 보웬은 CSR을 사회의 목표와 가치 측면에서 바람직한 정책의 추진, 의사결정 또는 일련의 행동을 취하는 기업가의 책무라 정의하였다. 기업가들은 기업의 재정적 성과보다 넓은 사회 영역에서 자신들의 행동에 대한 결과에 책임을 가져야 한다고 주창하였다. 프리데릭(Frederick 1960)은 CSR은 사회의 경제적, 인적 자원에 대한 사적 기여이며 동시에 이 자원들이 광범한 사회적 목적에 활용되도록 지켜보는 기업의 의지라 정의한다. 그는 1950년대 CSR의 발전에 영향을 미친 세 가지 핵심 사상을 i) 공공 신탁자로의 기업 관리자, ii) 기업 자원에 대한 이해관계자의 요청, iii) 기업 자선의 수용을 꼽았다.

1960년대와 70년대는 노동권, 소비자보호, 환경보호를 주창하는 사회운동의 급성장으로 정부의 공식적인 규정책의 도입으로 발전되면서, 기업에 대한 사회적 책임 요구도 급증하였다. 데이비스(Davis 1973)는 CSR을 "기업의 경제적, 기술적, 법적 요건이라는 좁은 의미를 초월하는 이슈들에 대한 기업의 고려와 대응"으로 정의하였다. 존슨(Johnson 1971)은 책임있는 기업은 주주들에게 보다 많은 수익을 주는 노력 이상으로 임직원, 공급자, 판매자, 지역사회, 국가 전체의 이해를 고려해야 한다고 제안하였다. 그는 기업의 핵심 이해관계자의 프레임워크에 기초하는 '이해관계자 이론'(stakeholder theory)을 제시하였다. 반면에 CSR에 대한 영향력있는 비판도 제기되었다. 노벨 경제학자 프리드만(Friedman, 1962)은 기업의 핵심적인 책임이란 CSR을 기업경영에 통합하는 게 아니라 주주 배당을 최대화하는 경영에 있다고 주장하였다.

캐롤(Carroll 1979)은 가장 종합적인 CSR의 개념틀을 제시하였다. 캐롤은 기업의 책임, 사회적 이슈, 기업의 실천이라는 3차원 모델에 기초해, 기업의 책임을 경제적, 법적, 윤리적, 자선적 책임 순위로 제시하였다. 캐롤의 4대 모델은 1980~90년대에 와서 수정, 제시되었는데, 워틱과 코크란(Wartick and Cochran 1985)은 CSR의 3P(principles, policies and processes) 모델을 제시한다. 그들은 CSR은 일련의 결과라기보다는 공식적인 원칙들과 정책들에 의해 규제받은 일련의 과정(분석, 토의와 수정 등)이라 설명한다. 원칙들은 캐롤의 기업의 4대 책임에 해당되고, 정책들은 기업의 실천을 비롯한 기업의 사회적 이슈 관리를 가이드하는 정책이다. '과정'이 중시되는 것은 변화하는 사회의 도전들에 대응하면서 다양한 사회적 이슈들에 추가적인 행동을 취하는 기업의 실천 과정을 반영한다는 것이다.

같은 시기에 CSR은 '기업시민정신' 개념으로 대체되는 변화도 있었다. 그럼에도 기업시민정신 등의 대안들도 CSR의 기본 개념에 기초해 새로운 제안들을 추가하는 방식으로 보다 종합적인 개념화 작업이 진행되었다(Carroll 2008). 21세기에 들어서면서 관심은 CSR 이니셔티브의 집행과 CSR의 영향 또는 성과에 초점이 맞춰진다. 슈와츠와 캐롤(Schwartz and Carroll 2003)은 케롤(Carroll 1979)의 4대 책임에 자선적 책임을 제외한 3대 책임으로 제시한다.

국제기관과 기업협회 또한 동참하고 나섰다. OECD(2000)는 〈다국적 기업 가이드라인〉을 제시해, 경영, 노동, 환경 등에서의 윤리적 행동을 제안하였다. ILO(2007)는 CSR을 기업경영의 사회에 대한 영향으로 재정의하며, CSR 원칙들이 기업 내부의 과정들과 이해관계자들과의 상호작용에 통합되는 개념으로 제시한다. 유럽이사회(European Commission 2011)는 CSR 개념은 기업의 사회에 대한 임팩트에 대한 책임이라 정의한다. 기업들이 이해관계자들과 협의를 통해 CSR 어젠다를 기업경영과 핵심 전략에 통합시키는 제도적 과정을 갖출 것을 제시한 것이다. 세계지속가능개발기업위원회(WBCSD 2012) 또한 CSR 리포팅을 기업의 연간보고서에 통합할 것을 제안한다.

이해관계자 이론에 따르면, 기업들은 특정 사회의 다양한 이해관계자들과 더불어 경영되므로 이들의 이해와 요청에 호응할 필요가 있다. 주요 이해관계자로는 소비자, 임직원, 주주, 공급자, 정부, 지역주민 등이다. 이해관계자들은 자신들의 복지에 영향을 미치는 이슈들(소비자 보호, 제품 안전 등) 뿐 아니라 불특정 다수에게 영향을 미치는 이슈들(오염과 아동노동을 비난하는 소비자 운동가들의 주장)도 옹호할 수 있다고 본다.

표 2-5 CSR, CSV, CSI 이론의 발전: 관련 학자들

	개념	내용	저자(연도)
1950-1960-1970년대	기업(인)의 사회적 책임	사회의 목표와 가치 측면에서 바람직한 정책 추진, 의사결정 또는 행동을 취하는 기업인의 의무	Bowen(1953)
		사회적 책임이 있는 기업의 의사결정의 정당화 기준은 장기적으로 기업에 수익을 보장해 기업의 사회적 책임으로 환원	Davis(1960)
		사회의 경제적, 인적 자원의 사회적 목적에 활용되도록 기여하는 기업의 노력과 의지	Frederick(1960)
	이해관계자 접근	주주를 위한 수익보장을 넘어 임직원, 공급자, 판매자, 지역사회, 국가의 이해를 고려하는 책임있는 기업	Johnson(1971)
	CSR 3차원 모델	기업의 책임(경제적, 법적, 윤리적, 자선적), 기업의 사회적 이슈(노동기준, 인권, 환경보호, 반부패), 기업의 대응(반응, 수동, 수용, 호응)	Carroll(1979)

	개념	내용	저자(연도)
1980–90년대	원칙, 정책, 과정의 3차원 모델	기업 책임의 원칙, 사회적 이슈 관리의 정책, 혁신적 시스템으로의 행동 과정의 통합	Wartick and Cochran(1985)
	제도적 장치와 기업 행동의 확장	기업의 4대 책임(경제, 법, 윤리와 자선)을 3대 제도(법, 조직, 개인)에 연계, 기업의 책임있는 행동을 사정, 이해관계자 관리, 실행관리로 확장	Wood(1991)
2000–2010년대	3대 영역 접근	CSR 3대 영역: 경제적, 법적, 윤리적	Schwartz and Carroll(2003)
	새로운 개념	사회, 환경, 윤리적 권리와 인권과 소비자 관심을 이해관계자와의 긴밀한 협의를 통해 기업의 운영과 핵심전략으로 통합	European Commission (2011)
	CSV(creating shared value) 공유가치창출	사회의 욕구뿐 아니라 문제들을 해결하며 사회적 가치도 창출하면서 동시에 경제적 가치를 창출	Porter and Kramer (2006, 2011)
	CSI(coporate social impact) 기업사회임팩트	기업은 경제적 발전을 이끄는 강력한 주도자이자 동시에 기업의 역량, 지식, 기술, 네트워크 및 자산을 사회적 이슈 해결에 적용시켜 사회적 임팩트를 창출.	European Venture Philanthropy Association(2015)
	CIV(corporate impact venturing) 기업임팩트벤처링	사회적, 환경적, 재정적 수익을 추구하는 임팩트가 있는 외부의 벤처에 대한 임팩트투자를 하는 기업의 역할.	

자료 UN ESCAP(2013: 13); CSV, CSI, CIV는 EVPA(2015)에서 추가.

(2) CSV 이론의 발전

최근에 와서는 CSR에서 CSV로의 진전을 주목해볼 만하다. 피터 드럭커(Peter Drucker 1984)는 일찍이 CSV의 중요성을 시사한 바 있었다. 그는 "기업 '사회적 책임'에 대해 사회문제를 경제적 기회와 경제적 혜택으로 바꾸고, 나아가 생산적 역량으로, 인간적 역량으로, 적절한 일자리로, 그리고 부(富)로 전환시키는 것"이라고 강조하였다.

하버드 대학의 마이클 포터와 마크 크레머는 드럭커의 아이디어인 '공유가치'의 개념으로 확장시켜, CSV 이론을 제시하였다. 2008년 글로벌 금융위기가 확산되면서 자본주의에 대한 회의론이 확산되는 분위기에서, 그들은 "공유가치 창출" 논문을 통해 "공유가치의 원칙은 사회의 욕구뿐 아니라 당면하는 도전들을 해결하면서 사회적 가치도 창출하기 방식으로 경제적 가치를 창출한다"고 강조한다.

이어서 포터와 크레머는"성공적인 기업들은 건강한 사회를 필요로 한다"며, 마찬가지로 "건강한 사회는 성공적인 기업들을 필요로 한다"고 설명한다. 따라서 "기업과 사회의 상호 의존성은 기업의 의사결정과 사회정책 모두가 '공유된 가치'의 원칙을 따라야 한다는 것을 의미한다"고 강조한다(앞글: 5). 그들은 기업들이 '전략적 CSR'을 추진하는 세 단계 접근법을 제시한다. 먼저 기업과 사회가 만나는 교차점을 파악한 다음, 해결해야 하는 사회적 이슈들을 선택해, 사회와 기업 모두에게 대규모, 뚜렷한 혜택을 생산할 수 있는 소규모의 창의적 사업들을 개시해보는 것이다(앞글: 6).

글로벌 금융위기가 확산되면서 자본주의에 대한 회의론이 확산되는 분위기에서, '공유가치 창출'이 강한 설득력을 가졌다. 포터와 크레머는 "공유가치의 원칙은 사회의 욕구뿐 아니라 당면하는 도전들을 해결하면서 사회적 가치도 창출하기 방식으로 경제적 가치를 창출한다"고 강조한다(앞글: 7). "공유된 가치는 사회적 책임, 자선, 지속가능성은 아니며, 경제적 성공을 달성하기 위한 새로운 방법이며, 그것은 기업이 하는 일의 주변이 아니라 중앙에 있는 것이다"고 강조한다. 나아가 그들은 "공유가치창출(CSV)이 기업의 지역사회 투자 가이드 측면에서 기업사회공헌(CSR)보다 우선되어야 한다"며, 그 이유에 대해 "CSV는 기업 특유의 자산과 전문역량을 활용해 사회적 가치를 창출하면서 경제적 가치를 창출"하게 하기 때문이라고 설명한다.

3) 포용적 비즈니스와 공급사슬

세계적으로 공식 시장에서 배제된 인구는 세계 인구의 절반이 넘는 약 40억 명에 달한다. 이 인구는 하루 8달러 이하로 생계를 유지하는 피라미드의 하부층인 BOP를 구성하고 있다. BOP 시장은 연 8% 성장률을 보여주는데, BOP의 인구의 70%인 25억 인구는 식량가치사슬을 통해 소득을 유지하고 있다(WEF 2009: 6). 이들은 소농민, 농업노동자 등 직접 생산자들과 소규모 기업가, 유통업자, 판매업자 등이다. BOP 시장이 개발협력에 주는 중요한 의미는 생산자, 소비자, 기업가로 BOP에 관련된 인구들은 소득을 유지하며 빈곤해소와 경제성장에 기여한데서 찾아볼 수 있다(Prahalad 2005).

(1) 기업의 BOP 비즈니스

기업이 BOP 시장에 미치는 임팩트는 '가치사슬'을 통해 나타난다. BOP 시장을 대상으로 하는 '포용적 비즈니스'(inclusive business) 개념은 WBCSD가 2005년에 처음 사용한 새로운 개념으로, "저소득 지역사회에 상품, 서비스, 생계품을 상업적으로 성장가능한 방식으로 접근을 확대하는 비즈니스 솔루션이다"(WBCSD 2013). '포용적 비즈니스'는 저소득 지역사회가 공급자, 유통자, 판매자, 서비스 제공자로 기업의 가치사슬에 포용되도록 지원함으로써 고용창출과 소득증대의 기회를 갖도록 한다. 기업들은 식품, 식수, 위생, 주택, 보건의료 등 기본 욕구를 충족시켜주는 생산품과 서비스를 구매가능한 적정 가격으로 공급하는 방안을 개발하는 기회를 갖게 됨으로써 비즈니스 가치를 창출한다.

'포용적' 또는 'BOP 비즈니스' 전략은 인식의 획기적인 변화를 보여준다. a) 빈곤층을 경제적으로 과대한 수혜층이라기보다는 소비자이며 비즈니스 파트너로 간주, b) 빈곤층을 포함한 새로운 소비자 집단의 욕구와 수단을 충족시키기 위해 기업의 가격 실적과 제품의 기능성에 대한 새로운 사정, c) 가치사슬에 대한 새로운 인식과 빈곤한 개인과 집단을 직원, 공급자, 유통업자로 간주 등이다(World Bank 2006: 13).

BOP 비즈니스의 중요성은 기업들이 BOP로부터의 구매, BOP를 통한 유통, BOP 대상으로 판매, 가치사슬을 넘어선 지역개발 측면에서 기업의 비즈니스 목표 달성과 지역사회의 개발 목표 달성을 동시에 이루는 CSV 전략에 있다(Jenkins et al. 2009: 7-9).

첫째는 BOP로부터의 구매다. 기업들은 지역의 소규모 기업들로부터 다양한 종류의 제품과 서비스를 소싱하고 있다. 제품과 서비스는 농업 생활품으로부터 세탁과 프린트 서비스, 제조품 등의 고부가가치 투입물에 이른다. 이들로부터의 구매를 통해 기업들은 비용감소와 융통성 증대의 이익을 누리며, 공급의 질, 지속가능성이 증대된다. 농업, 임업, 의류 분야가 대표적인 사례다.

둘째는 BOP를 통한 유통이다. 소상인과 기업을 통한 유통은 타깃집단에 접근하는 효과적인 전략이 된다. 많은 지역에서는 도로 등 인프라 사정이 빈약해 전통적인 유통 방식인 트럭이나 도보로 판매하는 방식이 활용된다.

셋째는 BOP 대상으로 판매다. 필수 생활품의 경우, 빈곤층에게도 필수적으로 필요하기 때문에 기업의 제품 판매는 기업에게는 이득이자 소비자 빈곤층에게도 기본 욕구의 충족이라는 혜택이 된다. 이럴 경우, 기업의 제품 판매는 환영받을 만하며, 비즈니스 지속가능성은 상당히 높다고 볼 수 있다. BOP 시장에서 일부 제품과 서비스들은 구매자인 소비자에게는 임파워먼트를 강화하는 역할도 한다.

마지막은 가치사슬 넘어선 지역개발이다. 일부 기업들은 가치사슬 영역을 넘어 BOP 소비자, 생산자, 소상인들과의 관계를 유지하며, 지역사회의 교육, 보건, 창업 등의 지원으로 CSV 활동을 확장한다. 이같은 노력들은 삶의 질 개선에 직접적으로 기여하며 지역경제의 강화와 다양화에도 기여한다. 이런 활동을 통해 기업들은 단기간에 평판과 정치적 리스크 등을 최소화 할 수 있는 기회를 얻어 비즈니스 목표를 달성할 수 있다.

이상과 같이 기업의 동기와 기대와 지역사회의 기대와 동기가 잘 조화될 수 있을 때 지역사회의 개발과 기업의 장기적 투자 실행이 이뤄질 수 있다. 선행 연구들에 따르면, 기업의 지역사회 개발 투자는 기업의 수익성을 증대시키고, 브랜드와 평판을 제고하며, 임직원 사기 진작, 소비자 충성도에 크게 기여한다(Jenkins et al. 2009: 14). 선도적인 기업들은 비즈니스 자산과 자선적 자산을 광범위하게 결합시켜 지역사회 개발에 투자한다. 투자 유형으로는 기업의 현금 투자, 비현금 투자(제품 기부, 임직원 자원봉사 등), 지역의 소수층 유통업자와 공급업자와의 비즈니스 관계, 지역의 고용 및 훈련 프로그램, 인프라와 시설의 제공, 지역사회에 대한 금융투자, 지역사회와 경제 개발에 기여하는 공공정책 이슈들에 대한 기여 등이다.

또 선도적인 기업들은 지역사회 개발은 지역사회 주도의 개발로 진행되어, 다국적기업들의 역할은 역량구축 활동, 지역사회가 당면하는 사회적, 경제적 이슈들에 대한 해결에 기여로 CSV 활동을 추진한다. 일부 선도적인 기업들은 지역의 NGO들과 파트너가 되어 이들의 역량강화와 지역사회 개발의 파트너가 되기도 한다(앞글: 14).

UNDP 또한 2008년 글로벌 CSR의 개발협력 기여 증진을 위해 "Business Call to Action (BCtA)" 이니셔티브를 추진하면서, '포용적 비즈니스' 개념을 활용하였다. BCtA는 기업들이 한편으로는 상업적 성공과 다른 한편으로는 개발 임팩트의 잠재력을 제공하는 혁신적인 '포용적 비즈니스' 모델을 개발해 MDGs의 진전을 가속화시키는데 목표가 있다. 포용적 비즈니스 모델은 빈곤층을 수요 측면에서는 소비자로, 공급 측면에서는 직원, 생산자, 공급자, 유통자로 통합하는 모델이다.

(2) 공급사슬의 지속가능성

'공급사슬'은 무엇인가? 공급사슬은 "소비자를 위한 완성된 재화와 서비스로, 원료를 전환시키는 일에 공조하는 조직들의 네트워크"을 의미하며, "일련의 조직들이 원료를 프로세스, 수송해, 고가치의 생산품으로 전환시키는 일련의 흐름"이다(BSR 2010: 4). 공급사슬과 가치사슬은 의미상 차이가 있다. '가치사슬'은 마이클 포터에 의하면 "부가가치를 가진 생산품을 생산하는 기업의 일련의 활동"이라 정의한다. 본국 유입(inbound) 로지스틱스, 해외송출(outbound) 로지스틱스, 마케팅과 판매, 서비스뿐 아니라 기업이 투자한 인프라, 인적 자원 관리, 테크놀러지 개발과 조달도 포함된다(앞글: 4). 따라서 기업의 가치사슬은 상류부문 공급자 가치사슬과 하류부문 채널과 소비자의 가치사슬을 포함하는 총체적인 가치사슬의 일부로 볼 수 있다.

일례로 '식량가치사슬'의 경우, 식량의 성장, 생산, 마케팅 과정은 다양한 단계를 거치며 여러 산업 분야, 다양한 이해관계자들을 식량가치사슬에 연관시킨다(WEF 2009: 6). 식량가치사슬의 사부문 행위자들은 농업투입 기업, 농민(소농, 여성 등), 중개기관, 유통업자, 도소매업자 등이다. 여기에

ICT, 재정 서비스, 에너지, 운송 등 비즈니스 창출 서비스도 식량가치사슬에서 중요한 역할을 담당한다. 또한 비기업 행위자들도 식량가치사슬에서 중요한 역할을 수행한다. 정부, NGO, 공여기관, 국제원조기관 등이 여기에 포함된다.

Unilever 사례는 많은 기업들이 생산, 소비, 유통 등 특정 분야의 식량가치사슬에 한정된 것과는 달리, 생산, 소비, 기업가 등 식품가치사슬 전반에 걸쳐 '종합적인 접근' 전략을 추진하는 특징이 있다. Unilever와 현지 파트너 기업들은 소농민들을 가치사슬에 포용하는 노력을 추진해, 소농과 중소기업가들의 혜택뿐 아니라 소비자들에게도 가격 인하의 혜택을 주는 윈-윈의 개발 전략이 되고 있다. 가치사슬 전체에 관련되는 프로젝트의 핵심은, 농민의 생산을 시장 수요와 연계시키는 개입은 지속가능한 경제적 성장의 기회를 제공하고 대규모 인구를 빈곤에서 구제하는 강력한 잠재력을 갖고 있다는 점이다.

UN 글로벌 컴팩트의 특별보고서에 따르면, 2015년 글로벌 다국적기업 서베이 결과, UNGC 회원 기업들 67%가 공급사슬에서의 지속가능성 원칙들을 적용하는 것으로 조사되었다(UNGC 2015). 또 17%의 기업들은 공급협력사 선정에서 협력사들이 글로벌 콤팩트를 준수할 것을 시행한다.

최근 기후위기가 심화되면서 기업들의 공급사슬 기후 지속가능성도 관심의 초점이다. '탄소중립 경제'를 지향하는 다양한 전략 가운데 이제 공급사슬 탄소중립 전략도 선도적인 기업들의 혁신 전략이 되고 있다. Nestle 등은 2030년까지 공급사슬까지 사업운영의 탄소제로 임팩트를 추진한다. 기업들의 기후행동연대조직인 'We Mean Business'의 '공급사슬 전체의 상품 관련 숲제거 배제(2020년까지)'에 참여하는 기업은 70개에 달한다(제5장 참조).

4. CSV와 CSI 혁신 사례

1) 기업시민정신 발전 모델

기업시민정신은 이제 CSR에서 CSV로 진화하고 있다. CSV로의 발전 수준은 발전단계를 보여주는 모델들로 구분해 볼 수 있다.

(1) 기초 → 관여 → 혁신 → 통합 → 전환 모델

기업시민정신연구소(CCC 2006, 2009)는 기초 → 관여 → 혁신 → 통합 → 전환 모델로 진전하는 발전단계로 구분해 각 단계의 특성을 다음과 같이 설명한다.

① 제1단계 : 기초(Elementary) 모델

경제학자 밀톤 프리드만(Milton Friedman)에게 기업의 사명이란 "수익을 내고 세금을 납부하며 일자리를 제공하는데 있다." 기업의 일차적인 관심은 법을 준수하고 기업의 평판을 유지하는 데 있기 때문에, 외부의 요청이나 압력에 대해 수동적, 방어적 입장을 고수한다. 1990년대의 Nike, Shell도 이런 입장에서 그 후 여러 단계 발전을 거듭하며 오늘의 전략적 CSR에 이르렀다(Porter and Kramer 2006). GE의 경우, CEO 잭 웰치(Jack Welch)는 20여 년간 재정수입 측면에서 성공적인 대표였지만, 허드슨 강에 독극물 PCB의 방출 사건에 대해 소극적 태도를 취하며 문제수습에만 급급하다 물러났다. 후임 제프리 임멜트(Jeffrey Immelt)의 취임으로 기업시민정신을 기업 어젠다로 상정할 수 있었다. GE는 문제해결에 필요한 재정적 부담뿐 아니라 예방대책을 제시하는 적극성을 보이며, '진정성'(credibility) 확보로 다음 단계의 CSR로 발전할 수 있었다.

② 제2단계 : 관여(Engaged) 모델

기업에 대한 사회의 기대에 관심을 갖고 기업의 CSR에 대한 새로운 전망을 갖는다. 단순한 환경법 준수의 위상에서 시민들의 신임을 얻는 단계로 발전한다. DuPont은 1989년에, Chiquita는 1998년에 언론의 비난을 받고 NGO들이 남미에서 착취적 고용에 대한 비판을 쏟아낸 후에 변화되었다. 사원들로부터 여론을 수렴하고 핵심 가치를 수정하고 새로운 윤리강령을 시행하는 등 기업 내에서도 가시적인 실천을 보여준다. 기업이 법적 소송이나 기업 이미지 손상 리스크를 줄이기 위한 정책적 접근의 시기라고 볼 수 있다. CEO도 임원도 기업정책 차원에서 CSR을 추진한다.

그럼에도 여전히 사회적, 환경적 이슈들에 수동적 방어 자세에 머물러 있다. 새로운 시각, 지식, 전문성을 갖춘 외부 전문가의 영입이 필요한 시기다. 해외지사의 영업활동에서 인권보호, 친환경적 테크놀러지(ISO 14000) 국제 인증, 재정 투명성, 가족친화적 기업 등 새로운 변화가 요청되는 단계다.

기업 임원들이 다양한 이해관계자들의 참여에 치중되어 새로운 이슈들, 기회, 위협들에 대응한 여유를 갖지 못하는 문제가 있다. 고위층의 개입을 통한 새로운 혁신이 필요하며, 이를 위한 역량강화(capacity building) 도전을 받는다.

③ 제3단계 : 혁신(Innovative) 모델

'혁신모델'로의 발전은 두 경로를 거치게 된다. 하나는 보다 포괄적인 시민정신 개념을 수용하는 어젠다의 확장이며, 다른 하나는 '주도자'로서의 참여를 확장하면서 사회적 책임 역할을 수행한다. 고차적인 혁신과 학습이 특징이다. 많은 이해관계자들과 개방적, 쌍방적 커뮤니케이션과 상호영향의 관계를 가지며 협의를 확대하면서, 포럼, 회의, 전문 모임 등을 통해 주도적인 기업들과 전문가들과의 접촉을 확대한다.

기업시민정신 프로그램들이 기획되고, 재정이 투입되며 착수하게 되는 단계가 혁신적 단계다. 여러 부처들이 관여하며 내부와 외부의 투입이 이뤄지고, 행동계획, 욕구와 기회의 분석, 예산과 인력의 기획 등이 활발하게 진행된다.

기업이 최초로 자신들의 사회적, 환경적 실적에 대해 모니터링을 하며, 그 결과를 '지속가능성' 보고서 형태로 공표한다. 일련의 금융 스캔들이 터지면서 재무 투명성과 외부공개 등 새로운 변화가 일어나고 있다. 공급사슬에서도 고용, 환경 보전, 지역사회 관계 등에 대해서도 실적으로 공개하는 것이 일반화되고 있다.

이 단계에서는 너무나 많은 새로운 프로그램들이 등장하고, 외부로부터 정보의 공개의 요청이 늘면서 다양한 이해관계자들과의 대화도 늘면서 새로운 발전의 위기 국면을 맞을 수 있다. 거대한 복잡다양한 활동들을 조율해서 일관성(coherence)을 창출해야 하는 도전이 발생한다.

④ 제4단계 : 통합(Integrated) 모델

이 단계는 기업시민정신 추진의 동력을'조정에서 공조로'(from coordination to collaboration)로 발전시키는 단계다. 의사결정기구인 이사회가 기업시민정신의 스탠다드를 설정하고 기업의 실적을 모니터링하는 역할을 수행한다. 기업 전반에서 추진되는 정책으로는 리스크관리 체계, 이해관계자 협의제도, 메니저와 종업원들의 지속가능성 교육훈련, 이슈 관리 등 기업 시민정신을 기업 비즈니스 라인들에 접목시켜 타깃을 설정하고 주요 실적 지표들을 제시해 실적을 모니터링하는 체제를 갖춘다.

사회적, 환경적 리포팅은 이제는 대기업들에게는 특별한 게 아니다. 그런데 이 보고서들의 15% 가량만이 외부 제3기관의 검증을 받아, 기업의 책무성 문제가 다음 단계로의 발전에 가장 중요한 이슈로 제기된다. 이 단계의 기업들은 기업 시민으로서 자신들의 실적 부진이나 실패를 공표하는 것이 일반적이다.

기업시민정신은 기업의 비즈니스 전략에 통합될 때 가장 완전한 실현을 보게 된다. BP의 사례는 미래 테크놀러지, 생산품과 서비스의 개발에서 환경적 지속가능성에 대한 전략적 이행에서 최고의 수준에 이르렀다. 이 단계의 기업들에 대한 도전은 시민정신에 기업이 어느 정도까지 심도있는 실천을 할 것인가 하는 문제이다. 현실에서의 사회적, 경제적, 환경적 문제들에 대해 기업의 노력의 상대적인 영향은 어느 정도가 바람직한지를 고려해야 한다. 전자에 더 많은 비중을 두고 실행하는 시민정신이 기업을 마지막 단계인 전환적 모델로 이동시킨다.

'3대 핵심(TBL)'이 통합형에서 필수적으로, 사람, 지구, 수익(people, planet, profit)을 의미하며, 조직이나 사회적 성공을 측정하는 사회적, 환경적, 경제적 기준들이다. 이 세 가지가 통합된 모델이 '통합' 모델이다.

⑤ 제5단계 : 전환(Transforming) 모델

이 단계의 기업들은 모방하지 않고 혁신하며 글로벌 시민정신을 갖고 실천하며 비전을 제시하는 리더 역할을 한다. 지도자들이 세계의 사회적, 환경적 문제들에 깊은 우려에서, 자신들의 기업이 문제해결의 의지가 있다는 정책을 발표한다.

특히 다른 기업들과, 또한 지역사회 집단들이나 NGO들과 함께 문제의식을 공유하며 새로운 시장을 개척해 지역사회 경제를 개발하는 역할을 수행한다. Unilever에서는 20개 글로벌 파트너십, 1,000개의 국가 차원 또는 지방의 파트너십을 갖고 있다. Ben & Jerry's, Body Shop, Patagonia 또한 사회적, 환경적 행동을 자신들의 기업 사명의 핵심에 두고 소비자들에게 어필하고 있다. '대의 관계적'(cause-related) 마켓팅을 하는 BodyShop, 환경친화적 제품을 판매하는 Patagonia 등은 모두 "선행을 하고(do good)" 동시에 "사업도 잘하는(do well)" 기업 이미지를 제시한다.

전환적 기업들은 비즈니스 게임의 방식을 바꾸려는 포부를 갖고 있다. 기업시민정신을 비즈니스 어젠다에 접목시켜 새로운 시장을 개척하려 한다. HP(Hewlett Packard)는 빈곤지역의 디지털 디바이드 문제를 해결하면서 동시에 새로운 시장 개척을 선도하는 기업이다. 브라질 상파울로, 인도와 남아공의 마을들, 미국 볼티모어의 도심에 디지털 마을 조성에 투자해, 새로운 시장을 개척하면서 낙후된 빈곤지역의 경제 개발을 지원한다. 지역의 비즈니스 지도자, 지역단체, NGO들과 공조해 교육, 보건의료, 농업 등 지역사회의 욕구들을 충족시켜주기 위한 웹 서비스를 한다. HP의 'e-포용(e-inclusion)' 전략이다.

(2) 기업시민정신 모델 비교

이상과 같은 기초→관여→혁신→통합→전환 모델로의 발전을 정리해보면 〈표 2-6〉과 같다. 앞에서 논의되었던 전략적 CSR, 포용적(BOP) 비즈니스, 공급/가치사슬, TBL, CSV 기준을 발전단계 모델에 적용시켜보면 다음과 같은 공통점을 발견할 수 있다(주성수, 김성현 2015).

첫째, 전략적 CSR, 포용적 비즈니스, 공급사슬, TBL, CSV는 혁신모델 이상의 발전된 모델에서만 발견되는 글로벌 기업시민정신 전략들이다. 기초모델은 물론이며 관여모델에서도 이 다섯 가지 중 어느 하나도 두드러진 전략으로 나타나지 않는다.

둘째, 가장 발전된 기업시민정신은 TBL과 CSV로 통합모델과 전환모델에서만 발견된다. CSV와 CSI가 여기에서만 발견된다. 다른 전략적 CSR, 포용적(BOP) 비즈니스, 공급/가치사슬은 혁신모델에서도 발견되고 있다. 기초와 관여모델에서는 이런 다섯 특징들이 거의 발견되지 않고, 자선적, 수동적 CSR 차원에 머물러 있는 모델들로 볼 수 있다.

마지막으로, 통합모델과 전환모델의 차이점은 '임팩트'이다. 둘은 사회경제적 임팩트 지표가 되는 고용창출, 소득증대, BOP 창업에서 비교적 두드러진 차이가 발견된다. CSI 전략이 가장 강하게 부각되는 최종 단계이다.

표 **2-6** 기업시민정신 발전 단계: 기초 → 관여 → 혁신 → 통합 → 전환 모델

	기초 모델	관여 모델	혁신 모델	통합 모델	전환 모델
시민정신	일자리, 수익, 세금	자선, 환경보전	이해관계자 관리	지속가능성 TBL	게임방식 전환
전략적 의도	법적 순응	영업허가권	사업 사례별	가치 제안	시장창출 사회개혁
리더십	립서비스	지지자	책임자	챔피언	환상자
구조	주변적 담당자주도	일부 기능 소유	다기능 조정	조직간 제휴	주류 비즈니스
이슈 관리	방어적	반응적 정책	호응적 프로그램	적극적 시스템	명확한 이슈관리
이해관계자 관계	일방적	쌍방적	파트너십 상호 영향	연대	다조직
투명성	부분적	공적 관계	공적 리포팅	전문기관인증	완전 공개
			〈---------- 전략적 CSR ----------〉		
			〈--------- 포용적 비즈니스 ---------〉		
				〈------- CSV -------〉	
				〈------- CSI -------〉	

(3) CSV와 CSI 비교

앞에서 제시한 CSI 전략을 사례분석에 적용해보면, 다음과 같은 전략이 CSI 혁신사례에 해당된다고 볼 수 있다. CSV 전략과 같은 범위에서 유사하지만, CSV와의 차이점은 '사회적 임팩트'에 있다. 투입과 산출 차원을 넘어 기업과 지역사회에 미치는 중장기적인 결과 그리고 임팩트에서 차이가 있다. 또 다른 차이는 중장기적인 임팩트펀드나 임팩트벤처링 등의 임팩

트투자의 활용이다.

CSV 중에서 다음의 전략과 성과가 있는 경우 CSI 사례에 해당된다고 평가할 수 있다. 첫째는 사회혁신 친화적인 생태계 조성이다. 이를 위해 i) 현지 파트너(기업, 비영리조직, 정부), 원조기관, 국제기관 등과 파트너십 전략이 추진되며, ii) 시설, 훈련, 현물, 현금 지원 등의 산출(output)을 넘어 지역사회에 결과(outcome)와 임팩트(impact)를 생산한다.

둘째는 공급사슬 개선과 공유된 가치창출(CSV) 전략이 특징적이다. i) 현지에 공급사슬(협동조합, 사회적기업 등) 조직에 상당한 재정지원, 기술지원이 중요하며, ii) 현지 파트너와 지역사회와 공유된 가치창출(CSV) 전략이 핵심이다.

셋째는 기업 관련 조직(재단, 임팩트펀드 등)과 CSI(기업사회투자자)와 임팩트 창출을 위한 공조도 필요한 전략이 된다. 이를 위해 i) 기업재단, 연구소 등과 '집단적 사회임팩트' 전략, 또는 ii) 포용적 비즈니스 전략이 핵심적이다.

2) 공유가치창출(CSV) 혁신 사례

앞에서 제시한 기업시민정신 발전 5단계 모델에 기초해 글로벌 기업의 대표적인 CSV 또는 CSI 혁신 사례를 분석해본다. 사례들은 UNDP 등의 국제기관, 글로벌 기업협회, 대학 연구소들이 혁신사례로 소개한 기업들이다. 글로벌 기업 사례들을 저자(주성수, 김성현 2015)의 선행연구에 최근 자료를 보충해 새로 분석한 것이다.

선도적인 기업들은 기업 미션이 공유가치창출(CSV)에 있다는 것을 밝혀준다. Nestle와 같은 선도적인 기업은 학계의 자문을 받으면서 CSV를 비즈니스 핵심으로 통합하고 있다. Nestle는 포터와 크레머 교수의 이론과 비즈니스 자문을 받아, CSV 전략을 i) 제품과 시장으로 통한 방식, ii) 가치사슬을 통한 방식, iii) 사회적, 경제적 투자를 통한 방식으로 다양하게 수립하였다. 이를 위해 Nestle는 CSV 위원회를 특별히 설치해 CEO를 직접 자문하며, 이사회에 보고해 의사결정을 지원하는 실질적인 거버넌스 체제를 구축하였다.[6]

그밖에 다른 선도적인 기업들도 미션이나 비전에서 CSV를 글로벌 전략으로 밝히고 나선다. 그런데 선언하는 것(say)과 실제 행동하는 것(act)의 차이는 CSV의 '가치공유'가 실천되는지, CSI의 '사회적 임팩트'가 창출되는지의 차이로 확인될 수 있다.

a) Coca Cola는 TBL 중심의 기업시민정신과 더불어 '파트너'와의 CSV를 미션으로 제시해, "고객과 공급자의 성공적인 네트워크를 형성해 상호호혜적이며 함께 지속적인 가치를 창출한다."고 밝힌다. Coca Cola의 Project Nurture는 2010년 케냐에, 2011년 우간다에 첫 사업이 착수되어 과일 쥬스를 지역에서 소싱하였다. Coca-Cola의 파트너인 비영리 고용훈련 전문기관 TechnoServe는 소농민의 생산성 향상을 위해 역량개발과 시장연계 프로그램들을 진행하였는데, 농민들에게 양질의 투입물을 공급하는 기업들과 구매자들(과일 프로세스 시장, 지역/국내 청과시장, 해외 수출시장)에 연계시켜, 수익증대를 지원하였다(Jenkins and Fries 2013).

6 Nestle. http://www.nestle.com/csv/nestle

b) 사회적기업 Divine Chocolate은 "농민 소유의 글로벌 초코릿 회사로 성장하는 것"을 미션으로 제시한다. Divine Chocolate의 가나 농민들은 협동조합을 통해 주주로서 수익 배당도 받고 생산자로서 코코아 판매 수입도 보장받는다(WEF 2009; Divine Chocolate 2011). 〈2019~2020 임팩트 보고서〉는 Kuapa Kokoo 농협 조합원 10만 3,928명 중 여성이 35.2%를 차지해 여성의 임파워먼트 성과를 제시한다. 또 가나를 넘어 시에라리온 협동조합(3개 농민조직 연대) 1,743명, 말라위 사탕수수 농협 762명으로 광범위한 임팩트를 갖고 있다.

c) 사회적기업 Grameen-Danone Food는 "아동들에게 식품으로 건강을 갖다주며 빈곤을 해소하는데 있다."는 개발협력의 미션에 초점을 맞춘다. Grameen 재단과 Danone의 전략적 파트너십으로 창설되어, 방글라데시에서 빈곤아동의 영양과 식사 제공을 위해 요구르트를 생산한다(Bekefi 2006; WEF 2009). 〈2020년 연간보고서〉는 방글라데시의 아동 30만 명에게 건강한 요구르트를 공급했고, 500명의 축산농민과 200명의 판매 여성, 117명의 운송자들의 안정된 수입을 보장한 것으로 보고한다.

d) 글로벌 낙농조합 Land O'Lakes는 "우리는 최상의 경험과 최고의 지식을 활용해 개발도상국의 농민, 협동조합, 농기업들을 지원한다. 우리는 혁신적이고 효과적인 식품과 농업 해결방안들을 적용시켜 경제성장을 일으키고 보건과 영양 개선과 빈곤 감소를 지원한다."고 밝힌다(WEF 2009).

e) 식품기업 Nestle는 "장기간의 비즈니스 성공은 주주들과 사회에

동시에 가치를 창출함으로써 가능하다고 믿는다."고 밝힌다.[7]

f) 의류기업 Columbia Sport는 "우리는 윤리적, 지속가능한 제조 실천에 가치를 두고 우리와 비즈니스를 하는 파트너들과 이같은 가치를 공유할 것으로 확고한 실행을 한다."는 CSV 미션을 밝힌다.[8]

g) 식품기업 Royal DSM의 기업시민정신은 "사람, 지구, 수익(People, Planet and Profit)에 이득을 주는 혁신을 기반으로 모든 이해관계자들에게 지속가능한 공유된 가치를 창출한다."고 제시한다. DSM은 건강식품 사회적기업 프로그램인 KeBal(*Kedai Balitaku*) 요리센터를 자카르타에 10개 개설해 연간 3만 명의 아동들에게 하루 1만여 식사를 제공해, 아동 영양개선 프로젝트와 빈곤 공동체의 고용창출의 기회를 제공하였다(UNDP 2013b).

h) 다국적 에너지기업 BP는 "책임있는 사업을 한다는 것은 우리가 사업중인 지역에 대한 긍정적인 영향을 갖다주도록 노력한다는 것을 의미한다."고 밝힌다. BP는 비즈니스 전략을 트리니다드 토바고의 2020년 비전(개발도상국에서 선진국으로의 전환)에 맞춰, 국가의 상류부문(석유채굴) 서비스 부문을 구축하는 목표를 제시해 국가와의 긴밀한 파트너십을 추구해왔다. 이같은 플렛폼의 구축은 지역경제 개발에 기여하면서도 동시에 BP에게도 장기적으로 수익증대를 갖다준다는 '공유가치창출'의 판단에서 비롯되었다(Wise and Shtylla 2009).

---

7 Nestle. http://www.nestle.com/csv/nestle

8 http://www.columbia.com/corporate-responsibility/About_Us_Corp_Responsibility,default,pg.html

i) 건축기업 Cemex는 "사회와 공유된 가치를 창출하는데 효과적으로 기여하기 위해, 임직원의 전문성과 역량을 최대한 발휘해 핵심 비즈니스 활동을 통해 우리의 기여를 달성한다."는 미션을 제시한다. 2012년말, 사업 현장의 97%가 지역사회 관여 프로그램을 시행했고, 전체 건축자재 구매의 93%가 지역 공급자들로부터 이뤄졌다(Cemex 2012). Cemex는 IDB(Inter-American Development Bank)와 〈새로운 고용 기회〉(NEO)를 개발해, 2020년까지 4만 2천 명을 훈련시켜 이 중 70%를 실제 고용하는 성과를 이루었다. 또 2019년에 Global Alliance for Youth와 공동으로 2022년까지 1,500만 명의 청년의 교육과 20개 회사에서 고용훈련을 담당하는 전략을 추진해왔다.[9]

3) 포용적 비즈니스 파트너십

가장 발전된 '전환' 모델은 대부분 기업 독자적인 CSR 추진보다는 다양한 파트너십을 갖고 있다는 특징이 있다. 현지의 정부나 기업 또는 NGO들이나 또는 국제기관이나 INGO, 또는 공여국 정부와의 파트너십(PPP)으로 개발협력의 성과를 지속가능하게 최대화하는 전략에 기초하고 있다는 것을 알 수 있다.

9 Cemex. https://www.cemex.com/sustainability/social-impact/social-impact-strategy

(1) 현지 기업과 NGO파트너십

가장 일반적인 파트너십은 현지의 기업이나 NGO들과의 파트너십으로 공급사슬을 확고하게 구축해 포용적 비즈니스를 하는 사례들이 많다.

a) SC Johnson은 2005년 나이로비의 소셜벤처(Community Cleaning Services: CCS)에 투자했다. CSI 사례로, 가장 저렴한 비용으로 지역사회의 청소와 병충해 박멸 서비스를 제공하는 지역사회 기반의 위생 비즈니스이다. 나이로비 인근 지역들에서 비즈니스를 착수하기 위해 지역의 창업기관들(Carolina for Kibera: CfK), Coalition of Youth Entrepreneurs)과 전략적 파트너십을 맺어, 청년 기업가들, 지역의 SC Johnson 직원들, CfK를 포함한 지역 NGO 등의 개발 전문가들과 공조적으로 새로운 비즈니스를 개발할 수 있었다.

b) 다국적 건축기업 Cemex는 공동의 목표 달성을 위해, 공급자뿐 아니라 소비자, 파트너들과 공조하는 일이 일상적이다. 지역 공급자들이 건축 자재를 공급하고, 소비자인 빈민들이 자신들의 집을 건축하거나 건축 자재를 판매해 소득을 갖고, 정부나 금융기관들이 파트너가 되어 빈민들의 안정적인 주택공급에 공조하는 역할을 한다.

표 2-7 Cemex의 사회임팩트 전략

〈1단계〉 이해관계자 파악 및 관리 지역사회 이해관계자와 대화를 통해 지역경제개발 현안의 문제와 솔루션을 논의한다. 내부와 외부의 정기적인 소통을 위해 '사회임팩트위원회'를 개설해 주민, 전문가 등 이해관계자 관여의 디자인, 실행, 평가 방안을 마련한다. 〈2단계〉 임팩트 파악 및 관리 기업의 오염, 교통, 생다양성 상실 등의 부정적 임팩트 해결 방안을 탐구한다. 관리과정에서 문제해결방안을 모색하고 임직원의 역량을 구축한다. 〈3단계〉 리스크 파악과 관리 재무적 리스크를 비롯한 사회적, 환경적 발자국 등의 리스크를 파악한다. 이해관계자와 정기적인 대화를 거쳐 솔루션의 투명한 운영 등 적극적인 행동에 옮긴다. 〈4단계〉 공동디자인과 지역사회 관여 계획(CEP) 이해관계자들과 비즈니스 우선순위와 지역사회 욕구를 연계한 CEP를 공동디자인한다. CEP는 4개 분야의 지역사회투자 분야에 걸쳐 투자하는 계획이다. i)교육과 고용가능성 역량 개발, ii)지속가능한, 회복적인 인프라와 유동성, iii)사회적, 환경적 혁신과 기업가정신, iv)환경보호, 보건, 안전의 문화. 〈5단계〉 평가와 측정 CEP를 통한 SDGs 성과를 측정하고 평가한다. 지속가능성 2030 목표별 진전도를 측정한다.

자료 Cemex. https://www.cemex.com/sustainability/social-impact/social-impact-strategy

(2) 공동 소유의 파트너십

보다 확고한 파트너십은 투자와 소유의 파트너십이다. 또 소유나 운영 이외에도 새로운 유형의 프렌차이즈의 발전도 주목해볼 만하다.

a) Divine Chocolate는 공정무역 NGO인 Twin Trading, 가나의 코코아 농민의 생산자 조합인 Kuapa KoKoo 농민협동조합, 국제

도매상 Body Shop International이 삼자 소유에 의해 생산부터 판매까지 지속가능한 파트너십을 구축하였다.

b) Grameen-Danone Food는 방글라데시의 Grameen 재단과 다국적기업 Groupe Danone의 공동 소유, 공동 운영의 파트너십으로 방글라데시의 빈곤층 아동들에게 영양 있는 식품을 제공하는 사회적기업으로 탄생되었다.

c) 미국의 사회적기업 HealthStore Foundation은 개발도상국의 많은 아동들이 전염병으로 사망하는 현실에 대한 해법으로 저렴한 기초약품을 지원해 아동 전염병의 70~90%를 치료할 수 있다는 미션을 추구하며, 그 방법으로 케냐 등 세계 여러 지역에 간호사나 보건의료직원들이 헬스스토어(HealthStore)를 소유해 운영하도록 하는 프랜차이즈 비즈니스 전략을 추진하였다.

(3) 지역 소싱의 파트너십

포용적 비즈니스의 또 다른 특징은 지속가능한 '지역 소싱'의 파트너십에 있다.

a) 화장품 기업 L'Occitane은 전통적인 지식을 보전하는데 기여하고 공급사슬에의 지역 생산자들을 참여를 확대시키기 위해 반기계적이고 수작업으로 생산되는 방식을 채택했고, 지역 생산자들이 공정무역 인증을 받도록 지원해 지금은 최저 공정무역 가격으로 소득을 보장받도록 생산자 조합들은 국제기관들과 지역의 NGO들의 지원에도 의존하게 되었다.

b) 에너지 다국적기업인 Argos의 경우, 파트너 기관 Solidaridad가 농민들의 교육 훈련과 함께 에탄올 제품의 '지속가능성' 인증을 받게 하고, 이를 통해 네덜란드 소비자들이 '지속가능한 에탄올'에 대한 안정된 소비심리를 갖도록 지원하다. Solidaridad와 Argos는 브라질의 제조공장에서 네덜란드 소비시장에 이르는 '인증받은 에탄올의 공급사슬' 시범사업을 수행해, 2012년 최초로 시장에 공급하는 성과를 올렸다.

(4) 기업-정부 파트너십

현지 정부 또는 자국 정부와의 PPP 파트너십도 여러 형태로 나타난다. 특히 대형 의료시설이나 의약품의 공급이 긴요한 보건의료 분야에서의 PPP는 일반적인 개발협력의 파트너십이다.

a) Abbott의 탄자니아 보건의료 현대화 프로젝트는 2001년부터 10년 이상 탄자니아 정부와의 PPP 방식으로 탄자니아의 보건의료 현대화 사업을 추진해왔다. 탄자니아 국민 모두에게 혜택으로 주는 보건의료 시스템의 구축과 서비스 제공에 초점을 맞춘다. 이를 위해 Abbott와 Abbott 기금은 인프라 현대화, 보건인력 교육훈련, 병원 관리체계 개선, 고품질의 검사 접근기회 확대 등을 위한 사업에 1억 달러를 투자해왔다.

b) Chevron은 세계 최빈곤지역 Niger Delta에서 석유 비즈니스를 하면서 지역사회 개발이 비즈니스의 성공을 가늠한다는 인식에서 자사 지원금 5,000만 달러를 내놓고 여기에 USAID 등 국제원

조기관들의 지원금이 합쳐져 1억 달러의 프로젝트를 수행하는 기회를 갖게 되었다.

(5) 기업-국제기관 파트너십

다국적기업들과 국제기관들과의 파트너십도 일반화되어 있다. 기후변화로 인한 글로벌 재난이 확대되면서 긴급구호 파트너십의 발전은 다국적 로지스틱스 기업들과 WFP 등의 국제구호기관 사이에서 점차 확대되고 있다.

a) TNT는 WFP의 30여 개의 긴급구호 작전에 동참, 지원하는 파트너가 되었다. TNT는 WFP의 최초의 기업 파트너로 회사가 보유하고 있는 로지스틱스 기술과 인력, 장비를 활용해 개발도상국의 빈곤층에게 식량을 배송하고, 지구촌 긴급구호 발생시 UN 기관들과 협력해 긴급구호팀을 출동, 인도적 긴급구호 시스템을 갖추고 있다.

b) UPS는 위기대응의 효과를 극대화시키기 위해 미국적십자사(American Red Cross)와 공조해 'UPS 로지스틱 행동팀'을 조직하고 있다. 또한 UPS는 동종의 경쟁사인 네덜란드의 TNT, 쿠웨이트의 Agility, 덴마크의 Maer와도 공조해, UN의 글로벌 로지스틱스 클러스터(UN Global Logistics Cluster, 세계식량계획(World Food Programme : WFP)를 지원한다.

c) 제약사 Pfizer와 모바일 IT 회사 Vodafone이 파트너십을 맺어 UNDP의 Business Call to Action의 '포용적 비즈니스' 사업에 참

여하였다. 〈건강을 위한 SMS〉(SMS for Health)로 명칭된 이니셔티브는 모바일폰을 이용해 약품 제고 수준을 파악하고 특정 지역의 계절적인 변화를 예측하는데 활용하는 정보를 수집한다. 프로젝트는 2010년 감비아에서 실험 운영중인데 그곳에서는 전국적인 중앙 및 지역의 약국을 포함한 50개의 보건소를 대상으로 하며, 5대 주요 병원들도 포함된 대형 프로젝트이다.

4) CSI 임팩트 : 기술이전, 소득지원, 창업

보다 결과지향적인 '사회적 임팩트'에 초점을 맞춰보면, 기술이전, 소득지원, 창업을 꼽을 수 있다.

(1) 기술훈련과 기술이전

대부분의 국내외 기업들은 글로벌 CSR 활동으로 기술훈련과 기술이전을 선택한다. BOP 비즈니스를 수행하기 위해서는 안정적인 노동력을 확보해 비즈니스에 활용하고, 동시에 기술훈련을 익힌 빈곤층, 여성, 청년들이 일자리를 갖고 소득을 갖도록 지원하는 CSV의 첫 걸음으로 볼 수 있다. 나아가 기업들이 갖고 있는 기술을 지역사회와 지역 업체에 이전하는 보다 실질적인 개발협력이 중요하다.

특히 '기술이전'은 지속가능성 측면에서 개발협력의 효과가 높기 때문에, 일부 선도적인 기업들만이 추진하는 비즈니스 전략으로, 다음 세 가지 사례들을 주목해볼 만하다.

a) Sumitomo Chemical은 말라리아 퇴치를 위한 모기장 생산에 혁신기술을 갖고 있는 일본 다국적기업으로, 파트너 기업인 탄자니아의 A to Z Textile Mills에 특허권을 포기하는 기술이전으로 지원하면서 본격적인 현지 대량생산을 가능하게 하였다. 그 결과 모기장의 가격을 크게 낮춰 빈곤층에 대한 공급의 혜택을 증대시켰다. Sumitomo Chemical은 Olyset®Net* 모기장의 개발로 2012년 WHO가 추천하는 Global Business Action(GBCHealth) '핵심 전문성 응용'부문 수상자가 되었다(Gradl 2013). 아프리카에서 모기장 구입을 신속하게 하고 지역경제에도 기여하기 위해 Sumitomo Chemical은 사하라이남 여러 지역에 모기장 제조공장을 설립하였다.

b) BP(British Petroleum)는 다국적 에너지기업으로 트리니다드 토바고에서 BOP 비즈니스를 수행하면서 2002~6년 기간에 두 개의 합작투자를 만들며 확고한 CSI 모델을 추진하였다. 기술이전, 전문지식, 관리기술의 전수를 해왔고, 다양한 전문 분야에서 역량있는 기술자들의 기술훈련 등 인적 자원 개발에도 많은 투자를 했다. 2002년 새로운 해안 석유채굴지에 5,400만 달러의 투자를 통해 지역사회의 석유채굴 등 상류부문과 운송 등 하류부문의 공급사슬에서 많은 일자리가 창출되고 노동자들의 수익이 증대되며, 이로써 지역경제가 활성화되는 등, 연쇄적인 개발협력의 성과를 낳았다(Wise and Shtylla 2009).

(2) 고용 창출

고용창출은 CSV 또는 CSI를 추진하는 기업들에서 나타나는 일반적 특징이다. 포용적 비즈니스 전략에 고용창출이 반드시 포함된다고 볼 수 있다. 고용창출은 지역사회의 일차적인 가치로, 일자리를 통해 소득이 발생하고, 빈곤해소가 될 수 있기 때문이다. 나아가 일자리는 단순히 소득이 발생하는 일자리에 그치지 않고 노동복지가 보장되는 '지속가능한 일자리'가 될 필요가 있다.

대부분의 통합 또는 전환모델에 해당되는 사례들이 고용창출을 통한 CSV 실행에 선도적인 역할을 한다. 고용창출의 규모는 기업에 따라 비교적 두드러진 차이가 있는데, 적게는 수백 명에서 많게는 수십만 명에 달한다. Unilever Indonesia는 약 5천 명을 고용하는데, 직접고용은 60%, 간접적인 계약직은 40%에 이른다. 여기에 2천 명에 이르는 하청업체들의 계약직도 있다. 전체적으로 약 30만 명에 달하는 인력이 Unilever의 가치사슬에서 생계를 유지하고 있는데, 전체 고용의 절반 이상이 도시 거리나 가난한 농촌 지역의 유통과 소매업에 종사한다.

일자리는 BOP 중에서도 가난한 여성에게 제공되는 젠더친화적 포용성이 중요하다. 가계 살림을 맡고 있는 여성들이 소득을 통해 가계의 빈곤해소와 젠더평등과 역량강화를 추구할 수 있기 때문에 MDG 8대 목표에도 포함되어 있고, 또 UN의 SDGs에도 여성의 역량강화가 포함되어 있으며, 또 Oxfam의 식품기업 평가지표 일곱 가지에도 여성(권리, 역량강화 등)이

주요 지표로 포함되어 있다.[10]

여성들에게 일자리를 제공해주며, 인권과 노동환경을 개선해주는 글로벌 이니셔티브들도 중요하다. 2014년에도 아시아의 많은 공급사슬 의류공장들에서 '착취공장' 사례들이 노동자들의 시위와 NGO들과 언론의 폭로로 밝혀지면서, 노동자들의 인권과 노동환경에 관심이 높아지면서, 선도적인 포용적 비즈니스를 실천해온 Columbia, Levi Strauss 등의 모범사례들에 관심이 모아진다. 이들은 BSR과의 파트너십으로 개발한 여성노동복지 프로젝트인 'HERProject'를 투명하게 시행하는 모범사례들이다.[11]

여성에게 일자리를 제공하는 혁신적 사례들을 소개하면 아래와 같다.

a) Coca Cola의 Project Nurture는 5만 명 농민들의 소득을 두 배 증대시키는 목표를 추진하는데, 2012년말까지 42,000명이 참여했고, 그 중 여성은 14,000명으로 1/3 비중을 차지한다(Coca Cola 2013).

b) Divine Chocolate의 가나 협동조합의 65,000명 조합원 가운데 여성은 30%로, 여성 조합원들은 소득증대뿐 아니라 의사결정 참여 등 사회참여 활동으로 역량강화의 기회를 누린다(Divine Chocolate 2012).

c) Grameen-Danone은 독특한 유통 모델을 개발해 1,600명의 여성들이 기술훈련을 거쳐 요구르트 방문판매를 하도록 지원한다(Bekefi 2006).

---

10 Oxfam. http://www.oxfam.org/en/grow/campaigns/behind-brands

11 HerProject. http://herproject.org/

d) Land O'Lakes는 잠비아 파트너인 낙농협회 회원 구성에 여성이 30% 이상 참여할 것을 규제해, 비공식 경제활동을 하는 많은 여성들을 공식 영역으로 이동시켜 안정적인 소득을 받도록 보장해준다(Land O'Lakes 2013).

e) Unilever는 여성의 경제활동을 지원하는 것이 가족의 빈곤 탈출의 지름길이라는 확신을 갖고 여성들의 비즈니스 파트너로서 공급사슬 참여를 지원하며, 또여성 기업가들의 성장을 지원한다. 48,000여 명의 Shakti 여성들이 농촌 방문판매로 벌어들인 수익금은 가계의 소득을 두 배 높이는 효과가 있는 것으로 추산된다.

(3) 소득 증대

소득증대는 고용창출과 함께 장기 지속적으로 보장되는 것이 중요하다. 기업들의 지역사회 참여로 새로운 일자리가 마련되었다고 해서 소득증대가 반드시 보장되는 것은 아니다. BOP 비즈니스가 안정적인 지속가능성을 가질 때, 고용창출이 가능하고 소득증대도 가능하다.

일부 사례들은 상당한 소득증대의 성과를 보여준다. IDE 네팔의 경우 사업시행 이전에는 소농들이 벼농사로 연간 40달러 정도의 빈약한 소득을 유지했지만, IDE 사업참여 이후에는 기술훈련을 이수해 야채농사로 전환하면서 연평균 소득을 600달러로 크게 넉넉한 소득을 갖게 있었다(UNDP 2010b). L'Occitane의 부르키나 파소 생산자조합들은 생산 역량의 증대와 공정무역 인증의 덕분에 상당한 소득을 보장받았는데, 한 조합의 경우 2005~11년 기간에 수입이 15배 늘었다(UNDP 2011b).

또한 안정적인 적정 수준의 소득을 보장하는 '공정 소득'의 보장도 중요하다. 이 점에서 Marks & Spencer가 추진하는 '공정한 파트너' 계획은 혁신적인 방안으로 평가받는다. 저개발국의 의류 공급업체들이 직원의 '공정한 임금'을 지불할 수 있도록 지원하는데, 2015년까지 방글라데시, 인도, 스리랑카 등지에서 프로그램을 진행해 개선되고 있는 중이다. 방글라데시, 인도, 스리랑카뿐 아니라 세계 전역에서 2010년 이래로 이같은 공정가격 지불 시행에 따라 최저임금이 두드러지게 상승되는 파급효과가 있었다. Unilever 인도네시아는 모든 공급업체들에게 "기업 파트너 코드"를 적용시켜, 정부가 고시한 최저임금 수준의 10% 이상의 보수기준을 준수할 것을 요청한다. 실제로 대부분의 공급업체들은 양질의 노동력을 확보하기 위해 이 규정을 준수하며, 노동자들의 최저임금을 보장한다. Unilever 베트남도 판매직원들의 전국 평균보다 훨씬 높은 급여를 보장해 직원들의 충성도가 높다.

(4) BOP 창업

창업은 고용창출과 소득증대의 소유권을 개도국 현지인, 지역사회가 누리도록 하는 경제적 기여라고 볼 수 있다. 현지 지역의 농민, 상인, 기업가들이 중소기업이나 공장이나 가게 등을 창업해 지역주민을 고용하고 소득을 제공하며 지역경제를 활성화시키는데 창업은 중요한 역할을 한다. 그럼에도 고용창출에서처럼 창업도 창출과 함께 소멸도 거의 같은 비중을 진행되어, '지속가능한 창업'이 핵심이다.

BOP 창업은 고용창출, 소득증대보다 더 강한 지속가능성을 갖고 있기 때문에 선도적인 기업들만이 BOP 창업에 적극적인 포용적 비즈니스를 실천하고 있다. 전환모델은 모두 BOP 창업을 전략적으로 추진한다는 특징이 있다.

다음과 같은 선도적인 전환모델에서 BOP 창업 사례들을 참고해볼 수 있다.

a) Coca Cola는 Project Nurture를 통해 케냐와 우간다에서 2012년말까지 1,300개의 생산자 비즈니스 그룹의 창업을 지원해왔다.[12] 이 프로젝트는 Bill & Melinda Gates Foundation과 4년간 1,150만 달러의 합작투자로 50만 명의 농민의 소득 두 배 상승이라는 임팩트를 달성하였다.[13]
b) Grameen Danone은 방글라데시에서 2006년부터 2016년까지 50개의 요구르트 생산공장을 건설해, 관련 목축업과 유통업의 창업을 지원해오고 있다(WEF 2009; Bekefi 2006).
c) 타이어 제조기업 Michelin은 소농민 1,000가구에게 가족소유의 고무나무 플랜테이션을 창업하도록 농지를 분할해주며, 이들의 소득증대를 지원하였다(Michelin 2012).
d) 보건의료 사회적기업 HealthShop Foundation은 케냐에서 보건직원들과 간호사들이 각기 40개와 26개의 약국과 진료소를 창업하도록 지원해, 이를 통해 연간 47만 명의 환자에게 보건서비스를 제공하였다.[14]
f) Royal DSM은 인도네시아 자카르타에 "맛있고, 간편하며 영양이 풍부한 카페" KeBal의 창업을 지원하며, 동시에 영양이 풍부한

---

12 Coca-Cola. http://www.coca-colacompany.com/sustainability/

13 OECD. https://www.oecd.org/aidfortrade/48367101.pdf

14 CFW. http://www.cfwshops.org/

비타민 함유 미량영양식품(micronutrients)을 개발해, 영양실조 아동들에게 공급해 영양개선을 지원하였다. 학교 급식, 가정방문 판매, 정부지원의 지역사회개발조직을 통한 판매 등 다양한 방식으로 영양개선에 기여해왔는데, 수만 명의 빈곤아동들이 혜택을 보았다. 창업한 소매 음식점들도 수익을 증대하면서 지속적으로 요리시설 설비에 투자하면서 사업을 확장하고 있다(UNDP 2013b).

g) 다국적 유통기업 SCJohnson은 나이로비 인근 지역의 창업기관인 Carolina for Kibera(CfK), Coalition of Youth Entrepreneurs 등과 전략적 파트너십을 맺어, 가난한 여성들과 청년 기업가들의 창업을 지원하며 새로운 비즈니스를 개척하였다. SCJohnson은 매달 정기적으로 나이로비 주변 지역의 최소 50만 주민들을 위한 지역사회 방역, 살충 등 위생 개선의 혜택을 제공하는데, 이 같은 위생 서비스로 박테리아 80%가 감소된 것으로 조사되었다(WBCSD 2011e; SCJohnson 2013).

h) 사회적기업인 VillageReach는 모잠비크에서 신속하고 보편적인 예방접종과 의약품 공급을 보장하는 이니셔티브를 착수해 520만 인구를 대상으로 하는 보건소 251개를 신축하였다. 이를 위해 VillageReach는 현지 사회적기업 VedaGas의 창업을 지원했고, VedaGas는 보건소 등 의료시설뿐 아니라 기업들과 가정에도 LPG를 저렴하게 판매해 에너지 빈곤해소에 기여하며 안정적인 비즈니스 기반을 구축할 수 있었다(UNDP 2008c).[15]

15 Villagereach. http://villagereach.org/about-us/about-villagereach

제3장

글로벌 시민정신과 다국적기업

1. 글로벌 기업시민정신

글로벌 거버넌스(global governance)의 시대의 상황과 국제기관들의 다양한 이니셔티브들이 다국적기업들에 상당한 압력을 행사한다. 이에 기업들은 '글로벌 기업시민정신'에서 몇 가지 두드러진 변화를 일으키고 있다. 변화의 방향은 기업의 자기주도적인 이니셔티브의 발전으로 전략적 CSR과 CSV의 정착으로 진행된다. 선도적인 기업들은 전략적 CSR 차원을 넘어 학계와 국제기관과의 공조적 파트너십 전략으로 CSV 또는 CSI로 급진전하고 있다.

1) 글로벌 거버넌스와 다국적기업

다국적기업들은 특히 환경오염을 일으키는 원천으로 지목받는다. UN

다국적기업센터(UNCTC)와 다국적관리국(TCMD)의 조사에 따르면, 지구 온실가스 배출의 절반 이상이 다국적기업들의 경제활동과 관련된다. 그럼에도 다국적기업들은 막강한 경제력을 갖고 있기 때문에 글로벌 환경보호에서 지속가능한 개발에 주요 기여자 역할을 한다. 국제 상거래와 경제적 및 사회적 개발을 방해하기보다 촉진시키기 위해서는 다국적기업들을 단순히 규제하기보다는 공조적인 국가차원의 접근법을 구조화시키는 일이 중요하다.

(1) 세계화와 글로벌 거버넌스

세계화의 문제는 21세기 들어서기 전부터 심각하게 제기되었다. 1995년 덴마크 코펜하겐에서 있었던 UN 사회개발정상회담은 식량과 주요 자원에 대한 경제적, 정치적, 테크놀로지 및 제도적 파워와 통제권이 소수 다국적기업과 금융기관의 수중에 집중된 문제들을 심각하게 제기하였다. 회담 결과로 채택된 〈코펜하겐 선언문〉은 다음과 같이 '세계화의 두 얼굴'에 대해 경계하였다.

> "세계화는 지속적인 경제성장과 세계경제의 발전, 특히 개발도상국의 경제발전에 새로운 기회를 열어주었고… 동시에 급격한 변화와 조정의 과정들에 빈곤, 실업, 사회적 분열이 수반되어 왔다. 환경위험과 같은 인류의 복리에 대한 위협들도 세계화되어 온 것이다."

글로벌 거버넌스는 이같은 급진적이며 또 기회와 위기라는 두 얼굴을 가진 세계화에 대한 글로벌 대응으로 제시되었다. 동구 사회주의의 붕괴 직후에 특별히 구성되었던 '글로벌 거버넌스위원회'(Commission on Global Governance)의 출범에서 '글로벌 거버넌스'의 시대적 의미를 찾아볼 수 있다. 위원회(CGG 1995)가 UN 창설 50주년을 맞아 발표한 특별보고서 〈우리의 글로벌 이웃〉(*Our Global Neighborhood*)은 세계화가 갖다주는 기회보다도 위기에 더 많은 주의와 경고를 보냈다. 실제로 이 보고서는 곧 바로 이어진 글로벌 금융위기를 미리 예측한 듯한 예리한 관찰력을 갖게 있었다. 러시아, 동남아시아, 남미 등지에서 연속적인 금융위기가 발생하면서, 그 보고서에 담긴 '글로벌 거버넌스'의 재창출이 높은 설득력을 보였다.

뒤이어 UN개발계획(UNDP)의 〈1999 인간개발보고서〉 또한 세계화에 강한 의문을 제기하였다. "20세기 마지막 십년 기간에 주도세력이 되는 세계화가 생산과정, 노동시장, 정치기관과 사회를 분열시키고 있다"면서, "세계화는 긍정적이고, 혁신적이며 동태적인 측면을 갖고 있지만, 동시에 부정적이고 파괴적이며 배타적인 측면도 갖고 있다."고 강조한다. 또 '글로벌 거버넌스'의 필요성에 대해서는, "선진국과 개발도상국, 모든 국가에서 인간개발과 인권에 대한 지속적이고 광범위한 지지에 글로벌 경쟁과 자유시장 접근법을 조화시키는 일이다."고 설명하였다.

다음해 2000년 5월 UN 밀레니움 포럼(Millennium Forum)에서, 코피 아난(Kofi Annan) UN 사무총장 또한 특별보고서를 통해, "포용적인 세계화가 시장의 엄청난 가능성의 세력 위에 건설되어야만 하지만 시장세력 자체만이 이것을 달성할 수는 없다. 모든 다양성에서의 우리의 공통적인 인간성에 기초하는 공유된 미래를 창출하는 보다 광범위한 노력을 필요로 한다."고 강조하였다(UNSG 2000).

(2) 다국적기업에 대한 규제

다국적기업들이 자신들의 글로벌 활동에 대한 비난과 반성에서 새로운 변화가 시작되었다. 지금의 글로벌 기업시민정신이 전통적인 '자선적' 동기를 넘어서는 새로운 '전략적' 동기에서 비롯된 것은 1980년대라고 볼 수 있다. 그 전에는 기업들은 정부의 통제 없이 초국가적인 비즈니스 활동을 하며 개발도상국 정치인들과의 정경유착 등 부정부패에 연류되는 경우가 비일비재했고, 일부 국가들에서는 쿠테타 세력들과 연류되는 일이 해외 토픽으로 소개되곤 했다(Doucin 2011: 7). 또 다국적기업들이 연류된 대형 사고의 발생도 끊이지 않았다. 석유회사들의 기름유출 사건들이 줄이어 발생했고, 1984년 인도의 보팔에서 발생한 유니언 카바이드사(Union Carbide Corporation)의 가스누출 참사는 2만 명의 사상자를 냈고, 그 후 수백만 명을 만성질환에 빠트렸다. 그 사고로 국제사회는 다국적기업에 대한 경계를 강화했고, 기업의 글로벌 비즈니스 책임에 대한 관심도 높아졌다. 이처럼 CSR의 등장 배경은 "기업들이 자신들의 비즈니스 책임이라고 생각하지 않았던 이슈들에 일반인들이 호응하고 있다는 사실에 놀란 다음에야 비로소 CSR을 인식하게 되었다"는 점이다(Porter and Kramer 2006: 2).

또 동구 사회주의 붕괴로 인한 세계 정치경제 질서의 급변에 대한 '글로벌 거버넌스'의 확대 추세도 다국적기업들의 글로벌 기업시민정신의 추진을 강하게 압박했다. OECD는 1976년 최초로 다국적기업 가이드라인을 제정해, 지금까지 중요한 글로벌 스탠다드 역할을 해왔다. 2000년 OECD는 다국적기업의 글로벌 기업시민정신을 제고하기 위해 1976년 제정된 "다국적기업 가이드라인"에 뇌물방지, 소비자 보호 등을 추가해 새로운 가이드라인을 개정하였다.

(3) 이해관계자 경제의 발전

둘째 요인으로 다국적기업에 대한 '이해관계자'(stakeholder)의 기대와 선호를 꼽을 수 있다. 주주의 중요성이 부각되고, 전통적인 소유주와 경영의 분리라는 새로운 변화는 CSR의 전략적 접근을 개방시켜, 주주의 기대를 초월하는 새로운 '사회적 기대'라는 사고방식에서 '이해관계자 이론'이 등장한 것이다(Doucin 2011: 8). '이해관계자'란 경제학자 프리만(Freeman 1984)에 따르면, "집단적 행태가 조직의 장래에 직접적으로 영향을 미칠 수 있는 그룹"을 의미한다. 내부 이해관계자로 주주와 임직원, 외부 이해관계자로는 정부기관, 전문기관 등의 제도적 이해관계자와 공급자, 고객, 금융기관 등 경제적 이해관계자, 그리고 NGO 등의 윤리적 이해관계자로 구분한다(앞글: 8).

여기에서 '경영 비전' 차원의 CSR이 발전되기 시작한다. 하나는 이해관계자들의 기대에 대한 불명확한 사정으로 인한 리스크를 최소화하는 것, 다른 하나는 이 기대들의 통합을 통해 총체적인 실적을 최적화시키는 것이다(앞글: 8). 이해관계자 호응에 따라 CSR은 소비자의 선호의 변화와 장래의 사회적, 환경적 규제들, 노동자의 창의적인 동기의 구축, 기업 평판의 보호를 고려하며 기업을 전략적으로 경영하는 하나의 방식으로 등장한다. CSR은 책임있는 기업들에게는 상대적 어드밴티지를 준다(앞글: 10). 새로운 CSR로 상향식(bottom-up) 접근이 등장하고 있다. 정부의 규제와 함께 BOP 빈곤층의 요구를 기업들이 CSR로 수용할 것을 요구하는 것이다(앞글: 14). 혁신적인 사례는 Grameen-Danone Food 사례인데, 글로벌 다국적기업 Danone이 식사 대용의 영양 요구르트를 생산해 빈곤 아동에게 저가로 판매하며, 유통에는 여성 빈곤층을 고용해 소득을 생산하도록 하는 방식이다(Bekefi 2006; WEF 2009). 새로운 '전략적' CSR 또는 '포용적 비즈니스' 전략으로 평가되는 '공유가치창출'(CSV)의 발전이다.

이해관계자 경제에서 또 다른 변화는 전략적 파트너십의 발전이다. UN 글로벌 컴팩트에 참여하는 주요 기업들의 지속가능성 추진방식을 살펴볼 만하다. 글로벌 컴팩트의 2013년 보고서에 따르면, 약 70% 가량의 기업들이 자신들의 핵심 비즈니스 전략과 연계해 사회적 투자를 핵심 역량에 접목시켜 행동의 필요성을 주창하면서, 그리고 파트너십 프로젝트를 실천하면서, UN의 MDG 목표들과 이슈들 해결에 기여하고 있다. 파트너십 추진방식 중에서 '파트너십 프로젝트 시행'(78%) 추진이 가장 일반적이다. 다음으로 핵심 비즈니스 전략에 연계, 핵심역량에 사회적 투자 접목도 중요한 글로벌 CSR 추진방식으로 보여진다. 모두가 기업의 전문성과 역량에 직접 관련되는 '전략적' CSR 또는 CSV이다.

2) SDGs와 다국적기업

(1) 지속가능개발과 기업의 지속가능성

세계화의 급진전, 환경적 관심의 고조, 친빈곤 요청 등 기업에 대한 도전들이 거세지면서 '결과기반'의 CSR 관리와 성과 평가의 필요성이 제기되고 있다(UN ESCAP 2013: 14). UN 등 글로벌 기관들이 기업의 국내와 글로벌 가치사슬 전반에 걸쳐 핵심 경영에 CSR을 통합할 것을 요청한다. 최근에는 ESG 통합으로 스탠다드가 수렴되고 있다. 그러나 이같은 통합은 기업의 동기부여와 관련된 리포팅 시스템이 뒷받침될 필요가 있다.

글로벌 가치사슬이란 초국적인 부가가치의 비즈니스 활동 전반을 의미한다. 여기에는 지역이나 글로벌 차원에서 개별 기업들과 핵심 이해관계자들 사이의 다양한 상호작용이 포함된다. 타국에서 비즈니스를 하거나 물품을 구매하는 기업들의 경우, 법과 규제정책들이 상이한 개도국에서는 자국의 법과 규제정책들과 상이하기 때문에 글로벌 가치사슬을 통한 CSR 관리는 거버넌스, 사정, 정보 관리 측면에서 더욱 어려운 과제를 안게 된다(앞글: 14). 환경 영향, 아동 노동, 강제 노동, 공정무역, 부패, 인권 등의 이슈들이 최근에 많은 주목을 받는 CSR 이슈들이다.

'지속가능한 개발'이 글로벌 관심을 받으며 2015~30년의 글로벌 개발 어젠다SDGs로 추진되고 있다. 지속가능한 개발에 대한 기업의 기여에 대해서도 논의가 한창이다. 지속가능한 개발은 지금 세대의 욕구 충족을 위해 다음 세대의 욕구 충족 능력을 저해하지 않고서 추진되는 개발을 의미한다(Strategis 2003). 지속가능한 개발은 환경적 이슈들을 사회적, 경제적 이슈들과 함께 글로벌 개발의 아젠다로 제시한다. 예를 들면, 기업이 야기하는 환경적 피해(수질오염, 숲제거 등)은 지역사회에 부정적 영향을 미치고, 이는 다시 지역사회의 장기적인 사회경제적 개발에 장애가 된다(Sachs 2012). 이처럼 지속가능한 개발의 측면에서의 CSR 또는 CSV는 기업의 부정적 영향을 역전시키거나 완화시키는 활동이 될 수 있다(Carroll 2006).

(2) 지속가능한 투자의 발전

'지속가능한 개발' 측면에서 CSR은 2012년 UN의 지속가능한 개발 회담(Rio+20)에서 확인되고 있다. 회담 결과의 선언문에는 기업(사부문)이 "유엔의 글로벌 컴팩트가 진흥하는 책임있는 비즈니스 실천에 참여할 것을 요청한다."(UN 2012). 나아가 "기업 지속가능성 리포팅의 중요성"을 확인하며, 기업들이 "지속가능성 정보를 기업 리포팅 과정에 통합할 것"을 아울러 요청한다. 선언문에는 "역동적이며 포용적이고 기능이 활발하며 사회적, 환경적으로 책임있는 사부문은 경제성장과 빈곤해소 그리고 지속가능한 개발에 핵심적인 기여를 할 수 있다"고 표명한다.

또 UN(2013)에 따르면, '지속가능한 투자'는 "재정적 수익과 함께 사회와 환경에 긍정적 영향을 창출하는 목표를 지향하는 투자로, 지속가능한 개발 어젠다에 기여할 수 있는 상당한 잠재력을 갖고 있다." 지속가능한 투자의 엄블렐라에는 사회적 책임 투자(socially responsible investment), 소셜벤처캐피탈(social venture capital), 임팩트투자(impact investment) 등이 포함된다. 이들은 투자자 유형에 따라, 투자 리스크 수준에 따라, 투자처가 되는 기업의 속성에 따라, 그리고 재정적, 성과 목표에 대한 중시에 따라, 즉 개발에 기여하는 정도에 따라 구별된다. 그럼에도 이들은 공통적으로 사회와 환경에 대한 부정적 효과를 최소화하고 긍정적 효과를 최대화하는 목표를 공유한다.

3) 기업의 공급사슬 지속가능성

ICT의 획기적인 진전으로 이제 기업들의 활동을 숨길 수만은 없으며, 투명성이 관리의 필수적인 도구가 되고 있다(UNGC 2013). 사업 운영허가를 획득하려면 공공 정통성과 적극적인 사회적 관여를 필요로 한다. 기업들의 사회적 책임과 지속가능성 진전은 기업에게도 기회와 혜택을 준다. 기업에 대한 신뢰의 증대, '녹색' 혁신을 통한 성장, BOP의 비즈니스 벤처 등이다.

또 기업의 장기적 가치를 평가하는 투자공동체들이 갖고 있는 관심은 환경적 책무, 사회적 책임, 바람직한 거버넌스 등이다.

일반적인 동향은 기업들의 실천이 증가한 점과 대기업 주도적인 동향이라는 점을 꼽을 수 있다. 첫째, 기업들은 '좋은 의도'에서 '획기적인 행동'으로 이동 중이라는 점이다. 조사결과에 따르면, 기업들의 글로벌 콤팩트 관리모델의 "발표"(say)와 "활동"(act) 사이에 두드러진 갭이 있다. 많은 기업들이 목표를 설정하고 우선순위를 정해 실천하고 있지만 행동 단계에서 많은 노력을 해야 한다는 것이다. 실행, 평가, 소통이 중요한 행동 단계들이다. 회원기업들과 기관들 65%가 CEO 차원에서 지속가능성을 실행하고 있다고 보고한 반면, 35%만이 지속가능성을 기업의 전략과 운영에 통합하도록 관리자 교육을 실시하는 것으로 나타난다. 행동 단계로의 이행은 많은 시간과 자원의 투자가 필요하다고 덧붙인다.

둘째는 대기업들이 여전히 주도적 역할을 맡고 있다는 점이다. 지속가능성 실적에 영향을 미치는 모든 요인들 중에서 기업의 규모가 가장 중요한 요인으로 제시된다. 대기업과 중소기업의 격차는 거의 모든 행동 단계들에서 두드러지게 나타난다. 일례로 대기업들은 인권고충 시스템을 갖고 있거나 기업의 환경적 성과를 모니터링하거나 평가할 가능성이 두 배 더 높다.

공급사슬은 글로벌 CSR 성과 개선에 장애로 제기되고 있다는 점이다. 글로벌 CSR을 업그레이드 하기 위해서는 공급사슬의 성과 개선이 필수적이라는 지적이다. 대다수 기업들이 자신들의 공급자들에 대한 지속가능성 기대를 하고 있지만, 공급자의 지속가능성 목표 달성을 지원하거나 규정 준수를 모니터링하고 있지는 않다. 공급사슬 지속가능성은 대기업들에게 다음 단계의 지속가능성 성과로 진전하는데 일차적 장애요인으로 작용한다. 긍정적인 변화는 대기업들이 과거와는 달리 보다 혁신적으로 공급자들에게 요구하고 있으며, 이런 파장효과가 긍정적인 변화를 유도할 것이라는 전망이 제시된다.

최근 ESG 동향에서도 선도적인 기업들은 공급사슬 ESG 또한 기업의 ESG 경영에통합하는 적극적인 전략을 추진하고 있다. 또 선도적인 글로벌 기업들은 공급사슬 전체의 탄소중립 실천을 목표로 설정해 추진하고 있다.

4) 기업 지속가능성 성과

기업들은 글로벌 컴팩트나 GRI 리포팅 등 국제기관들의 국제적 인증을 받는 형식적인 참여에 머물러 있지 않은가? 실제로 자사의 평판, 비즈니스 전략으로 활용하기 위한 실적을 내고 있는가?

(1) 기업시민정신의 경영전략

기업들이 판단하는 기업의 환경과 사회에 대한 책임과 거버넌스 실천의 성과에 대해서는 미국 기업들의 평가 분석을 참고해볼 수 있다. 보스톤 대학의 기업시민정신연구소(Corporate Citizenship Center)의 보고서에 따르면, 기업시민정신 이니셔티브를 4년 이상 지속적으로 시행한 기업들은 시행 1년 미만의 기업들에 비해, 새 시장 접근에서 2.2배, 직원 고용유지에서 2배 높은 성과를 냈다. 또 직원 의료비 감소, 리스크 관리, 운영비용 절감에서는 각기 3배 이상의 더 높은 성과를 달성했다. 조사에 응답한 기업 사회공헌 담당 임원 93%가 기업시민정신 프로그램의 4년 이상 중장기 시행으로 비즈니스 목표 달성에 성공했다고 답했다.

기업시민정신의 실천에 도움이 되는 중요한 요인으로 회사의 대표 역할이 우선적으로 꼽힌다. 이어서 회사의 매니저, 일반 시민, 회사의 직원 순으로 나타났다. 또 가장 중요하며 장기적인 재정성과 압력, 글로벌 시장 경쟁 등 경제적 요인들이 뒤를 이었다. 한편 미디어, 정치환경, 규제환경 등 정치적 환경 요인들은 2012년보다 2014년에는 도움보다는 방해가 되는 요인들로 드러났다.

또 기업시민정신 실천을 위한 자원 투자에 대해서는 절반 이상이 계획이 있다고 밝혔다. 그 중 이해관계자 관여, 재활용, 자원 활동, 다양성, 사회적 성과와 환경적 성과 등이 우선순위로 포함되어 있다(CCC 2014).

그럼 기업시민정신이 경영전략에 포함되어 성공적인 비즈니스를 이끌었는가? 기업시민정신 활동은 직원이직 감소, 고객유지, 우수인재 유치, 새 투자자 유치, 평판 개선 등 ESG 리스크 개선에 두드러진 비즈니스 성과 개선에 기여하는 것으로 나타난다. 기업시민정신 활동 중 경영목표 달성에 기여하는 우선순위는 무엇인가? 1, 2순위를 살펴보면, 데이터 보호와 사생활, 환경친화적 제품, 직원 안전, 직원 건강과 웰니스, 포용과 다양성, 공식적 이해관계자 관여 등으로 나타났다. 뒤이어 폐기물 감소, 지역사회 경제 개발, GHG 감축, ESG 리포팅 등이 있다.

(2) 기업 지속가능성 성과

기업들은 사람과 지구에 대한 책임을 잘 수행하고 있는가? 기업의 지속가능성 실천에 대한 평가는 우선 일반 시민들이 인식하는 여론조사의 결과를 참고해 볼 만하다.

EU 27개국의 유럽인 52%만이 기업이 사회에 미치는 영향에 대해 긍정적인 것으로 평가한다(EC 2013). 또 41%는 부정인 것으로, 7%는 모르겠다고 답했다. 자국 기업에 대해서는 북유럽인의 평판이 가장 높고, 남유럽인의 평가가 가장 낮다. 2008년 글로벌 금융위기에 직접적인 피해를 보면서 경제위기가 지속되는 상황에서 조사된 평가로 보여진다. 또 10년 전에 비해 "기업들이 사회에 대한 영향"에 관심을 더 갖고 있다는 긍정적 평가는 40%, 그렇지 않다는 평가는 39%로 양분되어 있다. 기업의 사회에 대한 책임의 결과인 영향이 미흡했다는 것으로 해석할 수 있다. 사회에 책임있는 행동을 한다는 평가에서 대기업은 48%, 중소기업은 71%로 훨씬 더 높은 평가를 받고 있다.

(3) 코로나 팬데믹과 기업

코로나 팬데믹은 기업이 사회에 미치는 영향을 긍정과 부정으로 극명하게 드러내 보였다. 화이자, 모더나 등의 백신회사들이 코로나 예방에 기여했다지만 백신의 복제를 허용하지 않아 백신에서 배제된 빈국민들의 처참한 사망을 초래해 인류에게 '백신 아파르트헤이트'(apartheid)를 만들었다(Oxfam 2022). 코로나는 "백신을 거의 구할 수 없는 국가에서 살아가는 수백만 명의 생명을 앗아갔다."

팬데믹이 닥치자 기업들 대부분은 퇴직, 근무시간 축소 등 인력조정이 단행하며 임직원을 우선 배려하는 입장이었지만 일부는 임직원에 피해를 주는 사례도 적지 않았다. 임직원 임금 삭감에 CEO들이 자신의 임금도 깍으며 아픔을 같이 했다. 그러나 JCPenny, Hertz 등은 수천 명을 사직시키며 영업장과 사무실을 폐쇄하면서도 고위임원들의 수백만 달러의 보너스를 챙겨주는 것을 잊지 않았다(Winston 2020). 이같은 팬데믹에 대한 기업의 대응은 보다 상세한 설문조사 등으로 분석될 것으로 기대된다.

2. 글로벌 기업시민정신 이니셔티브

이상과 같은 글로벌 시대의 배경은 다국적기업들에 대한 '글로벌 기업시민정신' 요청과 압력을 가중시킨다. 이를 국제규범으로 제도화하는 일련의 글로벌 이니셔티브들이 개시되는 새로운 전환기가 전개되었다. 처음에는 단순히 다국적기업들의 자발적인 '윤리경영'을 실천을 유도하는 이니셔티브들이 있었지만, 이후 점차 그리고 급진적으로 다국적기업들의 글로벌 기업시민정신의 투명성과 책무성을 감시하는 다양한 사회적 리포팅(reporting), 다양한 전문기관들에 의한 인증(certification) 시스템으로 발전했다. 기업의 "사회적 성과를 측정해 공표하는 것은 기업의 행동에 영향을 미치는 잠정적으로 강력한 수단이 된다."(Porter and Kramer 2006: 3).

1) UN과 국제기관 이니셔티브

(1) 글로벌 컴팩트(Global Compact)

UN 글로벌 컴팩트는 착수부터 기업과 NGO뿐 아니라 노조와 UN 기관들의 동참에 의해 추진되었다. 수 천여 기업들이 글로벌 컴팩트에 참여하는 가운데, 국제적인 기업연합체들이 글로벌 협약의 이행을 독려하는 주요 역할을 맡고 있다. 시작부터 국제상공회의소(ICC)가 UN과의 협의를 통해 글로벌 컴팩트를 이끌어낸 핵심적인 역할을 수행했고, 기업계를 대표해서 각종 산업연합회들도 글로벌 컴팩트의 파트너 기관으로 동참하였다. 또 세계적인 인권, 환경 NGO들이 글로벌 컴팩트에 참여해, 기업의 협약 이행을 모니터링을 하는 역할을 맡는다. 또 기업 거버넌스를 중시하는 글로벌 리포팅 이니셔티브(GRI), 국제투명성본부(Transparency International), 글로벌 설러번 원칙(Global Sullivan Principles) 등도 동참한다. 글로벌 컴팩트는 기업과 NGO의 관계를 갈등에서 협력의 관계로 모색하는 UN의 역할이 중요하기 때문에 노동, 인권, 환경 영역과 직접, 간접적으로 관련되는 UN 기관들이 글로벌 컴팩트의 파트너 기관으로 참여한다.

(2) OECD 다국적기업 가이드라인

OECD는 다국적기업의 '사회적 책임'을 제고하기 위해 1976년 "다국적기업 가이드라인"을 제안했다. 여기에 뇌물방지, 소비자 보호 등을 추가하여 2000년에 새 가이드라인을 개정하였다. 이 가이드라인은 법적 구속력은 없으나 회원국 공동의 명의로 다국적기업에 대해 일정한 사회적 책임을 부여하는 국제규범으로, 다음 네 가지 특징을 갖는다(OECD 2000).

a) 가이드라인은 이를 수락한 국가들이 승인한 다국적기업에 대한 유일하고 포괄적인 행동규약이다.
b) 가이드라인은 다국적기업이 자발적으로 준수하여야 할 모범적인 실천에 관한 원칙과 기준이다.
c) 가이드라인은 최소한 지켜야 할 법규뿐만 아니라 노동, 환경, 정보

공개, 조세는 물론 뇌물방지와 소비자 보호와 같은 광범위한 기업 윤리를 포괄하고 있다.

d) 가이드라인은 정부뿐 아니라 기업계와 노동단체, NGO로부터의 지지를 받고 있으며, 이들은 각국의 연락사무소에 가이드라인 이행과 관련한 이슈를 제기할 수 있다.
①정보 공개, ②고용 및 노사관계, ③환경, ④뇌물 방지, ⑤소비자 이익, ⑥과학 및 기술, ⑦경쟁, ⑧조세 등이다(OECD 2000).

(3) 개발파이낸싱 정상회담과 지속가능개발 정상회담

이어서 2002년에도 글로벌 CSR 증진을 위한 글로벌 정상회담들이 지속적으로 개최되었다. 〈개발 파이낸싱 정상회담〉(Financing for Development Summit)에서 기업 등 민간부문의 자원 등의 역량을 동원하는 개발의 재정 지원 방안들이 제시되었다. 또 같은 해 요하네스버그의 〈세계 지속가능개발 정상회담〉(World Summit on Sustainable Development)에서 기업 등의 민간자원 동원의 방안들이 제시되면서, 이후 덴마크 등 유럽 국가들에서 MDGs 달성을 위한 구체적인 방안들이 PPP 프로그램들로 제시되며 추진될 수 있었다.

(4) WHO 규제

나아가 UN 등 국제기관들은 글로벌 CSR을 통한 MDGs 기여 등을 요청하면서도, 글로벌 CSR에 참여하지 않고 보건, 위생, 식수 등 '글로벌 공공 재화'(global public goods) 생산을 저해하는 다국적기업들의 비윤리적 비즈니스 행태에 강력한 경고의 메시지를 보내고 있다. 일례로 2013년 6월 10일, 헬싱키에서 열린 8차 〈글로벌 건강증진 회담〉에서 마가렛 챈(Margaret Chan) WHO 사무총장의 연설을 경청해볼 만하다.[1] 그녀는 글로벌 보건의료의 가장 심각한 도전은 다국적기업들의 부에서 파생되는 정치권력의 횡포로 간주해, 흡연, 비만, 음주 등 비전염 질병 퇴치를 위해 "강력한 경제 운영자들의 비즈니스 권력에 맞서" 싸울 것을 강조한다.

챈 사무총장은 거대 담배사(Big Tobacco)뿐 아니라, "거대 식품사(Big Food), 거대 음료사(Big Soda), 거대 주류사(Big Alcohol)에 맞서 공공보건이 투쟁해야 하는데, 이 산업들 모두가 규제를 두려워해, 똑같은 술책으로 자신들을 보호하고 있다"는 것이다. 그 술책들은 로비, 자율의 약속, 법률소송뿐 아니라, 증거를 감추고 대중들로 하여금 혼란에 빠지도록 만드는 산업계 차원의 연구 지원 등이 있다고 열거한다. 챈 사무총장은 "시장권력은 정치권력으로 바뀌고 있어, 어느 정부도 거대 기업들보다 건강을 우선시하지는 않는다"고 비판한다. 빈곤국에까지 확대되고 있는 심각한 비만 문제도 "개인의 의지력의 실패가 아니라, 거대 기업을 규제하는 정치적 의지의 실패"로 간주한다.

(5) UNEP FI

UNEP FI(금융 이니셔티브)는 UNEP와 금융부문이 협력하는 공공-민간 파트너십이다. 글로벌 대표적인 은행, 투자펀드사, 보험사 등 450여 금융기

---

1 WHO. http://www.who.int/dg/speeches/2013/health_promotion_20130610/en/index.html

관들이 회원으로 등록되어 있다. UNEP FI는 금융기관의 전반적인 경영활동이 지속가능성을 바탕으로 이루어지는 것을 목표로 한다. UNEP FI와 PRI는 공식적으로 통합되어 있다. UNEP FI 주도 또는 공동창설의 프레임워크는 다음과 같다.

- Principles for Responsible Banking (PRB) : 2019년 9월 세계적인 130개 은행들과 공동 개시,
- Principles for Sustainable Insurance (PSI) : 2012년 UNEP FI 주도로 창설, 세계 보험사 1/4 가량이 이 원칙을 적용하고 있다.
- Principles for Responsible Investment (PRI) : 2006년 UNEP FI와 UN 글로벌 컴팩트 공동으로 창설, 세계 기관투자자 절반 가량이 서명기관으로 참여하고 있다.

2) 공공과 민간 파트너십 이니셔티브

(1) 윤리적 무역 이니셔티브(ETI)

자발적인 윤리강령의 준수를 요청하는 NGO들의 글로벌 운동도 활성화되어 왔다. 1998년 영국에 본부를 두고 있는 '윤리적 무역활동 이니셔티브'(Ethical Trading Initiave : ETI)은 다국적기업, 노동조합, NGO들이 참여하는 공정무역과 기업윤리강령 운동을 해왔다. ETI 윤리강령은 국제노동기구(ILO)의 협약에 기초한 내용으로 결사의 자유와 함께 보건과 안전에 관한 기준, 아동노동, 고용시간, 차별 등에 관한 내용들을 비교적 포괄적으로

포용하였다.

나아가 다국적기업의 사회적 책임과 환경보호 및 '지속가능한 개발' 책임에 대한 글로벌 기준도 마련되는 변화가 뒤따랐다. 기업들이 환경적으로 건전한 관리와 에너지 보전에 관한 일반적인 기준에 대한 정보를 제공하고, 자국에서 하는 것과 같은 기준에서 해외 공급사슬에서의 환경적 책임에 관한 일반적인 기준의 시행 등이 그것들이다.

(2) 세계지속가능개발협회와 기업사회적책임(BSR)

21세기초 같은 시기에 글로벌 CSR 캠페인에 앞장서는 여러 국제조직들이 등장하면서, 글로벌 CSR에 대한 기대 또한 높아졌다. 세계지속가능개발협회(WBCSD: World Business Council for Sustainable Development), 국제기업지도자포럼(IBLF: International Business Leaders Forum), BSR(Business for Social Responsibility), 그밖에 국제광산금속위원회는 기업의 개발 투자에 선도적인 역할을 수행하였다. 이런 분위기에서 글로벌 CSR은 "기업 자선에 머물렀던 전통에서 점차 벗어나 주류 기업 어젠다로 점차 통합되었다"(World Bank 2006: 10). 새로운 전략적 글로벌 CSR의 동향은 새로운 글로벌 변화 요인들이 주도한 것으로 볼 수 있다. i) 전통적인 개발 접근들이 효과적이지 않았다는 점에 대한 관심, ii) 세계화의 영향과 민간자본의 개발도상국 유입 증대에 대한 인식, iii) 금전, 기술이전, 현물기여 등 정부와 시민사회가 결여하고 있는 중요한 기여를 기업들이 할 수 있다는 인식 고조 등이다.

(3) 기업개발파트너십(Business Partnerships for Development)

또 다른 주요 글로벌 CSR 이니셔티브들로는 〈기업개발파트너십〉(Business Partnerships for Development)'과 〈이퀘이터 원칙〉(Equator Principles)을 꼽을 수 있다. 기업개발파트너십에는 150여 기업, 정부, 시민사회 조직들이 참여하였는데, 모든 섹터들이 "삼섹터 파트너십을 연구, 지원, 진흥시키기 위해" 조직되었다. 이 조직을 통해 삼대 섹터들은 다음과 같은 교훈을 얻을 수 있었다(World Bank 2006: 12). i) 파트너십은 참여자들의 핵심 역량이 잘 활용된 지역에서 성공적이며, ii) 개발 협력자들은 참여하기 위해 역량구축이 필요하며, iii) 파트너십은 모든 프로젝트에 적용되는 것은 아니며, iv) 공동의 거버넌스 구조가 가장 효과적이다.

(4) 이퀘이터 원칙(Equator Principles)

또 2002년 국제금융사 IFC는 다른 국제은행들과 함께 이퀘이터 원칙(Equator Principles)을 개발하였다. 이 원칙들은 프로젝트 파이낸싱에서 환경적, 사회적 리스크를 해결하기 위한 은행 산업계의 프레임워크가 된다. 이 원칙들의 개발로, 세계은행과 IFC의 분야별 오염감축 가이드라인이나 IFC의 안정 정책 등과 같은 외부의 벤치마크에 기초해 프로젝트 파이낸싱을 하는 보편적인 프레임워크가 탄생한 것이다. 2006년 기준, 16개국의 41개 금융기관들이 Equator Principles을 적용하였고, 이들이 100개국 이상에서 프로젝트 파이낸싱 비즈니스를 수행하였다(World Bank 2006: 12).

(5) GRI, ISO 26000

다국적기업들이 윤리강령을 도입하며 윤리적 비즈니스를 시행하게 된 배경은 다양하다. 기업이 솔선수범해서 또는 기업연합회의 권고로, 또는 NGO 등의 인증기관들과 협약으로 하는 경우 등이 그것이다. 기업의 '사회적 리포팅'은 기업의 환경적, 사회적 실천을 공개하는 것으로 이제 일부 인증기관들이 기업에 압력을 행사하며 리포팅을 하도록 한다.

표준화된 글로벌 기준을 제시하는 인증기관으로는 GRI(Global Reporting Initiative)를 대표적인 기관으로 들 수 있으며, 또 2010년에 설립된 ISO 26000(사회적 책임)은 UN 글로벌 컴팩트와 더불어 기업들이 가장 많이 참여하는 글로벌 리포팅 및 인증기관이다. ISO 26000에 따르면, 기업들이 글로벌 인증을 필요로 하는 배경은 i) 계약의 조건 또는 규제의 요건, ii) 소비자 선호를 충족시킬 필요성, iii) 리스크 관리 프로그램의 배경, iv) 관리시스템 개발의 목표 설정으로 임직원의 동기유발을 하는 것 등 다양하다.

(6) '포용적 개발' 이니셔티브

2004~8년 기간에는 보다 가시적인 글로벌 CSR 이니셔티브들이 등장해 지금에 이르고 있다. 이 시기가 글로벌 CSR의 획기적인 전환기라 볼 수 있다. 2004년 세계경제포럼(WEF 2004)의 보고서는 1년간의 7개 전문집단의 분석 결과, 정부, 기업, NGO, 국제기관들의 노력과 파트너십은 MDG 목표 달성에 겨우 1/3 정도밖에 기여하지 않은 것으로 평가하였다. 빈곤, 기근, 교육, 보건, 환경, 평화와 안전, 인권 등 일곱 개 분야에서의 성과가 0~10 척도에서 4점 이상을 받은 분야는 하나도 없었다. 이 보고서는 많은 국제

기관들의 정책반응으로 나타나, 다양한 빈곤퇴치 이니셔티브들이 등장하였다.

2005년 WBCSD는 '포용적 비즈니스' 이니셔티브를, 2006년 World Bank는 'BOP 비즈니스' 이니셔티브를, 학계를 대표하는 하버드 케네디 스쿨은 2004년 'CSR 이니셔티브'를 개시하였다. 또 UNDP는 2008년 '포용적 성장'(Inclusive Growth)과 '비즈니스 콜 투 액션'(Business Call to Action) 이니셔티브를 착수해, 다국적기업뿐 아니라 사회적기업과 비영리기관들의 참여와 우수사례들을 홍보하는 글로벌 캠페인을 진행하였다.

(7) 포용적 성장 비즈니스(B4IG : Business for Inclusive Growth)

글로벌 다국적기업들과 OECD의 파트너십으로 B4IG 이니셔티브가 2019년 8월 G7 회담에서 출범하였다. 설립의 취지는 세계화와 테크놀러지로 엄청난 부와 번영이 이뤄졌지만 그 부의 혜택을 점차 더 많은 사람들이 함께 누리지 못하며 삶이 더 악화되는 상황을 바로잡기 위한 목적에 있다. "코로나 19의 심각한 상황에서 불평등에 대한 투쟁은 더욱더 필요해서 B4IG는 단결해서 보다 강력하고 보다 포용적인 비즈니스 모델의 구축을 지원한다"고 밝힌다.[2]

B4IG가 지원하는 포용적 비즈니스 프로젝트는 2020년 12개가 진행되어 2022년 11개가 진행중이며 8개가 복제되었고, 2021년 10개 프로젝트 중 7개는 취약지역의 전문직 고용이며, 둘은 포용적 소싱이다.

---

2 OECD. https://www.oecd.org/inclusive-growth/businessforinclusivegrowth/

(8) 글로벌 인증기관

글로벌 CSR 선행연구(주성수, 김성현 2015)의 사례에서는 다음과 같은 전문기관 인증에 기초하는 투명성 실행 사례들을 참고해볼 수 있다.

a) 미국의 다국적 식품기업 Hershey는 세계 최대의 인증기관인 Utz, Fair Trade USA, Rainforest Alliance를 통해 인증된 코코아의 지역소싱에 의존하는데, 2020년까지 100% 전문기관의 인증을 받은 코코아만을 구매할 계획이다(Hershey 2012).

b) 다국적 식품기업 Kraft Foods는 2010년의 지역소싱의 사례로 Rainforest Alliance 인증의 커피를 구매해 아시아, 아프리카, 남미 대륙 12개국에서 43만 명의 노동자들의 생계를 지원했다. 20개국에서 8개의 브랜드가 Rainforest Alliance의 공증 마크를 달고 있는데, Kraft Foods 제품이 가장 많은 비중을 차지한다(Kraft Foods 2011).

c) Land O'Lakes는 우간다의 국립표준국과 공조해 우유와 우유제품의 품질표준안 마련을 지원하고, 동아프리카와 남아프리카 여러 국가들에서도 이같은 표준안을 마련해 시행한다.[3]

d) L'Occitane은 2011년 500톤의 shea butter를 부르키나 파소 농민들로부터 구매했는데, 가격은 현지 시장가격의 두 배가 넘는 공정무역 가격으로 지불해, 한 조합의 경우 2005~11년 기간에 수입

3 LandoLakes. http://www.idd.landolakes.com/

이 15배가 늘었다. '공정무역 인증'을 받기 위해서는 역량있는 직원의 채용, 새로운 통제시스템의 도입 등 비용부담이 되지만, 초기 투자 이후에는 일상적인 관리로 비용 부담이 줄어든다(UNDP 2011b).

e) L'Oreal의 모든 공급계약업체들은 엄격한 공급 검사를 거치는데, 원료 생산, 포장, 현장 안전, 세척과정 등 SA8000 기준에 따라 현지어로 제3자 전문기관에 의해 검사가 수행된다(WBCSD 2011c).

f) Nestle는 유아 분유(formula)의 생산, 공급 등 전반에 WHO의 Code에 따라 모니터링을 시행하며, 또 식수와 환경지속가능성에서는 Global Compact, GRI의 지표들에 따라 성과를 보고한다.[4]

g) 다국적 농기업 Syngenta는 지역 공급자 선정에서 보건, 안전, 환경, 노동, 인권에 대한 공급자의 글로벌 기준들을 적용시켜 규정 준수 여부를 철저히 모니터링 한다. 글로벌 기준에서 화학 공급자, 창고와 로지스틱 서비스 공급자에게는 "보건, 안전, 환경, 품질"(HSEQ) 사정을 실시하며, 또 종자 공급자에게는 공정노동협회(Fair Labor Association)의 방식에 따라 보건과 안전, 아동노동, 노동자권리, 임금과 수당, 노동시간, 성희롱과 남용, 차별 등을 사정해 인증을 받는다(WEF 2009; Syngenta 2012).

4 Nestle. http://www.nestle.com/csv/nestle

3. 기업의 지속가능성 리포팅

사람과 지구를 위한 기업의 책임과 투자는 글로벌 차원에서 진행되는 강력한 '뉴노말'이 되고 있다. 한국의 기업들도 선진경제국의 기업들이 참여하는 글로벌 컴팩트(Global Compact)를 비롯한 국제기관들의 지속가능성 리포팅(sustainability reporting)에 참여해 사람과 지구에 대한 책임있는 비즈니스를 수행하고 있다.

1) 글로벌 컴팩트(Global Compact)

(1) UN 글로벌 컴팩트

UN이 2000년 개시한 글로벌 컴팩트는 오늘날의 ESG 주류 전통이 된다. '지속가능성'의 핵심 원리가 되는 ESG는 이제 상당 수준까지 진전해 있다. UN 글로벌 컴팩트에 따르면, 자발적으로 글로벌 컴팩트에 가입해 지속가능성 보고서를 공시하는 기업의 수가 2000년 44개에서 2015년 8,041개로, 2020년 2월 전체 회원 조직은 13,920개로 늘었다.[5] 그 중 기업 4,685, 중소기업 5,801, NGO 1,579, 재단 333, 공공부문 234, 노동 19개 등이다. 한국 기업들의 글로벌 컴팩트 참여는 top 20개국 중 15위로 비교적 높은 편이다. 2020년 2월 현재 전체 250개가 참여하고 있다. 250개 중 대기업 125개로 절반을 차지하고, 다른 절반은 중소기업 40, 공공부문 39, NGO 17, 재

5 GlobalCompact. https://www.unglobalcompact.org/what-is-gc/participants

단 10개 등이다.

(2) 글로벌 컴팩트 10대 원칙

글로벌 협약은 노동, 인권, 환경보호 3대 영역으로, 여기에 초국적기업들과 글로벌 NGO들이 동참하고 있다. 이들이 생산과 소비의 주체가 되는 세계 시민의 인권을 보호하고, 합리적인 노동의 조건을 모색한다. 또 환경친화적인 생산활동으로 환경위기에 처한 지구촌 살리기에 지혜를 동원하고 실천가능한 원칙들을 제시한다.

글로벌 협약은 아래처럼 제1, 2 원칙이 인권에 대해, 제3, 4, 5, 6 원칙이 노동에 대해, 제7, 8, 9 원칙은 환경에 대해, 제10 원칙은 부패에 대한 기업의 윤리적 실천을 제시한다.

표 3-1 UN 글로벌 컴팩트(Global Compact)

제1 원칙 : 기업은 자신의 영향력에 있는 영역에서 국제적으로 선포된 인권의 보호를 지원하고 존중한다. 제2 원칙 : 기업은 인권의 남용에 자신들이 연류되지 않는다는 점을 분명히 한다. 제3 원칙 : 기업은 결사의 자유를 지지하며 단체협상의 권리를 효과적으로 인정한다. 제4 원칙 : 기업은 모든 형태의 강제적 의무적 노동의 철폐에 협력한다. 제5 원칙 : 기업은 아동노동의 효과적인 근절을 조장한다. 제6 원칙 : 기업은 고용과 취업에 관한 차별의 철폐를 지지한다. 제7 원칙 : 기업은 환경적 문제제기에 세심한 접근을 지원한다. 제8 원칙 : 기업은 보다 과중한 환경적 책임을 맡는 새로운 노력을 시도한다. 제9 원칙 : 기업은 환경친화적인 테크놀러지의 개발과 보급을 촉진한다. 제10 원칙 : 기업은 모든 형태의 부패방지를 노력한다.

자료 UNGC https://www.unglobalcompact.org/

(3) 글로벌 컴팩트의 실행

글로벌 컴팩트를 포함한 기업의 지속가능성 리포팅은 급성장해 왔다. 성공적인 성과라는 것이 지속가능성 이니셔티브를 추진해온 UN 글로벌 컴팩트와 GRI의 공통된 의견이다. 글로벌 컴팩트를 통해 지속가능성 보고서를 공시하는 기업들도 대폭 늘었고, 또 GRI 지속가능성 리포팅을 하는 기업들 또한 1999년 첫해 11개에서 2010년 2,274개, 2020년 8천 개 이상으로 크게 늘었다. 한국의 기업들도 2002년에 GRI 지속가능성 리포팅을 선도했던 3대 기업들(현대자동차, 아모레퍼시픽, LS 케이블)과 2003년에는 대한항공, 포스코연구소, 삼성 SDI 등이 동참했다.

또 글로벌 컴팩트와 GRI 등의 국제기관의 역할로 환경과 사회에 책임 있는 기여를 하는 기업 지속가능성 실천이 두드러지게 진전되었다. 글로벌 컴팩트가 글로벌 차원의 '기업 지속가능성' 보고에 크게 기여했다는 것이 UN 글로벌 컴팩트의 2015년 조사결과로 제시되고 있다(UNGC 2015).

UN 글로벌 컴팩트 서명기업 90% 이상이 2015년부터 10개 원칙을 실천하고 있는 것으로 조사되었다(UNGC 2017: 10). 기업의 책임을 전략과 운영으로 실천하는 기업들은 2017년 기준에서 대기업은 2/3를 넘어서고 있지만 소기업은 절반에도 미치지 못한 것으로 나타난다.

공급사슬에도 컴팩트 10개 원칙을 적용, 실천하는 것은 쉽지 않은 일이지만, 최근에 와서 상당한 실천도를 보여준다. 반부패와 환경 원칙에서 서명기업의 70% 이상이 실천하고 있지만, 노동과 인권의 실적은 각기 64%와 67%에 머물러 있다.

2) 기업 지속가능성 리포팅 유형

세계적으로 다양한 지속가능성 프레임워크가 시행되며, 그 중 여러 개에 기업들이 참여해 지속가능성 리포팅을 하고 있다. 기업의 산업 분야와 업종에 따라 여러 지속가능성 프레임워크 중에 특정 하나 이상을 선택해 참여하고 있다.

(1) GRI

기업들이 널리 이용하는 지속가능성 리포팅은 GRI(Global Reporting Initiative)다. GRI는 경제적, 사회적, 환경적 차원을 고루 통합한 종합적인 지표를 지속가능성 지표로 제시한다. 공공부문, 민간부문 등 다양한 부문별 보충적인 사항들을 구분하는 특징도 있다. 가이드라인은 기업, 노동, 시민사회, 금융시장 대표들과 다양한 분야 전문가들이 참여하는 글로벌 다자 이해관계자 과정을 거쳐 개발된 것이라 더 신뢰를 갖게 한다.

GRI는 1999년에 '지속가능성 보고서' 리포팅 가이드라인을 제시하였다. GRI의 미션은 가이드라인을 제시해 지속가능성 리포팅 표준의 실천을 지원하는데 있다. 이제 GRI는 비금융 리포팅을 대표하는 글로벌 표준으로 정착되어, 2021년 현재 1만 개 이상 기관들이 지속가능성 리포팅에서 GRI 표준 가이드라인을 사용하고 있다.[6]

6 GRI. https://www.globalreporting.org/Pages/default.aspx

표 3-2 지속가능성 프레임워크 유형

	가이드 유형	규모	범위	타깃 개방	타깃 보고자	타깃 고객	조직 유형
AccountAbility	지침	국제	일반적	자발적	기업, 공기업, 정부	감사, 회계사	비영리조직
B Corp	공증	미국	광범위	자발적	혁신적 기업	이해관계자 소비자	비영리조직
GRI	지침	국제	일반적	자발적	기업, 공기업	이해관계자	NGO
ISO 26000	지침	국제	사회적	자발적	기업, 공기업 병원 자선기관 교육기관	이해관계자 (직원, 지역사회, 투자자, 소비자)	비영리조직

자료 ICA(2016 : 19). "Sustainability Reporting for Co-operatives : A Guidebook."

(2) AccountAbility

AccountAbility는 "기업, 정부, 복합 조직들과 협력해 책임있는 비즈니스 실천을 개선하고 장기적 성과를 개선하기 위한 글로벌 컨설팅 및 표준화 회사다." AA1000AP (2018)의 목적은 조직들에게 국제적으로 공인된 가이딩 원칙들을 제공해, 조직들의 책무성과 지속가능성 성과를 사정, 관리, 개선 및 커뮤니케이션을 할 수 있도록 지원하기 위함이다(Accountability 2018: 12).

책무성(accountability)이란, AA1000에 따르면, "조직의 정책, 의사결정, 행동, 제품, 서비스 및 관련 성과들의 임팩트에 대해 인지하고, 책임을 가지고, 투명성을 유지하는 상태"를 의미한다. 조직이 완전한 책무성을 갖게 되면 이해관계자들이 물질적 지속가능성 사안들을 파악, 이해, 호응하는데 관여하도록 하며, 나아가 이해관계자들에게 조직의 의사결정, 행동, 성과에 대해 커뮤니케이션을 하며 호응하는 상태를 말한다. 명확한 기준들로 검증이 가능한 일련의 원칙들을 시행하는 실천적 가이드를 제공한다. 산업, 시장 또는 분야별 지속가능성 스탠다드 또는 가이드라인과 연계되어 활용될 수 있다.

'책무성' 원칙은 포용성, 중요성, 호응성, 임팩트 등 네 가지 가치에 기반하는 원칙을 의미한다(Accountability 2018: 13).

- 포용성(inclusivity): 사람들은 자신에게 임팩트를 미치는 의사결정에 대해 발언할 수 있어야 한다.
- 중요성(materiality): 조직은 중요한 지속가능성 현안들과 관련된 임팩트에 대해 투명한 행동을 취해야 한다.
- 호응성(responsiveness): 정책결정자는 중요한 지속가능성 현안들을 파악해 시의적절한 입장을 취해야 한다.
- 임팩트(impact): 조직은 자신의 행동이 광범한 생태계에 미치는 영향을 모니터, 측정하고 책무성을 가져야 한다.

(3) B Corp

B Corp 운동은 미국에서 시작되어, 사회적 및 환경적 성과와 책무성과 투명성의 기준을 충족하는 비즈니스의 공증 시스템이다. B Corp의 5개 원칙들과 한국의 사회적가치 13개 항목별로 매칭한 결과를 참고해보면, 대부분의 특성이 일치하고 있다는 것을 알 수 있다.

표 3-3 B Corp과 사회적 가치 매핑

B Corp	사회적 가치
1) 환경(environment) 기업의 설비, 자재, 에너지 사용 등 환경적 성과 평가. 또 기업의 수송/배분 채널과 공급사슬의 환경적 임팩트 평가.	1) 재난과 사고로부터 안전한 근로·생활환경의 유지 2) 건강한 생활이 가능한 보건복지 제공 3) 환경의 지속가능성 보전
2) 노동자(workers) 기업의 노동력과의 관계를 평가. 기업이 노동자에게 제공하는 보상, 수당, 훈련 소유 기회 등이 일차적인 초점이며, 또 관리/노동자 커뮤니케이션, 일자리 유동성, 기업문화, 노동자 보건과 안전 실천 등 노동환경 전반에 대한 평가.	4) 인간의 존엄성을 유지하는 기본 권리로서 인권의 보호 5) 노동권의 보장과 근로조건의 향상 6) 사회적 약자에 대한 기회제공과 사회통합 7) 품위 있는 삶을 누릴 수 있는 양질의 일자리 창출
3) 고객(customers) 기업이 고객에게 미치는 임팩트를 평가. 기업이 공익을 증진시키는 제품과 서비스의 판매 여부, 또 제품과 서비스의 취약층에게 혜택을 주는지의 여부를 평가.	8) 그 밖에 공동체의 이익실현과 공공성 강화
4) 지역사회(community) 지역사회 공동체에 미치는 기업의 임팩트를 평가. 공급자 관계, 다양성 및 지역 공동체의 관여 등에 초점을 맞춰, 지역사회 서비스와 자선적 기부의 공헌과 정책을 측정. 또 기업의 제품이나 서비스가 기초 서비스, 보건, 교육, 경제적 기회, 예술 등을 포함한 사회적 이슈 해결, 사회적 목적으로 기업에 대한 자본의 제공 등을 평가.	9) 대기업, 중소기업 간의 상생과 협력 10) 지역사회 활성화와 공동체 복원 11) 경제활동을 통한 이익이 지역에 순환되는 지역경제 공헌 12) 윤리적 생산과 유통을 포함한 기업의 자발적인 사회적 책임 이행
5) 거버넌스(governance) 기업의 미션, 윤리, 책무성, 투명성 부분으로, 사회적, 환경 미션을 갖고, 어떻게 임직원, 이사회, 지역사회를 관여시켜 미션을 달성하는지를 측정. 직원의 재무정보 접근, 고객의 피드백 제공 기회, 회상의 이사회의 다양성 평가.	13) 시민적 권리로서 민주적 의사결정과 참여의 실현

자료 (B Corp) https://bcorporation.net/certification; (사회적가치) 사회적가치 기본법(안)

(4) ISO 26000

ISO 26000의 경우 공공 및 민간 기관들의 조직지배구조(goverance)가 중시되어 책무성과 투명성을 우선적으로 제시하는 특징이 있다.[7]

a) 책무성(Accountability)

b) 투명성(Transparency)

c) 윤리적 행태

d) 이해관계자 이해 존중

e) 법의 지배 존중

f) 국제 행태 규범 존중

g) 인권에 대한 존중.

3) 글로벌 리포팅 대표 사례

나아가 글로벌 리포팅 유형 중 기업이 참여하는 유형은 여러 가지가 있는데, 아래에서 16개 유형을 참고할 만하다. 최근에 새로 개설된 리포팅은 대부분이 기후, 환경 관련 리포팅이며, 또 사회적 임팩트와 임팩트투자에 대한 관심이 높아지면서 '임팩트' 추구적 리포팅이 많다.

---

7 ISO 26000. https://www.iso.org/iso-26000-social-responsibility.html

표 3-4 글로벌 리포팅 16개 유형

리포팅 접근법	주요 내용
Accounting for Sustainability (A4S)	지속가능성 책무성 - 지속가능, 복원적 비즈니스 모델 도입 지원 - 환경적, 사회적 이슈를 고려하는 통합적 접근으로 금융 의사결정의 전환이 목표
B Impact Assessment ("B Impact")	B Corp 임팩트 사정 - 중소 비즈니스의 임팩트 측정 산업 표준 제시 - 임팩트 사정에는 표준, 벤치마크, 도구가 포함, 사정, 비교, 개선의 3단계 과정
Big Society Capital Outcomes Matrix("BSC Outcomes Matrix")	빅소사이어티 캐피탈 결과 매트릭스 - 조직의 사회적 임팩트 계획과 측정을 지원 - 9개 결과 분야와 15개 대상층 분류 - 결과 매트릭스 접근법은 사회적투자 금융중간기관, 시행기관, 임팩트 전문가 공동으로 개발.
Carbon Disclosure Project(CDP)	탄소공시프로젝트 - 기후관련 금융 공시의 글로벌 프레임워크 - 투자와 구매 결정에 탄소배출 정보 자료 제공 - 환경 리포팅과 리스크 관리의 비즈니스 규범 지향
CDSB Climate Change Reporting Framework ("CDSB")	기후변화 리포팅 프레임워크 - 금융 정보와 동일한 수준의 환경 정보 리포팅 - 기후변화가 투자자의 전략, 성과, 전망에 미치는 영향에 관한 가치의 세부 정보를 제공
Future-Fit Business Benchmarking ("Future-Fit")	미래적응의 비즈니스 벤치마킹 - 기업과 투자자의 장기적 가치 창출로의 전환을 지원 - 모든 기업이 도달해야 하는 환경적, 사회적 성과의 기준점 파악, 기준점에 도달하는 진전도 사정 방법
GIIN's IRIS Metrics("IRIS")	글로벌 임팩트투자 네트워크의 IRIS 메트릭스 - IRIS는 임팩트 측정, 관리, 최적화 방안 - 투자자의 사회적, 환경적, 재정적 성과 측정 지원 - 임팩트 측정의 투명성, 신뢰성, 책무성 지원
Global Reporting Initiative (Sustainability Reporting Standards) ("GRI")	글로벌 리포팅 이니셔티브(지속가능성 리포팅 표준) - 책무성 추구, 리스크 파악 및 관리 지원 - 환경보호, 사회문제와 거버넌스 개선 지원 - 이해관계자 관계 개선
Guide to Social Return on Investment("SROI")	사회적 가치 측정: 사회적투자수익(SROI) - 사회적 가치, 사회적 임팩트 측정, 관리, 책무성을 지향하는 개인, 조직에 대한 지원 - 사회적 가치, 환경 가치와 임팩트 측정에 관한 현장 시행기관, 전문가, 학계에 자문 제공

리포팅 접근법	주요 내용
The Impact Management Project("IMP")	임팩트 관리 프로젝트(IMP) – 임팩트 성과 보고에 데이터 분류 합의 지향 – 강력한 임팩트 프레임워크에 목표설정 분류 합의 – 글로벌 700개 이상의 다분야, 다국적, 다자기관들의 의견수렴으로 합의 지향
Integrated Reporting("〈IR〉")	통합적 리포팅(IR) – 리포팅 과정의 일관성과 효율성 지향 – 간편, 간략적, 비교적 양식의 리포팅 지원 – '통합적 사고'의 비즈니스 추구 – 금융자본 제공기관의 양질의 정보와 가치창출 지원
Natural Capital Protocol("NCP")	자연자본 프로토콜(NCP) – 자연자본에 대한 비즈니스의 임팩트 파악, 측정, 가치 제시 – 기존의 다양한 접근법 비교, 분석 – 창의적 커먼스(Creative Commons) 인증으로 이용
UN Global Compact Communication on Progress("UNGC")	UN의 글로벌 컴팩트(UNGC) – 인권, 노동, 환경, 반부패 등 10개 원칙 제시 – 조직의 이해관계자(투자자, 소비자, 시민사회, 정부 등)에게 컴팩트 10개 원칙의 상황과 진전 정보제공
UN Principles for Responsible Investment("PRI")	UN 책임투자원칙(PRI) – 투자자에게 ESG 원칙을 투자결정에 통합하도록 지원하는 투자 6대 원칙 제시 – 시장현장, 구조, 규제에서의 지속가능 금융시스템 장애물을 해결하는 거버넌스, 통합성, 책무성 제시
Recommendations of the Task Force on Climate-related Financial Disclosures ("TCFD")	기후관련 금융공시 TF – 기후 관련 리스크와 기회에 대한 투자자, 채무자, 보험가입자에 정보 제공 – 거버넌스, 전략, 리스크 관리, 결과 메트릭스 초점 – 회원 전문가, 이해관계자 관여, 기존의 기후관련 공시 레짐 등 지원
SASB Standards("SASB")	지속가능성 책무성 표준 이사회(SASB) – 공기업의 금융적 정보를 투자자에게 비용효과적, 의사결정에 유용한 방식으로 제공하도록 지원 – 11개 부문, 79개 산업별 특수적인 목표달성 지원

자료 Social Impact Investment Taskforce (2018)

4) 글로벌 CR 리포팅 동향

한국 기업들의 글로벌 CSR 발전의 수준을 추정할 수 있는 글로벌 자료는 거의 존재하지 않지만, 이를 추정해볼 만한 중요한 자료로 CR(Corporate Responsibility) 리포팅 수준을 참고해볼 만하다.

(1) 기후변화와 기업 책임

KPMG의 글로벌 4,900개 기업들의 금융보고서를 분석한 결과에는 기후변화 리스크를 인식하고 있는지를 보여준다(KPMG 2018: 30). 28% 정도만이 기후변화에 따른 재정리스크가 있다고 보고하고, 대부분(72%)이 언급하지 않고 있다. 그런데 글로벌 250(G250) 대기업 중에는 리스크가 있다는 언급이 48%로 높아진다. 국가별로 구분해보면, 상당한 차이가 있다. 프랑스 대기업 대부분이 기후 리스크를 가장 심각하게 인식하고 있는 반면에 미국과 일본 대기업 중에는 절반도 되지 않는다.

(2) SDGs와 기업 CSV

KPMG의 〈기업의 사회적 책임〉 보고서에는 SDGs 연계의 비즈니스가 상당한 수준의 인식을 공유하고 있다. 글로벌 100대 기업 중에는 39%, 250대 기업 중에는 43%가 CSR 활동을 SDGs와 연계하고 있다(KPMG 2018: 33).

글로벌 기업들의 국별 구분을 해보면, 독일계 기업들이 가장 적극적인 SDGs 연계의 사회책임을 추진하고 있다. 반면에 미국과 일본 기업들은 소극적으로 각기 대기업 31%, 46% 정도가 SDGs 연계의 사회책임 활동을 한다고 보고한다. 또 분야별로 커다란 차이를 보여준다. 유틸리티 58%를 선두로, 자동차 58%, 소매업 57%, ICT와 미디어 56%, 보건의료 47%, 금융서비스 37% 등이다.

(3) 인권 CR 리포팅

인권 이슈를 보고하는 기업들은 점차 늘고 있다. 글로벌 100대 기업 중에는 73%, 글로벌 250대 기업 중에는 90%에 달한다. 그런데 인권을 자사의 정책으로 제도화한 기업은 N100과 G250 모두 62%에 머물러 있다.

국별로는 인도와 영국계 기업들이 각기 95%와 85%로 선도적인 역할을 한다. 분야별로 커다란 차이를 보여준다. 광업의 경우 글로벌 250대 대기업 중에는 거의 100%에 달할 정도로 상당한 진전을 보여준다. 에너지 분야의 석유와 가스는 92%, 금융 분야 92% 등으로 비교적 양호하다(KPMG 2018: 47).

(4) 임팩트 측정 프레임워크

ESG 임팩트투자에서 널리 활용되는 프레임워크는 무엇인가? 앞의 16개 유형의 글로벌 리포팅을 참고해볼 수 있듯이, 다양한 임팩트 측정 도구와 프레임워크들이 있다(표 3-6). SDGs가 가장 보편적인 메트릭스로 정착되고 있는데, 2017~19년 사이에 43% → 72%로 확대되었다. UNPRI 또한 많이 활용되고 있다. GIIN 등이 공동 개발한 IRIS, IRIS+ 또한 임팩트투자에서 널리 활용되는 메트릭스이다. 2009년 IRIS와 GIIRS가 모니터 인스

티투트(Monitor Institute)의 〈사회적, 환경적 임팩트〉 보고서에 기초해 제안되었다.

표 3-5 임팩트 측정 도구와 프레임워크 활용도(단위: %)

	전체 N=273	서구 투자자	개도국 투자자	사회/환경 투자자	사회 투자자	환경 투자자	직접 투자자	간접 투자자
UN SDGs	72	68	75	79	57	87	69	93
IRIS Metrics	48	42	54	49	47	40	46	59
IRIS+ Metrics	38	29	45	41	37	13	37	48
IMP Metrics	33	31	30	37	31	13	30	52
UN PRI	30	26	29	37	26	33	27	41
IFC OPIM	26	4	40	33	17	7	21	41
GRI	13	10	14	19	5	0	11	14

자료 GIIN(2020: 39) "The State of Impact Measurement and Management."

4. 인권: 사람에 대한 기업의 책임

1) UN의 기업과 인권 가이드 원칙

다국적기업은 지구화의 선도적인 행위자다. 해외직접투자(FDI)의 규모가 1990년 20억 달러에서 2015년 250억 달러로 폭증했다. 이런 급성장은 글로벌 투자협정의 증가와 각국의 FDI 자유화 또는 진흥의 투자정책 덕분이다. FDI는 자본이 부족한 개발도상국의 생산역량의 증대, 테크놀러지와 노하우의 이전과 보급, 고용창출과 기술개발, 세수입 증대 등으로 인간개발 증진에 기여할 것으로 전제한 것이다.

(1) 다국적기업의 인간개발에 대한 부정적 임팩트

그런데 FDI의 긍정적 임팩트는 거의 발생하지 않았다. 오히려 부정적 임팩트를 낳은 것으로 평가받고 있다. UNDP는 〈표 3-6〉과 같이 FDI로 개도국에 진출한 다국적기업들의 투자 임팩트 문제를 심각하게 제기한다.

표 3-6 다국적기업 → 인간개발에 대한 부정적 임팩트

상당 규모의 FDI(해외직접투자)가 자산의 인수와 합병에 편중되었다. 직접적인 생산역량 창출이 없었던 것이다. 2015년 전체 FDI 중 41%가 인수와 합병에 투자된 것이다. FDI는 고소득국에서 유입되어 다시 그곳으로 유출되는 경향이 있다. 다국적기업은 생산과정을 지리적으로 분절시키는 글로벌 가치사슬을 통해 글로벌 생산의 패턴을 변화시키고 있다. 글로벌 수출품의 80% 가량이 글로벌 가치사슬에서 이뤄지고 있다. 한 국가가 수입품을 모두 고부가가치의 투입물로 수입해 수출을 하면 수출품은 상대적으로 저부가가치가 될 공산이 크다. 개발도상국의 경우, 글로벌 가치사슬의 제조를 담당한다고 반드시 생산적, 사회적 구조를 업그레이드 할 것이라고 보기는 어렵다. 다국적기업들은 세금을 회피하려고 지리적 분절화를 이용한다. 글로벌 가치사슬의 또 다른 문제는 자본과 고기술 노동으로 창출되는 부가가치가 점차 늘고 있는 문제로, 국가 내부와 국가간의 소득분배에 부정적인 영향을 미친다(투자자와 노동자 사이, 소득계층간). 남미에서 FDI가 소득격차를 늘렸다는 연구들이 있다.

자료 UNDP(2016 : 139). *Human Development Report 2016*.

(2) UN의 기업과 인권 기본원칙

UN은 개도국 등에서 다국적기업의 인권 침해 문제를 심각하게 제기하며, 〈기업과 인권 기본원칙〉을 제정하였다. "기업은 인권을 존중해야 한다"는 조항부터 "타인의 인권 침해를 피해야 하며 자신들이 관여한 인권침해를 해결해야 한다"는 조항에 이르는 원칙들은 〈표 3-7〉에서 이어진다.

표 3-7 UN의 기업과 인권 기본원칙

12. 기업의 인권 존중의 책임은 국제적으로 공인된 인권으로 최소한 국제인권선언(International Bill of Human Rights)에 표현된 것이다. 또 국제노동기구의 작업장의 기본원칙과 권리선언에 명시된 기본권리에 관한 원칙들이다.
13. 기업에 대한 인권존중의 책임은 다음을 요청한다.
    (a) 기업활동에서 인권침해의 원인이 되거나 기여하는 행위를 피하고 인권침해가 발생하면 그 임팩트를 해결한다.
    (b) 기업의 운영, 제품 또는 비즈니스 관계에서의 서비스와 직접 관련된 인권침해를 예방하거나 완화하는 노력을 한다.
14. 기업의 인권종중의 책임은 기업의 규모, 분야, 운영 배경, 소유권과 구조과 관계 없이 모든 기업에 적용된다. 그럼에도 기업의 책임 이행은 이런 요인들과 기업의 인권침해의 정도에 따라 달라질 수 있다.
15. 인권 존중의 책임을 수행하기 위해 기업은 자신의 규모와 환경에 적합한 다음을 포함한 정책과 과정을 수립한다.
    (a) 인권 존중의 책임을 수행하는 정책 이행;
    (b) 인권 침해 파악, 예방, 완화 및 인권침해를 해결하는 방법에 대한 사전실사;
    (c) 기업이 원인이 되거나 기여한 인권침해의 교정 노력의 과정.

자료 UN(2011 : 13-16), UN Guiding Principles on Business and Human Rights. https://www.ohchr.org/Documents/Publications/GuidingPrinciplesBusinessHR_EN.pdf

또 기본원칙에 이어 운영원칙(Operational principles)을 16조부터 24조까지 제시하는데, 16조는 다음과 같이 정책 공표로써 실행에 옮길 것을 제안한다(앞글: 17).

(3) 다국적기업과 인권조약 요구

다국적기업에 대한 글로벌 거버넌스는 UN 글로벌 컴팩트 등에 기업들의 자발적인 참여를 유도하는 것이다. 최근에는 심각한 인권 침해를 하는 기업들에 대한 국제적 제재가 각국의 조약 형태로 추진되고 있다. 2014년 UN 인권이사회는 기업의 인권 침해를 규제하는 인권조약의 창설을 의결하였다. 이후 2015~17년 기간에 3차례 기업과 NGO 대표들과의 실무협의가 진행되며, 조약의 초안이 마련되었다. 그 과정에서 일부 국가들의 끈질긴 반대 노력이 있었지만, 이후 2018년까지 초안에 대한 합의 논의는 지속되었다(Seitz 2018).

2017년에 제시된 〈UN 초국적기업과 기타 기업들에 관한 조약 과정〉 초안은 다음과 같다(앞글: 8-9). 첫째, 조약은 국가가 기업들의 인권 남용에 대한 민법상의 배상 책임을 보장하도록 강제해야 한다. 둘째, 형법상의 배상책임도 강제해야 한다. 많은 국가들이 기업의 형법상의 배상책임을 인정하고 있지만 독일 등 일부 국가에서는 기업에 대한 종합적인 형법상의 배상책임이 존재하지 않는다. 따라서 조약은 국가가 기업의 형법상 배상책임을 보장하도록 강제해야 한다. 최소한 살인, 현대판 노예, 아동노동 착취, 강제노동, 성폭력, 고문, 심각한 환경오염, 전쟁범죄 등 심각한 범죄 행위에 대해서는 국가 차원의 명단을 공개해야 한다. 또 민법과 형법상의 배상책임은 행정명령, 벌과금, 국가지원 철회 등 공법적 처벌이 보완되어야 한다.

2) "착취공장" 혁신 사례

식품, 의류, 전자 분야에서는 글로벌 공급사슬이 노동유연화를 강력히 추진하고 있다. 거대 소매체인들은 공급체인 아래로 위험과 비용을 전가하며 경쟁적으로 대응해 왔다. 탕헤르(Tangiers)에 있는 11개 의류공장들은 6,500명 이상의 여성을 고용해 셔츠, 바지, 원피스, 치마, 아동복 등을 생산해 스페인 소매상에 판매했다. 공장들 모두가 지난 3년간 평균 30% 가격인하를 경험한 것으로 밝혀졌다. 3년 전만 해도 리드 타임(lead time)이 14일이었지만, 지금은 의류산업에서 가장 짧은 5~7일로 단축되었다. 이런 광란의 비용절감 과정의 첨예한 끄트머리에는 공급체인에서 가장 약한 사람들인 임시노동자들이 있다.

그런데 저임금으로 노동자를 혹사시키는 세계의 착취공장들에서도 변화가 일어났다. 그 변화는 전 세계에 의류공장을 운영하는 다국적 의류기업 Nike, Gap, Levi Strauss 사례에서 살펴볼 만하다(Frith 2005). 2004~5년 당시의 Nike와 Gap은 장기간 자신들의 제품을 공급하는 공급사슬에서 노동착취가 있었다는 것을 처음으로 시인하며, 책임있는 글로벌 CSR을 약속하고 나섰다. 그 전까지는 열악한 노동환경, 부당한 임금착취, 생산공장의 인권, 아동노동, 환경피해 등 UN 글로벌 컴팩트 원칙들이나 OECD의 다국적기업 가이드라인에 대한 자신들의 불법적인 또는 그릇된 행동에 대해 법정에서 부정으로 일관해왔던 관행과는 전혀 다른 획기적인 변화인 것이다.

글로벌 이슈가 되고 있는 이른바 '착취공장'(sweat shop)에 연류된 다국적기업 사례들을 살펴볼 만하다(주성수, 김성현 2015). 그간 Oxfam, "No Sweat" 등 글로벌 CSR 감시 NGO들의 주창활동으로 기업의 착취와 불법

행동에 대한 글로벌 고발들이 지속되었다. 또 다국적기업들은 경쟁사들이 앞다투어 새로운 글로벌 CSR 프로그램을 개시하는 것을 목격하면서 혁신의 길을 선택하지 않을 수 없었다. 또 글로벌 CSR을 홍보하고 모니터링을 하는 WBCSD, BSR 등 기업연맹들의 활동과 UNDP의 '포용적 비즈니스' 이니셔티브도 글로벌 CSR 기준마련과 모범사례 전파에 큰 역할을 했다.

또 소비자들의 소비행동의 변화도 큰 몫을 한 것으로 평가할 수 있다. 윤리적 소비, 공정무역(fair trade) 등 새로운 소비운동과 소비문화의 발전도 기업의 CSR의 근본적 변화를 압박해 왔다. 과거 소비자운동은 불매운동, 시위 등이 주류를 이루었지만, 이제는 기업들과 협의를 통해 기업의 변화를 유도하고 있다.

사례가 되는 Nike는 2005년에 와서야 자신들의 임금착취와 공급사슬의 실책을 인정하며, 임금, 노동시간, 노동조건 등을 준수하는 윤리적 강령을 채택하는 새로운 기업시민정신을 제시하였다. Nike 설립자이자 회장인 필 나이트(Phil Knight)는 자신들의 임금착취 주장에 대한 Nike의 대응이 적절하지 못했고, 여전히 세계적으로 Nike 공장의 1/4 가량이 최소한의 노동, 인권, 환경의 기준에 미달한 것을 투명하게 밝혔다.

동종 의류기업 Gap 또한 비교적 투명하게 보여주는 용기를 보여주었다. GAP은 2005년 자신들의 〈사회적 책임 보고서〉에서 멕시코, 중국, 러시아, 인도 등지의 공급사슬에서 아동노동을 포함한 열악한 노동조건과 환경 문제들을 솔직히 밝혔다. 보고서에는 열악한 공급사슬 공급업자 136개 공장들과 계약취소를 강행했다며, 새로운 글로벌 공급사슬 경영방침을 소개했다.

블루진 기업 Levi Strauss 또한 착취공장 반대 캠페인을 추진하는 NGO들도 칭찬할 만큼 책임있는 기업으로 변모했다. 2000년대 초까지

Levi Strauss 또한 임금착취에 대해 무시하거나 무반응 전략을 일삼다 많은 비난을 받았었다. 반면에 지금의 Levi Strauss는 오히려 글로벌 노동복지를 선도하는 리더십 역할을 수행하고 있다(OECD 2011; UNGC 2010).

한편 착취공장 반대 캠페인 NGO인 "No Sweat"의 설립자이자 대표는 임금착취 주장에 대해 기업들은 완전히 공격적인 자세를 취하거나 "그래서 어떻다는 거냐"며 무시하는 자세를 취했는데, 자신들의 잘못을 시인하는 놀라운 변화가 일어난 것이 2004~5년이라 설명한다.[8]

최근까지도 방글라데시, 캄보디아 등지에서는 '착취공장' 이슈들이 한국 기업들을 비롯한 많은 중소기업들의 글로벌 공급사슬에서 심각하게 제기되고 있다. 임금인상과 노동환경 개선을 요구하는 노동자 시위들이 확산되고 있지만, 수익 극대화를 추구하는 기업들은 공장을 이전하거나 폐쇄할 것이라는 위협적이고 방어적인 자세로 개발도상국 정부들과 인권단체들과 마찰을 빚고 있는 실정이다. 이와는 대조적으로 Levi Strauss를 비롯해서, 다국적 스포츠 의류기업 Columbia, 다국적기업 Marks & Spencer 등은 '착취공장'을 인권이 보장되고 안전한 지속가능한 공장으로 변화시켜, 특히 여성들의 교육과 보건, 가족 등 복지와 웰빙을 지원하는 모범사례들로 꼽히고 있다.

8 "No Sweat"의 조사결과를 참고할 수 있다.(http://www.nosweat.org.uk/)

3) 공급사슬 혁신의 CSV 전략

착취공장의 인권 개선뿐 아니라 공급사슬에서의 노동자 권익과 건강과 복지 개선을 선도하는 혁신적 기업들의 사례를 참고해볼 만하다. 의류기업 Levi Strauss와 소매체인점 Marks & Spencer의 지속가능한 공급사슬 전략이 그것이다.

(1) Levi Strauss의 HERProject

기업 비즈니스 활동뿐 아니라 재단을 통해 독특한 CSR 활동을 한다. 재단 홈페이지에는 "지난 50년 이상, Levi Strauss 재단은 노동자의 권리를 적극적으로 증진시켜 왔고, HIV/AIDS에 대한 투쟁, 그리고 빈곤 가정과 소외층을 보호하기 위한 자산을 구축하는데 헌신해왔다"고 밝힌다.

레비 스트라우스는 2012년 노동복지를 개선하기 위한 새로운 획기적인 접근법을 제시하였다. 노동자들이 공장 밖 지역사회에서도 생활개선을 위한 다양한 복지대안들을 지역의 비영리 시민사회단체들과 더불어 추진하였다. 노동법의 시행, 고용교육훈련, 보건의료서비스 등 다양한 노동복지 관련 프로그램들을 재단(Levi Strauss Foundation)의 기금을 통해 시행한다.

새로운 접근법에 대한 글로벌 리더 역할을 수행하기 위해 2011년, 세계적인 주요 기업들(HP, H&M, Marks & Spencer 등), CARE 등 INGO, ILO 등 국제기관 등이 참석한 이해관계자 포럼을 개최했다.

첫째는 경제적 역량강화다. 목표는 노동자들과 가족들이 삶의 수준을 향상하는 역량강화에 맞춘다. 노동자, 가족, 지역공동체가 충분한 지식을 획득하고 금융 관리를 위한 서비스 접근을 갖도록 한다. 목표달성의 성과지표는 다음과 같다.

- 삶의 수준 향상을 보고하는 노동자의 수 증가
- 금융서비스 접근을 보고하는 노동자의 수 증가
- 저축을 보고하는 노동자의 수 증가
- 노동자 임금과 수당 증가 및 공급자 이윤 증가
- 노동자 가족 소유와 운영의 소기업 수 증가
- 가족의 가처분 소득과 가계 여유 자금의 증대

둘째는 건강과 가족 웰빙이다. 목표는 노동자, 가족, 지역공동체가 필요한 보건 자원과 실천을 이해, 인지, 획득, 이용할 수 있도록 지원하는 데 있다.

셋째는 평등과 관용이다. 목표는 노동자들이 성희롱과 차별로부터 보호받게 하는데 있다. 노동자들의 목소리가 인지되고 존중되며 노동자들이 관리측과 자유롭게 소통하고 대화할 수 있으며, 커뮤니케이션 기술이 가계와 지역공동체 구성원들에게도 확산된다.

넷째는 교육과 전문역량 개발이다. 목표는 노동자, 가족, 지역 공동체가 기초교육(읽기와 쓰기) 기회와 다른 전문 기술역량 향상의 기회를 제공하는데 있다.

다섯째는 안정하고 건강한 환경에 대한 접근이다. 목표는 노동자, 가족, 지역 공동체가 깨끗한 식수, 위생, 안전하고 청결한 생활 환경, 지역 인프라에 대한 접근을 갖도록 하는데 있다.

2007년에 개시한 HERproject는 중국, 이집트, 인도, 멕시코, 파키스탄, 베트남 등 6개국에서 시행되어, 2010년까지 5만 이상의 여성노동자들이 작업장 프로그램에 참여하고 있다. HERproject는 동료 교육 프로그램을 활용하고, 저임금의 여성노동자들이 중요한 보건정보와 서비스를 이용하도록 지원하는 작업장 보건센터 자원을 개선하는데 초점을 맞춘다.

HERproject가 여성의 노동복지에 기여하는 방법은 다음 세 가지로 요약된다.

첫째, 다국적기업들이 작업장 프로그램에 투자해, 여성의 건강과 비즈니스 가치가 연계되도록 지원하도록 한다.

둘째, 개발도상국 지역사회의 보건서비스 교육기관들과 공급 공장들이 연계한 지역 네트워크를 형성해, 비용효과적이며, 실질적인 혜택이 되는 지속가능한 시스템을 형성하도록 지원한다.

셋째, 작업자의 여성 노동자들이 위와 같은 다양한 교육, 보건 서비스를 이용하도록 지원한다.

가사노동 등 시간빈곤에 직면한 여성노동자들에게 필요한 정보(생활, 보건서비스, 교육훈련, 상담 등)을 한 곳에서 종합정보안내를 통해 편리성을 제공한다. 특히 농촌지역 출신 등의 취약여성들에게 집중적인 보건, 상담 등 다양한 서비스 제공, 역량강화를 지원한다.

방글라데시 공장의 사례조사에서 2006년 HERproject의 기술 파트너기관의 분석에 따르면, 프로젝트의 여성 보건교육과 클리닉 서비스 프로그램 시행으로 투자수익율(ROI: return on investment)이 각기 3달러, 1달러에 달한다고 분석하였다. 이는 18개월 기간의 결근율 감소(18%), 직원교체율 감소(46%) 효과로 나타난 수치이다.

글로벌 차원에서 HERProject의 임팩트는 14개국에서 85만 명의 여성이 750개 이상의 공장에서 인권과 건강의 혜택을 지원을 받은 것으로 나타난다. 이를 1) 여성의 행태, 2) 비즈니스 혜택, 3) 여성의 자아존중감, 4) 작업장 성과, 5) 작업장 관계 임팩트로 살펴보면 아래와 같다.

표 3-8 HERProject의 임팩트(2007~2018)

여성 행태	- 91%의 인도 남녀 공장 노동자는 임금의 상당 부분을 저축했다고 응답. - 5개국 26개 공장의 여성노동자의 피임노구 사용이 11% 증가 - 방글라데시 10개 공장의 여성노동자의 위생 사용 49% 증가
비즈니스 관리	- 이디오피아 40개 농장 젠더 정책수립 65%, 젠더위원회 설치 85% 증가 - 40개 공장의 10만 여성의 HERfinance 임금지불 디지털화 프로그램 혜택
여성 자아존중감	- 케냐 3개 농장의 자기확신감을 가진 여성노동자 수 44% 증가 - 가족, 동료, 지역사회로부터 존중받는 여성의 수 42% 증가 - 직장, 가정, 지역사회에서 문제해결 능력을 확신하는 여성수 15% 증가
작업장 성과	- 방글라데시 5개 공장의 임금 디지털화로 93% 임금지불 비용감소 - 6개국 37개 공장에서 제품 재작업률 22%, 제품 불량률 4.5% 감소
작업장 관계	- HERfinance의 웰빙 개선에 인도 11개 공장 여성노동자 95%, 남성노동자 98%, 공장 관리자 97%가 긍정 평가

자료 HERProject. https://herproject.org/impact

(2) Marks & Spencer의 지속가능한 공급사슬

M&S(Marks & Spencer)는 영국을 대표하는 소매 의류와 가정용품 체인점으로 세계 2천여 곳에서 지역 소싱을 하는 다국적기업이다. 유통기업이 판매 과정에서 직면하는 다섯 가지 문제들(기후 변화, 쓰레기 배출, 천연 자원, 건강, 공정무역)을 중심으로 시작한 캠페인이 "Plan A"다. 세계의 가장 지속가능한 사회공헌 사업을 진행하겠다는 목표로 시작한 이 캠페인은 2015년까지 5년간 180개의 캠페인 약속을 이행할 계획이다.

환경 사업상 대회 주최, 제품포장 간소화 캠페인, 재생용품 사용 및 에너지 사용 줄이기 캠페인 등을 통해 M&S는 본사의 고객이나 공급자가 다음 다섯 가지 주요 사업에 기여할 것을 약속한다.

"Plan A" 2025 목표[9]는 탄소 중립적이며, 쓰레기 매립지에 쓰레기 배출 제로, 지속가능한 소싱 확대, 공급사슬의 노동자의 삶 개선 지원, 고객과 직원들이 보다 건강한 라이프 스타일 생활을 지원 등이다.

CSV의 주요 전략은 우선 지속가능한 공급사슬의 확보에 있다. 〈공정한 파트너(Fair Partner)〉 프로그램을 통해, 약속한 계획이 2013년까지 4월말까지 서약 21개 중 16개 실행, 1개 미실행, 4개 실행중인 것으로 나타났다.

또 2018/29년의 성과는 다음과 같이 소개된다(M&S 2019).

- 지역사회의 전환 지원(2025년까지 1천 지역사회의 경제, 사회, 환경 지원)
- 공급사슬 투명성 프로그램(글로벌 공급사슬 100만 명 이상의 인권, 환경보호)
- 과학기반의 타깃 배출(2030년까지 2006~7년 기준, GHG 배출 80% 감축)
- 50% 이상 건강한 음식(2022년까지 글로벌 음식판매 50% 이상이 건강한 제품에서 소싱)
- 시니어 관리자 다양성(2022년까지 시니어 관리자 중 여성 50% 이상, 소수인종 15% 이상)

특히 '공정한 파트너' 계획을 통해 공급사슬에서 일하는 노동자들의 임금의 실질적인 향상에 기여하고 있다. 저개발국의 의류 공급업체들이 직원의 '공정한' 임금을 지불할 수 있도록 지원한다. 개발도상국 직원의 정당한 임금지불을 위해 M&S는 공정한 납품가격을 지불할 것으로 약속해 시행중이다. 방글라데시, 인도, 스리랑카 등지뿐 아니라 세계 전역에서 이같은 공정가격 지불 시행에 따라 최저임금이 두드러지게 상승되는 파급효과가 있었다.

---

9 http://plana.marksandspencer.com/?intid=gft_plana

제4장

기업 사회임팩트(CSI)

1. 기업의 사회임팩트(CSI) 전략

기업들은 경쟁사보다 가능하면 더 신속하게, 더 좋은 가치를 창출하는 스마트한 방법을 파악해야 하는 끊임없는 도전을 받는다. 이들이 기업사회임팩트(CSI) 전략으로 기업과 사회가 공유하는 가치를 창출할 수 있다는 생각을 하는 데는 몇 가지 이유들이 있다. 유럽벤처필랜스로피협회(EVPA)가 제시하는 CSI 전략의 필요성을 아래와 같이 참고해볼 만하다(EVPA 2015: 21-26).

1) CSI 전략의 필요성

(1) CSI 전략 : 혁신과 성장의 소스

많은 글로벌 기업들은 시장 점유율이 높은 핵심국가들과 핵심 고객층을 대상으로는 성장의 기회가 제한되어 경쟁이 극심해지면서 고전을 면하지 못하고 있다. 특히 신흥 개발도상국에서 BOP의 새로운 고객층을 대상으로 새로운 제품과 서비스와 비즈니스 모델의 성공에 사활을 걸고 있다. 그들은 대부분 CSI 전략으로 현지 시장에서 고객들과 가까이 활동하는 토착 조직들의 시장 정보를 취득하는데 도움을 요청한다. 선도적인 기업들인 토요타(Toyota), 팀벌랜드(Timberland), 스타벅스(Starbucks) 등은 서로 다른 제품과 서비스로 경쟁하지만 동일한 방법에 의존한다.

리스크 완화 방식과 다른 방식에서 지속가능성 전략이 수익추구적 성장의 플랫폼이 될 수 있다는 시각을 갖고 활동한다. 보험사 알리안즈(Allianz)의 경우, 인도네시아, 인도 및 일부 사하라이남 아프리카 국가들에서 마이크로 보험의 기획과 개시에서 CSI 전략을 활용했다. 새로운 파트너십과 투자기회를 만들어, 비교적 저렴한 비용과 리스크로 파이롯트 테스트가 가능했던 유망한 상품과 서비스 혁신에 접근할 수 있었다. 이 접근은 라파즈(Lafarge)의 경우, 지역의 재료를 이용해 값싸게 생산할 수 있는 흙벽돌(Durabric)을 신제품으로 출시하게 되었다. 말라위에서 파이롯트 실험을 거쳐 8개국에서 사업화 혁신을 개시하였다. 획기적인 혁신은 이같은 혁신 사례와 같이 대기업들이 자신의 전통적인 비즈니스 모델을 성공적으로 이용해서 구조, 자원, 과정을 이용한 스케일링으로 실현될 수 있다.

(2) CSI 전략 : 인재 유치 전략

진보적인 전문가들은 사회적 기반과 미래생활의 환경적 기초를 저해하는 기업들의 제의를 거부한다. 이들은 솔루션의 일부로 남기를 바라며, 사회문제 해결에 적극적이면서 비즈니스도 잘 하는 기업들에게는 매력을 갖고 참여하려 한다(앞글: 22). EVPA 인터뷰에 응한 거의 모든 기업들은 이런 전문가 요인이 기업사회임팩트(CSI)의 핵심은 아니지만 하나의 주요요인이라 답했다.

노바티스(Novartis)의 경우 가장 재능있는 직원들에게 지역의 비즈니스 현장에서 수집된 소셜벤처 아이디어를 탐구하는 특별한 기회를 제공하는 '통합적 프로그램'을 개발하였다. 매년 최고의 포용적 비즈니스 아이디어가 지역 현장에서 수집되어 본사에서 검토되는 것이다. 본사의 경영팀의 톱 탈렌트들이 이런 아이디어를 수주간 검토한다.

LGT VP의 'ICats 프로그램'은 회사의 톱 탈렌트들을 전 세계의 모범적인 사회적기업에 파견한다. 참여자들은 개도국의 다양한 산업 분야에서 작지만 급성장하는 비즈니스에 자신들의 기술을 적용하며 학습하는 기회를 가진다. 이들이 본사로 돌아와 BOP 비즈니스 전략에 일차적인 정보를 제공하는 역할을 한다. LGT VP는 2008년 개설된 이래 인도, 중국, 아프리카, 남미 등지의 610만 명의 취약층을 지원하는 18개 소셜벤처를 지원해 왔다.[1]

---

1 GBSN. https://gbsn.org/wp-content/uploads/2016/04/TomKagerer-iCats.pdf

(3) CSI 전략 : 사회적 혁신과 생태계 구축

CSI 전략을 이용하는 일부 기업들은 사회혁신 친화적인 생태계 구축 또는 개발의 전략이 된다. 사회혁신 친화적인 생태계는 장기적으로 전략적 비즈니스 수익을 위한 보다 유리한 조건들을 창출할 수 있기 때문이다(앞 글: 23). 단순한 산출을 넘어 '결과'(outcomes) 지향적인 전략으로, 결과로는 삶의 질 개선, BOP 특정 계층의 구매력 개선, 노동조건 개선 또는 규제환경의 변화 등이 있다. 신흥시장 진입의 성패는 광범한 생태계 또는 시장구축에 달려 있다는 것을 기업들은 이해한다. 이를 위해 기업 단독보다는 현지 파트너들과 협력해 네트워크를 구축하는 전략이 일반적이다. 정부는 물론이고, 비영리 제3섹터 조직 등이 중요한 파트너가 된다. 또 원조기관, 국제기관도 지역사회 개발의 관심사에서 정보 등을 공유하는 파트너들이다.

네덜란드의 낙농 다국적기업 프리슬란드캄피나(FrieslandCampina)는 10억 유로 자산의 대기업으로 세계 최대의 낙농협동조합을 대표한다. 이 조합은 남아시아에서 1996년 이래로 낙농개발프로그램으로 지역 낙농업을 지원해왔다. 2013년에는 인도네시아와 베트남에 혁신센터를 개설해 교육서비스와 농민에게 금융서비스 지원을 한다. 대출을 받은 농민들은 가축 구매, 농가 개축 등에 활용한다. 지역 농가들이 우유 생산성과 질적 향상을 하도록 인프라 구축의 금융지원이 이뤄진다. 약 30여 명의 임원들이 현장에서 일상으로 협력하는 파트너십을 갖고 있다. 약 2백만 유로의 금융지원 투자가 초기에 이뤄져, 농민들의 금융 지원에 활용되고 있다. 인도네시아와 베트남 정부와의 협력으로 농민들의 농지 구입과 재산권 등록이 활성화되고 있다. 대학과 현지 NGO의 협력으로 농민들의 전문기술 개선이 추진되고 있다. 이들 현지의 다양한 파트너들과 기업의 연대는 상호호혜적인 윈윈이 되고 있다.

(4) CSI 전략 : 기업 브랜드 가치 개선

기업사회임팩트(CSI) 전략과 관련 프로그램은 일반적으로 기업 브랜드에 잠재적 피해를 주는 다운사이드 리스크를 감소시키는 역할을 한다. 유니레버(Unilever)나 다농(Danone) 등의 시장선도자는 자신의 브랜드 가치를 높이는 경쟁적인 차별화 전략에 성공했다(EVPA 2015: 24). CSI 전략으로 브랜드 가치를 개선하는 일은 장기적인 노력이 필요하다. 특히 그 노력의 진정성이 핵심인데, 비즈니스 전체 규모에 비교된 노력의 실제 규모가 드러날 필요가 있다. 진정성 있는 규모로 현지 지역사회의 임팩트를 생산하는 노력을 하는 기업들의 수는 극히 일부에 지나지 않는다. 기존의 사회적, 환경적 스탠다드에 선의적이지 않은 CSI 전략은 기본부터 의심을 받게 되면서 다운사이드 리스크에 직면하게 된다.

(5) CSI 전략 : 공급사슬 효율성 개선

CSI 전략은 기업의 핵심 비즈니스에서 운영비와 자본 지출을 절감하는 성과를 낼 수 있다. 지역 기관들과 파트너십으로 지역 이해관계자의 욕구를 파악해 긍정적인 사회적 임팩트를 창출하는 기회를 탐구해 바톰라인에서의 효율성을 제고하는 기회를 가진다. 다농의 경우, 지역의 낙농인들의 네트워크를 조직해 그들의 낙농의 발전을 지원하는 CSI 투자 전략을 추진한다. 다농의 아프리카와 동유럽에서의 사업 추진 결과는 매우 긍정적이다. 지역 낙농민의 생계에서는 지역 소싱의 우유의 양과 질 측면의 안정된 공급망 확보로 핵심 비즈니스의 바톰라인에 기여한다.

2) 기업과 CSI 관계

기업사회임팩트(CSI)의 성공은 기업사회투자자(CSI)와 기업 사이의 관계 설정이 핵심이다. 양자의 공조적 협력관계는 필수적이지만, 각자의 역할 구분, 갈등 해결의 처방 등 내외부적인 리스크 완화의 실천에 CSI 성패가 달려 있다고 볼 수 있다. 유럽벤처필랜스로피협회(EVPA 2022)의 리스크 완화 전략방안을 요약해볼 수 있다.

(1) CSI와 기업과의 관계

- 기업 영향력 완화하기: 기업의 비즈니스 이해 때문에 미션 표류가 일어나지 않도록 한다.
- 문화적 충돌 관리: CSI의 역할에 대한 그릇된 인식이 문화적 충돌로 야기되지 않도록 한다. CSI로 하여금 기업의 포용적 비즈니스 목표에 기여하도록 비즈니스의 수단으로서 특정 지역에서 운영할 것을 요청하는 경우, CSI는 '임팩트 우선' 원칙에서 최상의 잠정적 임팩트가 있는 여러 지역을 탐색한다.
- 절차들의 연계: 다양한 목표 달성의 목적에서 다양한 운영방법의 조율로 기업과의 공조를 이끌도록 한다. CSI는 기업 임직원의 전문성 레버리지를 원하지만 기업 임직원은 신속한 결과를 달성해야 하는 기업의 상황에 따라야 하는 이유가 있다. 이런 양측의 의견충돌은

장기적 시각을 필요로 하는 CSI의 투자처들의 지원을 위협하는 리스크가 있다.

- 계서제 대처하기 : CSI의 의사결정 과정에 방해가 되는 계서제(hierarchy)를 회피한다. 기업의 불합리한 계서제는 CSI가 사회적 미션 수행에서의 이탈을 조장할 수 있는 기업의 이해관계를 강요할 수 있다.
- 중복을 정리하기 : CSI와 기업의 활동범위가 중복되어 혼란을 야기하지 않도록 명확하게 구분한다.

(2) CSI와 핵심 이해관계자 환경(시민사회, 미디어, 규제기관)

- 정당성 신호보내기 : CSI의 핵심 이해관계자들에게 사회적 미션의 통합성과 임팩트 창출에 대해 알린다.
- 사회섹터나 공공섹터와 공조적 파트너십을 구축한다.
- 평판 관리하기 : 기업에 대한 부정적인 공공 인식 때문에 평판이 영향을 받지 않도록 한다.

(3) 완화 행동 : CSI와 기업

- 외부 절차적 안전장치 마련 : 외부기관(규제기관과 외부 회계감사)을 통한 안전장치를 마련한다. CSI는 규제기관과 공조해 기업이 특정 분야의 활동 요청에 대해 가능성을 논의하는 안전장치를 마련한다.
- 이해 증진 : 기업과 각자의 영역을 명확하게 구분한다. 예를 들면 기업의 CSR에 기여하는 CSI의 역할 요청에 대한 양자의 명확한 영역과 역할을 구분한다.

- 내부 절차적 안전장치 마련: 이해관계 충돌에 대한 윤리강령, 규율과 정책을 마련한다.
- 기업과의 거리두기: 기업과 일반적인 펀딩, 커뮤니케이션을 유지하면서도 기업의 전략과 운영에서 기업과 일정한 거리를 둔다. CSI는 의존을 회피해 사회적 미션 수행으로 기업의 영향력에서 벗어날 수 있다.

(4) 완화 행동: CSI와 핵심 이해관계자 환경

- 실천력을 강조하기: 임팩트 관리에서 법적 요건을 초월해서 최상의 자발적인 기준을 준수한다. 예를 들면 기업임팩트펀드가 B Corp 공인을 획득하는데 필요한 최상의 기준을 준수하는 경우가 있다.
- 외부 파트너 참여시키기: 임팩트 통합성 리스크 완화를 위한 불가피한 선택으로 기업 대신에 외부 파트너를 참여시켜 사회적 미션 달성을 위한 공조를 이룬다. CSI는 기업의 충언보다 전문가의 충언을 필요로 하는 경우가 있다.
- 독립성 표현: 공표된 사회적 미션을 추구하기 위한 기업과의 독립성에 대해 소통하고 증거를 제시한다.
- 이해관계자와 투명성을 구축: 핵심 이해관계자 입장에서 CSI에 대한 신뢰 구축과 정당성 통합의 목적에서 생산된 임팩트 측정과 소통 그리고 절차와 과정을 공개한다. 외부 감사기관이 관여하면 임팩트 측정의 투명성과 CSI 정당성을 개선한다.

3) CSI 전략 프레임워크

주주들에게 부가적 가치를 창출하는 방법에 심각한 고민을 하는 기업들은 지속가능성 어젠다에 우선순위를 두고 있다. 기업들은 각기 다른 어젠다에 다양한 CSI 전략을 추진하고 있다는 것이 인터뷰에서 확인되고 있다(EVPA 2015: 27).

〈그림 4-1〉은 기업사회적임팩트(CSI) 전략의 위치를 동기(motivation)와 통합(integration) 차원에서 매칭한 결과를 보여준다. 통합은 핵심 비즈니스 활동에서 CSI 통합의 수준을 의미하며, 통합적, 연계적, 특정적 통합 세 가지 모델에 제시되어 있다. CSI 전략이 특정 팀이나 조직에 해당된 경우, 그럼에도 다른 부서들에 연계된 경우, 그리고 기업 전체에 통합된 경우로 구분된다. 기업의 비즈니스 동기는 리스크 완화와 가치창출이 대조적이다. 지속가능성 전략이 기존의 법적 또는 사회적 요구에 부응하는 '운영권'과 같은 리스크 완화에 있는지, 또는 CSI 전략으로 기업의 수익뿐 아니라 지역의 사회적 가치, 환경적 '가치창출'에 있는지가 구분된다.

기업들의 자속가능성 전략 혼합에 해당되는 내용에는 기업재단, 특정 유형의 리스크 관리, CSR, 기업사회공헌팀, 일부 포용적 비즈니스 프로젝트, 그리고 드물게는 기업임팩트벤처링(Corporate Impact Venturing) 펀드가 있다(앞글: 28). 이들은 많은 기업들에서 복합적으로 활용되며 서로 연계되어 있지 않기 때문에 잠재적 시너지를 레버리지 하지 못하고 있다.

그림 4-1 기업의 사회임팩트(CSI) 전략 모델

(1) 리스크 완화의 전통적 전략

그림 왼편에 위치한 기업들은 통합성의 위기에 직면해 평판 리스크 관리가 필요한 사례다. 리스크 완화의 동기가 유발된 이니셔티브로는 다양한 것들이 있다.

첫째는 기업 사회적책임(CSR)이다. CSR 전략의 목적은 사회적, 환경적으로 책임있는 기업 행태를 시행하는데 있다. 진성성이 높은 CSR은 비즈니스 전반에 통합되어, 금융과 경영 리스크를 줄이는 목적이 있다. CSR은 기업 이미지와 평판을 관리하는 방안으로 활용된다. CSR이 비즈니스에 통합되는 경우는 일반적으로 이미지 제고 용도로 한정된다. 첫째는 외부적

으로, 기업이 운영되는 국가의 정부에 대해, 기업의 제품과 서비스를 구매하는 소비자와 비즈니스 협력사와 공급사에게 "비즈니스의 지속적 운영에 유용한 이미지를 형상화 하는 목적"이다(EVPA 2015: 28). 또 내부적으로는 "CSR 이니셔티브로 인재를 유치하고 보유하기 위한 이미지를 창출"하려는 용도이다.

둘째는 기업 자선활동이다. 이는 사회문제에 정기적, 비정기적인 관여, 일반적으로 기관 파트너들과 함께하는 형태가 일반적이다. 다양한 사회 이슈들에 개방적인, 장기적인 접근으로, 파트너 조직에게 상당한 재정지원을 하고, 기업자원봉사 프로그램을 운영하며 마켓팅 기회를 탐색한다. 기업 자선활동은 다른 CSR과 마찬가지로 기업에 영향력을 가진 다양한 이해관계자를 타깃으로 기업의 평판을 구축하는데 목적을 둔다(EVPA 2015: 28-29).

셋째는 기업재단의 역할이다. 기업재단은 별도의 독립적인 법인으로 기업과 관련된 분야와 관련성이 있거나 없을 수 있다. 그림의 왼편에는 모기업과 관련이 없는 기업재단들이 소개되어 있는데, 기업 수익의 일부가 재단으로 증여나 기부금 형태로 전달되어 사회목적 사업에 투입된다. 오른편의 기업재단의 경우 가치창출 유형으로 기업의 핵심 비즈니스 전략과 연계된 사례(C&A, Syngenta)가 있다.

(2) 가치창출 × 통합적 접근의 CSI

첫째는 '포용적 비즈니스' 유형이다. 이것은 가치창출의 동기와 통합적 수준의 통합에 해당된다. 포용적 비즈니스 전략을 활용해 공유가치창출(CSV)을 지향한다(EVPA 2015: 29). 저소득층 소비자, 소매상, 공급사, 배분사 등을 핵심 사업에 포용하는 상업적으로 생존가능하고 타지역 복제가능한 비즈니스 모델의 특성을 갖고 있다. 포용적 비즈니스를 추가하는 방법은 사회적 가치의 시각에서 새로운 시장에 자신의 비즈니스를 진입시켜, 새 고객들을 접해 새로운 상품과 모델 개발의 혁신을 추구한다. 비즈니스 단위의 대표가 포용적 비즈니스를 개시해 항상 '소유'하며 기존의 비즈니스의 연장 형태로 디자인한다. 비즈니스 단위팀 스스로 재정 조달을 하고 지배구조를 갖추는 특성이 있다. 알리안즈(Allianz)와 라파즈(Lafarge)가 대표적인 사례다.

둘째는 '기업임팩트벤처링'(Corporate Impact Venturing : CIV)이다. 가치창출의 동기를 갖고 연계적 수준의 통합을 갖춘 유형이다. 일부 기업들이 비즈니스 마인드의 동기에서 CIV를 통한 가치창출을 추구한다(EVPA 2015: 30). CIV는 자본 또는 투자 펀드의 특수한 풀을 제공해 혁신에 대한 접근의 기회를 추구한다. 이런 기회는 내부적으로 획득되기 어렵기 때문에 외부에 표출시켜 호응을 구하는 것이다. 기업은 CIV를 통해 신흥 시장이나 저소득층 인구에 서비스를 제공하는 혁신에 투자한다. 이들은 지금은 저소득층이지만 장차 중산층이 되는 흐름에 있다. 박리다매의 점진적 비즈니스 전략이 핵심이다. 다농(Danone), 아디다스(Adidas), 르노(Renault)가 대표적인 사례다(EVPA 2015: 30). 한국에서는 KT의 사회적기업 투자 육성, SKT의 ESG 분야 스타트업 투자, LGU+의 교육격차 해소의 솔루션을 적용하는 스타트업 투자 등이 대표적이다. 그리고 2022년에는 이들 통신3사는 공동의 ESG 펀드를 조성해 ICT 기술의 벤처 투자에 연대한다(제6장에서 상세히 서술한다).

셋째는 '전략적 연계의 기업재단'이다. 가치창출의 동기와 독립적인 형태를 유지한다. 일부 기업들은 기업재단을 핵심 비즈니스에 연계시키는 전략적인 접근을 한다. 재단을 이용해 장기적인 가치창출에 투자하도록 한다. 또 모기업이 하는 것보다 장기적이며 리스크가 더 있는 아이디어를 파이롯트로 실험한다. 재단의 투자가 상업적 생존가능성을 입증하면 비즈니스에 확대 적용되는 것이 일반적이다.

신젠타 재단(Syngenta Foundation)과 C&A 재단이 대표적인 사례다. 아디다스는 하이드라 벤처(Hydra Ventures)를 설립해 2011년 자체 CIV 펀드로 의류, 신발, 스포츠 용품의 새로운 시장 기회와 비즈니스 기회를 탐색하였다. 장기적인 시각으로 현지 팀들과의 협력으로 엄청난 기회를 포착했다. 높은 수익성 투자로 사회적 임팩트 창출이 가능하다는 해답을 구한 것이다. 신흥 개도국의 저소득, 소외층의 욕구를 아디다스의 투자로 이뤄진 새로운 제품과 비즈니스 모델로 혁신의 결과를 생산한 것이다.

2. CSI 전략 혁신 사례

이상의 CSI 전략 프레임워크에 기반한 CSI 전략 혁신 사례들은 아래와 같다.

1) 포용적 비즈니스 전략의 기업

(1) 라파즈(Lafarge)

라파즈는 프랑스 다국적기업으로 세계 시멘트 관련 사업을 대표하며 62개국 시멘트 공장을 두고 있다. 핵심 비즈니스에 환경적 가치를 통합시켜 환경적 지속가능성이 비즈니스 지속가능성의 전제조건이라 공표한다. 라파즈는 모든 활동에 순환경제 원칙들을 통합시켜 둔다. 여러 산업 사이에 상생적 관계를 창출한다. 한 기업의 폐기물이 다른 기업의 연료나 원료로 사용되는 순환이 이뤄지며 자연자원을 보호한다. 지속가능한 도시 건설과 에너지 효율적 주거 지원에 초점을 맞춘다. 매년 5천만 명씩 인구가 증가하며 도시에 인구 집중이 심화된다. 라파즈의 2013년 지속가능성 보고서는 15개국에서 지속가능한 주거 프로젝트가 추진되어 12만 명에게 혜택을 제공하는 사회적 임팩트 성과를 내고 있다. 2020년 지속가능성 보고서는 620만 명의 수혜자에 대한 임팩트를 보고한다(LafargeHolcim 2021).

라파즈는 홀로 사회임팩트투자를 하지 않는다. 소액대출 프로그램은 지역의 소액대출기관((MFIs)과 협력하며, 또 소액대출기관에 벤처필랜스로피조직들(VPO)이 자본과 역량개발에 투자하도록 지원한다(EVPA 2015: 34).

- 라파즈 시멘트 백을 사용하는 주민의 집 건축이나 개축에 필요한 소액대출 지원,
- 전통적인 건축에 흙과 시멘트 솔루션으로 흙벽돌 생산 및 판매.
- 비공식 주거지 고객들에게 슬럼 개조용으로 제공되는 콘크리트 백 제품.
- 개도국의 건설사와 협력해 질적인 신속한 건축.

(2) 노바티스(Novartis)

노바티스의 성공 신화 중 하나는 인도의 소셜벤처(Arogya Parivar)다. 농촌 지역의 8억 3천만 인구에 접근해 건강 서비스 지원을 한다(EVPA 2015: 35-

36). 현지주민 대표를 충원해 훈련시켜 주민 건강 서비스와 예방활동을 지원한다. 마을 단위의 보건캠프를 만들어 진단, 처방, 치료 서비스를 한다. 소셜벤처 5년만에 3만 개 마을의 7천만 명에게 보건 서비스를 제공하는데 5만 명 이상의 의사와 약사의 전문훈련이 제공되었다. 이들이 노바티스 제품과 서비스 배분자로 CSV 전략의 현장 관리자 역할을 한다.

표 4-1 다국적 의료기업 노바티스(Novartis)

Novartis는 회사가 보유하는 특허약의 권리를 빈곤국에서는 고집하지 않고 포기하는 최초의 제약회사이다. 복제약에 대해서 어떤 법적 소송도 제기하지 않는다. 이들 빈곤국들은 UN이 규정한 낮은 국내총생산, 취약한 인적 자산(영양, 보건, 교육, 성인 문자해득율), 그리고 높은 경제적 취약성 등에 따른 것이다. 오히려 복제약을 저렴하게 생산해 빈곤국 환자들의 고통을 덜어주는 노력을 한다.

이윤을 추구하는 기업으로서 Novartis는 "차별적 가격 정책"으로 의약품에 대한 지속가능한 접근을 추진한다. 선진국 시장에서는 의약품의 가격 모두를 지불하지만, 빈곤국에서는 Novartis가 보조하는 할인된 가격으로 구매할 수 있도록 하는 것이다.

보건의료에 대한 접근성 때문에 여성과 아동의 건강문제는 빈곤국에서 특히 심각하다. 또 이들은 지불할 돈도 갖고 있지 않아, 타인과 국가, 국제기관의 원조에 의존할 수밖에 없는 상황이다. 이런 상황에 대한 Novartis의 해법은 무상지원 이외에도 모바일, IT 기술을 활용해 진단과 치료를 지원하는 일이며, 농촌과 오지의 진료소들이 필요한 약품을 보유할 수 있도록 지원하는 것이다.

자료 주성수, 김성현(2015).

(3) 알리안즈(Allianz)

CSI 전략을 성공적으로 수행한 또 다른 글로벌 다국적기업은 알리안즈이다. 글로벌 금융 서비스 기업으로 혁신적으로 포용적 비즈니스로 시장 개척과 새 고객 접근을 확대한다. 독일의 뮌헨에 본부를 두고, 세계 8,300만 명에게 고객 서비스를 한다. 개발도상국 BOP와 고소득층을 대상으로 복합적인 포용적 비즈니스 전략을 활용한다. 주목할 만한 특징 중 하나는 독일원조기관(GIZ)), UN개발계획(UNDP), NGO인 CARE와 협력해 저소득층이 구매가능한 지역사회 맞춤형 보험 서비스를 제공한다(EVPA 2015: 36-37). 인도네시아에서는 가계들의 자녀 교육과 농작물 피해 문제가 중요하다는 학습을 통해 관련 보험 상품을 개발해 시행한다.

소액대출로 가계의 자녀 학자금와 농작물 피해를 저렴한 융자로 해결하도록 금융 서비스 지원을 한다. 금융소외층이자 경제적 리스크가 큰 여성에게도 융자 서비스를 확대하고, 또 배우자 보험 상품으로 여성에 대한 배려 서비스를 지원한다. 보험 상품이 2007년 3만 5천 명에서 2014년 400만 명으로 폭증해, 수익은 적지만 기업의 CSI 성과는 상당했다.

2) 기업임팩트벤처링(CIV : Corporate Impact Venturing)

CIV(Corporate Impact Venturing)는 재무적 수익뿐 아니라 전략적, 사회적, 환경적 수익을 생산하는 기대에서 임팩트 벤처에 자본을 투자하는 것이다. 아래에서는 ESG 투자와 관련된 '포용적 비즈니스' 벤처에 초점을 맞춘 보고서(Tewes-Gradl et al. 2019)가 소개하는 사례들을 정리한다.

기업이 포용적 비즈니스를 한다는 것은 비즈니스 목표뿐 아니라 사회적 임팩트를 달성하는 것을 말한다. 일부 투자는 핵심 비즈니스에 완전히 통합되지만 다른 투자는 그렇지 않고 기업 본사의 생태계 강화 역할을 한다. 기업들이 BOP 시장에 벤처로 참여하는 것은 새로운 시장개척 이외에도 혁신을 추진하기 위해, 공급사슬 강화를 위해, 우수인력을 확보하려고, 또는 자신들의 사회적 목적 실현을 하려고 한다. 이런 다섯 유형의 의도에 초점을 맞춰 주요 사례들을 소개하면 다음과 같다.

(1) 새로운 시장 접근

BOP 시장을 계속 성장하는데 수십억의 인구가 기본 재화와 서비스 접근을 하지 못하고 상태이다. 10억 인구가 전기 혜택을 못받고, 7억 인구가 깨끗한 물의 접근을 못하며 수백만 명이 예방가능한 질병으로 조산하고 있다.

일부 기업들의 BOP 시장에 비즈니스 근거를 갖고 있지만 대부분이 배분이나 소싱 네트워크를 갖고 있지 않아, 현지에 정착한 포용적 비즈니스에 투자해볼 수 있다. 모든 산업부문에 좋은 사례들이 많은데, 에너지 기업 dLight는 저비용의 태양광 제품 1,900만 개를 판매해 8천만 명 인구에 에너지 혜택을 주고 있다. Bridge International Academies는 10만 학생에게 저렴한 학교수업 프로그램을 제공해주고 있다. Ziqitza Healthcare는 인도에서 1,300만 명을 위한 응급의료구호서비스를 제공하고 있다.

사례가 되는 Engie는 2011년부터 BOP 비즈니스 관여를 시작하면서 '모두를 위한 청정한 지속가능한 에너지'를 미션으로 내세웠다. 이 사회적 목적 실현을 위해 자체 임팩트펀드를 개설해 유망한 에너지 스타트업에 투자한다. 펀드는 전체 투자 캐퍼시티 1,000만 유로에 개시되어 나중에 5,000만 유로로 증산되었다. Engie는 그간 20개 스타트업에 지분과 준지분 투자를 해왔고, 임직원들을 투자 벤처에 기술지원 봉사활동을 하며 CIV를 통한 BOP에 에너지 접근을 개선한 혁신사례이다.

Engie의 우간다 포용적 비즈니스는 100가구 미만의 농촌 소외지역의 월소득 50~80달러에 불과한 가난한 가계를 대상으로 에너지를 제공하는 Mera Gao Power에 투자한다. 펀드의 일차적 목적은 이런 에너지 접근의 사회적 임팩트를 레버리지 하는데, 이를 통해 새로운 지역에서 새로운 혁신적 사회적기업이나 테크놀러지 활용의 기회를 갖고 있다.

(2) 미래개척의 혁신 드라이브

개도국의 BOP 지역사회는 인프라 부족부터 금융서비스 부재와 교육과 기술의 한정 문제 등이 적지 않다. 이 시장에 기업 벤처링으로 새로운 제품, 서비스 비즈니스 모델로 솔루션을 창출한다. 또 기업이 경쟁 우위를 갖추는 시야를 갖추게 된다. 테크놀러지가 많은 성공적인 혁신을 가능하게 만드는 핵심이다. 모바일 화폐, 테블릿 기반의 교육, 디지털 농사정보 시장 접근 플랫폼 등이 해당된다.

사례가 되는 Airbus BizLab은 사회적기업과 파트너가 되어 농촌 오지마을에 라스트 마일 배송 시스템을 개발한다. 사회혁신을 위한 드론 테크놀로지를 활용해 다양한 기회를 탐구하며 동시에 새로운 시장도 구축한다. 사하라이남 아프리카에서 드론의 항공통제 혁신은 개척자들에게는 가치있는 사업이다. 영국 외교부(DFID)의 매칭 증여로 프로젝트가 개시되어 Endeva가 전문기술을 담당한다. Airbus BizLab는 사회적기업에 투자를 하지 않고 항공분야의 혁신 개념을 시행하는 액셀러레이터를 해서 기존의 지식과 전문역량을 레버리지 하는 역할을 한다.

(3) 공급사슬과 광범한 생태계 강화

BOP 시장에서 소싱을 하는 기업은 신뢰성과 투명성 개선에 진력한다. 의류와 식품 분야가 대표적인 사례가 된다. 대기업들은 BOP의 수백, 수천여 협력사들과 협력해 이들이 기업이 정한 스탠다드에 따르도록 요청한다. 회계를 통해서나 역량구축을 통해 스탠다드를 따르도록 한다.

Danone 생태계 펀드(Ecosystem Fund)와 같이 역량강화를 하는 사례도 참고할 만한다. 이 펀드는 2009년 가나에 개설되어 농민, 공급사, 판매상, 쓰레기처리업자 등 다농의 생태계를 구성하는 파트너들의 활동을 개발, 강화하는 목적을 지향한다. 이 펀드는 1억 유로 기부금펀드로 다농의 각국 사무실과 지역 파트너들이 공동 창설한 프로젝트를 지원한다. 펀드는 2017년 56개 비영리조직들이 참여하는 67개 프로젝트를 지원해, 1억 3,900만 유로 투자 유치, 4,650명의 일자리 제공의 성과를 보였다. CIV 전략 측면에서 생태계 펀드는 하이브리드 모델이다. 프로젝트가 외부 파트너들과 공동으로 창설되었고, 금융지원은 프로젝트에 지분투자 없이 증여형태로 이뤄졌다.

사례로 펀드 포트폴리오 중 하나로 주목할 만한 프로젝트 'Pick-it'은 쓰레기수거 프로젝트다. 2017년에 지역 NGO와 펀딩 파트너들이 다농의 공급사(Fan Milk Ltd)와 폐기물수거 협동조합을 창설했다. 협동조합은 기술훈련과 경영 전문화를 거쳐 플라스틱 수거율을 높이고 수거노동자의 생계 지원을 한다. 2018년에는 자체 쓰레기 분리 시설도 갖춰 월간 25톤의 쓰레기 수거와 분리를 한다. 다농은 이 펀드 투자를 통해 쓰레기 관리 역량이 전무한 지역에 포용적 비즈니스 혁신을 보였고, 또 다농의 유제품 공급사슬에서 순환경제 모델을 제시한 임팩트를 창출하고 있다.

(4) 인재 유치

포용적 비즈니스에 투자하는 기업은 임직원이 사회적 목적의 비즈니스를 하며 창의적이고 기업가적 역량을 갖기를 바라는 전략적 의도가 있다. 기업 내부의 아이디어 공모와 인큐베이터들은 기업의 미션과 연계되는 임직원 관여의 기회를 제공한다. 외부의 관여 또한 인재 개발의 기회를 제공한다. 기업은 임직원으로 하여금 멘토로 포용적 비즈니스를 지원하는 기회를 제공한다. 또는 임시파견의 방법으로 기술과 리더십을 활용하고 개발하며 새로운 외부환경의 경험을 하도록 한다.

사례가 되는 Boehringer Ingelheim은 2010년 아소카(Ashoka)와 공동으로 〈Making More Health〉 이니셔티브를 추진하였다. 제약사의 임직원이 아소카 네트워크에서 보낸 사회기업가들을 기술, 경험, 네트워크 지원을 했다. 회사는 보건산업 분야의 혁신에 대해 학습하는 기회를 갖고, 아소카 펠로우 사회기업가들은 조직 개선을 기회를 가졌다.

〈Making More Health〉 이니셔티브에서 회사의 네 가지 목표 중 하나는 인재개발이었다. 회사 매니저들은 저소득 시장의 사회기업가들이 협력해 직업 만족도를 높이고 혁신을 이루도록 협력한다. 훈련 프로그램에는 회사 메니저들이 사회기업가들과 참여하는 리더십 주간이 있다. 회사는 지원하는 포용적 비즈니스에 투자를 하지는 않지만 이니셔티브로 어렵지 않게 CIV를 경험하는 기회를 탐구하고 있다.

(5) 기업의 목표 실현

기업이 갖고 있는 긍정적 임팩트를 포용적 비즈니스 이니셔티브로 실현해 보여줄 수 있다. 모든 기업은 미션과 가치 선언을 갖고 있는데, 이같은'기업 정체성'은 임직원, 고객, 협력사들이 가시적으로 느끼지 못하는 경우가 많다. 포용적 비즈니스로 보다 명확한 사회적 목적을 위한 활동을 해서 기업의 미션과 가치를 실현하는 계기가 될 수 있다. 기업들이 사회문제 해결이 비즈니스 가치를 실제로 창출할 수 있다는 인식을 하게 되면 '공유된 가치' 창출은 기업 전략에서 중요한 요소가 된다. '목적있는 이윤'(profit with purpose)은 이제 투자자와 고객에게 더욱 중요해지는 가치가 된다. 이같은 외부의 신뢰성 요소가 포용적 비즈니스 활동에 핵심 추동요인이 된다는 인식이 지배적이다. 기업의 목적은 먼저 최고층에서 시작되어 이같은 미션이 가장 효율적으로 달성될 수 있는 방안에 대한 전략적 논의로 이어진다.

사례가 되는 슈나이더 전기사(Schneider Electric)는 프랑스 다국적기업으로 에너지 솔루션 기업이다. 회사가 BOP에 관여하게 된 것은 에너지 접근 문제에 기여하려는 최고층의 관심에서 시작되었다. 회사는 3개의 다른 펀드를 통해 청정에너지 접근을 서비스하는 포용적 비즈니스에 투자하고 있다. 펀드들은 회사의 지속가능부가 운영하는데, 사내의 많은 사람들이 투자처 선정에 많이 관여해 기술지원을 하도록 관리한다. 이런 포용적 비즈니스 관여로 시장기회와 긍정적인 외부 및 내부 소통의 기회를 혜택으로 받고 있다. 그럼에도 가장 중요한 혜택은 기업을 사회적 행동주체로 삼아 기업보다 더 큰 목적에 연계시키는 위상을 정립하는 것이다.

3) 기업/CSI 연대의 집단임팩트

(1) 집단임팩트 전략

가장 진취적인 기업과 CSI는 보다 총체적인 임팩트 접근을 창출하기 위해 각자의 임팩트 구조의 특장점과 기회를 보충하는 기회를 공유할 때 가능하다. 많은 기업사회투자자(CSI)를 가진 기업들은 공동의 임팩트 비전을 공유하며 집단적 기업임팩트 전략을 추진해갈 수 있다. 그렇게 함으로써 기업과 CSI들은 사회와 환경에 대한 임팩트를 확장시키고, 사회적 솔루션의 임팩트를 스케일링해서 지역사회에 대한 임팩트를 심화시킬 수 있다(EVPA 2020: 1).

아래에서는 기업과 CSI 2개의 파트너십으로 추진되고 있는 '집단적 기업임팩트'(collective corporate impact) 전략의 대표적인 사례 세 가지를 EVPA(2020a, b, c)의 보고서를 통해 정리해본다.

(2) Vodafone 사례 : 임팩트 확장

① 미션과 파트너십 역할

Vodafone은 텔레컴 기업으로 비즈니스 목적은 "사회경제적 진전, 모든 사람을 포용하고 지구에 비용을 주지 않으며 디지털 사회를 건설하는 것"이라 밝힌다. 이같은 회사의 미션을 실현하는 한 방법으로 재단이 설립되어 파트너 사업을 추진하며, 연구소 또한 테크놀러지 접근에서 소외된 사람에 대한 접근 기회 확대를 위한 증여 등의 지원을 한다.

Vodafone 독일 재단은 지역 단위의 디지털 교육을, Vodafone Institute는 유럽 시각의 디지털 전환에 초점을 맞추고, Vodafone 회사는 핵심 비즈니스를 글로벌 차원으로 레버리지 하는 공조적 파트너십을 이룬다.

표 4-2 Vodafone의 재단과 임팩트펀드의 집단적 임팩트 파트너십

Vodafone Foundation	Vodafone Institute	Vodafone
- 기업재단 - 2002년 설립 - 미션: 디지털 사회를 위한 교육 대비 - 금융수단: 증여	- think tank - 2012년 설립 - 사회 모든 지역에 테크놀러지 접근 개선 - 금융수단: 증여	- 회사 - 1982년 설립 - 사회적 책임 전략: 사람과 지구를 위한 디지털 사회 구축
⇩	⇩	⇩
〈공유된 비전〉 누구도 낙오되지 않는 포용적 디지털 사회 만들기		

자료 EVPA(2020a: 3-4).

Vodafone 회사는 최초의 현금이체서비스 M-Pesa를 아프리카 7개국에서 실시해, 저소득층의 금융적 통제 능력을 개선해주는 포용적 비즈니스를 하고 있다. Vodafone 독일 재단은 아동과 청년 대상의 〈Coding For Tomorrow〉를 개설해, 700개 학교의 교사 3,200명이 교육을 받아 18만 명의 학생이 코딩 프로그램 수혜를 받는다. Vodafone institute는 여성 스타트업 대표들을 대상으로 6주간의 프로그램으로 펀딩뿐 아니라 사회문제에 대한 혁신적 솔루션 인큐베이팅을 한다.

② 지역사회 임팩트와 기업에 대한 혜택

첫째는 혁신과 사회적 솔루션이다. 디지털화 과정은 여러 분야에 걸쳐 사회적 혜택을 낳는다. 교육, 보건, 기후, 테크놀러지 등 관련 분야는 무수

하다. Vodafone 기업, 연구소, 재단은 각자의 역할로 가장 전망있는 사회적 솔루션을 지원한다. 기업과 연구소 싱크탱크 그리고 27개 각국의 재단이 유럽에서 글로벌 차원에 자신들의 지리적 대상지역을 확대해 사회적 혜택을 제공한다.

둘째는 안정과 신속성의 균형을 유지하는 전략이다. 기업과 재단은 디지털 접근 문제에 대한 장기적인 시각을 공유하며, 재단의 역할을 보완하기 위한 새로운 임팩트 구조로 연구소를 창설하는 긴밀성으로 삼자 파트너십을 완성해 임팩트 효과를 높였다.

③ 파트너십의 성공요인

Vodafone은 27개국에서 운영되는 재단을 지원하며, 기업과 재단의 범위를 초월하는 새로운 도전으로 회사 자원을 분배해 새로운 임팩트 구조(Vodafone Institute)를 창설했다. 강력한 기업의 리더십으로 '포용적 디지털 사회' 건설이라는 미션 달성에 필요한 자원 배분의 실천이 일차적인 성공요인으로 꼽힌다.

삼자 파트너십의 이행의무 명시도 성공요인 중 하나이다. 삼자 파트너십은 각자 외부의 강력한 파트너에 의존해 해당 지역의 포용적 디지털 사회에 효과적으로 기여하는 활동을 한다. 글로벌 사회기업가 프로그램의 경우, Yunus Social Business, Impact Hub, Social Entrepreneurship Academy와 공동으로 F-LANE을 창설해 여성의 디지털 역량강화에 초점을 맞춘다. 재단과 연구소는 포용적 비즈니스의 임팩트 창출에 필수적인 전제조건을 탐구하는 연구에도 초점을 맞추며 관련 학계와 긴밀히 협력하고 있다.

(3) Rabobank 사례 : 임팩트 레버리지

Rabobank는 전통적인 기업으로 이후 Rabo Foundation이 자선과 사회임팩트 목적으로 설립되었다. 이후 은행과 재단의 사회임팩트 레버리지를 위한 제3의 파트너조직으로 농촌기금 Rabo Rural Fund가 개설되어 빈곤국의 농업조직들의 지속가능한 성장을 지원한다.

① 미션과 파트너십 역할

기업-재단-기금 삼자 파트너십은 각기 농업조직들의 초기와 중장기 단계에 필요한 운영자금을 융자, 거래 금융(trade finance) 등으로 제공하는

표 4-3 Rabobank의 재단과 임팩트펀드의 집단적 임팩트 파트너십

Rabo Foundation	Rabo Rural Fund	Rabobank
– 기업재단 – 1974년 설립 – 소외층에게 지속가능한 미래의 전망을 제공 – 융자, 증여, 거래 금융	– 기업임팩트 펀드 – 2011년 개설 – 소농 생계개선, 사회적 책임의 지속가능한 경제개발 – 융자, 거래 금융	– 농협 은행 – 1895년 설립 – 사회적 책임 은행으로 사회에 임팩트 사업이 목적
⇩	⇩	⇩
〈공유된 비전〉 소농들의 지속가능한 식량 생산을 할 수 있도록 농민조직들의 임팩트를 스케일링		
재단은 생산자조합, 저축협동조합 등 농민조직들의 초기 운영자금 용도로 저리의 평균 15만 유로 융자 제공. 사례로 Cassia 협동조합과 수출계약을 맺고 융자 제공.	펀드는 재단의 지원을 받은 농민조직에 프로세싱과 상품판매를 지원하는 거래 금융 제공. 운영자금으로 15만–250만 유로 제공. 사례로 Aldea 커피 제조업체의 원두구매, 국제시장 판매 등 운영에 필요한 융자금 제공.	Rabobank는 공장과 초콜렛 판매사 B Corp 인증의 Chocolonely에 재정지원. 강력한 보완성 덕분에 Rabobank는 공급망의 모든 파트너가 되는 기업, 중개상, 협동조합과 파트너십 개시.

자료 EVPA(2020b : 3–5).

역할을 분담한다. Rabo Foundation은 코코아 소농협동조합을 지원하고, Rabo Rural Fund는 제조공장에 코코아를 소싱하고 배분하는 중개인에게 재정지원을 한다. 동시에 Rabobank는 공장과 초콜렛 판매사 B Corp 인증의 Chocolonely에 대해 재정지원을 한다.

② 지역사회 임팩트와 기업에 대한 혜택

첫째는 자본의 안정적인 지원이다. 많은 사회목적조직(NGO, 사회적기업 등)이 올바른 형태의 펀딩을 구하는데 어려움을 겪고 있다. 이들이 이른바 '죽음의 계곡'(valley of death)을 극복하는 지속적인 자본의 공급이 중요하다. Rabo 재단, Rabo Rural Fund, Rabobank은 다양한 금융도구로 투자처 맞춤의 발전 단계에 자본을 제공한다.

둘째는 사회적 솔루션의 생태계를 구축한 것이다. 삼자 집단임팩트 전략은 기업의 네트워크 또는 가치사슬을 통해 스케일링을 순조롭게 만든다. Rabobank는 국제적인 식량과 농업은행으로서 협동조합과 고객들과 도매상이나 식품생산자의 연계를 지원한다. 이들과의 협력으로 농민기반의 협동조합 등이 운영의 스케일을 하고 소작농의 자립에도 임팩트를 미치게 된다. 재단과 농촌기금은 투자처 조직들이 지원이 끝나도 사회적 임팩트 창출을 지속할 수 있도록 보장한다.

③ 파트너십의 성공요인

첫째는 조인트 거버넌스다. Rabo 재단과 Rabo 농촌기금은 공조를 최적화하는 방안으로 사회적 투자자로서 하나의 감독이사회가 관리한다. 그럼으로써 두 조직이 정보를 공유해 새로운 임팩트 부문을 탐색해 둘의 공조 활동을 보다 잘 조율하게 된다. 동시에 감독이사회는 Rabobank를 대표하는 이사를 초빙해 정보의 흐름을 증가시키고 공조 기회를 높인다.

둘째는 톱 리더십의 지원이다. Rabobank는 농민협동조합은행으로 농민의 자립을 지원해 증가하는 인구를 위한 식량을 충분히 생산하도록 지원하는 것이 핵심이라는 은행의 DNA가 된다. 이 때문에 은행은 Rabo 재단과 Rabo 농업기금을 지원하고 나아가 임팩트기금에 확장적 자본투자를 하고 있다. 이런 추가적 펀딩이 스케일링 전략 추구에 촉매 역할을 한다.

셋째는 확고한 의무사항이다. Rabo 재단은 세금당국과 협의해 모든 투자에 확고한 임팩트 우선의 시각을 갖추고, Rabo 농촌기금은 스테일링 기회를 갖고 은행과 보다 밀착해 활동한다.

(4) Schneider Electric 사례 : 임팩트 강화

세 번째 사례가 되는 Schneider Electric와 재단과 임팩트펀드의 집단적 임팩트전략은 각자의 역할을 설정해 집단임팩트의 시너지를 내고 있다.

① 미션과 파트너십 역할

Schneider Electric은 19세기에 설립된 전통적인 전기사이며, 재단은 1998년에 설립되고, 또 회사와 재단의 사업에 공조하는 임팩트펀드는 2009년에 개설되었다. 각자의 미션은 사회적 목적에 명확하게 기술되어 있다.

표 4-4 Schneider Electric과 재단과 임팩트펀드의 집단적 임팩트 파트너십

Schneider Electric Energy Access	Schneider Electric Foundation	Schneider Electric
– 조인트 스톡 컴퍼니 – 2009년 설립 – 미션 : 초기단계 사회/환경적 임팩트 기업 재정지원, 혁신적 에너지접근 솔루션 개발 – 지분/준지분 투자	– 기업재단 – 1998년 설립 – 미션: 다수 사람에게 에너지 혜택을 주는 혁신적 이니셔티브 지원; 공정한, 저탄소사회 건설 지원 – 증여 지원	– 회사 – 1836년 설립 – 미션 : 모든 사람을 임파워링해 에너지와 자원을 활용, 모두의 진보와 지속가능성 교량 역할 – 핵심 사업 : 전기 장비
⇩	⇩	⇩
〈공유된 비전〉 교육, 혁신적 솔루션, 임팩트투자로 보편적인 에너지 접근 실현		
SEEA는 지분과 전환가능 융자, 자원봉사자 기술지원. 투자처의 '개념 증거' 개발과 지속가능 비즈니스 모델 지원으로 추후 전통적 투자 유치. SEEA 펀드는 우간다 사회적기업 Fenix에 투자해 오지 주민의 자가 태양열 전기 시스템 개발 지원. 저소득 가계도 이용가능한 모바일 뱅킹의 구매/대여 옵션 제공.	재단은 취약층의 에너지 기술인력 교육으로 청년과 지역사회 혜택 제공 목적으로, 프랑스 교육부와 Vaal 대학과 공조해 남아공에 기술 훈련센터 설립, 전기와 에너지 기술자 350명 이상을 교육, 나아가 남부 아프리카에 20개 센터를 추가 운영할 계획.	회사는 포터블 태양광 랜턴(Mobiya Lite)을 개발, 어디서든 안전한, 그린 에너지 접근이 가능. 전등용이나 모바일폰 등의 충전용으로도 사용되며, 저소득층도 구매가능한 저렴한 가격에 제공.

자료 EVPA(2020c : 6–7).

② 지역사회 임팩트와 기업에 대한 혜택

재단은 교육부문, 임팩트펀드는 투자부문, 회사는 에너지부문에서 각기 전문성을 갖고, 이들이 집단지성으로 임팩트와 지속가능성을 극대화한다. 또한 스나이더 회사/재단/임팩트펀드에 주는 비즈니스 관련성도 상당하다.

회사의 포용적 비즈니스에 대한 학습의 실험실이 되고 있다. 사회적 목적의 비즈니스를 추구하는 기업은 새로운, 의미있는 솔루션과 비즈니스

모델을 개발하는 기회를 가진다. Schneider Electric은 재단과 임팩트펀드와 포용적 비즈니스의 통찰력과 경험을 구축하는 기회를 누렸다. 해당 지역사회의 호의적 평판과 국제사회에서의 기업 경쟁력 또한 부수적인 혜택이다. 또 새로운 제품 혁신과 지불방식의 개발을 지원하는 기회를 통해 새로운 시장 개척의 기회도 열었다.

③ 파트너십의 성공요인

첫째는 조인트 거버넌스다. 각 파트너의 노력을 효과적으로 조정하기 위해 재단, 회사, 임팩트 펀드 모두가 '전략과 지속가능성' 대표의 수퍼비전을 받아 거버넌스 조직인 지속가능성 대표와 기업시민정신 대표에게 정기적인 리포팅을 한다(EVPA 2020c: 9). 이들은 갖자 다른 조직에서 활동하지만, 비전을 공유해 공통의 업무에 관한 정기적인 소통을 하는 거버넌스를 실행한다.

둘째는 장기적 비전이다. Schneider Electric은 1년에 한차례 재단과 임팩트펀드와 세미나를 열어 10년 기간에 걸쳐 에너지 접근 갭을 줄이는 공동의 목표 달성에 대해 논의한다. '모든 사람의 에너지 접근'이라는 임팩트 추구적 전략의 개념정의와 재론을 거친다.

셋째는 공동의 임팩트 타깃이다. 공동의 비전을 실천해 측정가능한 임팩트를 실행하는 방안으로, Schneider Electric은 보건, 농업, 공동체, 여성, 교육, 응급 등으로 구분된 분야별 리포팅을 각 파트너가 하고 있다. 각자 고립된 행동이 되지 않도록 사일로(silo)를 차단하는 방안이다.

4) 가치은행의 임팩트투자

(1) 가치은행(value banks)

가치은행은 전통적인 자본시장의 상업적 은행들과 같은 역할을 수행한다. 저축자로부터 예금을 받아 개인과 기업들에 융자를 제공한다. 가치은행은 특히 소셜 섹터에 초점을 맞춰 비즈니스 모델뿐 아니라 사회적기업의 특수한 욕구와 요건들에 대해서도 충분한 이해를 갖추고 있다. 게다가 저축자들이 시중 이자보다 낮은 수익을 감수하므로, 이를 사회적기업에게 혜택으로 돌려준다.

영국의 Charity Bank는 사회적 변화에 투자되기를 바라는 예금자와 투자자의 지원으로 사회적기업, 재단, 지역사회 조직들에 사회적 금융을 제공한다. Triodos Bank는 네덜란드에 본부를 두고 개발도상국에 투자하는 은행이다. 기업의 사회적 책임과 지속가능한 사회를 지원하는 예금자와 투자자들의 지원으로 문화적 가치와 사람과 환경에 대한 혜택을 주는 기업, 기관, 프로젝트에 사회적 금융을 제공한다. 은행의 미션은 인간의 삶의 질 증진과 인간의 존엄성을 중시하는 사회의 창출을 지원하는데 있다.

(2) Triodos

Triodos Bank는 네덜란드, 벨기에, 영국, 스페인, 독일에 지점을 두고 있는 유럽 은행이다. 네덜란드에 본부를 두고 1980년 설립되었는데, 지금은 세계에서 가장 지속가능한 은행을 대표하며, 은행의 미션은 긍정적인 사회적, 환경적, 문화적 변화를 위한 자본의 형성에 있다고 밝힌다.

Triodos Bank는 일반 은행과 같은 많은 금융서비스를 제공하지만 다른 점은 지속가능한 기업에만 투자를 한다는 것이다. 은행의 소유주는 1만 5천여 명의 개인들과 기관들인데, 특이한 것이 은행의 미션과 가치를 보호하기 위한 특별한 소유권 구조를 갖추고 있다는 점이다.[2] 은행의 모든 소유주식은 은행 소유주식의 관리재단인 SAAT 트러스트가 소유한다. 개인이나 기관투자자들에게 입금내역서를 발간하는데, 이것이 소유주식의 금융가치가 된다. SAAT 이사회가 의결권을 행사하고 의결권은 은행의 윤리적 목적과 미션, 비즈니스 이해, 입금 내역서 소유자의 이해에 기초한다. 은행은 자연, 환경, 문화와 사회, 그리고 사회적기업 분야에서 금융서비스 활동을 한다.

(3) BNP Paribas

사회임팩트채권(Social Impact Bonds: SIB)이 유럽 전역에서 확대됨에 따라 BNP Paribas와 유럽투자기금(EIF)이 SIB 펀드 공동투자자로 나섰다.[3] BNP Paribas는 유럽에는 구제적 프로필이 가장 우수한 은행이다. 72개국에 지점을 두고 20만 명 이상이 일하는 거대 은행이다. 또 BNP Paribas의 자산관리사는 프랑스 연대기금의 임팩트 사정과 관리의 전문성을 갖추고 있다.

BNP Paribas는 프랑스에서 9개의 SIB의 개발 또는 공동개발 및 투자

---

2 Triodos. http://www.triodos.com

3 EC. https://ec.europa.eu/commission/news/bnp-paribas-and-european-investment-fund-launch-eu10-million-fund-co-investment-social-impact-bonds-eu-2020-feb-04_en

기관 역할을 해왔다. BNP Paribas 9개 SIB의 전체 2,800만 유로 자본금 중 800만 유로를 투자했다. 한편 EIF는 2015년 이래로 SIB 개발 및 투자에 참여자 역할을 해왔다. 영국에서는 주로 성장 시장에서 투자한 경험을 살려 핀란드에서 난민 SIB, 네덜란드에서는 SIB 공동개발자 역할을 했다. 그간 2,600만 유로를 투자했다.

SIB 기금 조성으로 3개의 SIB가 개시될 수 있었다. 하나는 프랑스 농업학교 학생들의 졸업과 진로를 지원하는 SIB로, 1천 명의 학생들이 혜택을 받게 된다. 또 다른 두 개는 아동방임으로 인한 케어 문제해결인데, 130여 명의 아동이 일차 대상이다. 그 외에도 프랑스, 이탈리아, 벨기에 등이 다른 SIB 개발에 나서고 있다. 그럼에도 앞서 지적했듯이 이 가치은행은 COP26 회의를 지원하는 주요 스폰서로 지속가능성 지지그룹 중 상당한 홍보효과를 누려왔는데, 동시에 화석연료 산업과 무기산업의 수익 창출에 돈을 대준 최대 물주라는 사실이 밝혀지며 '그린 와싱'의 대표 사례로 비난받고 있다.

(4) 윤리적 대안금융기관 연맹(FEBEA)

FEBEA(Federation of Ethical and Alternative Bank and Financier)는 유럽 15개국의 30개 은행과 금융기관이 멤버로 유럽의 윤리적, 사회적 금융의 발전에 기여할 목적으로 21세기 초에 조직되었다. 지난 20여 년간 참여, 투명성, 연대, 책무성의 가치 기반으로 일반 시민들에 금융서비스 제공을 해왔다.

FEBEA는 지역사회에 진정으로 기여하는 시민들이 지배하는 금융계의 지속가능성에 초점을 맞춘다. 윤리적 금융은 시민의 돈이므로 사회적경제 프로젝트를 지원하는 공공선을 위해 사용되어야 한다는 명확한 사회목적의 미션을 제시한다. 금전의 수집과 이용에 긍정적 임팩트 달성의 목표를 지향한다.

주요 주창활동으로는 유럽이사회가 추진하는 금융 프로그램과 이니셔티브를 모니터링해서 윤리적 금융과 사회적경제 조직에 관련된 모든 재정지원의 기회를 파악해 자문을 제공한다. 주요활동 프로젝트는 EU 사회연대경제와 공동의 EaSI(EU 고용과 사회혁신 프로그램), COSME(중소기업 경쟁력 프로그램), HORIZON2020(중소기업 지원의 연구와 혁신 프로그램) 등이 있다.

3. 기업 사회임팩트 투자자 연대

기업 사회임팩트 투자자(CSI)는 기업과의 밀접한 관계 협력으로 자신들의 사회적 임팩트 확장을 하는 방안을 탐구하고 있다, 유럽의 CSI는 순수한 자선적 시각에서 기업가적 시각으로 변화하며 벤처 필랜스로피 실행 방안들을 활용한다(Heitmann et al. 2020: 44). 투자처의 수요에 기반해 증여, 융자, 지분, 그리고 이들의 복합으로 맞춤형 파이낸싱을 활용한다. 또한 사회적기업 설립 지원 등 비금융적 서비스, 임팩트 측정과 관리 등도 지원한다. 이 방안들은 비즈니스 논리에 내재화되어 있기 때문에 기업과의 상호 이해와 협력 구축에 상당한 도움이 되는 실천방안들이다.

CSI들은 기업과의 연대 협력을 전략으로 추구하고 있다. '연대'(alignment)란 "CSI와 관련 기업 사이의 상호의존적 방안으로 CSI가 추구하는 사회적 임팩트 확장의 목표를 지향"하는 개념이다. 기업재단들이 대표적인 사례가 되는데, 이들이 기업들과의 연대 협력은 2013년 58%에서 2017년 76%로 크게 늘었다.

아래에서는 유럽의 CSI 디렉터 등 45명의 대표들과의 인터뷰에서 CSI와 기업 연대 협력의 현황과 전략을 제시한다(Heitmann et al. 2020: 45-49). 그것들은 비즈니스 연대, 산업 연대, 테마 연대, 사회적 연대 등이다.

표 4-5 CSI 연대: 비즈니스, 산업, 테마, 비물질 연대

비즈니스 연대	산업 연대	테마 연대	사회적 연대
CSI는 기업의 전반적인(포용적) 비즈니스 전략과 미션을 연계해, 공급사슬에 지속가능한 실천을 이루도록 비즈니스를 지원한다.	CSI는 미션과 핵심 포커스 분야를 산업과 관련된 사회적 이슈들에 연계해, 산업의 표준을 바꾸거나 지속가능한 모범실천들을 수용하도록 촉진한다.	CSI는 미션과 핵심 포커스 분야를 기업에게 재정적 중요성을 가진 테마(SDGs 등)과 연계해, 일관적인 사회적 임팩트를 강화시킨다.	CSI의 미션이나 핵심 포커스 분야가 기업이나 산업과 관련되지 않은 기업의 비재정적 분야(지리, 협력사 등)에 연계해, 사회적 변화를 창출하는 역량을 개선한다.

자료 EVPA(2022: 16).

1) 비즈니스 연대

비즈니스 유형은 기업의 사회적, 환경적 비즈니스 활동에 CSI가 직접적인 긍정적 영향을 주고자 하는 유형이다. CSI의 미션과 기업의 중장기적인 포용적 비즈니스 전략과 긴밀히 연계해 사회혁신에 투자하는 전략이다. 사회혁신 투자는 기업의 가치사슬을 통해 스케일링 하는 전략으로, 기존의 기업 비즈니스 이해 수준을 초월하는 혁신적 전략이다.

르노 그룹(Renault Group)은 국제적 자동차 제조사로 2011년에 르노 모빌라이즈(Renault Mobilize)를 설립해, 이동성 접근이 취약한 사람들을 위한 포용적, 사회적기업들을 개발하는 '사회임팩트기금'을 조성했다. 이 기금은 기업의 장기적인 포용적 비즈니스 전략으로, 일자리가 필요하거나 유지하려는 솔루션을 필요로 하는 사람들에게 저가의 지속가능한 이동성 솔루션을 제공을 목표로 제시한다.

(1) 비즈니스 연대의 방안

비즈니스 연대는 CSI가 직접 또는 기업을 통해 창출하는 사회적 임팩트 개선을 한다. 세 가지 방법들이 있다. 하나는 CSI와 기업이 공동으로 솔루션 파악과 스케일링을 하는 것이다. CSI는 인큐베이터, 기업은 액셀러레이터로 역할을 분담한다. CSI는 사회적 문제와 대상층에 근접해 활동하므로 혁신적, 혁명적 소셜 솔루션을 잘 파악할 수 있고, 기업은 파악된 솔루션의 임팩트를 자신들의 가치사슬에 통합해 사회적 임팩트를 액셀러레이팅하는 역량을 갖고 있다.

두 번째는 기업이 보유하고 있는 전문성과 노하우를 적극 활용하는 방안이다. CSI와 투자처가 기업의 공급사나 제조사와의 관계망을 이용해 시장 전문성, 테크놀러지, 혁신을 활용하는 것이다. 르노 모빌라이즈는 투자처(Garage Solidaire)에 기업의 제품을 취약층이 구매가능한 자동차 수리 서비스에 활용하도록 지원한다. 르노의 생산원가로 부품을 제공해 가능한 일이다.

세 번째는 기업이 포용적, 지속가능한 비즈니스를 유지하도록 CSI가 지원자 역할을 하는 방안이다. 다농 생태시스템기금(Ecosystem Fund)은 식품사 다농의 가치사슬과 관련된 사회적 문제들을 해결하는 포용적 비즈니스 솔루션을 지원하기 위해 마련된 것이다. 다농의 지부들과 지역의 비영리 조직들이 파트너가 되어 농민, 폐기물 수거업체 등 취약한 이해관계자들의 임파워링을 위한 포용적 비즈니스 모델을 공동 개발한다.

(2) 비즈니스 연대의 문제점

비즈니스 연대가 긍정적인 사회변화의 잠재력을 갖고 있지만, 이 전략은 몇가지 문제들이 있다. 첫째, 이 전략을 효과적으로 이용하려면 CSI와 기업이 사회적 임팩트를 진지하게 실행해야 한다. 사회적 임팩트가 비즈니스 이해와 갈등하는 경우, 기업이 탄광이나 겜블링 산업에 관여하는 경우, 또는 기업이 변화 없이 일상적 비즈니스에 머무는 소극적인 경우가 그렇다. 그렇게 되면 사회적 임팩트의 잠재력이 창출되기 어렵고 CSI의 정당성을 위협해 비즈니스 연대가 무의미해 질 수 있다. '임팩트 와싱'을 경계해야 한다.

또 비즈니스 연대가 기업의 지속가능성 전략의 대안으로 삼아서는 안 된다는 점이다. CSI는 단순한 상업적 이해 차원을 넘어 부가적, 보충적 사회적 가치 기여에 초점을 맞춰야 한다. 대부분 국가의 기업재단법은 비즈니스 연대를 규제하고 있다. 자선적 지위로 기업의 이해를 직접 또는 간접적으로도 도모해서는 안 된다는 취지이다. 기업재단은 비즈니스 연대 추진에서 이런 규제적 환경을 세심하게 점검해야 한다.

기업재단과 다른 기업임팩트펀드, 소셜 액셀러레이터 또는 사회적기업이 비즈니스 연대를 추구하기 위한 법적 구조이다. 유럽에서 이런 사례들이 점차 늘고 있다. 스페인의 에너지사(Repsol)와 관련된 기업사회투자기관(CSI

Fundacion Repsol)은 지속가능한 에너지 전환 부문의 기업가들을 지원하는 사회임팩트투자기금을 개시하였다. 또 유럽의 상업용 버스와 트럭 제조사(MAN)는 수송 관련 모빌리티 전문의 사회기업가들을 지원하는 임팩트 액셀러레이터를 개설하였다.

마지막으로 비즈니스 연대를 추진하는 CSI는 제한적인 임팩트를 가진 솔루션에 활동 범위가 국한된 것을 알게 된다. 비즈니스 관련성에 초점을 맞춘 CSI는 취약층이나 심각한 사회문제 해결보다는 쉽고 값싼 솔루션에 관심이 쏠리게 된다. 여기에서 CSI는 타협 또는 트레이드 오프(trade-off)의 필요성에 직면할 수 있다.

2) 산업 연대

산업 연대는 앞의 비즈니스 연대보다 더 광범해서 산업 전체에 걸친 사회 문제 해결에 초점을 맞춘다. 관련 산업의 특별한 관심사가 되는 사회적 이슈들이다. 모범 사례들을 공유하고 새로운 산업 전반의 스탠다드 개발에 협력한다.

(1) 패션 산업의 C&A 재단과 농업의 Syngenta 재단

C&A Foundation은 국제 패션 도매사 C&A의 자선 재단으로, 스스로를 "패션 산업을 전환시키기 위한 기업재단"이라 소개한다. 패션 산업계의 주요 이슈 중 하나는 대규모의 환경적 발자국 문제다. 문제가 심각하지만 패션 산업은 전혀 어떤 행동을 취하지 않았다. 이에 C&A 재단은 패션

산업계의 공동 플랫폼(Fashion for Good)을 창설해 변화를 주도하고 있다. 플랫폼과 다른 방법으로 재단은 패션 산업의 자재 이용을 비지속가능한 섬유에서 지속가능한 것으로 바꾸는 변화를 추진하고 있다. 또 산업 노동자들의 처우에 대해서도 우선적 변화를 시도하고 있다.

이런 노력에 CSI와의 '산업 연대'로 다음과 같은 전략적 추진 방안이 진행되고 있다. 첫째, CSI는 패션 산업 전체의 변화 창출에 초점을 맞춘다. 시스템 차원의 사고 전략으로 누가 어떤 이니셔티브로 변화를 이끌 것인지가 우선 과제가 된다. 그렇다고 경쟁 방식으로 가능한 일도 아니므로, 그간 기업이 전혀 고려하지 않은 새로운 방안으로 '이해관계자 지원'을 구하는 전략이 마련되었다. 이를 위해 플랫폼(Fashion for Good)이 우선 개시된 것이다. C&A를 선두로, Adidas, Chanel, Kering, Levi Strauss, Zalando 및 글로벌 브랜드들이 이니셔티브에 동참하고 있다.[4]

둘째는 CSI와 기업의 산업 연대는 기업의 산업 특유의 지식, 전문성, 네트워크 등의 자원을 이용하는 전략에 의존한다. Syngenta '지속가능 농업' 재단은 소농민의 생계 개선을 미션으로, 가뭄에 견디는 농작물 품종 개발에 박차를 가하고 있다. 이를 위해 모기업(Syngenta 글로벌 농기업)의 전문성을 활용하고 연구기관들과 개도국 현장 종자 생산자들과 협력하는 '산업 연대'를 추진하고 있다. 재단은 비상업적 작물인 카사바 수확 증산으로 돕는 일이나 빈곤국 취약층의 주작물의 영양 가치를 개선하는 일에도 모기업의 테크놀러지를 활용한다.

셋째는 CSI가 해당 산업들에 대해 높은 수준의 운영 스탠다드를 마련

---

4 Fashion for Good. https://fashionforgood.com/

하고 고객 포용적 비즈니스를 하도록 유도하는 것이다. Syngenta 재단 사례에서 CSI는 소농민들의 요구와 문제해결에 농기업들의 변화를 진흥하는 역할을 한다. 나아가 기업뿐 아니라 정부, 연구기관, 비영리조직들도 소농민들의 생계에 대한 관심을 갖도록 '포용적 비즈니스'의 협력자로 유도하는 역할도 한다.

(2) 채취산업의 BP와 의류산업의 Levi Strauss

기업들과 CSI의 '산업 연대'를 대표하는 모범사례로 BP의 글로벌 채취산업의 투명성 강화 리더십 역할을 들 수 있다. 지난 10여 년 이상 채취산업의 투명성이 EITI의 출범으로 크게 개선된 결과를 보여준다. 2020년 현재 53개국이 EITI 보고서를 채택하고 있다. 초기 2006~15년 기간에 EITI 규정을 준수한 국가는 31개국인데, 최대의 자원 수입을 기록한 나이지리아는 2014년 54개 기업에서 633억 달러의 수입을, 이라크는 2015년 64개 기업에서 517억 달러 수입을 거두었다.[5]

표 4-6 글로벌 석유사 BP와 채취산업투명성본부(EITI)

글로벌 석유사 BP 사례는 국제적으로 잘 알려진 글로벌 리더십 사례로 평가된다. BP는 이사회 차원의 윤리와 환경보전위원회, 사회정책과 기업윤리 기업이사, 그룹 차원의 감독기구를 광범하게 포함하는 통합적 거버넌스 체제를 구축하였다. 이 전체를 총괄하는 책임은 CEO 존 브라운(John Browne)이 맡아 왔다.

5 EITI. https://eiti.org/countries

브라운의 글로벌 리더십으로 세계적으로 유명한 글로벌 채취산업투명성본부(EITI)가 창설되어, 자원이 풍부한 빈곤국들이 '자원의 저주'(resource curse)로부터 해방될 수 있는 획기적인 전기를 맞았다. '글로벌 자원 거버넌스' 형태이다. EITI(2013)의 〈2013년 연례보고서〉에는, 모잠비크는 2010년 채취산업 수입 6,500만 달러로 2009년에 비해 80% 증대했고, 가나는 2010년에 비해 2011년 채취산업 수입이 네 배 증대했으며, 잠비아는 2009~10년에 50% 수입 증가를 올려, 전체 채취산업 수입은 7억 5천만 달러에 달했다.

자료 주성수, 김성현 (2015 : 64-65).

HERProject 또한 남아시아에 진출한 다국적 의류기업들의 '산업 연대'에 해당되는 모범적 사례가 된다. Levi Strauss가 주도적 역할을 하며 주요 의류기업들이 동참해 이른바 '착취공장'의 오명을 해소하는 데 기여하였다.

표 4-7 Levi Strauss의 글로벌 노동복지 HERProject

Levi Strauss는 2012년 노동복지를 개선하기 위한 획기적인 접근법을 제시하였다. 노동자들이 공장 밖 지역사회에서도 생활개선을 위한 다양한 복지대안들을 지역의 비영리 시민사회단체들과 더불어 추진하였다. 노동법의 시행, 고용교육훈련, 보건의료서비스 등 다양한 노동복지 관련 프로그램들을 재단(Levi Strauss Foundation)의 기금을 통해 시행한다.

새로운 접근법은 UN MDG 8개중 다섯 개에 초점을 맞추었다. 제1목표 빈곤해소, 제2목표 젠더 평등과 여성역량강화, 제3목표인 임산부 보건, 제6목표인 HIV/AIDS 말라리아 퇴치, 제8목표인 지속가능한 환경 등이다. 글로벌 리더 역할을 수행하기 위해 2011년, 세계적인 주요 기업들(HP, H&M, Marks & Spencer 등), CARE 등 INGO, ILO 등 국제기관 등이 참석한 이해관계자 포럼을 개최해, 다음 핵심 영역에서의 글로벌 CSR을 강조, 참석자들의 의견일치를 이끌어냈다.

자료 주성수, 김성현 (2015 : 287-88).

3) 테마 연대

'테마 연대'(thematic alignment)는 특정 테마에 대한 기업과 CSI의 연대를 의미한다. 그 테마는 기업의 비즈니스의 핵심적인 테마가 된다. 음료사에게는 물 고갈 문제가 심각한 테마가 된다. 기업이 생존 문제와 같은 테마에 초점을 맞추지만 CSI에게는 테마와 관련된 대상층, 취약층, 취약 지역 등 기업 이해와 상충되는 테마에 관련된다. CSI와 기업의 '테마 연대'는 기업 종사원과 지역사회와 관련된 사회적 문제해결에 연대하는 경우가 일반적이다.

사례로서 Trafigura 글로벌 생활용품기업 출연의 재단은 세계적으로 취약 지역의 사회경제적 생활개선에 초점을 맞춘 임팩트투자를 추진해 왔다. 두 번째 목표는 종사원의 세계관의 변화에 초점을 맞춘다. 사회적 이슈들에 눈을 뜨고 직시하는 가치관 갖기를 추구한다는 것이다. 우선적으로 공정한, 지속가능한 고용을 추구하며, 다음으로 청렴하고 안전한 공급사슬을 구축하는 데 있다.

이에 재단은 CSI로서 모기업과 다른 독특한 접근법을 갖고 지식을 공유하며 서로의 전문성과 경험에 기반한 협력을 추구한다. 첫째, 비영리기관들과의 파트너십으로 사회문제 해결의 솔루션을 혁신한다. 둘째, 공정 고용을 통한 상업적 이니셔티브가 사회적 이니셔티브를 보충하는 역할을 한다. 직원들이 사회문제에 대한 인식을 갖고 도덕과 철학의 중요성을 인식하게 한다. 셋째, 기업이 지속가능성 이니셔티브의 비즈니스에 초점을 맞추는 반면에 CSI는 도덕적 이니셔티브에 초점을 맞추는 균형을 이룬다. 지속적인 도덕적 이니셔티브 관심으로 사회적 임팩트를 지원하는 역할을 한다.

CSI의 사회적 이니셔티브는 비판으로부터 자유로운 강한 정당성을 갖고 있다. 모기업을 지원하는 조직으로 사회적 임팩트에만 초점을 맞추기 때문이다. 또 테마 관련 목표 추구에서 모기업이 자체 지속가능성을 갖추지 못한 상황에서 CSI가 혁신적 이니셔티브를 추진하는 것이다. 광산업이나 겜블링 산업이 대표적인 사례가 된다.

4) 사회적 연대

마지막으로 '사회적 연대'는 CSI가 사회적 임팩트에만 초점을 맞추는 강력한 유형의 연대이다. CSI는 기업에 대해서는 어떤 변화를 창출하려는 의도는 거의 없다. 사회적 측면은 CSI의 특정 지역의 존재 자체 또는 비즈니스 네트워크 활동 등이 해당된다. CSI는 기업의 자산이 되는 임직원, 기업 관계망을 활용해 사회적 활동을 자유롭게 한다. 예를 들면 JTI 재단은 70개국에서 비즈니스를 하는 JTI(Japan Tobacco International)와 거의 관련되지 않은 사회 활동을 한다. 재단은 자연 재해, 인간 자초의 재난의 피해자를 지원하는데 주력한다.

사회적 연대로 CSI의 사회적 임팩트 활동은 직접적으로 또는 기업을 통해 확대, 개선되고 있다. 첫째, 사회적 연대로 CSI는 재단 활동 중 가장 필요한 수요가 있는 지역이나 대상층에 집중해 효과적으로 활동할 자유를 누린다. 영국과 웨일즈의 Lloyds 은행 재단은 주로 홈리스, 가정폭력, 정신건강에 초점을 맞춰 은행과 협력 관계로 사회적 임팩트 개선에 주력한다.

둘째, CSI의 미션은 모기업과 관련되지 않지만 모기업의 자산(장비 등), 전문성(지역 토착어 지원 등), 네트워크(파트너 연계, 배분 채널 등)를 활용해 사회적 임팩트를 개선한다. JTI 재단은 2013년 수단에서의 긴급구호 활동에서 정부나 NGO도 접근이 어려웠던 상황에서 지역단체와 네트워크를 가진 모기업의 연계활동으로 구호사업을 진행할 수 있었다.

4. 기업의 사회임팩트(CSI)와 SDGs

1) 기업의 SDGs 지원 성과

(1) 코로나 팬데믹과 SDGs 성과

코로나 팬데믹은 21세기 첫해부터 세계가 힘모아 왔던 글로벌 개발의 성과를 무산시키고 있다. MDGs(2000~15)를 시작으로, 뒤이은 SDGs(2016~30)로 지속가능한 개발을 이뤄온 성과를 거의 모두 뒷걸음질하게 만들어 놓았다. 절대 빈곤이 2019년 코로나 이전까지는 점차 줄어왔지만 다시 증가세로 돌아서며, 코로나 백신도 맞지 못해 굶주리고 병에 시달리는 사람들이 수억 명으로 불어났다. 팬데믹이 닥치자 각국 정부들은 1,600개의 단기적 비상지원으로 팬데믹에 맞섰지만, 가난한 국가의 40억에 달하는 인구는 이런 사회보호 안전망 혜택을 누리지 못했다(UN 2021: 15).

기업들도 CSR, CSV 등으로 SDGs 달성을 지원하고 나섰지만 팬데믹을 넘어서지는 못했다. SDGs 추진으로 취업자가 늘고, 무기력한 청년들이 창업도 하며 빈곤국에도 개발의 희망이 싹텄지만, 이 모든 희망이 팬데믹으로 휩쓸리고 말았다. 팬데믹으로 2억 5,500개 풀타임 일자리가 사라졌다. 2007~9년의 글로벌 금융위기 기간의 일자리 상실의 네 배가 넘는 규모다(UN 2021: 15). 16억 인구에 달하는 비공식노동자들의 타격이 가장 심했고 청년들에게도 타격이 적지 않았다. NEET(고용, 교육, 훈련 상태가 아닌) 청년들이 남성 14%, 여성 31%에 달한다. 글로벌 제조품 생산이 2020년 6.8% 감소했고, 1회용 플라스틱 백 사용이 매년 5조 개로 불어나 원자재 발자국은 70% 늘면서 SDG 12(지속가능한 소비와 생산)이 위기에 처했다. 팬데믹으로 아동노동은 1억 6천만 명으로 늘어나며 착취의 위협에 처해 있다.

SDGs가 추진된 2015년 이래로 처음 SDG Index 세계 평균이 코로나 팬데믹으로 감소했다. 빈곤율과 실업률의 동시적 증가가 지수 감소를 이끌었다. 팬데믹은 경제뿐 아니라 사회, 환경 모든 측면에서 지속가능한 개발의 후퇴를 만들었다. 저소득국은 재정이 취약해 팬데믹 대응의 긴급구호를 하지 못해 SDG 지수의 하락이 불가피했다. 저소득국이 팬데믹에 상당기

그림 4-2 SDG 성과지수(2015~2020)

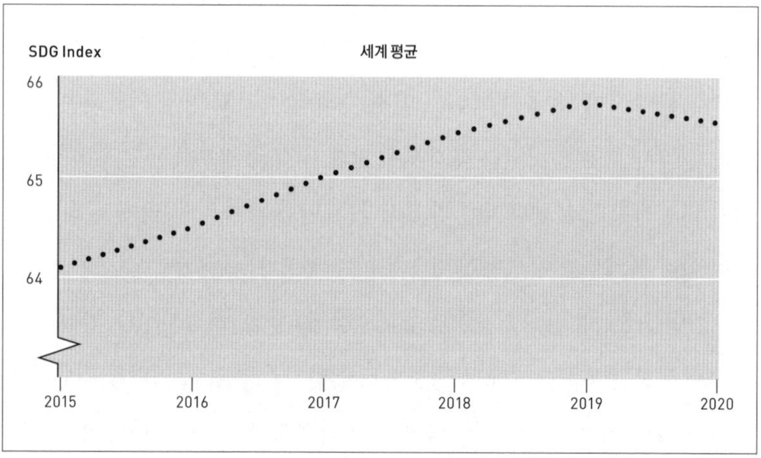

자료 Sachs et al. (2021: vii).

간 고통을 받을 것이며, 이에 비해 고소득국은 팬데믹 위기 탈출이 더 빠를 것이다. SDG 지수는 핀란드, 스웨덴, 덴마크가 각기 85~86점으로 톱을 이룬 가운데 영국 80, 일본 79.8, 한국 78.6, 미국 76점으로 나타났다. 165개국 가운데 아프리카 국가 대부분은 38점에서 65점을 형성한다.

〈지속가능개발 2021〉 보고서는 저소득국의 재정 공간을 늘려주는 글로벌 전략을 글로벌 팬데믹 극복에 핵심으로 제시한다(Sachs et al. 2021 : xi). 첫째는 저소득국의 유동성을 개선하는 글로벌 통화관리의 개선방안이다. 둘째는 글로벌 세재개혁으로 세금징수를 개선하는 방안이다. 셋째는 다자개발은행(MDBs)이 장기 개발 파이낸싱으로 금융 중재를 개선하는 것이다. 그리고 마지막은 융자 구호방안이다. 코로나로 인한 경제위기 때문에 SDGs 달성에 필요한 파이낸싱 갭은 더 벌어지고 있다. SDG 투자 이행에 2년 지연될 것이며, IMF 추산에 따르면 2019년 추산치에 비해 21% 가량 더 많은 자본투자가 필요할 것이다(Sachs et al. 2021 : 1).

(2) 기업의 SDGs 지원 성과

기업의 SDGs 지원 성과도 코로나 팬데믹으로 거의 물거품이 되버렸다. 그럼에도 팬데믹 이전의 성과에 대해 UNGC의 〈2017 성과 보고서〉에서 살펴보면 이미 2017년부터 상당한 수준에서 참여와 성과가 나타난 것을 알 수 있다. 기업들이 SDG 17개 목표 중 어디에 집중적인 타깃을 맞추는지를 보면 '좋은 일자리와 경제성장'에 우선 타깃을 맞춰 실제로 실천 임팩트도 가장 높게 나타난다. 이처럼 기업들이 타깃의 목표에 많이 몰렸다고 실제로 임팩트가 높은 SDG가 적지 않지만, 반드시 비례적인 것은 아니다. SDG 3(좋은 건강과 웰빙)은 가장 높은 49%가 타깃 목표로 쏠렸지만 실천 임팩트는 다른 SDG 9, 5, 12보다 낮은 성적을 보여준다. 코로나 팬데믹과 러시아의 우크라이나 침공으로 인한 임팩트는 이미 상당부분 감소한 것으로 알려지고 있다.

2) 기업의 SDGs 지원 역할

글로벌 컴팩트 회원기관 1만여 기업 중 84%가 SDGs 달성을 위해 활동하고 있다(UNGC 2020). 또 전체의 61%가 SDGs에 기여하는 제품이나 서비스를 제공하고 있는데, 이는 2019년 48%에 비해 크게 늘어난 것이다. SDGs를 핵심 경영전략에 내재한 기업도 46%에 달한 것도 긍정적인 변화다.

한편 기업지속가능개발위원회(BSDC)는 지속가능개발을 선도하는 기업의 여섯 가지 혁신적 행동을 제안한다. 기업 리더십의 강력한 역할로 구성원 전체에 목적과 실행을 추진할 것을 주문한다(BSDC 2018: 15-18).

① 기업과 비즈니스 공동체에 SDGs를 성장 전략으로 삼아 지원체계 구축

SDG를 지향하는 비즈니스를 이해하는 리더들이 많을수록 보다 나은 세계에서 보다 나은 비즈니스를 지향하는 더 빠른 진전이 이뤄질 것이다.

② 기업 전략에 SDGs를 통합

SDGs를 모든 기업전략에 적용시켜 다음을 시행한다.

- 담당 이사와 시니어 임원을 선임해 우선 시행,
- 지속가능한 솔루션의 전략적 기획과 혁신,
- 소비자의 지속가능한 선택을 촉진하는 제품과 서비스 마케팅,
- SDGs를 활용해 리더십 개발, 여성 임파워먼트, 규제정책과 자본 배분.

SDGs 달성으로 2030년까지 3억 8천만 개의 새로운 일자리가 창출될 것으로 추산된다. 기업들이 만드는 일자리가 생계에 적절한 임금의 일자리가 되도록 확인하는 책무성이 필요하다. 이런 일자리가 모기업뿐 아니라 공급사슬과 배분 네트워크 전반에 적용되는 것이 중요하다. 기업들은 투자자들이 지속가능한 비즈니스가 창출하는 사회, 환경적 가치를 잘 이해하도록 알려야 한다.

③ 지속가능한 시장으로의 전환은 다른 기업들과 함께 추진

모든 섹터들이 SDGs 연계의 지속가능성으로 전환하면 엄청난 규모의 비즈니스 기회들이 열린다. 농식품의 경우 SDGs 연계의 지속가능한 농식품 시스템으로 불어나는 인구에게 영양있는 적정가의 식품을 제공하면서 동시에 기업들에게는 상당한 수입원이 될 것이다.

그럼으로써 숲을 복원하고 청정식수 자원과 해양 등 생태계를 복원하는 기회를 제공한다. 2030년까지 2조 달러 이상의 경제적 가치를 창출해 기후 리스크에 보다 복원적인 대응이 될 것이다. 그런데 지금의 현상유지의 비즈니스로는 이런 성과를 달성하기 어렵다. 전체 섹터가 거대하게 SDGs 연계의 시스템 전환을 할 때 가능한 얘기다(앞글: 15-16).

④ 정책당국과 협력해 자연과 인적 자원의 진정한 가치 지불

지속가능한 경쟁은 경쟁자들 모두가 비즈니스를 하는 방식의 진정한 비용을 반영하는, 즉, 외부경제를 내부화하는(internalising the externalities) 가격에 대한 경쟁이 된다. 진정한 환경적, 사회적 가치로 오염의 가격화 아이디어는 오래된 관행이다. 지금은 변덕스러운 기후변화의 리스크를 해결하는, 보다 긴박한 것이 강력한 탄소가격제(carbon pricing)다.

탄소뿐 아니라 특히 물을 비롯한 환경 자원의 가격제를 구축해 유지하는 것이 '최고를 향한 경쟁'(race to the top)의 출발 신호탄을 쏘는 것이다. 이런 자원의 온전한 비용과 직원의 생활 임금을 지불하는 비즈니스는 다른 경쟁사도 조만간 이를 따를 것이라는 것을 알아야 한다. 비즈니스 리더들이 공개적으로 정부 규제당국, 동업사, 시민사회와 협력해서 SDGs 연계의 공정한 경쟁이 이뤄지는 금융과 규제 정책을 모색해야 한다.

⑤ 금융 시스템이 장기 지속가능한 투자를 지향하도록 압력 행사

SDGs 달성은 연간 수조 달러의 추가 재원이 소요된다는데, 이를 지원하는 자본은 여유가 있지만 불확실성에 직면해 있는 투자자들은 단기실적주의를 기대한다. 그런데 기업들이 사회적, 환경적 외부경제를 반영한 '전부(full)' 가격을 지불해 금융실적이 이뤄지면, 투자자들은 기업의 상대적 우위를 이해하는 시그날이 된다. 이런 '전부 가격' 달성은 시간이 걸리는데, 기업들은 자본의 흐름을 지속가능한 투자 강화로 그 기간을 단축시킬 수 있다.

⑥ 사회적 계약(Social Contract) 재작성

글로벌 금융위기 이래 기업에 대한 신뢰가 급격히 붕괴되어 왔다. 비즈

니스 리더들은 사회의 신뢰를 다시 구할 수 있는 기회를 가져야 한다. 정부, 소비자, 직원과 시민사회 등과 협력해 SDGs 달성에 노력해, 책임있는 개방적인 정책 주창을 수용하는 것이다.

글로벌 공급사슬에는 7억의 노동자가 직접, 간접적으로 고용되어 있다. 우선 이들에 대한 적정 임금을 지불해 인간다운 생계 유지를 하도록 함으로써 포용적 사회를 지향하고 소비자 시장을 확대할 수 있다. 이들에 대한 교육훈련에 투자 잠재력을 발휘하도록 지원하는 것도 중요하다. 사회적 계약은 공식 센터뿐 아니라 비공식 섹터까지 확대해 UN의 기업과 인권 기본원칙을 시행하는 것이 중요하다.

3) 포용적 비즈니스의 시장 기회

(1) SDGs 달성의 시장 기회

개발도상국 BOP 시장은 기업들에게 상당한 시장 기회를 제공해준다. 특히 아시아는 29억의 인구가 거주하는 최대의 BOP 시장을 갖고 있다. 소득 합계 3조 4,700억 달러에 달하며, 그 다음이 남미(3억 6천만 인구, 5천 억 달러 소득), 아프리카(5억 인구, 4,300억 달러 소득)다(Quak 2018: 3). 소득의 대부분이 식품에 지출되고, 그 다음이 에너지, 주거, 보건이다. BOP 인구는 계속 증가할 것이며, 도시화도 급속히 진행되고, 기후변화 등으로 엄청난 규모의 취약층과 난민이 있는 특징을 보여준다.

기업지속가능개발위원회(BSDC)의 〈더 좋은 비즈니스, 더 좋은 세상〉 보고서는 기업이 포용적 시장에서 시장 기회를 가질 수 있는 핫스탓 60개를 파악해 제시한다. 4개 분야만 제시한 것으로, 2030년까지 3억 8천만 명의 일자리를 창출해 GDP 성장 2~3배에 달하는 경제성장을 주도할 것으로 내다보고 있다(BSDC 2018: 12-13). BSDC 에 따르면 일자리 예측은 투자가 잘 이뤄지면 중소기업 규모에서도 충분히 달성될 수 있는 규모이며, 포용적 비즈니스를 선도하는 기업이 5~15년의 어드밴티지를 가질 것이라 예측한다(앞글: 18).

표 4-8 SDGs 달성 관련 60가지 시장 기회

	농식품	도시	에너지와 재료	보건과 웰빙
1	가치사슬 음식폐기 감소	적정가의 주거	순환모델 : 자동차	리스크 분산(풀링)
2	숲생태계 서비스	에너지효율성-건물	재생품 확대	원격 환자모니터링
3	저소득 푸드마켓	전기차, 수소차	순환모델 : 부품	텔레 건강진단
4	소비음식폐기 감소	도시 대중교통	순환모델 : 전자품	유전체학
5	제품 재구성	카 세어링	에너지효율성 : 비에너지집약산업	활동 서비스
6	대형농업 기술	도로안전 장비	에너지 저장	가짜약품 검색
7	식습관 개선	자율 자동차	자원복구	금연
8	지속가능 수산양식	ICE 연료효율성	철강 효율성	비만관리 프로그램
9	소농업 기술	건물복원적 도시	에너지효율성 : 에너지집약산업	질병관리
10	마이크로 관개	도시 수도 누수	탄소표집저장	전자의료기록
11	토지 토양복원	문화 관광	에너지 접근	모자 보건
12	포장폐기물 감소	스마트 미터링	녹색 화학제품	보건 훈련
13	공장식 축산	식수위생 인프라	3D 프린팅 가공	저비용 수술

	농식품	도시	에너지와 재료	보건과 웰빙
14	도시농업	오피스 쉐어링	채취물의 지역동의	
15		목재 건축		
16		내구적 모듈 빌딩		

자료 BSDC(2018 : 14). "Better Business Better World."

기업지속가능개발위원회(BSDC)는 SDG가 기업들에게 중요한 이유들을 다음과 같이 제시한다(BSDC 2018: 19).

- 지난 30년간 경제적, 사회적 성과가 있었음에도 지금의 세계 경제 모델은 심각한 결함을 갖고 있다.
- 지금의 모델의 실패로 야기되는 불확실성과 혼란은 기업들이 미래 성장과 번영을 내다보기 어렵게 만들고 있다.
- 긴급 행동이 취해지지 않으면 지금까지의 사회적, 경제적 성공이 퇴보할 수도 있다.
- UN SDGs는 기업들에게 세계 경제에 강력한 성장 전략을 제공한다.

또 SDGs 달성으로 이뤄질 주요 시장 기회들은 다음과 같이 제시되고 있다(BSDC 2018: 26).

- SDGs 달성은 2030년까지 민간부문에게는 최소 12조 달러의 경제적 성과금을 제시하며 그 규모가 잠재적으로 2~3배 더 될 수 있다.

- 성과금의 절반 이상이 개발도상국에 위치해 있다.
- 성과금의 절반 가량은 4대 분야(농식품, 도시, 에너지와 원료, 보건과 웰빙)의 60개 핫스팟 가운데 15개에서 제시된다.
- 4개 분야의 SDGs 달성으로 2030년까지 3억 8천만 일자리가 창출되며, 그 중 90% 가량은 개발도상국에서 일어날 것이다. 하나의 핫스팟이 되는 '적정가의 주거'는 일자리의 20%가 되는 7천만 개를 만들 것이다.
- 기후변화와 같은 환경비용의 가격제가 그 성과금의 실제 규모를 40% 더 올릴 것이다.

(2) 공유, 순환, 린서비스, 빅데이터, 사회적기업

기업들은 오랜기간 지속가능성을 비즈니스 기회로 타깃을 맞춰 왔고 강력한 지속가능성 성과는 강력한 투자 수익과 밀접히 관련되어 있다. 이런 선도적 기업들의 좋은 비즈니스가 더 좋은 세상을 만들고 있다. 지금의 진취적인 벤처기업들과 새로운 벤처들이 새로운 비즈니스 모델인 공유, 순환, 린(lean) 서비스, 빅데이터, 사회적기업을 적용해 SDGs 핫스팟을 형성하고 있다(BSDC 2018: 44-45).

① 공유경제(sharing economy)

공유경제 모델은 재판매, 기부, 스와핑, 임대, 돕기 등으로 자원소비적인 제품의 수명을 연장하고 대체품의 수요를 낮추며 낭비를 20% 줄이고 있다. 카 세어링은 차 운행거리를 줄이고 역량을 활용하고 새 차의 필요성을 줄인다. 자동차는 95%의 시간을 주차장에서 보낸다.

② 린서비스(lean service)[6]

모든 서비스 영역에서 린관리(lean management)로 폐기품과 재고품의 급감을 일으킨다. 린서비스 관리는 보건의료와 같은 주요 서비스 접근을 성장시키는 효과를 낳는다. 심장수술은 인도에서는 미국의 20% 비용을 같은 치료의 결과를 생산할 수 있는 것이 낮은 임금 말고도 아주 간결한 과정을 가능하게 하는 린관리가 있다.

③ 순환경제(circular economy)

순환경제 비즈니스는 디자인, 제조, 재사용에서 순환적 접근으로 자원을 최대한 활용하고 원료와 제품의 재사용을 최대화한다. 브라질의 폐기물 업체 Veolia는 종이와 펄프사 Fibria와 협력해 섬유소 미네랄 폐기물의 90%를 토양 산성화를 막는 중화제로 활용한다.

④ 빅데이터(big data)

인터넷에 연결된 장치는 200억 개가 넘으며, 여기에서 생산되는 빅데이터는 비즈니스로 크게 활용되고 있다. 새로운 비즈니스 기회를 만든다. 오지의 소농에게도 IBM의 Deep Thunder의 하이퍼 로컬 날씨예보가 전달되는 시대를 열고 있다.

⑤ 사회적기업 모델(social enterprise models)

사회적, 환경적 임팩트를 생산하기 위한 목적으로 사회적기업들이 점

---

6 지속적 개선과 사람에 대한 존중의 린(Lean) 원칙들이 모든 서비스 유형에 적용(콜센터, 보건의료, 대학, 공공 및 전문 서비스 등) https://en.wikipedia.org/wiki/Lean_services

차 늘고 있다. 케냐의 모링가 학교와 미국의 코딩 교육기관 Hack Reactor의 파트너십으로 하이테크 잠재력을 가진 아동을 선정해 웹개발 훈련을 진행한다.

4) 기업과 투자자의 SDGs 임팩트

(1) SDGs에 대한 기업의 임팩트

기업은 비즈니스 투자를 통해 SDGs 달성에 기여하면서 비즈니스 수익을 올리는 CSI 전략을 추진할 수 있다. 심각한 글로벌 문제들의 해결에 기업이 상당한 기여를 하면서 SDGs에 기여하는 CSI 전략인 것이다.

글로벌 문제해결에 기업이 기여할 수 있는 영역은 〈그림 4-3〉과 같이 다섯 가지로 예시해볼 수 있다.

- (원료) 지속가능한 원료 사용으로 자연자원을 보충하는 역할을 할 수 있다.
- (공급자) 공급자에 대한 공정한 임금지급 등 협력관계 개선도 중요한 이슈로 SDG 1, 8에 기여하는 임팩트가 상당하다.
- (운영) 기업 운영에서 재생에너지 사용, 생태계 오염 방지 등은 저탄소 기후복원적 경제로의 전환에 핵심으로, SDG 9,12에 기여한다.
- (제품 이용) 지역사회에 보건 혜택을 제공하거나 재생에너지를 공급해 지역문제 솔루션에 기여하며, 동시에 SDG 3, 7에 기여한다.
- (제품 폐기) 폐기물 재활용이나 재사용으로 SDG 14, 6에 기여한다.

그림 4-3 SDGs에 대한 기업의 임팩트 사례

	원료	공급자	운영	제품 이용	제품 폐기
글로벌 문제 해결 지원	지속가능한 원료사용, 자연자원 보충 채취 후 식수	공정임금, 적정 일자리 제공 (공급사슬 포함)	재생에너지 의존, 생태계오염, GHG 억제	보건혜택, 재생에너지 등 지역문제 솔루션 기여	폐기물 재활용, 재사용, 매립, 수질오염 금지
글로벌 문제 악화 가능성	숲제거, 과잉 취수 등 원료 사용 문제	임금착취적 고용 (공급사슬 포함)	화석연료 의존, 생태계 오염, GHG	건강훼손 담배 생산 등 문제 생산	재활용 불가, 해양, 수질오염
SDG 임팩트 사례	SDG 12 (책임있는 소비)	SDG 8 (좋은 일자리와 경제성장) SDG 1 (빈곤 종식)	SDG 12 (책임있는 소비) SDG 9 (혁신과 인프라)	SDG 7 (청정 에너지) SDG 3 (건강과 웰빙)	SDG 14 (해양 생물) SDG 6 (식수와 위생)

자료 Impact Investing Institute(2019 : 14). "Investing in a Better World."

(2) SDGs에 대한 투자자 임팩트

투자자 또한 자신의 '지속가능한' 투자를 통해 SDG에 기여할 수 있다. 사회적 임팩트 달성의 방법으로는 〈표 4-9〉에서 다섯 가지가 예시되어 있다. 투자의 투입 → 산출 → 결과 → 임팩트에 이르는 변화이론이 사례로 제시되어 있다.

표 4-9 SDGs에 대한 투자자의 임팩트 사례

임팩트 달성	사례	투입	산출	결과	임팩트
기업 차원의 사회/환경 임팩트투자	Energise Africa	저소득층 햇볕 에너지 제공 채권 크라우드펀딩 개별 참여	햇볕에너지를 가정에 월간 지불제 공급	청정, 적정가 에너지 제공, 가계의 교육과 보건 향상	SDG 3(건강과 웰빙) SDG 4(양질의 교육) SDG 7(청정 에너지)
펀드 차원의 사회임팩트 창출	Baillie Gifford Positive Change Fund	측정가능한 사회, 환경 임팩트 타깃의 기업 주식 구입 펀드에 개별 투자	취약 빈곤층의 사회적포용, 교육, 환경에 기여하는 제품과 서비스 생산	기업의 임팩트 측정과 복지 지원, 탄소배출 감축, 식수보호, 8,500만 명에 금융서비스	SDG 3(건강과 웰빙) SDG 7(청정 에너지) SDG 9(혁신과 인프라) SDG11(지속가능도시와 공동체)
투자자집단의 투자처 지속가능성과 압력행사	Workforce Disclosure Initiative ShareAction	노동현황 리포팅 참여 기업에 투자자 연대 관리사에 개별참여	90개 글로벌 기업이 노동력 메트릭스 제시, 공급사슬 등 인력관리 정보 제공	현대판 노예, 아동노동, 보건과 안전 등 인력관리개선 방안 제시	SDG 8(좋은 일자리와 경제성장)
기후행동을 통해	Climate Action100+	기업의 GHG 배출 감축을 압박하는 투자자 연대 관리사에 개별참여	기업의 기후변화 감시 투명성 개선, 기후관련 금융공시에 따라 정보공개	파리기후협약 기준으로 운영 방침 수정	SDG 9(혁신과 인프라)
집단적 투자금 인출 저항	DivestInvest	1,000개 이상 조직과 5만 9천 명이 화석연료 기업에서 투자금 이동	기업의 사회적 운영권과 자원의 위축	파리기후협약 기준으로 운영 방침 수정	SDG 7(청정 에너지) SDG 9(혁신과 인프라)

자료 Impact Inveting Institute(2019 : 15). "Investing in a Better World."

5. 기업과 사회적경제의 파트너십

기업의 사회임팩트(CSI) 전략은 기업과 사회적경제 사이의 협력 또는 파트너십으로 활성화되고 있다. 기업의 사회적 책임(CSR) 차원에 임팩트투자 전략이 결합된 새로운 비즈니스 모델이 혁신을 주도한다.

1) 기업-사회적경제 파트너십의 필요성

(1) 파트너십의 이론적 배경

기업과 사회적경제 사이의 협력은 다양한 행위자, 상호작용, 배경 등이 관련된다. 그 협력의 가치와 임팩트에 관한 학계의 논의가 다양하게 제시되어 있다. 기업가정신, 관리, 정책, 행정, 사회혁신 등이 학계의 관련 분야다. 학계는 기업과 사회적경제 사이의 협력의 유형과 과정, 결과와 가치 창출뿐 아니라 양자의 중개 역할과 배경요인 등에 논의한다. 이에 관해 유럽이사회의 〈사회적경제기업과 전통적 기업 사이의 협력〉 보고서를 참고하면 아래와 같다.

협력(co-operation)은 사회기업가(social entrepreneurs) 활동에서 비롯된 것으로 볼 수 있다. 사회기업가는 (사회적, 생태적, 경제적) 가치의 생산자이자 공동생산자이며, 사회변화의 에이전트로 간주하는 시각이 지배적이다(EC 2019: 22). 이같은 사회적 목적 지향의 협력은 파트너십의 필요성과 당위성을 중시한다. '사회적 파트너십'은 기업 또는 다수의 기업들이 다른 섹터(공공 또는 비영리)의 조직과 협력을 실행하는 것을 의미한다. 이후 섹터간 사회적 연대, 섹터간 사회적 파트너십 등은 공공과 민간과 NPO 섹터간의 관계에 초점을 맞추는 다양한 조직간 관계(Interorganisational relationships: IOR) 연구를 대표한다. 이같은 다양한 파트너십 논의에서 지금의 기업과 사회적 경제기업 사이의 협력의 이론적 기초를 발견할 수 있다. 양자의 협력적 파트너십은 참여적 과정과 사람들의 임파워먼트를 강화해, 지역과 지역사회의 정책에 임팩트를 가진 사회적 혁신의 핵심을 이룬다(Prahalad et al. 2009; Edwards-Schachter et al. 2012). 다양한 이론적 논의에도 불구하고 기업과 사회적경제기업 사이의 협력의 임팩트에 관한 경험적 근거는 매우 제한적이다(EC 2019: 22).

기업과 사회적경제 사이의 협력은 이제 '공유된 가치창출'(CSV)로 제시되어 실제 혁신적인 기업들의 실천이 되고 있다. '공유된 가치'란 "기업의 경쟁력을 개선하는 정책과 운영의 실천이자 동시에 기업이 운영하는 지역사회의 경제적, 사회적 상황들의 진전"을 의미한다(Porter & Kramer 2011: 6). 기업의 경제적 가치와 지역사회의 사회적 가치의 동시적 창출은 세 가지 방법으로 실현된다.

- 비즈니스 활동 지역에서의 기업과 지역사회의 욕구를 충족시키기,
- 새로운 제품과 서비스 창출로 혁신을 이루기,
- 가치사슬의 변화를 추진하기 등.

유럽이사회(EC)는 2011년 CSV가 핵심이 되는 기업의 사회적 책임(CSR)의 정의와 전략을 공식적으로 변경시켰다(EC 2011). EC는 CSV 개념을 "포용적, 지속가능한 개발을 지향하는 잠정적 이해관계자들 사이의 협력의 기회 확장"으로 소개한다. 이제 유럽에서 CSV는 자본주의 체계의 전환에서 중

요한 전환적 매개체의 프락시스가 되고 있다(EC 2019: 23).

(2) 기업과 사회적경제 사이의 협력 : 분석틀

기업과 사회적경제 조직 사이의 협력은 '가치창출의 소셜 마켓'(social market)의 파트너십을 보여준다. 기업과 사회적경제조직의 파트너십은 양자의 직접적인 관계 이외에도 공공부문과 중간지원조직의 연결로 이뤄진다. 다자간 또는 네트워크 조직의 형태로 공공-민간-시민사회 3섹터 모델이 일반적이다.

기업과 사회적경제의 협력은 다양한 중간지원조직에 의해 중개되어 소통될 수 있다. 중간지원조직은 다음과 같이 다양하다.

- 인큐베이터와 액셀러레이터,
- 다자 플랫폼, 임팩트 허브와 네트워크,
- 사회적 엑스트라프로너(Social extra-preneurs),
- 인트라프로너(intra-preneurs)와 엑스트라프로너의 네크워크,
- 사회임팩트금융 중개기관(Social Investment Finance Intermediaries (SI-FIs)와 크라우드펀딩 플랫폼 등.

기업과 사회적경제조직의 파트너십 분석의 초점은 협력의 상호작용이 이뤄지는 사회문화적 배경을 비롯해 규제와 정책 생태계, 재정지원 등이다. 또 국가/지역/지방 정부의 제도화도 중요하다. 정부 차원의 지원 구조와 법적, 제도적 프레임워크는 사회적기업에 대한 인식과 중요성을 개선하는데 기여하며, 기업과의 협력을 진흥하는 역할을 한다.

기업과 사회적경제조직의 협력은 3단계로 구분해 분석될 수 있다.

a) 형성기의 조건, 주체자와 연계 메카니즘 (왜, 누구와 협력하는가?)
b) 성장기의 조직화 과정 (언제, 어디서 협력하는가? 협력의 촉진과 장애)
c) 협력의 결과 (협력의 결과는 무엇인가? 누가 혜택을 받는가? 가치, 사회혁신, 사회임팩트는 창출되었나?)

(3) 파트너십의 촉진과 장애 요인들

기업과 사회적경제의 협력을 이끄는 주도적인 촉진자는 누구인가? 촉진자는 협력을 가능하게 만드는 실행자로, 외부와 내부, 글로벌/국가/지역사회 차원, 다양한 시각과 거시/미시 차원 등으로 복합적 요인들로 구분될 수 있다. 외부 촉진자는 조직의 활동에 상당한 영향력을 행사하는 배경과 환경이라 본다면, 내부 촉진자는 조직 내부의 구성원과 조직의 특정한 동기 등이다(EC 2019: 30-34).

① 글로벌 지속가능개발(SDGs) 어젠다

글로벌 차원의 '지속가능개발을 위한 2030 어젠다'는 '세계를 전환'하기 위한 목표에 기업과 사회적경제의 동참을 호소한다. 17개 SDGs에 기업과 사회적경제 조직들이 복합적으로 관계되므로, 양자의 협력으로 보다 강력한 '지속가능개발'에 기여하는 기회가 열린다. 기업들은 지속가능개발에 동참해 새로운 글로벌 시장기회를 개척해 수익창출과 동시에 빈곤국 BOP에 기여하는 새로운 기회를 가질 수 있다. 또 국제기관들은 빈곤국 BOP의 생계지원에는 사회적경제 접근이 가장 유력한 것으로 평가한다. 기업과 사회적경제조직의 파트너십은 빈곤해소와 소득증대의 사회적 임팩트 증대에 기여할 것으로 기대된다.

② 경쟁력과 소셜 마켓 수요

세계화(globalisation) 과정으로 경쟁력이 심화되고 있다. 경쟁력을 비롯한 혁신, 생산성, 지속가능성과 포용 증진을 위한 구조적 혁신이 필요하다. 충족되지 않은 욕구를 충족시키며 소셜 마켓 실패를 보완하기 위해서도 기업-사회적경제 파트너십이 정당화될 수 있다. 유럽의 경우, 고령사회의 급진전, 이주와 에너지 공급 때문에도 사회혁신이 절대 필요하며, 나아가 글로벌 기후변화 또는 소비와 생산 패턴의 변화도 사회혁신을 강하게 요청한다.

소외층 등의 특정 집단이 당면하는 사회문제들의 해결 또한 기업-사회적경제 파트너십의 필요성 근거가 된다. 사회문제 대부분은 전통적인 시장이나 기존의 제도들이 해결하기 어려운 문제들로 취약층의 삶에 많은 피해를 준다. 기업-사회적경제 파트너십으로 서비스 제공의 융통성과 효율성을 개선할 수 있고, 또는 새로운 광범한 시장 접근의 기회를 넓히거나 타깃 취약층에 접근을 확대하는 기회를 가질 수 있다.

③ 정책, 법률, 규제의 변화

정책과 제도의 변화는 기업-사회적경제 파트너십에 직접적인 영향을 미친다. 새로운 정책과 제도는 협력에 필요한 자원의 유용성이나 인센티브를 제공할 수 있다. 일부 국가에서 사회적경제 관련 법과 제도의 도입으로 사회적기업 활성화가 이뤄졌고, 여기에 기업들이 CSR 또는 임팩트투자로 동참하며 새로운 기업-사회적경제조직 협력이 확장되고 있다.

④ 공유가치창출(CSV) 패러다임

기업의 사회적 책임은 오랜 전통을 갖고 있지만, 최근에는 연금기금 등 기관투자자들은 보다 강력한 임팩트투자 요청을 하고 있다. 기업이 영리 수익을 올리면서 지역사회와 사회적 차기를 공유하는 공유가치 창출(CSV)이 많은 관심을 받고 있다. 실제로 선도적 기업들의 CSV 실천은 혁신을 이끌고 있다. 유럽이사회(EC)가 제시하는 〈순환경제 행동계획〉은 경제적 수익과 경쟁력 제고와 함께 지역 일자리 창출과 사회적 포용의 기회를 동시에 추구하는 기업의 CSV를 혁신 사례로 소개한다.

⑤ 공조/공유 경제와 순환경제

기업-사회적경제 파트너십은 경제적 활동을 새롭게 조직하는 방법으로, P2P(peer-to-peer) 사이의 상업적 가치를 교환하는 탈중앙화 활동에 의존한다. 다른 한편으로는 순환경제(circular economy)는 가치사슬 전반에 근본적인 변화를 이끈다. 그 변화는 제품 디자인과 테크놀러지부터 새로운 지속가능한 비즈니스 모델에 이르기까지, 제품 수명을 늘리는 새로운 자연자원의 보존 방법, 폐기물을 자원으로 바꾸는 방법(리싸이클링), 새로운 소비자 행동, 새로운 규범과 실행, 그리고 교육과 금융에 이르기까지 모두가 해당된다(Dentchev et al. 2016).

이런 변화는 (경제적, 생태적, 사회적) 가치가 다양한 행위자들에 의해 어떻게 창출되며 또 광범한 사회경제적 시스템에 흘러드는지 등, 상당한 의미를 가진다. 순환경제는 전통적 기업과 신생 기업과 기업가들 사이의 새로운 협력의 기회를 제공한다. 후자는 그간 폐기물로 간주되었던 자원을 활용해 잠재력과 기회를 실현하는 역량을 갖춘 파트너가 된다. 순환경제의 핵심에는 공유, 생태디자인, 재사용과 리싸이클링에 기초하는 사회혁신이 포함된다. 이런 사회혁신으로 광범한 사회적 편익을 제공하며 보다 지속가능한 소비자 행태를 기대해볼 만하다.

⑥ 디지털화와 테크놀러지

디지털 전환은 사회 혼란을 야기하며 정책결정층, 경제학자, 산업 리더들 사이에 뜨거운 논쟁을 일으킨다. 디지털 전환이 일자리, 임금, 불평등, 건강, 자원 효율성, 안전 등의 이슈에 미치는 임팩트에 대한 논란이다. 이에 대해 〈새로운 테크놀러지의 노동시장과 사회적경제에 대한 임팩트〉 연구는 '긍정적 임팩트'라 낙관한다(Dachs 2018). 이는 사회적경제의 기업, 공공기관과의 협력을 전제로 한다. '소셜 테크'(social tech), '공공선의 테크'(tech for good)가 상징적인 키워드다. "소셜 네트워크의 진전으로 쌍방적 커뮤니케이션이 가능해지면서 사회적경제의 새로운 조직 형태가 기존의 제도권 조직들의 중앙집중적 접근에서 벗어난 새로운 형태로 바뀌고 있다."(Dachs 2018: 41). 이런 기회의 창은 다양한 사회적, 지속가능성 목적의 ICT 등의 새로운 비즈니스 모델을 포용한다.

(2) 내부 촉진 요인들

기업과 사회적경제 조직 등의 개별 기관의 사고, 가치관, 태도 등은 사회기업가 이니셔티브와 사회혁신의 등장에 핵심적인 요인들이다. 조직 내부의 구성원들은 직원, 중간 관리층, 대표와 고위관리로 구분해 각각의 동기, 의도는 각기 다양하다.

내부적으로 추동된 동기는 파트너십의 가장 중요한 촉진요인이 된다. 특히 영리추구 기업들에게 그러한데, 에너지가 넘치는 리더 등 개인이 사회

문제 해결에 창의적인 해법을 탐구하도록 선도적인 역할을 하는 경우가 일반적이다.

기업들의 다양한 CSR 활동은 이제 진정성 인정을 받아야 하는 딜레마에 직면해 있다. 이른바 '소셜 와싱'(social washing) 또는 '그린 와싱'(green washing) 문제를 스스로 해결해야 한다. 소셜 와싱은 "기업의 정책, 제품이나 서비스가 실제와는 달리 마치 사회적가치 창출에 기초하는 것처럼 그릇된 마케팅 메시지를 활용하는 것"이다(Akinyemi et al. 2013). 소셜 와싱은 전통적인 기업들의 CSR 활동에 비판적인 평가로 등장하는 키워드다.

따라서 기업들이 사회적경제 조직과 협력하는 파트너십의 목적은 소셜 와싱이 아닌 사회적 가치 창출의 진정성을 인정받는데 있다. 사회적 가치 창출이 사회에 긍정적인 임팩트를 창출하는지에 달려 있는 문제다(Defourny & Nyssens 2016).

표 4-10 기업과 사회적경제기업의 파트너십 배경

사회적경제기업	기업
• 재정지원과 금융 기회에 접근하려고 • 네트워크와 관계에 접근하려고 • 리스크 공유와 비용 감소를 위해(투자 공유) • 기술, 전략적 지원과 전문성에 접근하려고 • 조직 효율성, 전문성 증진을 위해 • 멘토링, 코칭, 자문을 받기 위해 • 새로운 아이디어, 전략, 제품이나 서비스를 공동 개발하기 위해 • 제품과 서비스 범위 확대와 질 개선 • 새로운 시장.스케일링 접근을 위해 • 타깃 수혜층 접근을 개선하기 위해 • 지속가능성과 미래 정당성 확보를 위해	• 사회행동의 가시성을 높이기 위해 • 소셜 와싱(social washing) 오해 없애기 • 타깃 수혜층 접근을 위해 • 네트워크와 관계를 위해(e.g. 외국문화나 재정지원 네트워크 등) • 소셜섹터의 기술, 전략적 지원과 전문성에 접근하려고 • 광범한 시장이나 타깃 수혜층 접근 개선 • 리스크 공유와 비용 감소를 위해(투자 공유) • 직원 만족과 관여를 강화하려고 • 새로운 아이디어, 전략, 제품이나 서비스를 공동 개발하기 위해 • 사회 임팩트 확장과 사회혁신 전파 • 지속가능성과 미래 정당성 확보를 위해

자료 EC(2019 : 34) "Co-operation between social economy enterprises and traditional enterprises."

한편 기업-사회적경제 파트너십에는 다음과 같은 촉진요인뿐 아니라 장애요인들도 상당하다는 것을 참고해볼 만하다. 사회적경제가 성숙되지 않은 상황에서는 협력을 위한 역량이 갖춰지지 않아, 협력에 여러 장애 요인들로 제기될 수 있다.

표 4-11 기업-사회적경제 파트너십의 촉진과 장애 요인

파트너십 촉진요인	파트너십 장애요인
• (시간, 인력, 재정) 자원의 유용성 • 협력에 충분한 기술, 노하우 • 협력의 목표와 가치들의 연계 • 신뢰 • 바람직한 커뮤니케이션 • 호혜적인 공공정책, 인센티브 제도(외부 인센티브) • 공공 조달 • 공공-민간 파트너십(PPP) • 민간투자 지원(가족 펀딩 등) • 중간지원기관의 지원(인큐베이터, 엑설레이터) • 프로젝트 관리의 전문성 • 모니터링과 결과 평가 • IPR/특허 (라이센싱)	• 협력의 목적이나 가치 제안에 의견불일치 • 커뮤니케이션 문제/ 편견 • 협력의 역량 미스매치, 불균형 • 지역 네트워크 접근 기회 부족 • 불충분한 벤처 캐피탈 • 공공 펀딩의 투명성 결여 • 사회적경제/복지 영역의 협력 의지 결여 • 사회적경제의 기술과 인력요건 부족 • 사회적경제의 희소관리 기술 부족 • 파트너 사이의 신뢰 부족 • 파트너 사이의 문화적 결합 부족 • 사회적기업의 생산성 장애의 조직문화 • 규제, 법률, 정책의 장애 • 지역 규범, 가치에 대한 지식 결여 • (시간, 인력, 재정) 자원의 결여, 불균형 • 협력에 대한 외부 인센티브/지원 결여 • 외부환경의 도전(규제 등) • 정부펀딩이 야기하는 그릇된 경쟁

자료 EC(2019 : 49) "Co-operation between social economy enterprises and traditional enterprises."

표 4-12 기업의 사회적기업 지원

'투자처'로서 사회적기업은 사회투자수익(SROI)을 창출할 뿐 아니라 재정적 수익도 생산하기도 한다. 이렇듯이 사회적기업은 투자준비를 갖추고 있고 잠정적 투자자와 지원자들과 소통하는 역량도 개발하고 있다. 독일의 사회기업가금융지원기관(FASE)은

임팩트투자자들과 투자준비를 하는 사회적기업 사이를 중개하는 임팩트투자 파이프라인을 창출하고 있다. 또 사회적기업의 거래 전과정에서 지원하며, 공적 지원과 자선적 기금들 모두가 중요해서, 초기 단계의 사회적기업과 중간지원기관들이 생존해 나가는데 충분한 자본을 제공하는데 결정적 역할을 한다.

주류 금융기관들이 사회적기업에 대한 인지와 이해 부족, 그리고 사회적기업은 고리스크 고객이라는 인식 때문에 투자를 망설이고 있다. 이런 문제를 해소하기 위한 방안이 보증제인데, 기관투자기관, 임팩트투자자, 상업은행들과 리스크를 공유 또는 분할 상환하는 것이다. 아일랜드의 사회적금융기관(Clann Credo)는 사회적기업의 규모, 상환 능력, 기대되는 사회적 혜택을 기준으로 도매 융자를 제공한다. Clann Credo는 도매사회적금융기관(사회적금융재단)과 자본손실의 50%를 분담한다.

자료 OECD(2019c : 68).

2) 기업-사회적경제 파트너십 : 포용적 비즈니스 사례

기업과 사회적경제의 파트너십 사례는 해외 대표사례와 국내사례로 구분해 정리한다. 우선 대표적인 해외 사례의 경우 주성수 외(2015)의 연구결과를 참고한다.

(1) 사회적기업 헬스스토어 재단(HealthStore Foundation)

미국의 HealthStore Foundation은 사회적기업으로, 개발도상국의 많은 아동들이 전염병으로 사망하는 현실에 대한 해법으로 저렴한 기초의 약품을 지원해 아동 전염병의 70~90%를 치료할 수 있다는 미션을 밝힌다. 그 방법으로 세계 여러 지역에 간호사나 보건의료직원들이 헬스스토어(HealthStore)를 소유해 운영하도록 하는 프랜차이즈 비즈니스 전략을 추진하는 것이다.

2000년 Healthcare Foundation은 케냐에 첫 민간 보건소인 아동가족건강(Children and Family Wellness: CFW) 숍을 개설해, 말라리아, 설사 등의 치료약을 공급해왔다. 많은 지역에서도 이런 진료소나 약국들이 있지만, 도시 슬럼지역이나 농촌에서는 보건 접근의 기회가 매우 어려운 실정이다. 다른 지역들에서도 의약품 접근의 기회가 주어지지 않은 실정이다.

CFW 약국은 2000년 1개로 시작해 2005년 100개, 2010년 350개, 2015년 900개로 늘었다. CFW 프랜차이즈 네크워크에서 600만 명에 달하는 주민들이 기초의약품, 기본 건강돌봄, 예방서비스, 보건교육 혜택을 받았다.

CFW 약국 프로젝트의 목표는 다음 몇 가지로 요약될 수 있다(UNDP 2008a).

첫째는 양질의, 저렴한 기초 약품을 제공하는 신뢰성 있는 공급사슬을 구축하고 약품을 필요로 하는 사람들이 언제 어디서나 구입할 수 있도록 하는 것이다.

둘째는 아동이 거주하는 지역에서 아동의 전염병 치료를 받도록 하는 것이다.

셋째는 5세 미만 아동사망률을 감소시켜 가족계획을 권장하고 인구증가를 감소키는 것이다.

넷째는 효과적인 약품의 적정한 공급과 이용을 통해 약품 저항적인 세균의 발달을 억제시키는 것이다.

다섯째는 교육과 예방 활동을 통해 지역사회 보건을 개선시키는 일이다.

CFW 모델은 소형 약국과 진료소의 네트워크로, 우선적으로 빈곤층에게 필수 의약품을 공급하는 미션을 가지고 있다. 말라리아, 호흡기 질환 등 가장 보편적인 사망 질병들에 타깃을 맞춰, 치료약 공급뿐 아니라 교육과 예방 활동으로 보건 서비스를 제공한다.

프랜차이즈 모델은 개발협력에 적합한 모델인가? 20여 개의 최빈국의 일인당 보건의료 지출비는 연간 33달러에 지나지 않는다. 공공 보건의료비가 두 배로 늘어난다고 해도 보건의료 수요를 감당할 수 없는 열악한 보건의료 환경이라는 점을 감안하면, 민간 의료 서비스의 대안을 탐색해볼 만하다.

CFW 모델은 성공적인 프랜차이즈 핵심 요소들 모두를 갖춘 '지속가능한 공급사슬'을 형성하고 있다. 보편적 시스템과 교육훈련 프로그램, 세심한 사업 지역의 선택, 정기적인 감사를 통한 엄격한 품질 관리가 그것들이다. 특히 비즈니스 전략으로 가능한 한 가장 낮은 가격에서 양질의 약품을 구매하는 풀 네트워크 구매력을 활용하고 있다. HealthStore 고객들은 모든 소득계층에게 개방적이지만 대부분이 중저소득층의 여성들과 아동들로 농촌에서 농업으로 생계를 유지하는 사람들이다. CFW 숍과 진료소는 인구 5천 명 규모의 농촌지역의 마켓센터에 위치해 있다.

CFW 프랜차이즈 숍들은 개인 간호사나 보건직원들이 운영한다. 이들은 숍을 운영하면서 필요한 교육훈련을 이수하며 보장된 소득으로 생계를 유지한다. 케냐의 숍들은 2006년까지 보건직 소유의 40개와 간호사 소유의 26개 진료소를 합쳐 66개가 개설되어 운영되었다. 이들은 연간 47만 명의 환자에게 보건 서비스를 제공하였다. 2012년까지 케냐 전체의 네트워크에서 250만 명의 환자들에게 보건서비스를 제공하였다. 또한 르완다에도 보급되어, 르완다 보건성은 PPP 협정을 체결해 수백 개의 CFW 숍의 운영을 추진하였다. 케냐의 경우, 환자 80%가 여성과 아동 취약층에 대한 보건 서비스 제공의 성과가 높다. 특히 밤 늦게까지 숍을 운영하는 곳에서 많은 수입이 생기고, 환자 편의를 제공했다는 분석이 제시되고 있다.

CFW 숍들은 소유주들에게 많은 수입을 보장해주기 때문에 매력적인 사업 투자가 되고 있다. 보건직원들은 연간 200~400달러의 안정된 소득을 보장받고, 간호사들은 클리닉을 운영해 연간 1,000~1,400달러의 소득을 올린다. 일반적으로 시장에서의 소득이 보건직원은 월 300달러, 간호사들은 월 400달러에 비하면 CFW 운영으로 더 많은 안정적인 소득을 보장받는다고 볼 수 있다. 다양한 보건의료 정보, 관리 기술훈련 등은 프랜차이즈 숍들에게 제공되는 부수적인 혜택들이다.

CFW 진료소를 소유하는 것은 케냐의 간호사와 보건직원들에게는 매력적인 직업이다. 개인 차원에서는 안정된 수입이 보장되면서, 동시에 국가 차원에서는 더 많은 수입이 보장됨으로써 타국으로 이주하는 brain drain 문제를 해결하는 처방이 되기도 한다.

(2) 스미토모 케미칼(Sumitomo Chemical)의 모기장 생산

A to Z Textile Mills는 일본 다국적기업 Sumitomo Chemical, ExxonMobil, UNICEF, 삼자 파트너십에 의한 임팩트투자 기업이다. 말라리아 예방을 위한 모기장 제조사로 연간 30만 개의 모기장을 생산하는 탄자니아 기반의 회사다. 2003년 삼자 기관은 임팩트투자 펀드인 아쿠먼 펀드(Acumen Fund)에 요청해 모기장 제작 기술로 모기장 생산을 할 수 있는 아프리카 협력사를 파악해 줄 것으로 의뢰했다(UNDP 2014: 22). 당시 아프리카는 말라리아로 연간 2억 5천 빈곤층이 감염의 피해를 볼 정도로 심각한

보건의료 이슈가 되었다. 침대용 모기장이 말라리아 퇴치에 가장 효과적인 처방이라는 WHO 등의 전문기술 판단이 제시되었지만, 당시의 모기장은 내구성이 약해 3~6개월 기간 재처리를 해야 할 정도였는데 스미토모의 기술혁신으로 내구성이 강하고 저렴한 모기장 제조가 가능해졌다.

A to Z는 모기장 생산 공장으로 일차적인 후보사로 아쿠먼 펀드가 선정해 여기에 지원금 증여를 제공하는 방식보다는 연리 6%의 저렴한 융자금을 제공하는 방식으로 3년 32만 5천 달러를 제공하였다. A to Z는 25년간의 사업 경력이 있고 1천 명의 고용인을 가진 중소기업으로 모기장 생산이 적합한 회사로 평가되었다. 초기 파이낸싱 계약서에는 로열티가 없는 기술이전이 스미토모의 사회공헌으로 가능했다. 스미토모는 A to Z에 새로운 모기장 제조기계를 구입해주었고, 2005년에는 초기 부채와 증여로 67만 5천달러가 제공되어 도매시장 분배 전략을 추진하였다.

성공적인 기술이전과 신기술의 도입으로 스미토모와 A to Z는 각기 750만 달러의 공동벤처를 개시할 수 있었다. 2006년에 아쿠먼 펀드에 첫 융자금 상환이 이뤄졌고, 이후 연체 없이 상환이 이뤄지며 성공적인 비즈니스로 정착되었다. 아쿠먼 펀드는 조인트 벤처의 모기장 생산 역량을 확신해 초기 자본의 리스크를 감수하며 투자한 결실을 맺을 수 있었다. A to Z는 2013년 연간 30만 개의 모기장을 생산하는 중견기업으로 성장하며 대부분이 여성인 고용인 7천 명이 일하며 탄자니아 최대 고용 회사중 하나로 성장하고 있다. 이 비즈니스는 탄자니아 이외에도 아프리카 여러 국가로 이시되면서 성공적인 영향 투자 사례가 되고 있다.

탄자니아에서의 모기장 생산부터 프로세싱, 배분, 소비에 이르는 가치사슬을 요약해볼 수 있다. 생산 과정에는 생산공장의 시설에서 임직원 7천여 명이 생산활동을 하며 안정적인 소득을 보장받아 생계를 유지한다. 임직원의 80% 이상이 여성으로 여성의 경제적 안정을 통한 임파워먼트에 기여한다.

프로세스 과정은 스미토모 캐미컬의 모기장 제조의 혁신 기술이 이전되었다. 탄자니아 현지인 기술자들이 기술 훈련으로 제조 기술자로 활용되며, 전문 관리인 인력도 갖추고 있다. 배분은 주로 WHO, WFP, UNICEF 등의 국제구호기관들이 구매자로, 이들은 구매후 주로 아프리카 전 지역에 모기장을 공급해주는 재정 지원자이자 서비스 공급기관 역할을 한다. 이 과정에 운송 등의 배분 인력들이 고용되어 안정적인 일자리를 갖고 가치사슬에 포용되어 있다. 소비 또한 주로 빈곤층을 대상으로 아프리카뿐 아니라 아시아, 남미 등 전 세계에 소비되는 제품이다.

그림 4-4 A to Z의 가치사슬

생산	프로세스	배분	소비
모기장 생산시설 여성 생산직원	제조기술자 전문 관리자	국제기관 구매 배분업자	글로벌 빈곤층과 일반 소비자

(3) JIBU 식수 프랜차이즈 모델

Jibu의 동아프리카 식수 공급 모델은 혁신적인 비즈니스 모델로 안정정한 식수를 중저소득층에게 공급해주는 지속가능한 사회적 임팩트를 가진 포용적 비즈니스를 추구한다. Jibu의 혁신적 비즈니스 모델은 프랜차이징과 뱅킹(franchising and banking) 서비스를 통합시켜 기업가들이 필요로 하는 파이낸싱, 도구, 지원을 제공한다.[7] 이를 통해 Jibu는 기업가들에는 저비용의 프랜차이즈 창업 모델을 제시하면서 동시에 도시빈민 소비자들을 위한 청정 식수 시장의 핵심 갭을 채워주는 역할을 한다. Jibu의 접근법은 인간 욕구 서비스와 제품의 공급을 통한 선순환의 부의 창출을 지원해 서비스 제공 규모를 확장시키고 타지역의 보급가능성을 높이는데 목표를 둔다.

Jibu는 다음 네 가지 목표를 설정해두고 있다.

첫째, 누구나 구매가능한 식수에 대한 지속적인 접근 제공.

둘째, 동아프리카 등지에서 지역 소유의 프랜차이즈 비즈니스 네트워크 구축.

셋째, 보다 효과적인 공동투자 모델을 진전시키기 위해 신흥시장 기업들과 동료적 파트너십 구축.

넷째, 플랫폼으로서 식수 배분 네트워크를 확장시켜 다른 필수 제품과 서비스 제공.

Jibu는 "진정한 하이브리드 사회적기업"이라며, 수익을 내고 동시에 자선적 임팩트라는 통합적 목표를 가진 영리적 비즈니스라고 자평한다. 수익이 자선적 목적을 확장시키는 공급원으로 간주한다. '유한 책임의 저수익 회사'(L3C : Limited Liability Low-profit Company)는 유한회사(LLC)와 같은 이윤추구 회사이지만 수익창출과 동시에 자선적 임팩트를 준수하도록 법적 규제를 받는다. '저수익'이란 L3C는 수익이 자선적 목적을 준수하는 한 수익

---

7 JIBU. http://www.jibuco.com/#tab-1

의 제한을 받는 것은 아니지만 자선적 목적 준수에 따라 수익이 적게 결과된다. 많은 투자자들은 한쪽 주머니는 투자를 또 다른 쪽 주머니는 기부를 하지만, Jibu 투자자들은 Jibu가 수익과 자선적 기부를 동시에 함으로써 하나의 주머니로 투자와 기부를 동시에 실천한다.

그림 4-5 Jibu 프랜차이즈의 변화이론

투입	산출	결과	임팩트
- USAID 투자 - Jibu 시설 및 기술 지원	- 프랜차이즈 시설 및 기술지원 - 식수 공급	- 안전한, 저렴한 식수공급 - 프랜차이즈 창업 일자리 창출	- 100만 명에게 안전한 식수 공급 - 수인성 질병 50% 감소 목표 설정

① 투입

공동 창업자 랜디 웰쉬(Randy Welsch)는 식수 위기에 대한 비즈니스 해법을 탐색하는 월드 비전의 임원 팀에 자문역을 맡았다. World Vision은 최대의 민간 자원의 자선기관이자 신흥 시장에 최대양의 안전한 식수를 공급하고 있다. 팀이 개발한 혁명적인 접근법은 Jibu 접근법과 유사한 것이지만, 이는 시행되지 못했다. 거의 같은 시기에 갤런 웰쉬(Galen Welsch)는 모로코에서의 Peace Corp 봉사활동을 마친 시점으로 그도 빈곤에 대한 비즈니스 해결방안을 찾고 있었다.

2014년 새로 조직된 USAID의 Lab은 임팩트투자자와 재단들과 공조해 동아프리카의 도시빈민들에 초점을 맞춰 지속가능한 포터블 식수 프랜차이즈를 설립하는 Jibu에 금융지원을 개시하였다. Lab의 새로운 사업인 PACE(Partnering to Accelerate Entrepreneurship) 이니셔티브는 100여 개의 프로포절 가운데 6개가 선정하였는데, 그 중 Jibu를 유망한 임팩트가 높고 지속가능성이 높은 협력기관으로 선정한 것이다. PACE 이니셔티브는 초기 사업단계의 혁신적 기업들에게 민간 투자를 촉진시키는 목표를 갖고 있다. 20개의 인큐베이터, 촉진, 초기단계 임팩트투자 기관들과 파트너십으로 향후 5년간 공공 및 민간 투자금 5,600만 달러를 조성하는 10개의 PPP를 창출하는 이니셔티브다.

② 산출

Jibu는 매일 수천 명의 고객에게 서비스를 하는 성공적인 프랜차이즈를 우간다와 르완다에서 시행해 왔다. 고객 수는 매월 늘고 있는 추세다. 식수가 당장 시급한 핵심문제이지만, 아프리카 시장의 혁명적 변화를 일으킬 만한 역량을 가진 사회적 기업가들의 네트워크를 창출하는 것이 궁극적인 목표다.

Jibu는 임팩트 극대화를 우선시하는 영리적 기업이다.[8] 민간과 공공부문의 자원과과 기술을 결합시켜 최상의 실천과 새로운 아이디어를 통합시키는 비즈니스를 추구한다, 동시에 Jibu가 아이디어를 공유하며 성공하는 오픈 소스(open source) 환경을 유지하는 특징이 있다. 특유의 하이브리드 접근법은 수요자들에게 안전한 식수와 기타 삶의 질을 개선하는 제품을 공급하면서 책임 있는 경제 성장과 독립을 진흥시키는 역할을 한다.

8 JIBU. http://www.jibuco.com/what-we-do/

③ 결과

Jibu 프로그램은 임팩트투자로 초기단계의 자본투자로 조직과 시설과 인력을 갖추는데 사업의 결과가 집중되어 있다. 따라서 아래와 같은 프랜차이즈의 개설을 주요 결과로 참고해볼 수 있다.[9]

첫째는 프랜차이즈의 위치이다. 프랜차이즈는 도심이나 준도심 지역의 이웃공동채의 식수원을 이용할 만한 위치에 자리를 잡는다. 고객들이 접근이 용이한 여러 곳에 위치한다.

둘째는 정수 기술이다. 각 프랜차이즈는 태양열 울트라 정수시설을 갖춰, 가장 불결한 식수원에서도 상업적으로 양질의 식수를 생산하는 기술을 적용한 시설이다.

셋째는 식수 용량으로, 식수는 1,5, 7, 20 리터의 재활용 용기를 사용해 정부의 품질보증 포장을 한 상태로 판매된다.

넷째는 식수 가격은 물을 끓여 먹는 비용과 경쟁이 되는 가격으로, 프랜차이즈들이 고객에게 직판하며 중개상인, 수송비, 플라스틱 병 처리비용이 발생하지 않는 비용절감의 혜택을 소비자에게 돌려준다.

다섯째는 고객은 피라미드의 중간층 70%의 저소득층으로 이들은 걸어와 가게에서 식수를 구매할 수 있다. 가게는 가장 교통이 편리한 고객 접근성이 좋은 곳에 위치해 있어 식수를 비롯한 다른 제품과 서비스 구매도 이뤄질 수 있다.

---

9 http://www.jibuco.com/what-jibu-franchisee-looks-like/

④ 임팩트

Jibu는 2015년부터 사업을 개시해 한창 계획된 결과를 생산중으로, 결과와 임팩트와 관련된 자료들은 추후에 수집, 분석될 예정이다. 대신 Jibu가 수립한 2020년까지의 '임팩트' 목표를 참고해, Jibu가 창출할 프로그램 결과와 임팩트를 예측해볼 만하다.[10]

- 3억 2,500만 리터의 식수 판매
- 8천 개 이상의 양질의 일자리를 창출
- 5천 명 여성과 청년 일자리 창출
- 300톤의 C02 감소
- 1천 명 이상의 지역 소유의 미션 지향적인 비즈니스 창출

동아프리카에서는 식수 위기는 다른 위기들과 공존하는 실정이다. 대량 실업, 자본에 대한 접근 결여, 비즈니스 오너십 기회 결핍 등이 그것들이다. 기업가들은 큰 꿈을 갖고 성장해 수익을 내서 지역 공동체에 혜택이 되는 비즈니스를 탐구하며, 후세에게 기업가정신을 물려주기를 기대한다.

Jibu는 이런 기업가들을 찾아내 인큐베이트하고 자원 풀(resource pool)로부터 자본을 제공해 성공하도록 지원하는 역할을 한다. Jibu 프랜차이즈는 이들이 갈망하는 문제해결로 공동체에 기여하면서 수익을 내는 모델이다. Jibu 프랜차이즈는 실제로 수백 개의 새로운 일자리를 만들고 있고 기업가들과 지역 공동체 모두에게 부 창출의 선순환을 점화시키고 있다.

10 http://www.jibuco.com/why-hybrid/

Jibu의 핵심적인 혁신 중 하나는 프랜차이징과 대출 서비스를 복합시키는 것이다. 이로써 프랜차이즈 기업가들은 사업 착수에 필요한 선불 자산 금융에 대한 접근이 가능하고 이에 따르는 인프라 지원도 중요하다. 소셜 프랜차이즈 비즈니스 모델(social franchise business model)은 신흥시장의 기업가들이 Jibu의 브랜드 표준과 자선적 목표를 준수할 것으로, 규제하는 프랜차이즈 영업권이 취소될 수 있다는 제약의 범위에서 자신들의 노력을 쏟아붓도록 한다. 르완다에서 시작한 사업은 우간다, 케냐, DRC 고마, 탄자니아, 잠비아 등 동아프리카 7개국에서 진행중이다.

(4) 화장품사 록시땅(L'Occitane)의 CSV 전략

록시땅은 1976년에 설립된 프랑스 화장품 회사로 지금은 85개국 1,000여 개의 숍에서 8천 명의 직원을 고용하고 있는 글로벌 다국적기업이다. 세계 많은 국가들로부터 화장품 원료를 공급받아 세계 대부분의 국가들에서 제품을 판매한다. 설립자 올리비에 보송(Olivier Baussan)은 1980년대초에 화장품 원료를 찾아 부르키나 파소를 방문하던 길에 시어버터(shea butter)를 화장품 원료로 도입하는 계획을 갖게 되었다. 그 후 수년에 걸쳐 회사는 원료수입에 관한 다양한 방안들을 모색하던 중, 원주민들이 직접 생산하는 원료를 협동조합을 통해 수입하는 방안이 가장 바람직하다는 결론을 얻게 된다. 지금은 15,000명의 협동조합 다섯 군데에서 수작업으로 생산되는 Shea butter를 수입해오고 있다(UNDP 2011b).

록시땅은 전통적인 지식을 보전하는데 기여하고 공급사슬에 지역 생산자의 참여를 확대시키기 위해 전면적인 기계 기술보다는 반기계적이고 수작업으로 생산되는 방식을 채택하였다. 지역 생산자들이 공정무역 인증을 받도록 지원해 최저 공정무역 가격으로 소득을 보장받고 있다. 공정무역 인증을 받기 위해서는 생산자 조합들은 국제기관들과 지역 NGO들의 지원에도 의존하게 되었다.

록시땅과 시어버터 생산조합 사이에는 양자 모두에게 수익을 갖다주는 원원이 되어, '공유가치' 창출을 한다. 2011년 록시땅은 500톤의 시어버터를 구매해, 농촌 여성들이 중심이 되는 생산자 조합에 많은 소득을 갖다주었다. 생산자 조합은 판매수익의 2%를 사회개발 기금으로 모아 생산자 공동체에 사회적 투자를 가능하게 한다. 록시땅에게도 엄청난 수익 증대를 갖다주었다. 시어버터 hand cream은 회사의 베스트 셀링 아이템이다. 세계적으로 3초에 하나씩 판매될 정도다.

시어 나무는 아프리카 16개국에서 자라는 토작 야생 나무로, 전통적으로 나무의 열매를 시어버터로 처리해 사용해왔다. 주로 요리용, 크림이나 비누 등 개인 위생용으로도 널리 사용해왔다. 시어 나무의 열매 채취는 대부분이 여성들이 도맡아온 일로, shea는 "여성의 금"으로 알려질 정도로 소중한 열매이다. 부르키나 파소 농업조사에 따르면, 농촌가구의 45%가 시어 수확에 종사하고 있다.

록시땅의 비즈니스 전략은 생산자 조합과의 안정적인 지속가능한 공급사슬의 구축이며, 이를 통해 양자가 '공유가치'를 창출하는 것이다. 2003년 록시땅은 생산자들에게 판매금의 50%를 선불로 지급하는 방식으로 도입했고, 이후에는 80%까지 선불이 일반화되면서, 생산자조합들이 공정무역 인증, 설비 투자에 필요한 자금을 미리 투자받을 수 있도록 하였다. 기술 멘터링 프로그램으로 유능한 현지 멘터들이 회사의 기술교육 훈련을 받은 후 생산자들에게 비누제작 등의 기술을 활용하게 하고, 또 자신들이 현지 공장을 창업하도록 하는 기술과 관리의 지원도 뒤따랐다.

UNDP(2011a)가 소개하는 "포용적 비즈니스" 사례연구 보고서에 따르면, 개발협력의 성과는 경제적, 사회적, 환경적 성과로 구분해 살펴볼 수 있다.

첫째, '경제적' 성과로는 생산자인 농촌 여성들에게 상당한 일자리와 소득을 보장하며 빈곤해소에 기여한 것을 꼽을 수 있다. 2011년 L'Occitane는 500톤의 시어버터를 구매했는데, 가격은 현지 시장가격의 두 배가 넘는 공정무역 가격이다. 금액으로는 123만 달러에 달하며, 이는 생산자 조합들에게 지불된 금액이다. 생산자 조합은 여성농민들에게 판매가격의 약 75%로 시어버터 대금을 지불한다.

생산자 조합들은 생산 역량의 증대와 공정무역 인증의 덕분에 상당한 소득 증대를 올렸다. 한 조합의 경우 2005~11년 기간에 수입이 15배가 늘었다. 공정무역 공증을 받기 위해서는 역량있는 직원의 채용, 새로운 통제 시스템의 도입 등 비용부담이 되지만, 초기 투자 이후에는 일상적인 관리로 비용 부담이 줄어든다.

또 다른 경제적 성과는 지역 경제의 활성화라 볼 수 있다. 시어버터를 이용해 비누와 위생 제품을 생산하는 공장을 설립하고, 현지인들이 소유주로 창업을 하며, 노동자를 고용하면서 지역경제가 활성화된 것이다. 록시땅이 지원하는 다양한 전문기술, 교육훈련 멘터링은 지역주민들의 역량강화에도 크게 기여한다.

둘째, '사회적' 성과도 중요하다. 여성들이 정기적인 일자리를 갖게 되어 소득을 갖게 되면서 자신들뿐 아니라 가족, 아동의 교육과 보건위생에 대한 관심과 비용 투자를 할 수 있게 된 것이다. 빈곤해소뿐 아니라 삶의 질 개선 효과가 있다.

지역사회 개발을 위한 경제적, 사회적 투자 여유가 발생한 것이다. 공정무역 계획에 따라 판매수익의 2%를 사회적 개발에 투자하면서 다양한 사회개발 프로젝트가 가능해졌다. 어느 조합의 경우, 사회개발 기금을 건강공제회에 투자해, 주민들의 보건비 지출을 10% 가량 절감하는 효과를 거두기도 했다. 또 다른 조합들은 고아, 취약아동을 위해 학비지원이나 식사제공, 학습센터 건립 등에 투자하고 있다.

또 2006년 록시땅 재단 설립되면서 회사와 재단의 공조로 CSI 전략이 성과를 내고 있다. 재단은 다양한 자선 기부를 하며 여성들의 경제활동 지원에 초점을 맞추었다. 여성들의 문자해득 교육, 소액금융 지원, 고용교육훈련 등이 이뤄졌다. 2006~11년 기간에 7천여 명의 여성들이 이같은 혜택을 받은 것으로 추산된다. 재단은 여성 생산자들에게 교육훈련, 기업가 창업 기회제공으로 파트너십 역할을 한다. 여성 4만 2천여 명이 이런 재정, 사회적 혜택을 받은 것으로 보고한다.[11]

(5) 화장품사 로레알(L'Oreal)의 지속가능한 소싱

로레알은 미션을 "생다양성의 지속가능한 소싱은 공급사슬에서 공유가치를 창출함으로써 사업 지역에서 사회적 포용의 강력한 지렛대가 된다."고 밝힌다. 로레알 은 세계적인 프랑스의 화장품 회사로, 130개국에서 7만 명에 달하는 직원들이 있고 42개의 공장과 63개의 창고를 관리하는 다국적기업이다.

생다양성을 존중하고 보호하며 가치를 부여하는 것이 로레알의 글

---

11 Locctane. https://group.loccitane.com/commitments/philanthropy

로벌 '지속가능한 소싱' 정책이 되고 있다. 로레알은 "생다양성 협정"의 원칙들을 완벽하게 실천하는 선두그룹의 기업으로 평판을 갖고 있다(UNDP 2011a).

로레알은 다음 원칙들을 비즈니스 전략을 추구한다. 첫째는 생다양성과 에코시스템은 새로운 원료, 바이오 프로세싱 등의 혁신을 갖다주는 무궁한 잠재력을 제공해, 소비자들이 그 가치를 인정해준다는 것이다. 둘째, 생다양성의 지속가능한 소싱은 공급사슬에서 공유가치를 창출함으로써 기업의 비즈니스 활동 지역에서의 사회적 포용(사업 허가권 획득과 유지)에 강력한 지렛대 역할을 한다는 것이다. '공유가치'의 의미는 직접적인 금전적 기여나 보상 차원을 넘어, 지식과 기술 이전, 교육훈련과 로지스틱스 지원 등으로 제시된다. 생산품 혁신은 엄격한 소싱 검사로부터 시작된다. 생다양성 원칙들을 준중하며, 지역사회 주민들의 생활 개선에 기여하는 지속가능한 소싱에 검사의 초점이 맞춰지므로, '공유가치' 창출의 효과를 극대화시키는 것이다.

사례가 되는 Argan 나무는 모로코 남부에 서식하는 토착 나무로 사하라 사막과 인접한 Souss 평원 지대에 주로 발견된다. 그런데 Argan 숲 에코시스템은 지나친 벌채, 토양 침식, 사막화 등의 피해로 연간 1% 가량씩 사라지는 위기에 직면했었다. UNESCO는 1998년 Argan 숲을 생태보전지역으로 분류하였다. Argan 숲은 지역의 농민 6% 가량의 소득원이 되기도 하고, Argan 원주민 거주 지역의 경제 90%에 달할 정도로 사회경제적으로 중요한 지역이다. 화장품 원료로 사용되는 Argan 오일은 열매에서 추출되는데 지역의 여성들이 수작업으로 열매를 수집한다.

로레알의 프로젝트는 Argan 오일 채취로 지역의 생다양성을 해치지 않도록 우선적으로 지역 주민들과의 생다양성에 대한 이해와 인식을 공유할 필요가 있었다. 원료의 사용에 대한 특허권에 합의해, 전통적인 사용과 다른 새로운 상업적 사용에 대한 이해가 필요했다. 그렇다고 원주민의 접근권을 차단하는 것은 아니라 설득할 필요가 있었다. 지역사회가 원래대로의 Argan 오일의 재배와 채취에서 소유권을 갖도록 해서, 생산품에 대한 소득을 보장받도록 하는 것이 '공유가치' 창출의 목표이다. 취약계층인 여성들이 열매 수집 등의 역할을 하므로 이들의 소득증대에 실질적으로 기여하는 프로젝트다.

로레알은 생다양성 원칙들을 존중하고 자사 제품의 품질 관리를 위해 매우 엄격한 검사로 원료의 생산과 채취 등 전반적인 공급사슬 관리에서 지속가능성 검사에 초점을 맞춘다. 모든 공급업체들은 엄격한 공급 검사를 거치는데, 원료 생산, 포장, 현장 안전, 세척과정 등 SA8000 기준에 따라 현지어로 제3자 전문기관에 의해 검사가 수행된다. 프로젝트가 진행되면서 2008년 200여 명의 여성들이 6개의 생산조합을 통해 참여했고, 채취와 오닐 시설이 설치되었다.

이 프로젝트는 Argan 숲 에코시스템의 약 1%에 해당되는 소규모 프로젝트이지만, 다른 산업적 활동이 동시에 일어나고 있다는 점에서 중요성을 가진다. Argan 오일 채취의 효율적인 관리, 수확 가이드라인 등으로 Argan 나무에 대한 환경적 피해를 줄여 보다 효율적인 지역의 자원 활용에 기여한다. 또 정부의 Argan 숲 보호 정책에 힘입어, Argan 나무로부터 얻어지는 생산품은 지역사회의 참여와 소유를 강화시켜 지역사회 개발에도 기여한다. Argan 나무는 지역사회의 소중한 소유권으로, 더 이상 땔감용으로 사용하지 않고 자연상태 그대로 보전하게 된 것이다.

사회적 임팩트는 로레알 재단의 CSI 파트너 역할로 현지 협동조합 재정지원과 여성 임파워먼트 등의 CSI 전략으로 추진된 것이다. 〈2019년 연간보고서〉에 따르면, 560명의 여성이 참여하는 여섯 개의 사회적협동조합 네트워크를 지원한다. 모로코 현지의 공급사들과 NGO Yamana와 공조해, L'Oréal은 생다양성을 보전하고 전통적인 기술을 유지하기 위한 환경을 가진 협동조합 운영을 보장하는 프로그램의 공동 투자자가 되었다.[12] 특히 여성 조합원들이 적정 소득을 올리고 교육, 아동돌봄, 보건돌봄 서비스 혜택을 누리며 재정적으로 독립성을 가지는 임파워링이 되며 삶의 질 향상의 혜택을 누린다.

12 Loreal. https://www.loreal-finance.com/en/annual-report-2019/responsibility-1-4-0/

제5장

기후 정의와 기후 투자

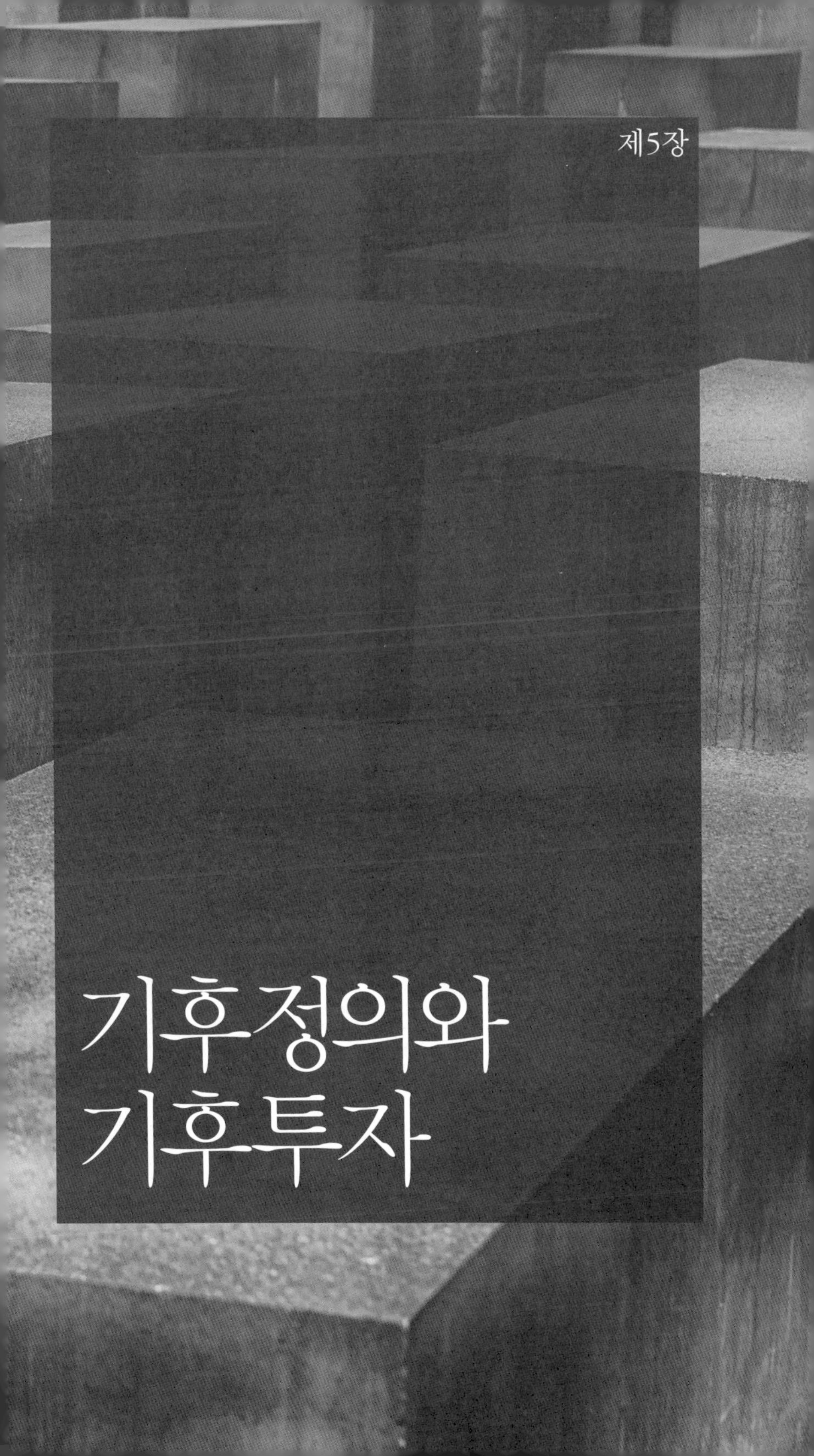

1. 글로벌 기후거버넌스

1) 글로벌 기후거버넌스

기후변화에 대응하는 일은 '완화(배기가스 줄이기)'뿐 아니라 '적응(기후변화에 대한 사람들의 대응력)'에도 힘써야 한다. 적응은 이제 불가피하다. 지역 공동체들이 '적응'에 성공하려면 국가와 국제사회의 상당한 지원이 필요하다. 이 점을 2015년 파리기후협약에 담은 것은 다행스러운 일이다.

(1) 글로벌 기후거버넌스의 발전

기후변화의 관리에 대한 논의는 글로벌 거버넌스의 효능성 테스트를 해볼 만한 근거를 제시해준다. 2002년 IPCC 3차 보고서는 기후변화가 인간개발에 미치는 심각한 영향을 지적하였다. 농작물의 감소, 농업생산성의 저하, 식량안보와 고용 감소, 해안지역 거주 빈곤층의 이주, 수인성 질병 확대, 영양실조 등 빈곤 관련 채널들에 대해 광범한 기후변화의 영향이 자료로 제시되었다(Jayadev 2010: 11).

〈2002년 기후변화 보고서〉는 글로벌 기후변화의 심각성과 글로벌 거버넌스의 긴박성을 제안했다. 그럼에도 이후 개최된 UN 코펜하겐 기후회담은 국가들의 기후변화 대응 합의를 제대로 이끌어내지 못하고 실패한 회담으로 남았다. 실패의 원인으로는 민주적 책무성과 심의의 결여가 우선 제기되었다. 글로벌 포럼에서 국가들의 불균등한 대표성 문제가 온실가스 배출감소에 대한 합의 도출에 실패한 결정적인 요인으로 작용했다.

이같은 형식상의 대표에서의 형평성 결여 문제뿐 아니라 개발도상국들이 당면한 역량과 협상력 부족 문제도 제기되었다. 이로 인해 개발도상국들이 기후변화 심의 과정에 완전한 참여국의 역량을 발휘하지 못한 것이다. 글로벌 환경기금(GEF)에 대해서도 개발도상국은 그것을 불공정한 의사결정 구조를 가진 세계은행이 주도하는 것으로 불신하고 있다(앞글: 12).

(2) 2015년 파리기후협약

2015년 제21차 유엔기후변화협약의 파리협약(Paris Agreement)이 채택, 발효되었다. 교토의정서가 37개 선진국에게만 온실가스 감축 의무를 부과하던 것과는 달리 파리협약은 2020년부터 195개국 모두가 온실가스 감축에 동참하도록 했다. 파리협약의 주요 내용은 산업화 이전 대비 2°C 이내의 수준으로 유지하며, 1.5°C 이하로 제한하기 위해 노력한다고 명시한 점이다. 또한 국가별 온실가스 감축량은 각국이 제출한 계획을 인정하되 5년마다 상향된 목표를 제출하도록 하고, 정기적인 이행 상황 및 달성 경과보고를 의무화하고 이를 점검하기 위한 '종합적 이행점검' 시스템 도입을 합의했다. 또 개발도상국 온실가스 감축 지원에 선진국은 매년 1,000억 달러 재원을 마련하기로 했다.

한국은 11.3%에 해당하는 감축분을 국제탄소시장을 통해 달성하겠다는 자발적 국가감축량 계획(NDC: Nationally Determined Contributions)를 제출했다. 캐나다, 일본, 뉴질랜드, 스위스 등도 탄소시장을 이용하겠다고 밝혔고, 또 선진국 또는 개발도상국이 '국제적으로 전달이 가능한 감축 달성량'을 사용하기 위해 협력적인 접근방법을 취할 수 있다고 명시해, 모든 당사국이 감축분에 대해서 판매자나 구매자가 될 수 있음을 의미한다.

파리 기후변화체제 협상은 교토의정서에 기반한 기후변화 대응체제의 한계를 극복하고, 세계 모든 국가들이 참여하는 2020년 이후의 새로운 기후변화 체제를 마련하기 위한 협상이었다. 교토의정서(Kyoto Protocol)는 1997년 일본 교토에서 의정서로 채택되어 2005년 2월에 발효되었다. 그런데 교토의정서 체제에서는 CO2 배출량 1, 2위 국가인 중국(26%)과 미국(16%)이 의무감축 대상국이 아니며, 교토의정서 제2차 공약기간(2013~20) 참여국들의 배출량도 전 세계 배출량의 약 15%에 불과해 실효성이 크게 의문시되었다. 이후 세계 모든 국가들이 참여하는 파리 신기후협약으로 진전되었다.

신기후협약 체결은 개발도상국과 개발국 사이의 여러 쟁점들을 직면해야 했다(외교부 2015: 32-4). 첫째는 차별화 쟁점이다. 신기후변화체제 협상의 최대 쟁점은 온실가스 감축, 적응, 지원 의무 등을 국가간에 어떻게 차별화해 적용할지, 심각한 이슈가 되었다. 개발도상국은 역사적 책임, 공통의 그러나 차별화된 책임(CBDR) 원칙 및 개별 국가의 능력에 기초할 것을 고집했다.

둘째는 감축 이슈다. 각국은 국가별 기여방안(NDC)을 통해 자국의 온실가스 감축량을 스스로 결정함에 따라, 감축의무의자체적 차별화를 실현하는 문제다.

셋째는 적응 이슈다. 개발도상국들은 기후변화 적응의 시급성과 중요성을 강조하면서 선진국들의 지원을 강조하는 반면, 선진국들은 적응의 중요성을 원칙적으로는 인정하나, 적응 세부 이슈에 대해서는 소극적 입장을 견지했다.

특히 빈곤층, 빈곤국들이 기후변화 피해로 가장 극심한 고통을 받고 있는 현실에서 기후변화 적응에 필요한 기후재정 지원이 확대될 필요가 있다. Oxfam은 파리 기후협약에 앞서 기후재정이 최소한 절반 이상 '적응'에 투입될 것을 강조하였다(Oxfam 2015: 12). 그런데 기후재정의 77%가 완화에 투입되고, 완화와 적응 복합 7%, 적응에는 16%만이 지원되었다. 완화는 중소득국에 주로 지원되고, 적응은 저소득국에 필요한 재원인데 기후재정의 적응 배분이 적어 상당한 불균형, 불공정이 있다. 적응 관련 ODA(공적개발원조) 조차 취약성이 낮은 국가들에 치중된 문제도 있다. 2013년 적응 관련 ODA 중 9%만이 기후변화에 가장 취약한 국가 10%에 지원되었다. 2014년 5개국(방글라데시, 브라질, 인도, 모로코, 터키)이 전체의 36%를 지원받았고, 인구 20% 이상이 절대빈곤층인 최빈국 14개국이 전체 적응 재정에서 가장 적은 지원을 받았다(OECD 2017: 64).

(3) 글로벌 숲지키기와 REDD+

지구온도 2°C 상승 이내에 머물기 위해서는 브라질과 인도네시아 등의 열대우림 국가들에서 연간 배출감축이 지속되어야 한다. 숲제거 손실로 인한 탄소배출이 2008~12년 기간에 연간 5.4 기가톤에 달해, EU 전체의 탄소배출 총량과 거의 같은 수준에 달했다(Birdsall and Kuczynski 2015: 4). 숲이 글로벌 배출 총량에 기여하는 순기여도가 약 10%에 불과하지만, 숲지키기와 숲재생을 대규모로 시행하면 연간 온실가스 배출 30% 가량 감축할 수 있다.

탄소저장 측면에서 나무들의 현상유지를 하는 것이 숲에 나무를 심는 일보다 훨씬 더 비용효과적이다. 1헥타르 숲을 제거해 발생하는 탄소의 분량을 만회하는데는 25~100년의 기간이 걸리며, 생다양성의 숲 생태계는 영구히 상실될 수 있으며, 복구에만 수백년이 걸릴 수 있다(앞글: 5). 현상태의 숲을 유지해 탄소를 흡수하면 지금까지 검증되지 않은 비용이 많이 드는 테크놀러지가 탄소를 흡수하는 것보다 훨씬 더 비용이 저렴하다. 열대우림은 다른 지역이나 섹터에 비교해 저비용으로 배출 감소를 할 수 있는 풍부한 원천을 제공한다.

또 열대우림 제거를 중단하고 제거된 숲을 복원하면 기후변화 완화를 앞당길 수 있는 효율적인 처방이라는 자료들이 제시되어 있다. 숲지키기를 잘 하면 온실가스 '피크 배출'(peak emission)을 5년 앞당길 수 있다.

표 5-1 숲지키기 → 기후변화 완화 (온실가스 배출 감소)

〈24~30% GHG 배출 감축〉 열대우림의 숲 제거를 완전히 멈추고 제거된 숲 복원으로 글로벌 온실가스 배출 감축. **〈28% 비용 절감〉** 화석연료 사용을 줄이면서 지구적 완화 행동에 열대우림 유지와 복원으로 글로벌 섭씨 2도 상승 억제에 소요되는 비용 절감. **〈10+ SDGs〉** 열대우림이 SDG 17개 중 10개 이상 달성에 기여.

〈30미터 간격 위성 관찰〉
세계적으로 숲 제거를 30미터 간격으로 인공위성 관찰 가능,

〈50+ 숲지키기 참여국〉
열대우림을 가진 국가들이 글로벌 온실가스배출감소를 위한 외부의 성과기반의 재정지원 프로그램(REDD+)에 동참.

자료 Seymour(2017 : 1). "Five Key Findings from Why Forests?"

REDD+(숲제거방지배출감소)는 열대우림 국가들로부터 산림제거 중단이나 감소의 오프세트를 기업, 국가, 다른 기관들이 구매하도록 허용하는 메카니즘이다. 대표적인 브라질과 노르웨이 파트너십은 2008년에 REDD+ 협정을 맺어 산림제거 감소 성과 기간(1996~2005년)의 평균치 이하로 성과달성을 하면 이에 대한 성과지불을 하는 환경기금에 10억 달러를 투자했다. 다른 열대우림 국가들도 동참하지만, 재원 미달로 큰 성과를 내지는 못하는 상태다. 기후변화 완화뿐 아니라 SDGs 이행을 위해서도 REDD+ 확대에 필요한 재원 마련이 글로벌 거버넌스 어젠다로 제기된다.

한국 또한 2012년부터 인도네시아를 시작으로, 2021년 현재 메콩지역의 캄보디아, 미얀마, 라오스에서 REDD+ 시범사업을 하고 있다. 산림청에 따르면, 한-캄보디아 시범사업은 "온실가스 65만 t CO_2 감축(2020년 9월)" 성과를 달성함으로써 시범사업 중 최초로 사업의 전 과정을 이행하여 배출권 발행을 할 수 있었다.[1] 이는 승용차 34만 대가 연간 배출하는 온실가스를 흡수하는 규모의 감축효과이며, 녹색기후기금(GCF)에서 적용한 결과지

1 https://www.forest.go.kr/kfsweb/kfi/kfs/cms/cmsView.do?mn=NKFS_02_14_02_04&cmsId=FC_003547

불 기준(톤당 5달러)에 적용하면 323만 달러의 가치에 해당된다.

2) 기후위기와 인간개발

모든 개발도상국 지역이 기후변화의 요인들이 각각 다르지만, 기후변화로 인한 경제적, 사회적 피해에 취약한 지역이다. 사하라이남 아프리카의 경우, 가뭄과 홍수 등의 기후 스트레스는 기후변화, 인프라 부족, 높은 자연자원 의존으로 더 확대될 수 있다. 아시아와 태평양 지역의 경우, 저지대에 인구가 밀접되어 홍수 피해에 특히 취약한 지역이다.

(1) 정의로운 지속가능한 개발

SDGs는 지속가능한 개발의 경제, 사회, 환경 차원의 균형을 목표로, 누구도 방치하지 않는 원칙, 미래 세대의 웰빙을 보장하는 원칙을 지향한다. 그런데 어느 국가도 지구적으로 지속가능한 방식으로 자원을 이용해서 인간의 기본욕구를 충족시키는 역량을 보여주지 못하고 있다. 인간의 지속적인 욕구 충족을 목적으로 자원을 마구 채취, 생산, 소비하며 지속가능성을 유지하지 못하고 있다.

UN은 2019년 기준의 글로벌 사회적 시스템과 생물리적 시스템 사이의 비례적 관계를 제시한다. 〈표 5-2〉에서 사회적 최저선(social thresholds)은 다차원에서의 개인과 사회의 웰빙의 최소한의 수용가능한 수준을 보여주며, 생물리적 자원활용은 다차원의 환경적 임팩트를 보여준다(UN 2019: 21).

표 5-2 정의로운, 지속가능한 개발: 생물리적 한계추월 대비 사회적 최저선 달성

사회적 최저선 달성		0	1	2	3	4	5	6	7
	11	세계 어느 국가도 없음					독일	오스트리아 네덜란드	
	9~10						체코 일본	호주 프랑스 덴마크 스웨덴	미국
	7~8						한국 헝가리 이스라엘	캐나다 아일랜드 뉴질랜드 우루과이	스페인 포르투갈 카자흐스탄
	5~6		베트남				불가리아 태국 이탈리아	브라질 칠레 멕시코 쿠웨이트	그리스
	3~4			알제리 요르단	시리아 콜롬비아	에콰도르 이집트 페루	중국 몽고 키르키스탄	파나마 이란 터키 러시아	
	1~2	네팔 방글라데시 스리랑카	인도 말리 캄보디아 우간다	파키스탄 볼리비아	조지아 도미니카		사우스 아프리카		
	0	말라위 예멘 필리핀	차드 앙골라		레소소				
		생물리적 한계 추월							

자료 UN(2019: 22). *The Future is Now: Science for Achieving Sustainable Development*

- 사회적 최저수준은 다음 지표들로 측정된다. 생활만족도, 건강한 기대여명, 영양상태, 위생, 소득, 에너지 접근, 교육, 사회적 지원, 민주주의의 질, 평등, 고용.

- 생물리적 환경지표로는 일인당 기준으로 CO2 배출, 인(P), 질소(N), 블루워터, 생태적 물자국, 원료 발자국 등.

G20의 고소득국 대부분이 우측 상단에 위치해 비지속가능한 자원활용으로 웰빙과 욕구 충족을 최대화 하는 구역에 있고, 여기에 한국도 다른 선진사회를 따라 가는 모습이다. 가장 이상적인, 자원활용이 거의 없이 지속가능하게 높은 수준의 웰빙을 추구하는 구역(좌측 상단)에는 어느 국가도 없다.

(2) 기후변화 취약층

인구 중 아동, 여성, 노인이 취약계층에 해당된다. 이들 기후 취약층에 대해서는 정부간기후변화패널(IPCC)의 2014년 보고서를 참고할 만하다(IPCC 2014: 717-20). 아동, 청소년, 노인은 기후 관련 부상과 질병에 취약하다. 말라리아, 설사, 영양결핍은 아동에 집중되어 있다. 아동은 식량 공급이 부족하면 특히 위협에 처하게 된다. 아동을 가진 가계가 소득 수준이 낮고, 식량 불안은 아동과 청소년의 건강이 나쁜 가계에서 흔하다. 노인층은 폭풍, 홍수, 고열 등에 취약한데, 노인이 다른 연령층에 비해 이동성이 취약해 위험한 상황을 회피하기 어려운 건강 상태에 있기 때문이다.

기후변화 관련 취약성과 젠더 관련성은 복합적이라고 IPCC 보고서는 설명한다. 가뭄, 홍수, 폭우 등의 재난과 관련해서는 남성보다 여성이 더 취약하다. 그런데 남성이 더 취약한 사례들도 적지 않다, 중국의 경우 농사일을 하다 홍수 등의 재난 피해에 남성이 더 많은 피해를 당한다. 방글라데시 여성은 남성에 비해 기후관련 헤저드에 더 많은 피해를 입는다. 빈곤 상태,

영양결핍, 강유역 주거환경 등이 요인이다.

빈곤국가와 빈곤지역이 가장 많은 기후변화의 피해를 본다. 많은 국가에서 인종과 종족 요인이 건강 상태와 사회적 취약층을 설명하는 가장 강력한 요인들이다(앞글: 719). 방글라데시의 홍수 피해에 관한 연구에 따르면, 가계의 위험은 가계 소득이 높고 소득원의 수가 많으면 상대적으로 덜 위협적인 것으로 나타난다. 가난한 가계가 덜 가난한 가계에 비해 홍수 피해에 더 취약하며, 예방적 행동도 할 수 있는 여유도 적으며, 피해 복구 지원을 더 받는 것으로 조사되고 있다.

(3) 인간안보에 대한 위협

기후변화는 인간안보를 위협한다. 생계를 위협하며, 문화와 개인 정체성을 위태롭게 하며, 사람들이 피할 수 있는 이주를 강요한다(IPCC 2014: 762). 또 국가가 인간안보에 필요한 여건을 제공할 수 있는 능력을 약화시킨다. 기후변화는 이 모든 또는 일부 요인들에 동시다발적인 영향을 미칠 수 있다. 기근, 분쟁, 사회정치적 불안정 등의 심각한 불안의 상황들은 거의 대부분 복합석 요인들의 동시작용에 기인한다. 사회적으로 주변화되고 자원의존이 높고 자본자산이 한정된 대부분의 인구층에게 인간안보는 기후변화로 인해 점차 악화될 것이다.

기후변화와 변동성은 농업 안정과 식량안보, 물 스트레스와 부족, 재산의 파손에 직접적인 영향을 미친다(앞글: 762-763). 식량가격과 식량가격 쇼크는 인간안보에 심각한 영향을 미친다. 식량의 생산과 식량 접근의 감소에 영향을 미치며 소비자와 생산자 모두가 영향을 받는다. 식량안보는 빈곤, 물 유용성, 식량 정책 등의 요인들이 상호 작용으로 결정된다. 2008년의 글로벌 식량위기는 특히 아프리카와 남미에서 심각했다. 2010~11년의 식량가격 폭등은 28개국에서 4,400만 명이 빈곤층으로 추락시키는 심각한 영향을 미쳤다.

식량가격은 또 사회정치적 안정에 영향을 미쳐, 2008년과 2010~11년의 식량가격 폭등은 식량폭동과 직접 연관되었다. 아프리카 14개국에서는 2008년 식량폭등이 있었는데, 그 배경에는 높은 빈곤률, 제한된 식량접근과 유용, 억압적인 정권, 도시화된 지역, 강력한 시민사회에서 발생했다.

'생계'(livelihoods)는 생활을 만드는 역량, 자산, 활동의 기회 세트로 정의된다. 생계는 자연, 인간, 물리적, 재정적, 사회적, 문화적 자본(자산)에 대한 접근에 의존하며, 또 자산을 전환, 확대하기 위한 필요한 사회적 관계, 삶의 의미를 부여하기 위한 자신의 역량을 개선하는 방식 등에 의존한다(앞글: 798).

기후변화 요인은 빈곤의 다른 요인들에 비해 더 중요한 이유는 무엇인가? 기후변화 요인들은 '위협 배가요인'으로, 다른 빈곤 요인들을 배가시킨다(앞글: 802). 빈곤은 복합적인 사회, 정치적 문제로, 사회경제적, 문화적, 제도적 및 정치적 주변화와 불평등과 박탈 과정들이 복합된 것이다.

기후변화는 이같은 빈곤의 많은 요인들과 연관되어 소득빈곤을 악화시킬뿐 아니라 웰빙, 소속감 등을 위협한다. 이런 복합성 때문에 기후변화 요인만을 분리해 측정하는 것이 불가능하다. 보통 수준의 비, 온도, 바람 패턴의 변화만으로 가난한, 주변화된 일시적 빈곤층을 만성적 빈곤층으로 전락시킬 수 있다. 이들은 기후변화로 인한 피해를 복구할 자금대출, 보험, 정부지원, 또 다른 생계수준을 갖고 있지 않은 경우가 일반적이다. 기후변동에 따른 식량가 상승 또한 간접적이지만 식량에만 의존하는 빈곤층에게 심각한 피해를 줄 수 있다.

그림 5-1 글로벌 기후위기, 글로벌 거버넌스, 생계위협

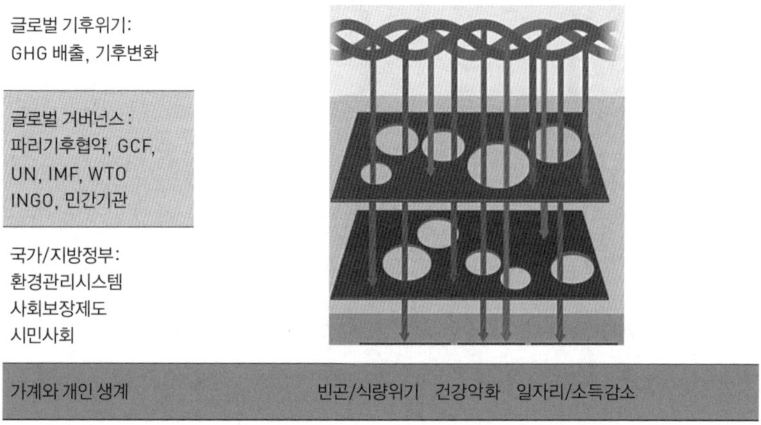

자료 IPCC(2014 : 799) Figure 13-1에서 환경위기, 글로벌 거버넌스 등 재구성.

기후위기는 분명 글로벌 거버넌스 어젠다가 된다. 〈그림 5-1〉에서 기후위기에 대한 강력한 대응이 글로벌 거버넌스로, 여기에는 파리기후협약을 비롯한 다양한 국제기관과 원조기관, INGO, 기업 등의 민간기관들이 기후변화 완화와 적응에 기술과 인력과 재원을 지원하고 있다(주성수 2018b). 이 정도의 대응으로는 절대 부족한 상황에 지구적으로 확인되고 있고, 각국의 지역사회에서 공공기관의 복지체제, 시민사회의 활동으로 취약층 지원 등이 이뤄지고 있지만, 이런 사회안전망도 태부족한 현실이다. 많은 인구 중 피라미드 기초(BOP)의 취약층이 팬데믹까지 덮치며 생계위협에 처해 있다.

3) 기후정의 : 빈곤층에 대한 불의(injustice)

(1) 기후 불의의 현실

지구 GHG 배출의 증가는 부유국가, 부유층의 생산과 소비 증대에 기인한다. 세계 톱 1%의 소비로 인한 CO2 배출이 지구 전체의 49%를 차지하며, 세계인구 하위층 50%는 전체의 10% CO2 배출을 한다. G20 국별 자료를 보면, 미국인의 과소비가 얼마나 많은 지구온난화 책임이 있는지를 알 수 있는데, 상위 10%가 하위 50%의 다섯 배 이상 CO2 소비 배출을 한다(Oxfam 2015: 11). 그 비율은 모든 국가에서 3~5배 이상에 이른다.

부유층과 부유국이 글로벌 GHG 배출의 90% 이상의 책임을 지고 있다. 부유국은 모든 역사적 초과 배출의 92%의 책임을 갖고 있다. 또 세계 갑부 1%의 탄소배출은 최빈층 50% 전체의 배출을 두 배에 달하는 책임을 가지고 있다(Oxfam 2022: 34). 그들의 탄소발자국은 2030년에는 파리기후협약이 지향하는 1.5°C 목표 수준보다 30배가 높을 것으로 추산한다. 2030년이 되면 가난한 국가에서 빈곤층 23만 명 이상이 매년 기후위기로 사망할 것이라는 추산되고 있다(앞글: 34). 연구에 따르면 가장 부유한 20명이 배출하는 이산화탄소의 양은 평균적으로 빈곤층 10억 명이 배출하는 양의 8,000배에 달하는 것으로 추정되는 등 최상위 부유층들이 기후위기를 주도적으로 야기하고 있다(Oxfam 2022).

기후변화는 빈곤층에게 '삼중의 불의'를 조장한다. 개인 차원에서 기후변화에 가장 많은 피해를 입을 사람은 기후변화 문제를 일으키는 책임이 가장 적고 또 기후변화에 대응할 자원을 가장 적게 가진 빈곤층이다(UN-RISD 2016: 142). 마찬가지로 국가들 중에서도 소비가 가장 적고 온실가스 배출이 가장 적은 국가들이 기후변화에 가장 심각한 피해를 볼 가능성이 높고 또 기후변화에 대응해 완화와 적응하는데 필요한 재원을 가장 적게 갖고 있다. 가난한 국가들을 기후변화 피해의 악순환 굴레에 빠져들게 만든다. 글로벌 기후기금(GCF) 기후재정의 77%가 완화에 투입되고, 완화와 적응 복합 7%, 적응에는 16%만이 지원되었다. 완화는 중소득국에 주로 지원되고, 적응은 저소득국에 필요한 재원이라는 점에서 기후재정의 배분에서 상당한 불균형, 불공정이 있다(OECD 2017: 64).

표 5-3 생태적 불의(ecological injustice), 이중, 삼중의 불의

생태적 불의(eocological injustice) : 가장 적게 GHG 배출한 사람(빈곤층)이 가장 많은 기후변화 피해를 당한다. **이중의 불의**(double injustice) : 기후변화에 가장 많은 피해를 입을 사람은 기후변화 문제를 일으키는 책임이 가장 적고 또 기후변화에 대응할 가장 적은 자원을 가진 사람. **삼중의 불의**(triple injustice) : 이중의 불의 피해층(빈곤층)이 녹색경제 정책이 조장하는 부정적인 사회적, 배분적 결과의 피해자.

자료 UNRISD(2016 : 143). "Policy Innovations for Transformative Change."

역사적 책임이 없는 사람들이 기후변화로 가장 큰 고통을 받는다는 것은 분명 정의에 어긋나는 불공정한 글로벌 현상이다. 적도 지역의 개발도상국 시민들 대부분은 온실가스를 거의 배출하지 않지만 가장 심각한 타격을 받는다. 그 이유는 지역 특성상 환경 변화의 강도 때문이며, 또 그 국가들이 기후변화에 대처할 자원을 결여하고 있기 때문이다(Green 2008: 258). 가난한 국가들이 가뭄, 농산물 생산 격감, 극심한 허리케인, 홍수, 폭풍, 해일 등의 복합작용으로 가장 심한 타격을 받을 것이다. 또한 가난한 사

람들은 이것과 더불어 늘어나는 건강 위험에 직면하게 될 것이다. 물이 오염되면 설사나 콜레라가 유행하거나, 기온이 상승하면서 말라리아를 옮기는 모기가 새로운 지역으로 확산된다. 이런 일들이 일어나는 빈도가 늘면서 공동체가 사태 수습을 하기도 전에 또 다른 사건들이 줄을 이어 자산을 재건하고 복원을 할 수 있는 시간적 여유를 갖지 못한다.

한 지역 안에서도 여성들이 더 큰 영향을 받는다. 전통적으로 음식, 연료, 식수, 간호 등을 제공하는 농가 여성들은 당장 이용가능한 자연자원에 크게 의존하는데 가뭄, 홍수 또는 예측이 불가능한 폭우가 자원을 고갈시키면 여성들은 영양부족 상태의 아이들을 돌보거나 식수와 연료를 수집하는 데 더 많은 시간을 소비할 수밖에 없다. 특히 여성들은 자산과 대출 이용에서 상대적으로 불리하고 궁핍하므로 불확실성이 늘어나는 자연에 더 의존하게 된다.

(2) 팬데믹 대응 기후정책

Oxfam(2020)은 〈탄소 불평등 대응〉 보고서에서 소득계층별 탄소불평등 문제를 심각하게 제기한다.

- 1990~2015년 기간 세계 인구 중 상위 10% 부유층(약 6억 3천만 명)이 누적 탄소배출 52% 책임이 있는데, 여기에 글로벌 탄소예산 31%가 소요되었다.
- 세계 인구의 하위 빈곤층 50% (약 31억 명)은 누적 탄소배출의 7%만의 책임이 있는데, 여기에 글로벌 탄소예산 4% 정도만 소요되었다.
- 최상위 1%(약 6,300만 명)의 경우 누적 탄소배출의 15% 책임이 있고,

여기에 탄소예산 9%가 소요되어, 하위 빈곤층의 두 배가 넘는 탄소 예산이 소요되여 '기후불의'의 한 증거가 된다.

- 탄소배출 증가율에서는 최상위 1%가 하위 빈곤층 50%의 책임에 비해 세 배가 넘으며, 최상위 5%(약 3억 1,500만 명)의 경우 탄소배출 증가율이 37% 책임이 있다.

정부는 코로나 팬데믹 상황에서 기후위기와 불평등 위기라는 쌍둥이 위기에 대처해야 하는 위기 상황에 있다. Oxfam(2020: 8)에 따르면 각국 정부는 "지구의 한계 범위에서 보다 공정한 경제를 새로 구축하고, 사람들이 당장 필요로 하는 온당한 일자리를 창출하며 미래 세대를 위한 기후안전망을 구축하면서 동시에 취약층의 회복력을 강화하는 역사적인 최종의 기회를 갖고 있다." 정부는 기후불의에 맞서 "정당한 공공정책을 추진해 글로벌 목표 1.5°C 탄소예산이 고갈되기 전에 최상위층의 탄소배출을 획기적으로 삭감해 보다 강건하고, 회복력이 있는 사회를 창출해야 한다."(Oxfam 2020: 8-9).

옥스팜은 보다 구체적으로 다음과 같은 팬데믹 대응의 지속가능한 공공정책의 추진을 제안한다(앞글: 9).

- 부유세, 사치 탄소세, 개인 제트기, 수퍼 요트 등에 대한 탄소판매세, 비즈니스 클라스 또는 잦은 비행에 대한 부과세, 그리고 보편적 사회서비스의 확대의 재원 마련을 위한 누진 탄소가격제 등이다.
- 항공기 연료 등에 대한 면세와 기업차량에 대한 감면 혜택을 폐지.
- 작업시간 단축, 일자리 보증 등을 포함한 공공투자 확대.
- 순환적 비즈니스 모델을 적용한 공공장소 광고 제한, 그리고 기업의

단기수익 추구를 차단하는 기업거버넌스의 변화와 장기적인 사회적, 환경적 임팩트에 대한 책무성 창출 등.

- 소비와 생산의 탄소배출을 감축하기 위한 과학 기반, 형평성 기반의 국가 목표의 설정, 그리고 뉴질랜드의 웰빙 예산(Wellbeing Budget)과 같은 GDP를 초월한 경제성장의 젠더 전환적(gender-transformative)[2] 지표의 개발 등.
- 1.5°C 미만의 글로벌 온도 상승의 경제, 그리고 모든 구성원의 삶의 유지를 가능하게 하는 사회의 '정의로운 전환'을 디자인하는데 기후 관련 산업체, 여성, 저소득층, 취약층의 목소리가 반영되도록 각계각층의 사회적 대화의 원칙을 확고히 함.

4) 기후변화와 개발협력 추진전략

파리기후협약은 저탄소(GHG) 배출, 기후복원적인 개발의 경로를 바꾸기 위해 과학기반의 목표들을 각국의 과정에 연계하고 있다. 이 경로는 포용적, 지속가능한 경제, 사회, 환경 개발을 국가들이 달성하는 경로 중 유일한 선택이다(OECD 2019a).

---

2 젠더 평등을 증진시키는 전환적 접근은 "여성, 소녀, 취약층의 상대적 지위를 개선하고 젠더 불평등을 영속화시켜 정당화시키는 사회적 구조, 정책, 나아가 사회적 규범을 전환"시키는 접근이다(UNICEF https://www.unicef.org/media/58196/file).

(1) 파리기후협약과 개발협력

그럼에도 파리협정의 목표 달성을 향한 진도는 매우 느리다. 이 때문에 개발국이나 개발도상국 모두에게 SDGs 달성의 역량이 리스크에 직면해 있다. 글로벌 GHG 배출은 지속적으로 증가하고 있고, 세계인들이 강력한 허리케인, 홍수, 가뭄 등의 극심한 기후임팩트에 고통을 겪고 있다. 이런 기후임팩트에 대한 적응과 완화가 늦춰지면서 최빈국 등의 빈곤에 대한 투쟁이 심각한 어려움에 처해 있다.

기후변화를 완화, 적응하는 기후행동에 대한 투자로 양자, 다자 개발협력으로 정의로운, 포용적 개발을 지원해야 한다. 기후투자는 지구 생명체의 삶이 터전이 되는 자연 시스템을 보호하는 책무를 이행할 수 있는 유일한 수단이다. 파리기후협약은 SDG 13(기후변화)를 보완하는 세 가지 목표를 제시한다. 글로벌 평균 온도 상승을 낮추기, 기후변화의 부정적 임팩트에 적응하기, 이런 노력에 일치하는 모든 금융 자본을 동원하기 등이다. 또 파리기후협약은 단기, 장기의 아래로부터 상향식 과정을 국가들의 집합적 목표로 제시한다. 국가 자율의 기여로 5년 단위로 업데이트를 해서 21세기 중반까지 저배출 장기 전략을 추신하는 것이다.

파리협정과 연계된 개발협력은

- 파리기후협약을 약화시키지 않으며 필요한 전환에 기여한다.
- 국가들의 저배출, 기후복원적 경로를 촉진한다.
- 파리기후협약에 따라 단기, 장기적 과정을 지원한다.
- 개발도상국의 욕구를 해결하는 증거와 기회에 적극 호응한다.

(2) 도전과제와 기후행동의 제안

기후협약과 개발협력을 연계한 기후행동의 실천적 전략방안에 대해서는 OECD (2019a)의 제안을 참고해볼 만하다.

- 개발협력기관들은 기후 비상사태를 해결하는 준비를 갖추지 못하고 있다. 공여국과 원조기관들은 기후전략을 핵심사업과 성과 시스템에 통합시켜 이행에 필요한 역량과 도구를 제도화해야 한다.
- 공여국의 광범한 국제활동에서의 일관성 결여는 개발협력을 통한 기후행동에 장애가 되고 있다. 공여국은 자신의 국제활동과 파리협약에서의 협정이행 사이에서 발생하는 정책 충돌을 제거해야 한다.
- 개도국의 과정과 역량의 한계는 기후행동을 주요 계획과 정책결정 과정으로 이끄는 데 장애가 된다. 원조기관은 개도국 중앙정부 고위층과 시스템의 리더십과 역량을 지원해 기후변화의 통합을 정책과 기획으로 유도하도록 지원해야 한다.
- 많은 개도국의 공공행정과 민간 금융의 중앙시스템은 고배출, 기후 취약 경로를 고착시키고 있다. 원조기관은 개도국들이 금융과 예산 시스템 전반에 걸쳐 의욕적인 기후 정책목표들을 통합하도록 지원해야 한다.
- 국제개발 시스템의 기본 게임의 규칙은 기후를 지속가능한 개발의 통합적 차원으로 간주하지 않는다. 개발협력을 제공하는 모든 국가들과 기관들은 파리협약이 시스템 차원에서 연계되도록 핵심 개념정의와 메카니즘을 수용해야 한다.
- 개발협력의 분절화된 접근은 효과적인 기후행동의 스케일을 제약

하고 있다. 원조기관들은 보편적인 금융, 데이터, 인프라 표준을 통해 효과적인 스케일업의 기후행동을 추진해야 한다.

- 글로벌 차원에서 거대 규모의 금융이 유용하지만 개도국의 저배출, 기후복원적 인프라에 대한 투자를 방해하는 시스템 차원의 장애물이 존재한다. 원조기관은 저배출, 기후복원적인 인프라 스케일링에 투자하는 금융을 제공하는 효과적인 파트너링에 초점을 맞춰야 한다.

(3) 지구온난화 1.5°C 억제 추진전략

IPCC가 제시한 지구온난화 1.5°C 억제 추진전략[3]에 맞춰 국제기관들이 '탄소중립 경제'로의 전환 전략을 추진하고 있다. 기후변화는 가난한 공동체에 상당한 피해를 주고 있다. 농작물 생산량과 질의 저하뿐 아니라 병충해의 증가를 일으킨다(IPCC 2018: 452). 피해는 특히 아동과 노인에게 쏠려 있고, 남성보다 여성에게 더 가혹한 피해를 주고 있다. 지구온난화 1.5°C 상승 이내에서도 가난한 사람들에게 더 많은 피해가 예측되고 있다. 지구온난화 1.5°C 기준으로 2030년까지 식량가격 상승과 건강취약, 소득상실 등으로 추가로 1억 2,200만 명이 극빈층으로 전락할 것으로 추산된다(앞글: 452). 홍수와 가뭄 피해 등 기후변화가 극심한 피해 때문이다.

이제는 지구온난화 억제수준을 1.5°C로 추구해서 2°C로 상승함으로써 발생하는 빈곤, 물부족, 생태계 위협, 건강 피해를 줄이는 전략이 추진되고 있다.

---

3 IPCC. https://www.ipcc.ch/sr15/

2. 기후정의와 기후행동

1) 정의로운 '탄소중립 경제'로의 전환

심각한 기후변화에 대응하는 글로벌 기후행동 요청이 급증하고 있다. 기업들과 정부들이 핵심 이해관계자가 되면서, 시민사회와 시민들의 적극적인 동참이 절실한 시대적 요청이다. IPCC의 2018년 〈지구온난화 1.5°C〉 특별보고서는 1.5°C를 목표로 하지 않으면 인간의 건강과 경제성장에 심각한 위협을 초래할 것이라고 경고하였다. 1.5°C 목표 달성을 위해 2010~30년 기간에 탄소배출 45%를 감축해 2050년까지 '탄소중립 경제'를 지향할 것을 제시한다(IPCC 2018).

(1) 탄소중립 경제의 탈탄소화

'탄소중립' 경제로의 전환은 기후변화 위기를 예방하는 일뿐 아니라 경제적 번영과 인간 웰빙에 많은 혜택을 창출한다. 국제재생에너지협회(International Renewable Energy Agency)는 청정에너지 투자로 글로벌 경제를 향후 30년간 160조 달러 절감하는 혜택을 누릴 것이라 추산한다(Robins 2019: 52). 보건비용, 에너지 보조금 및 기후변화를 모면함으로써 창출되는 편익이라는 것이다. 에너지 전환에 1달러 지출하면 7달러의 광범한 사회적 편익이 발생한다는 추산이다. 또 〈신기후경제〉(New Climate Economy)의 예측에 따르면, 적극적인 기후행동이 2030년까지 글로벌 차원의 3,700만 일자리 창출의 순고용 성장이 가능하다.

그럼에도 이런 혜택이 자동적으로 오는 것은 아니다. 화석연료에서 저탄소 경제로의 전환이 가속화되면서 석탄 등의 화석연료가 '좌초자산'(stranded assets)[4] 이 되면서, 동시에 '좌초 노동자'와 '좌초 지역공동체' 문제가 발생한다(앞글: 52). 국제에너지기구(IEA)는 좌초자산을 "이미 투자되었으나 그 수명이 다하기 전에 더는 경제적 수익을 내지 못하는 자산"이라고 정의한다. 파리기후변화협약은 기후변화 때문에 경제활동을 완전히 중단할 수는 없으므로 탄소배출의 한계치를 미리 정해두었다. 현재 화석연료 기업들이 보유한 광산이나 유정에 있는 석탄과 석유, 가스에는 약 2,910기가 톤의 이산화탄소가 담겨 있다.[5] 이 시나리오에서는 약 59%의 화석연료 매장량이 차례로 좌초자산이 된다.

IPCC의 2018년 〈지구온난화 1.5°C〉 특별보고서에 따르면, 1.5°C 달성을 위해서는 글로벌 석유, 가스, 석탄 저장분의 80~90%가 사용 정지된 '좌초' 자산이 되어야 한다. 따라서 화석연료에 투자한 기업들의 투자금 또한 좌초 자산으로 묶이게 될 것이다. 전력생산, 빌딩과 산업 부문들 또한 자산의 자초에 직면하게 될 것이다(UN 2019: 63). 기후변화 규제로 인해 화석연료 발전소나 산업설비들이 폐쇄되거나 기술적 수명을 다하기 전에 쓸모 없는 방치물이 될 것이다.

따라서 탈탄소화가 지구촌 전역에서 '뉴 노말'이 되고 있다. 그런데 탈탄소화가 새로운 '러스트 벨트'(rust belt)를 만들어내는 일이 되어서는 안 된다. 마찬가지로 탈탄소화의 혜택이 실현되지 않을 수도 있다. 녹색 일자리

---

4 '좌초자산'은 경제성장, 전환 및 혁신의 창조적 파괴의 현상으로 개인과 기업에 리스크가 된다. 석탄이나 탄화수소 자원이 화석연료 퇴출로 인해 '자초' 자산이 될 수 있다. https://en.wikipedia.org/wiki/Stranded_asset

5 한겨레신문, 2020.3.23.

성장에 대한 기대가 필요한 기술의 구축에 초점을 맞추지 않아 낮은 임금, 빈약한 노동권리의 특성을 가진 '긱 경제'(gig economy)[6]로 나타날 수도 있다. 미국 '러스트 벨트'를 지지하는 트럼프 대통령이 기후변화 탈퇴를 결정한 정치적 개입 사례도 있다.

표 5-4 탈탄소화(decarbonization)

에너지 집약적 산업의 탈탄소화가 기후 목표 달성에 핵심이 된다. 해당 산업 분야는 철, 철강, 시멘트, 석탄 화학 등으로, 모든 분야에 걸쳐 1990~2014년 기간 글로벌 산업분야 GHG 배출이 69% 증가했다. 심도 깊은 탈탄소화가 테크놀러지, 정책, 금융 혁신 전반에서 동시적으로 추진되면서 분야별 특화된 행동으로 경쟁력을 유지하게 하는 것이 핵심이 된다. 기존의 솔루션(에너지 효율, 연료 대체 등)이 탈탄소화에 도움이 되지만 열의 전기화, 고열처리 등 새로운 테크놀러지 적용이 시급하다. 이런 테크놀러지 적용에 장애물을 제거하는 일도 중요하다. 탈탄소화가 성공되면 여러 혜택들이 제공되지만 극복해야 할 과제도 적지 않다. 저기술 노동자들의 재고용, 재훈련 또는 보상 문제가 있다. 영국의 1980년대 석탄 폐광의 경험을 참고해 볼 수 있다.

자료 OECD (2019b : 9). "Accelerating Climate Action."

(2) 기후정의와 정의로운 전환

정의로운 전환 논의에는 핵심 이해관계자의 참여가 필수적이다. 영국의 기후변화위원회에 따르면, "탄소중립으로의 전환이 고용과 생활비에 미

6 비정규 프리랜서 근로 형태가 확산되는 경제 현상으로, 1920년대 미국에서 재즈 공연의 인기가 높아지자 즉흥적으로 단기적인 공연팀(gig)들이 생겨난 데서 유래.

치는 임팩트가 해결되어 관리되지 않으면 가장 많은 임팩트를 받는 사람들이 논의에 참여하지 않은 채 결정되면 이동을 멈추게 할 수 있는 변화에 대한 저항이 발생할 수 있는 리스크는 상당하다." 정책당국과 노조, 기업, 금융기관들이 '정의로운 전환'(just transition)이 되도록 하기 위한 방안을 논의하는데 관심의 초점을 맞추고 있다.

2015년 파리기후협약에도 '정의로운 전환'은 기후정책이 노동자와 지역공동체에 대한 부정적인 영향을 최소화하고 긍정적인 사회적 임팩트를 최대화하는 정책의 중요성을 의미한다. 2018년 COP 24차 기후변화회의에서 53개국이 '정의로운 전환 선언'에 서명해 노동자와 지역공동체 욕구에 부합해 제로탄소 경제로의 급진적 전환에 대한 공적 지원을 구축한다. UN 책임투자원칙(PRI)에는 80조 달러 이상의 자산의 2천여 기관들이 참여해 투자결정에 ESG 요인을 통합하는 실천을 한다. 국제노조연맹(ITUC)는 정의로운 전환을 "보다 지속가능한 사회로의 전환을 순조롭게 해서 모든 사람에게 품위있는 일자리와 생계를 유지하는 녹색경제의 역량에 대한 희망을 제공하는 목적에서 노조운동이 국제공동체와 공유하는 도구"라고 정의한다.

정의로운 전환은 민간의 지속가능한 투자가 핵심인데, 이에 대해 EU는 급진적인 정책을 제시한다. 유럽이사회(2022)는 정의로운 전환 메카니즘을 새로운 '유럽그린딜' 투자계획에 통합했다. 유럽이사회의 정책안에 따르면, 지속가능한, 탄소중립, 기후복원적 경제로의 전환에는 많은 부문의 결정적인 변화를 필요로 한다. 탄광, 전기발전, 수송, 제조, 농업, 식량시스템, 산림 등이다. 이 분야의 노동자와 지역사회에는 막대한 부정적인 임팩트를 낳게 될 것이다. 정의로운 전환에는 또 풍력과 태양열 발전소를 위해 토지사용이 필요한데, 이는 토지소유권 등에 부정적인 임팩트를 미치게 된다.

정의로운 전환이라는 의미에는 이같이 필요하지만 불가피한 변화가 노동자와 지역사회에 미치는 피해 부담을 회피할 필요성이 담겨 있다.

'정의로운 전환'은 영국에서는 국제적 기후협상의 고차적 개념에서 이제 경제 전반의 행동을 위한 우선순위가 되고 있다. 영국의 일자리 1/5 가량의 기술이 탄소중립 경제로의 이동에 영향을 받아, 기술수요가 늘거나 재기술이 필요하다는 추산이 있다. 기후변화위원회는 정부에 대해 취약한 노동자와 소비자들이 정의로운 전환에 피해를 입지 않도록 보호하는 전략을 도입할 것을 요청한다. 스코틀랜드 정부는 이미 '정의로운 전환위원회'를 다자협의기구로 구성해 '모두에게 공정한' 탄소중립 경제를 개발하는 방안에 자문을 제공하도록 한다. 20대 투자기관들은 정의로운 전환에 대한 지지를 보내고 있다. 지방정부연금계획(LGPS)은 자산 46조 파운드를 보유하며, 자산의 100%가 파리 협약에 제시된 2050년까지 '탄소중립' 목표와 같은 투자가 될 것이라는 의욕적인 목표를 밝힌다(앞글: 54).

'기후정의'는 인간 중심의 접근을 달성하는 인권과 개발을 연계해, 가장 취약한 사람들의 권리를 옹호하고 기후변화의 부담과 편익뿐 아니라 임팩트를 균등하고 공정하게 공유하는 원칙을 말한다(Robinson 2019: 12). 교황은 "우리는 기후 응급사태에 직면해 빈곤층과 미래세대를 향한 잔인한 불의의 행위를 영속화하지 않도록 회피하는 적절한 행동을 취해야 한다"고 역설하였다(앞글: 12). 세속적 지도자인 정부나 기업의 대표들이 기후변화에 대한 불편한 진실을 감추지 말고 인정하며 즉각적인 행동에 나설 것을 촉구한 것이다. 또 교황은 "정치적 의사결정, 기업계의 사회적 책임 및 투자를 지배하는 기준, 모든 것들이 장기적인 공동의 선과 확고한 세대간의 연대를 추가하는 방향으로 가이드 되어야 한다"고 강조한다(앞글: 12). 기후정의를 가장 잘 지키는 사람들은 화석연료 배출에 가장 적은 책임을 지는 사람들로, 빈곤국의 빈곤층, 해수면 상승의 위협에 처한 소도서국의 국민들이다.

기후정의의 원칙은 화석연료 산업에도 적용되어야 한다. 화석연료는 무한적이지 않으며, 이를 대체할 새로운 에너지 생산으로 전환하는데는 절박한 환경적, 경제적, 윤리적 문제들이 수반된다(앞글: 13). 이런 전환을 석유와 가스 기업들이 비즈니스에 피해 없이 유지하면서 환경규제적 책임을 충족시키며 직원고용 유지와 투자자에 대한 성실의무를 유지할 수 있겠는가? 영국은행의 총재(Bank of England, Mark Carney)에 따르면, 2050년까지 탄소중립 목표를 달성하려면 2010년 기준의 45% 탄소배출 감축이 되어야 하고, 이를 위해 대규모의 자본 재배분이 되어야 한다. 영국의 기업과 산업들이 새로운 세계에 순응하지 못하면, 결국 사라지고 말 것이라는 것이다.

에너지 산업의 거대 기업들이 사라지지 않는 한 지구의 미래는 없을 것이다. 이들은 급변하는 기후와 경제 패러다임의 현실에 순응하는 행동을 하지 않는다. 얼마나 더 많은 수익이 이들의 성장과 혁신에 대한 대가로 치러져야 새로운 비전의 청정, 지속가능한 형평성을 가진 에너지 생산으로 바뀔 것인가? 에너지 산업의 핵심 관계자와 밀접히 연관된 투자 공동체가 함께 파리 기후협약과 UN 2030 개발 어젠다가 제시하는 탈탄소화 목표를 달성하는데 힘을 보태는 급진적, 실행가능한 행동을 취해야 할 것이다. 그 행동에는 다음 두 가지가 포함되어야 할 것이다(앞글: 13).

- 미래의 화석연료의 채취는 시추, 채굴, 프레킹(fracking) 또는 다른 형태의 어떤 그리고 모든 계획을 중단시키는 강력하고 확고한 실천,
- 모든 기존의 화석연료 자산과 저장량의 종합적, 투명한 D/B 개발.

주요국들은 G20 회담을 통해 화석연료 보조금 폐지를 약속했지만(표 5-5), 실제로는 잘 이행되지 않고 있다. OECD와 국제에너지기구(IEA) 공동 조사에서 77개국의 2019년 화석연료 생산과 소비 지원금은 2018년에 비해 유가 하락으로 다소 줄었다. 그럼에도 44개 주요국에서는 직접 및 간접의 화석연료 생산 지원금은 38% 늘었다. OECD와 IEA는 특히 코로나 팬데믹을 계기로 역사적인 저유가의 기회를 화석연료 지원에서 저탄소 에너지에 대한 지속가능한 투자로 바꿀 것을 촉구한다(OECD 2020).

표 5-5 화석연료 정부보조금의 사회, 환경적 폐해

화석연료 보조금은 경제, 사회, 환경적 지속가능성을 저해한다. 2009년 미국 피츠버그 G20 회담에서 정상들은 중기에 걸쳐 낭비적 소비를 부추기는 비효율적인 화석연료 보조금을 중기에 걸쳐 단계적 폐지를 결의했다. 그 보조금은 실제로 2012년 5,720억 달러 → 2017년 2,960억 달러로 절반 가량 줄었지만, 여전히 비효율적으로 소비를 강하게 조장하며 완전한 사회적, 환경적 비용을 반영하지 않은 채 가격을 왜곡하고 있다. 보조금으로 인한 화석연료의 특별한 이용은 2017년 4조 9천억 달러에 달하며, 보조금이 여전히 2030 어젠다 이행에 주요 걸림돌이 되고 있다.

자료 UN (2019 : 56–57). *Global Sustainable Development Report 2019*

2) 정의로운 전환 : 4대 시나리오

'정의로운 전환'(just transition)에 대한 이해는 어떤 시각에서 어떻게 접근하느냐에 따라 다양하다. 거버넌스 구조, 제도, 정책이 어떻게 형성되는지, 누구를 위한 정의가 의도되는지 (인간 또는 지구, 특정 집단 또는 모두 등), 정의

의 유형에 따라 (환경, 기후, 에너지, 사회적 등), 그리고 어떻게 추구될 것인지 (분배적, 절차적, 복원적 또는 인지적 정의), 다양한 접근들이 정의로운 전환 논의에 다양한 시각을 제시한다.

정의로운 전환에 대한 이해관계자들과 학자들의 다양한 접근법은 다음 네 가지로 요약될 수 있다. UNRISD(2018)은 프레이저(Fraser 1995, 2005), 홉우드 등(Hopwood et al. 2005), 스테비스와 휄리(Stevis and Felli 2015)의 논의에 기초한 네 가지 이상형 접근법으로 분석한다.

a) 현상 유지(status quo);
b) 관리 개혁(managerial reform);
c) 구조 개혁(structural reform);
d) 전환적(transformative) 접근.

'정의로운 전환'에 대한 네 가지 특이한 접근법은 우선 전환의 포용성 정도에 따라 크게 구분된다. 포용적(inclusive) 시각은 사회 전체에 혜택이 되는 전환을, '배타적'(exclusive) 시각은 특정 집단에 국한된 전환을 이상형으로 제시한다. 저탄소 미래로의 전환은 모든 사람에게 혜택이 된다는 전제에서 그 전환의 정도 또는 범위가 자원배분 형식으로 특정 집단에 배타적인지, 또는 사회 전체에 포용적인지가 논의의 쟁점이 된다.

(1) '현상유지' 접근

현상유지 접근법은 지금의 글로벌 기후변화와 환경 위기가 인간이 자초한 것이라는 인식을 공유하면서도 점진적 처방을 제시한다. 대다수가 기업과 자유시장 옹호자들인 이들은 이런 변화에 대한 무행동의 리스크에 목소리를 내면서도 관심은 녹색경제의 비즈니스 기회에 쏠려 있다. 지금의 글로벌 자본주의의 규칙을 바꿀 생각은 없으며, 대신 자발적인 상향식, 기업과 시장 주도의 변화를 통한 자본주의의 '녹색화'(greening of capitalism)을 내세운다. 현장유지를 지지하는 국가들과 정부들은 기업과 소비자들에 대한 인센티브 그리고 파리기후협약이 제시한 1.5°C 목표 추구의 환경 조성의 역할을 하는 것이 일반적이다.

기업주도의 '저탄소 미래로의 전환' 접근에서 가장 열성적인 지지그룹은 '정의로운 전환'이라 칭한다. 이들은 저탄소 경제로의 전환에 따른 일자리 상실에 대한 보상과 새로운 일자리 제공을 주창한다. '올드' 일자리를 '뉴' 일자리로 바꾸는 것이 전략의 핵심이다. 일자리 창출을 정의의 프락스로 간주한다. 이 방정식에는 일자리의 접근/기회 등의 배분이나 탄광 지역의 토지 황폐화와 물 부족문제와 같은 부정적 외부경제는 전혀 고려대상이 아니다.

현상유지 접근법은 기업 자체의 일자리 재훈련 프로그램, 연금제, 그밖에 피해 노동자에 대한 보상 방안을 제안한다. 에너지 분야에서는 일자리를 상실한 탄광 노동자의 직업 재훈련과 교육 프로그램, 재취업 지원금, 연금지급은 비상사태 수습방안에 지나지 않는다. 근본적인 처방은 되지 않는다.

(2) 관리 개혁 접근

'정의로운 전환'에 대한 관리개혁 접근은 형평성과 정의의 초점을 기존의 헤게모니에 대한 문제 제기를 하지 않고 경제 시스템 내부에 맞춘다. 일부 규율과 스탠다드의 수정으로 새로운 내용들이 창출될 수 있다는 입장이다. 그것들은 공용 접근, 작업 안전과 건강 등으로, 경제 모델과 권력 균형은 현상유지를 전제로 한다.

관리개혁 지지자들은 기존의 화석연료 레짐은 화석연료 의존적 공동체 내부의 불평등을 야기한다는 가정에서 노동자의 건강과 웰빙에 대해 기존의 노동 스탠다드가 부적합한 것으로 본다. 반면에 화석연료 생산을 하지 않는 지역사회의 경우 화석연료 섹터의 정당성 문제보다는 에너지 접근과 적정가격의 에너지가 문제인 것으로 파악한다. 따라서 관리개혁 측면에서 이런 지역사회에 대해서는 에너지 접근을 확대하지만, 이를 통제할 권한은 없다는 입장이다. 예를 들면 호주의 라트로브 벨리(Latrobe Valley)의 경우, 광산노동자 출신과 가족 및 광산 계약직에 대해서만 직업 훈련과 교육의 접근 기회를 제공한다.

대표적으로 국제노조연맹(ITUC)가 공공 정책과 투자에 기반하는 관리개혁을 추진한다. ITUC 접근법과 정의로운 전환의 핵심에 노동자와 노조가 있다. 노동자와 노조는 지원의 수혜집단이자 저탄소 경제로의 전환을 이끄는 주도세력이 된다. ITUC의 활동은 노동과 직장 관련 이슈에 집중할 뿐, 보다 일반적인 경제 모델에 대해서는 관여하지 않는다. 노동자의 권리와 혜택이 보장될 수 있는 과정으로서 사회적 대화와 노사정 삼자 협상에 초점을 맞춘다.

이같은 정의로운 전환 접근법은 여러 국가들의 노조뿐 아니라 대형 환경단체와 민간부문의 이니셔티브와 이해를 공유한다. 환경단체 시에라 클럽(Sierra Club)은 관리개혁 접근에서 블루그린 연대(BlueGreen Alliance)[7] 와

7 미국 최대의 노조연맹과 환경단체의 연대로 양질의 일자리와 강력하며 공정한 경제를 창출하고 유지하는데 목적이 있다. https://www.bluegreenalliance.org/

〈석탄을 넘어(Beyond Coal)〉 캠페인의 주도적인 역할을 하고 있다. 시에라 클럽은 공공 및 민간의 투자 최대화의 중요성을 강조한다. "현재와 미래의 노동자의 양질의 경력자로 전환시키고 전환의 피해를 입게 될 만한 노동자와 지역사회에 대한 지원을 보장하는" 지원방안에 대한 투자를 주창한다.

진보적이며 환경의식이 있는 기업과 기업 네트워크의 경우, 기업 전반의 기획, 노조와 고용주와의 사회적 대화를 바람직한 대안으로 제시한다. 이 방안은 고용을 유지, 개선하고 노동자와 지역사회를 위한 긍정적 효과를 최대화하며 또 기업이 저탄소 전환의 경제적 기회를 놓이지 않는 방향으로 배출 감축과 자원 생산성 확대에 핵심 수단이 된다는 것이다(JTC & B Team 2018: 2). 이같은 노동자와 직장 중심의 접근법은 ILO의 〈정의로운 전환 가이드라인〉에 반영되어 있다. 가이드라인은 기술개발, 직업안전건강(Occupational safety and health : OSH) 방안, 작업장 권리 보호, 사회적 보호와 사회적 대화를 요청한다.

표 5-6 정의로운 전환을 위한 노동복지정책

정의로운 전환은 고용, 노동자 가족과 지역사회에 상당한 임팩트를 가질 수 있다. 오염 산업의 일자리를 줄이거나 사라지게 하면서 현대식 청결 생산을 하는 일자리를 창출한다. 전환에 필요한 새로운 테크놀러지와 자동화 생산의 적용은 기술직에게도 노동수요의 감소를 일으킨다. 이같은 트레이오프는 환경과 사회 전반에는 혜택이 될 수 있지만 당사자인 노동자와 가족들과 지역사회에게는 인적 비용을 수반한다. 사회적 수용할 만한 전환이 되기 위해서는 자원집약적인 분야에서 일하는 있는 일자리를 잃게 될 수 있는 수백만 명의 입장을 고려해야 한다.

많은 국가에서 에너지 등의 자원집약적 분야의 고용은 그리 나쁘지 않으며 노조화되어 있고 급여 수준이 비교적 높다. 이런 특성 때문에 일자리 상실에 대한 불안이 커지며 이에 사회적 안전망, 재기술 프로그램, 현장 실정을 반영한 전환 옵션, 지역사회 활성화 지원 등으로 해결되어야 한다.

농업의 경우 세계적으로 10억 명 이상이 종사한다. 지속가능한 테크놀러지를 이용한 농업생산으로 그린하우스가스 배출을 줄이고 늘어나는 인구의 식량 수요를 충족하며 농촌의 일자리를 유지할 수 있다. 이는 품종 개량, 음식폐기물 감축, 지속가능한 농생태적 실천, 비료와 물의 효율적 이용으로 달성될 수 있다. 또 전환의 달성은 교육훈련과 농업 증설에 대한 투자를 필요로 한다. 마찬가지로 모두를 위한 전기, 재생에너지 이용, 화석연료 에너지 시스템의 GHG 배출 감소와 함께 기업가정신 방안 등이 뒷받침되어야 한다.

자료 UN (2019 : 59). *Global Sustainable Development Report 2019*

(3) 구조 개혁 접근

구조개혁 접근법은 '배분적' 정의(distributive justice)와 '절차적' 정의(procedural justice)가 보장되는 정의로운 전환을 주창한다. 절차적 정의는 정의로운 전환을 가이드하는 의사결정의 포용성과 형평성에 관한 것이다. 나아가 새로운 탄소 제로의 에너지 시스템의 공동 소유와 관리를 중시한다.

따라서 구조개혁 접근은 시스템 차원의 제도적 변화와 구조적 진화를 주창한다. 솔루션으로는 시장 세력이나 선동석인 과학과 테크놀러지에서 비롯된 유형뿐 아니라 개선된 거버넌스 구조, 민주적 참여와 의사결정, 오너십 유형까지 광범위하다(Healy and Barry 2017). 전환에 따른 혜택이나 보상의 배분이 기존의 파워집단들이 수용하는 유형뿐 아니라 노동자, 지역사회 기타 이해관계자 집단들의 대표기관들이 제시하는 유형까지 다양하다. 이런 정의로운 전환의 시각은 화석연료 에너지 시스템이 사회에 광범하게 내재된 특성과 그로 인해 발생하는 구조적 불평등과 불의의 문제를 심각하게 제기한다(Healy and Barry 2017). 정의로운 전환이 부당하게 피해를 받은 사람들에 대해 보상을 하며 동시에 제도 자체를 개혁하지 않으면 안 된다는 주장이다.

이런 개혁 방안은 작은 노동자 소유의 에너지 협동조합이나 시민 소유의 비영리 에너지 협동조합 등 지방 차원에서 실제 실현되고 있다. 특히 새로운 형태의 거버넌스의 실천이 중요하다. 에너지 생산을 지배하는 기존의 제도들의 형평성이 결여된 거버넌스뿐 아니라 전통적으로 글로벌 공급사슬을 가진 제도들의 거버넌스 문제가 있다는 시각이다.

에너지민주주의노동조합(Trade Unions for Energy Democracy : TUED) 이니셔티브는 〈노동자 주도의 전환〉의 관심사를 논의하는 정의로운 전환의 정치를 주창한다. 그래서 전체 경제가 〈사회경제적 전환〉을 이루는 방향성을 강조한다(Sweeney and Treat 2018:2). 그럼에도 TUED 이니셔티브는 ITUC와 주류 노조의 '사회적 대화'(social dialogue) 접근법에서 '사회적 권력'(social power) 접근법으로의 전환을 주장한다. '사회적 권력' 접근은 기존의 권력 관계의 변화를 전제로, 그 변화가 핵심 섹터(그리고 특정 에너지 포함)에 대한 공공/사회적 오너십과 민주적 통제를 가능하다는 전략도 제시한다(Sweeney and Treat 2018).

컨터키 커먼웰스(Kentuckians for the Commonwealth) 또한 권력의 재분배를 주창하는 또 다른 집단이다. 그들은 정의로운 전환을 "국민 주권에 의한, 국민을 위한, 지역사회의 번영과 지역사회의 지속가능성을 위한 경제"로 정의한다. 그리고 "권력과 부가 최대한 광범한 방법으로 배분되는 진보적 경제"라 정의한다. 이들은 개혁운동 〈임파워 켄터키 플랜〉(2015~2017)을 수립해, 켄터키 주에서 청정 에너지로의 전환을 추진하고 있다.[8] 〈임파워 켄터키

8 KFTC. http://kftc.org/campaigns/just-transition

플랜〉의 하나로 켄터키 중의 환경적 정의 분석을 진행해, 어느 지역사회가 누적적 공해 피해가 심각하며 공해로 인한 건강 피해결과들을 분석한다.

(4) 전환적 접근

전환적 접근은 환경적, 사회적 위기에 책임이 있는 기존의 경제적, 정치적 시스템의 대수술을 주문한다(Hopwood et al. 2005; Healy and Barry 2017). '전환'의 주창자들은 규율과 거버넌스의 개혁뿐 아니라 지속적 성장에 기반하는 주류 경제 시스템을 위협하고 근본적으로 다른 인간-환경 관계를 중시하는 '대안적 개발' 경로를 제안한다.

미국 기반의 지속가능성노동네트워크(Labor Network for Sustainability)는 노동자와 지역사회를 위한 일련의 단기 처방들을 제안한다. 그것들은 직업훈련, 건강케어연금, 일자리 창출의 지역사회경제개발 등이다. LNS는 나아가 보다 획기적인 시스템 차원의 접근의 필요성을 강조한다(UNRISD 2018: 12).

> "사람들은 노조에 가입해 회비를 내고 자신들의 노동 이슈들이 해결되며 일자리를 보호받길 바란다. 그래서 정의로운 전환을 경제, 생태, 테크놀러지 전환으로 인한 일자리를 상실한 사람들을 지원하기 위한 수단으로 간주하는 경향이 있다. 시스템 변화와 더 나은 세상을 위해 투쟁하는 사람들에게 정의로운 전환은 새로운, 지역 기반의, 모두를 위한 평등과 지역 통제의 원칙들에 기반한 경제의 창출, 즉 젠더, 인종, 계급 편견이 과거로 사라지는 강력한 민주주의의 도구로 간주한다."

전환적 접근은 노동자와 노동 관련 이슈들이 핵심이 되지만, 동시에 현실 사회에 뿌리를 내리고 있는 인종주의, 가부장적 정치, 계급주의 등 억압의 시스템들의 해체를 주창한다. 예를 들면 코퍼레이션 잭슨(Cooperation Jackson)은 정의로운 전환이 "시스템 차원의 하이드로 카본 산업에 대한 의존, 한정된 자원으로 지구에 대한 자본가 주도의 끊임 없는 성장 욕구에 대한 의존을 종식하는 것이며, 다른 한편으로는 지방화된 협동적으로 소유되고 통제되는 생산과 배분의 지속가능한 방법들에 의존하는 새로운 민주적 경제를 창출하는 것이다."

정의로운 전환의 프레임들이 점차 늘어나며 여성, 원주민, 유색인종이나 게이, 레스비언, 양성자, 트란스젠더, 퀴어 개인들 등 특정의 주변화된 사회집단들이 거기에 포함되어 논의되고 있다. 오레곤 정의로운 전환 연대(Oregon Just Transition Alliance : OJTA)는 경제적 불평등은 환경적, 기후변화 정의 차원에서 해결될 수 있는 이슈로 간주하며 그 과정이 지역사회 주도가 될 것을 강조한다. 전환적 프레임들의 핵심적 특징은 풀뿌리 임파워먼트, 일상의 저항과 투쟁, 운동의 파워 등 과정에 대한 신념이지, 엘리트나 정책결정층에 대한 의존은 아니다. 기후정의연대(Climate Justice Alliance), 풀뿌리 글로벌 정의연대(Grassroots Global Justice Alliance)를 비롯해, 무브먼트 제너레이션(Movement Generation)은 "정의로운 전환의 핵심은 노동자와 지역사회가 자신들의 삶에 영향을 미치는 의사결정에 통제권을 가지게 되는 것이다."(Movement Generation 2016 : 3). 이것은 노동현장에 국한되지 않고 보다 광범하게 많은 사람들의 동원을 의미한다.

그리고 전환적 접근은 문화, 전통 등이 진정한 정의로운 전환을 갖다주는 과정의 핵심 요소들로 간주한다. 많은 작가들과 조직들에게 전환은 정의로운 전환의 이상적 결과물이다. 대표적으로 스테비스와 휄리(Stevis and Felli 2015), 힐리와 배리(Healy and Barry 2017) 등을 참고할 수 있다. 전환과 그 과정은 사회적 기초선 또는 현상유지에 의존해 거기서부터 변화가 일어나는 것으로 가정한다. '전환'에 대한 다양한 해석들의 공통점은 환경적 문제와 사회적 불의를 재생산하고 확대시키는 시스템들과 구조들을 극복하는 긍정적, 진보적 변화를 추구하는 것이다(UNRISD 2016). 그럼에도 그 곳에 도달하기 위해 탐구할 수 있는 여러 경로들에 대해서는 일관된 비전이 취약한 문제를 드러내고 있다.

3) 책임있는 기후행동 이니셔티브

기업들의 책임있는 기후행동은 파리기후협약을 계기로 일부 이니셔티브들이 등장해 글로벌 기업들의 기후행동으로 발전하고 있다. RE100 이니셔티브를 비롯해, We Mean Business, B Corp 공동체, B Team 사례들을 참고해볼 만하다.

(1) RE100

RE100은 영향력 있는 대기업들이 재생 전기 사용 100% 목표를 설정해 실천하도록 지원해서 전기의 탈탄소화를 가속화시키는 글로벌 리더십 이니셔티브이다. RE100의 〈2021 연간보고서〉에 따르면, 315개 기업들이 참여하고 있다(CDP 2022: 9).

기업들이 목표 연도를 선택한 결정적인 이유는 무엇인가? 기업들이 운영되는 지역에서 재생 전기를 소싱하는 환경을 반영하고 있다. 또 목표연도는 기업들이 목표를 달성하고자 하는 의지를 반영하기도 한다. 일부 기업들은 재생 전기 소싱의 방법으로 자가발전 또는 PPA 등의 직접적인 조달 방법만을 추구하는 정책을 갖고 있다. 재생 전기를 직접적이고 규모있게 소싱하는 것은 시장 상황에 따라 상당한 기간이 필요하다.

기업들은 RE100의 6대 정책 메시지를 시행하며 운영에 필요한 재생 전기를 보다 빠르고 규모 있게 소싱에 착수할 수 있다.

표 5-7 RE100의 6대 정책 메시지

1) 재생 전기가 화석연료 전기와 경쟁해서 재생전기의 비용-경쟁력(cost-competitiveness)이 반영되는 공정한 경쟁의 장을 만든다.
2) 규제적 장애를 제거해 기업 재생전기 소싱을 활용하도록 지원하는 안정적인 프레임워크를 시행한다.
3) 모든 기업들이 규모에 관계 없이 구매자가 되어 재생전기 공급자와의 직접적인 거래가 이뤄지도록 전기시장 구조를 창출한다.
4) 기업 재생전기 소싱에 다양한 옵션을 제공하도록 설비나 전기 공급자와 협력한다.
5) 재생전기 프로젝트 현장이나 주변 용지에 대한 직접적 투자를 진흥한다.
6) 경쟁적 가격제의 에너지속성인증서(Energy Attribute Certificates : EACs)의 발급, 추적, 확인을 위한 신뢰할 만한 투명한 시스템을 지원한다.

자료 CDP (2022 : 10).

2021년 315개 회원기업 중 61개 기업들이 재생전기를 100% 소싱하고 있다고 보고했다(CDP 2022: 12).[9] 이들은 RE100 전체 기업의 전기소비의 14%를 차지한 것으로 추산된다. 100% 재생전기 소싱을 보고한 기업들은

---

9 Airbnb, Alphabet, Alstria, American Express, Apple, Atlassian, Aurora Organic Dairy, Autodesk, Bank of America, BayWa, Biogen 등.

GHG 프로토콜 기업 표준안에 따라 신뢰할 만한 재생전기 소싱을 보고한다. 회원기업이 재생전기 100% 소싱을 보고하면 RE100은 이 보고를 공인하기 앞서 검증하는 절차를 밟는다. 재생전기 100% 소싱을 보고한 61개 기업 중 50개는 상세한 소싱 보고를 했다.

한국 기업은 2020년에 SK하이닉스 등 SK 계열사 6개사가 참여했고, 2021년에 아모레퍼시픽과 한국수자원공사가 동참했다. 대부분 RE100 목표 연도를 2030년, 2040년, 또는 2050년으로 설정해두고 있다.

(2) We Mean Business

We Mean Business는 2015년 12월 파리 신기후변화협정 시행에 부응하기 위한 기업계의 글로벌 기후변화 실천 플랫폼이다. 글로벌 기업사회공헌 관련 국제기관들의 연대기구로 출범하였다. UN의 글로벌 컴팩트를 비롯해 대부분 국제기관들이 연대기구에 동참하였다. 연대기구는 기업과 투자자들에게 "담대한 기후행동으로 경제적 기회"를 탐색할 것으로 홍보한다. 2017년 611개 기업과 투자기관들이 선도했는데, 그 수가 2020년 2월 1,186개, 2022년 2월 2,934개로 크게 늘었다. 국내기업으로는 LG Chem, LG Life Sciences만이 참여하고 있다.

① 저탄소 테크놀러지 파트너십 이니셔티브(LCTPi)

운동에 참여하는 기업들은 아래와 같은 비즈니스 실천에 노력한다.[10]

---

10 https://www.wemeanbusinesscoalition.org/commitment/join-the-low-carbon-technology-partnership-initiative/

- 기후에 적합한 화물차 운영
- 재생품 활용 스케일업
- 빌딩의 에너지 효율성을 위한 시장 장애물 제거
- 저탄소 화학물 솔루션 활용
- 세계 최고의 지속가능한 연료 시장 성장
- 기후 스마트 농업으로 식품 안전, 자원 효율성, 기후복원 촉진
- 탄소 싱크로서 숲과 숲 제품 스케일업

② 스마트 에너지 사용

Climate Group에 따르면, 2030년까지 100개 기업이 에너지 생산성을 두 배 늘리면 단위당 에너지 소비에 대한 경제적 산출이 두 배 증가해, 연간 1억 7천만 메트릭스 톤의 배출이 줄고, 이는 도로에서 자동차 3,700만 대가 사라지는 효과와 같다.[11]

표 5-8 We Mean Business : 기업의 기후행동 이니셔티브

기후행동	세부 기후행동	참여기업 2017.5	참여기업 2020.2
1. 과학기반의 배출감소 목표 설정	- 24개월 기간 목표 설정, 최소 5년 이상 실행 - GHG Protocol 기업기준 목표 - GHG 배출 인벤토리 연간 보고	265	770
2. 저탄소 기술 파트너십(LCTPi) 참여	- 지속가능개발기업위원회(WBCSD)와 공동으로 저탄소 경제로의 전환에 필수적인 저탄소 기술 개발, 적용을 위한 공동 플랫폼 제공	-	97

11 https://www.wemeanbusinesscoalition.org/commitment/commit-to-smarter-energy/

기후행동	세부 기후행동	참여기업 2017.5	참여기업 2020.2
3. 카본 가격 매기기	- GHG 배출 감소를 위한 투자결정에 영향력 있는 높은 카본가격 설정, 카본가격제 중요성 홍보 - 두 가지 진전도를 보고서로 공표	78	78
4. 재생자원에서 전기 100% 구입	- RE100 회원 기업들은 비즈니스에 필요한 기술, 도구, 자원 지원으로, 재생에너지 소비, 배출을 공표	89	-
5. 스마트 에너지 사용	- Climate Group 주도의 글로벌 EV100 운동으로 에너지 생산적 사용으로 저배출, 청정 경제로의 전환 운동. 참여기업은 경영전략에 에너지 효율성을 통합, 크린테크 혁신 주도.	-	65
6. 기후정책에 책임있는 기업 관여	- 기업의 기후변화 정책 관여활동에 관한 내부 감사 과정을 제시. 관여활동의 일관성을 확증 - 활동과 성과에 대한 홍보와 공표	128	128
7. 보증의무로서 주류 보고서에 기후변화 정보 보고	- CDSB 기후변화 리포팅 프레임워크에 따라 기업보고서에 기후변화 정보 보고 → 2020년 기후관련 재정 공개(TCFD)로 변경	192	166
8. 공급사슬 전체의 상품 관련 숲제거 배제(2020년까지)	- 숲제거로 인한 GHG 배출 상승을 막기 위한 CDP의 숲제거 로드맵에 따라 목표 설정, 시행	54	53
9. 단기수명가스(SLCP) 배출 감축	- 카본, 메탄, HFCs을 GHG 배출에 포함 - SLCPs 배출 감축	22	22
10. 물 안전성 개선	- 식수 관련 리스크 분석과 공조적 전략 시행 물 사용 자료 측정 및 리포팅 - 생산과 공급사슬에서 물 유용성과 질에 대한 임팩트 감소	40	52
11. 세계 최고의 지속가능한 연료시장 성장	- 저탄소연료로 효율성 개선, below50 운동으로 화석연료보다 50% 이상 배출 감소 참여 기업 동참.	-	20
12. 전기차 사용과 충전 인프라 구축	- 전기차는 연간 수백만 톤의 GHG 감소 효과 - Climate Group 주도의 글로벌 EV100 운동으로 기업의 전기차 소유나 임대	-	60

자료 We Mean Business. http://www.wemeanbusinesscoalition.org/take-action

기후행동에 참여하는 기업들은 일반적으로 다음과 같은 실질적인 혜택을 누린다는 것이 We Mean Business의 설명이다. 첫째, 배출감소 규제에 앞서 목표 설정을 함으로써 규제 정책의 변화에 능동적으로 대처할 수 있다. 둘째는 투자자들과 고객들에게 글로벌 이슈가 되는 탄소배출 감소와 글로벌 온난화 완화에 기여하는 긍정적 호응을 얻게 된다. 셋째, 탄소 가격 시스템의 경우처럼 혁신을 진흥하고 지속가능한 경제적 경쟁력을 확보하게 해준다.

또 투자자들이 얻게 되는 혜택들로 다음 몇 가지로 요약될 수 있다. 첫째, 포트폴리오의 탄소 발자취를 측정하는 투자자들은 기후변화가 초래하는 포트폴리오 리스트와 기회에 대한 이해를 개선해 기후변화에 관한 주주들의 질의에 응답하는 책무성을 높인다. 둘째, 투자자들이 기후변화 문제해결에 기여하고 있다는 것으로 공시해 일반인에게 알려 공신력을 높인다. 셋째, 저탄소 사업, 자산, 테크놀러지로 투자를 전환하는 기업들에게는 기후 친화적 포트폴리오를 개발하는 투자자에게 몰리게 되어, 이는 실질적으로 글로벌 그린하우스 배출 감축에 의미있는 임팩트를 유도한다.

(3) B Corp 공동체의 '2030년 탄소중립' 선언

2019년 12월 11일 마드리드 당사국 25차 회의에서 'B CORP 커뮤니티 선언문'에 참여한 혁신적 기업들이 탄소중립에 선도적인 역할을 할 것을 서약하였다.[12]

---

12 B Corp Community Statement for COP25. https://bcorporation.net/news/500-b-corps-commit-net-zero-2030

500개 이상의 B Corps들은 파리 협약에 제시한 가후행동 목표치의 20년 앞선 2030년까지 GHG '탄소중립'을 약속하며, 탄소중립 경제로의 전환을 지원하고 나섰다. B Corporation 운동은 리더십 운동이다. 모든 B Corps은 〈상호의존 선언문〉에 서명해 기후행동 등의 글로벌 운동에 동참한다. 선언문에는 "모든 비즈니스는 인간과 장소가 중요한 것처럼 운영되어야 한다… 그리고 서로에 대해 그리고 미래 세대에 대해 책임을 지니고 있다."

B Corp 운동은 기후행동과 주창활동을 다음과 같이 제시한다.

첫째, 기후행동을 한다. 세계적으로 많은 B Corps은 기후 비상사태에 대응하는데 리더 역할을 한다. 그 역할에는 다음의 기후행동들이 포함되는데, 모든 글로벌 B Corp 공동체가 동참할 것으로 제안한다.

- 기후비상사태를 선언하고 기후행동을 취한다. '비즈니스의 기후비상사태 플레이북'을 활용해, 이사회와 관리팀이 과학기반의 사실을 갖추고 자신의 비즈니스뿐 아니라 사회, 특히 취약층에 미치는 중대한 의미를 인지하는 로드맵으로 삼는다.
- 탄소 배출 감소를 가속화한다.
- 탄소중립 플랜을 개발한다.
- B Corp 기후 콜레티브(Climate Collective)에 가입한다. 기후행동, 기후정의, 기후주창의 글로벌 학습과 실천의 공동체의 일원으로 동참한다.

둘째, 기후주창(climate Advocacy) 활동을 한다. 개별 기업의 자발적 행동만으로는 기후 비상사태의 규모를 해결하는데 한계가 있다. 정책변화를 촉구하는 집단적 주창의 파워를 활용해, '탄소중립 경제'로의 신속한, 정의로운 전환을 달성하는 장애물을 제거하고 인센티브를 연계하도록 한다.

셋째, 스탠다드 업데이트를 한다. B Corp 인증의 성과 요건을 재평가해 기후 비상사태와 기타 세계가 직면하는 긴박한 이슈들을 반영한다. 독립적인 B Lab 스탠다드자문위원회가 업데이트 기준을 마련할 것이다.

(4) B Team의 기업 기후행동 혁신사례

B Team은 2013년 기업과 시민사회 대표들의 일련의 워크숍의 결과로 탄생되었다. 세계적으로 가장 심각한 문제해결의 논의에는 시스템 전문가, 지속가능 선구자, 경제학자, 사회기업가 등도 동참해, 혁신적 기업의 사회적 역할을 계획으로 실행한 것이 B Team이다. B Team은 "우리는 정부기관, 사회섹터, 비즈니스 리더들과 협력해 세계의 해결하기 어려운 도전들 일부를 해결하는 지원 역할을 한다. 우리는 사람과 지구를 위한 옳은 일을 하는 비즈니스를 구축하도록 다른 사람들에 경청하고 배우고 공유하려 한다."[13]

B Team의 〈탄소중립 경제 보고서 2020〉은 기업의 기후행동의 급진적 협력을 요청한다. 일부 기업들이 탄소중립 경제를 추구하는 기후행동을 선도하고 있다는 혁신 사례들을 소개한다. 기업의 기후행동 요청은 IPCC의 〈지구온난화 1.5°C〉 특별보고서에 근거한다. IPCC(2018)는 1.5°C 목표 달성을 위한 2050년까지의 탄소중립 그린하우스 달성을 요청한다. 이는 기업뿐 아니라 정부, 노조와 시민사회, 일반 시민 등 모두의 적극적인 다자 협

13 B Team. https://bteam.org/who-we-are/our-history

력으로만이 달성될 수 있는 지구적 목표가 된다.

B Team의 보고서에 소개되는 기업 기후행동 사례들은 혁신적 이니셔티브다. 대표적으로 알리안즈(Allianz)의 '탄소중립 자산소유자 연대'(Net-Zero Asset Owners Alliance), 다농의 리더십 역할이 되는 '하나의 지구 기업의 생다양성'(One Planet Business for Biodiversity), 세일즈포스(Salesforce)의 '스텝 업 연대'(Step Up Coalition)을 참고해볼 만하다.

B Team 기업의 기후행동 참여는 2015년 개시에 10개 기업만이 동참했지만 2020년 730개 기업이 동참하는 폭증세를 보여준다. 기업들은 과학기반의 타깃 이니셔티브에 동참하며 그 중 88개 기업들은 2050년 '탄소중립' 또는 1.5°C 타깃을 선도한다.

기업이 기후행동에 나서야 하는 이유는 무엇인가? 기후변화의 불안정성은 기업의 장래를 위협하기 때문이다. 탄소중립 목표를 설정하면 반대로 새로운 녹색경제에서 혁신과 투자를 촉진하는데 기여할 수 있다. 무엇보다도 새로운 시장기회가 열리고 있기 때문에 기업의 기후행동은 생존전략과 밀접히 관련된다(B Team 2020: 5) 농식품, 도시, 에너지와 자재, 보건과 웰빙 등이 대표적인 사업분야로 꼽힌다. 기업들은 기후행동에 의욕적으로 나섬으로써 소비사의 동참을 유도할 수 있다. 또 기업의 기후행동은 점차 늘어나는 규제적 리스크에 순응해 비즈니스의 안정화에 기여한다.

기업이 탄소중립 경제 전환의 타깃을 설정해야 하는 이유는 무엇인가? 탄소중립 등의 타깃은 모든 비즈니스 측면에 적용되어, 혁신의 기회를 촉진하게 된다. 창의적 사고를 탐구해, 다른 분야의 테크놀러지와 프로세스를 잘 이용해 비즈니스 안정화를 탐구할 수 있다(앞글: 5). 탄소중립 타깃을 달성한다는 것은 궁극적으로 수십년에 걸쳐 탄소중립으로의 전환 로드맵을 실행하는 것을 의미한다(앞글: 5).

첫째는 내부 커뮤니케이션이다. 이사회, 관리임원 모두가 자사의 탄소중립 전환의 로드맵에 동의한다는 점을 분명히 해야 한다.

둘째는 전사적인 팀의 임명이다. 탄소중립 전략의 내부적 시행의 책임을 가진 팀이다.

셋째는 과학기반의 타깃의 설정이다. 자사의 배출감소 타깃을 외부적으로 인증하는 과학기반타깃 이니셔티브(Science Based Targets initiative : SBTi)에 멤버로 동참한다. 모든 배출감축 타깃은 파리기후협약의 목표와 지구온난화 1.5°C 이내 달성을 충족시키는 기후과학 제안과 일치해야 한다.

넷째는 비즈니스 모델의 재구상이다. 내부와 외부의 자원을 활용해, SBTi에 일치하지 않는 비즈니스 측면(운영, 공급사슬, 제품과 서비스 등)을 파악한다. 부적합한 측면에 대해서는 기업의 총제적인 탄소중립 타깃 달성의 전략에 비추어 리모델링 할 수 있는 방안들을 분석한다.

마지막은 자신의 스토리를 공유하는 것이다. 자신의 경험을 다른 기업들과 공유하는 커뮤니케이션 전략을 개발한다. 다른 기업들의 기후행동을 촉진하는 산업계의 리더십을 표출하는 것이다.

4) 기업의 기후행동

기업의 '탄소중립' 전환 전략은 이사회, 관리임원 모두가 자사의 탄소중립 전환의 로드맵에 동의함으로써 개시될 수 있다. 기업의 기후행동에서 임직원, 이사회, 고객, 투자자가 핵심 이해관계자가 된다.

(1) 기업 기후행동 이해관계자

① 임직원

인재유치 : 2025년에는 밀레니얼들이 노동력의 75%를 차지한다. 최근 조사에 따르면, 이들의 76%가 직장선택에 기업의 사회적, 환경적 실천을 고려한다.

기회탐색 : 직원과 노조는 기업 관리보다 기업의 일상적 운영에 대해 훨씬 더 잘 알고 있어, 운영의 효율성과 변화 필요성을 잘 파악할 수 있다. 사회적 대화를 통해 직원과 노조가 탄소중립 전환 과정의 주요 부분으로 정의로운 전환을 보장하는 것이 중요하다. 새로운 적절한 녹색 일자리의 보존과 창출이 보장되어야 한다.

② 이사회

성실의무 : 이사회는 기업의 전반적인 방향에 대한 감시 책임을 갖고 기업의 자산 수호자 역할을 한다. 기후변화는 기업에 잠정적인 물질적 리스크가 되므로 이사회는 다른 전략적 리스크와 같은 방식으로 파악해 관리할 의무가 있다.

전략적 기회 : 기후변화가 대부분의 산업에 물질적 리스크가 되지만, 이사들은 기후대화에 거의 참여하지 않는 방청객에 머물러 있다. PwC의 〈2018 기업 이사 설문〉에 따르면, 기업 이사들의 39%가 기후변화가 기업의 전략 수립에 고려되어야 한다는 의견에 동의하지 않는다. 이사들은 작은 수에 불과하지만 상당히 영향력이 있는 핵심 이해관계자에 해당된다. 탄소중립 경제로의 전환에서 핵심적으로 중요한 독보적인 역할을 하는 집단이다.

그림 5-2 기업 기후행동 이해관계자

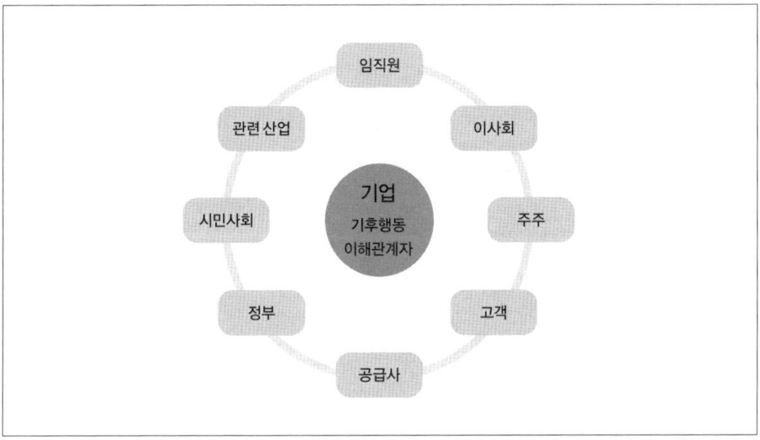

자료 B Team (2020 : 8). "Net-Zero Economy Report – 2020."

③ 투자자

집단행동: 투자자들은 자신들의 투자 포트폴리오가 1.5°C 시나리오에 연계되는 자신들의 목적에 점차 더 강한 시그날을 보내고 있다. 자신들의 투자 결정에서 기후관련 리스크와 기회 사정이 통합되고 있다. 기관투자자들은 연대를 통해 세계 최대의 배출 기업들의 이사회와 관리에 관여해 기후거버넌스 개선을 압박하고 있다. 기후행동 100+(Climate Action 100+), 탄소중립 자산소유자연대(Net-Zero Asset Owner Alliance)가 대표적이다.

직접행동: 기후관련 주주 제안들이 최근 수적으로 증가하고 있다. 미국에서 기후관련 제안 의결이 2013년 17개에서 2019년 75개로 늘었다. 주주 행동가들은 연대해서 기업들이 보다 기후친화적인 정책을 도입하거나 최소한 글로벌 온난화가 기업의 바톰라인에 미치는 영향을 공개할 것으로 요구한다.

Climate Action 100+의 〈2021년 성과 보고서〉는 다음과 같이 높은 성과를 달성하고 있다고 보고한다.

- 서명기관이 615개로 자산 규모는 전체 65조 달러에 해당되며,
- 167개 기업을 타깃으로 탄소중립을 요구해,
- 기업 52%가 탄소중립을 약속했고,
- 기업 87%는 이사회의 감독을 하며,
- 기업 76%는 TCFD 권고의 공개를 한다.

실제로 2021년 Climate Action 100+ 투자자들은 역사적인 '전대미문의 성과'를 올렸다. 참여기업들은 책임자를 교체해 파리기후협약과 연계하는 정치로비활동으로 새로운 탄소중립 이행을 추진해 세계 최대 기업의 GHG 배출의 탈탄소화를 가속화시켰다. 18개 기업들이 기후변화 전환전략을 주주 투표로 성사시켰다. Climate Action 100+ 투자자 서명기관들이 제시한 14개의 주주 제안 중 6개가 다수결로 지지를 받았다. 임원들의 지지를 받은 General Electric과 Bunge는 각각 98%와 99% 절대 다수 지지를 받았고, United Airlines는 65% 지지를 받았다(UNPRI 2021: 8).

탄소배출이 가장 심한 오일과 가스 섹터에서는 이사회가 기후변화에 책무성을 갖도록 압력을 행사했다. ExxonMobil 주주들이 이사회에 세 명의 새로운 이사들을 선출했다. 이는 미국 최대 연금기금과 Climate Action 100+ 서명기관 CalPERS, CalSTRS, 뉴욕주 Common Retirement Fund의 의결권 행사로 가능했다. 2022년에도 투자자 서명기관들은 보다 기후 초점의 주주 의결을 기대한다.

④ 고객

가치 : 탄소중립 타깃을 추구하는 기업들은 제품의 최종 이용자 고객들의 소비 배출을 포함한 Scope 3 배출에 대해서도 책임있는 행동으로 사회적 가치를 추구한다. Scope 3 배출은 기관이 소유하거나 관리하지 않지만 기관의 운영에서 발생하는 간접적 배출이다. 기업들은 고객들과 함께 저탄소 제품과 서비스를 개발에 나서고 있다.

윤리적 소비행동 : 개인 고객들은 글로벌 온도 상승에 대한 비난의 대상이 아니지만 무엇인가 윤리적인 행동으로 문제해결에 나서려고 한다. 기후 카타스로피 시나리오를 예방하려는 윤리적 소비행동이다. 2018 GlobalWebIndex 조사에 따르면, 밀레니얼의 61%와 Z tpeo 58%가 환경친화적 제품에 더 비용 지불을 할 의향이 있고, 모든 연령층의 52%가 제조사들이 녹색 제품 생상을 해야 하는 궁극적인 책임이 있다고 생각한다.

(2) 공급사, 정부, 시민사회, 동료기업

핵심적 이해관계자 이외에도 2차, 3차 이해관계자 그룹으로 공급사뿐 아니라 정부 정책기관, 시민사회, 관련 산업계를 꼽을 수 있다.

⑤ 공급사

복원력 : 기업들은 공급사슬의 구조적 사정을 통해 공급사슬 복원력 창출의 최상의 기회를 주는 고리스크 분야를 우선 시행한다. 기후관련 리스크들은 비용, 질, 시의성 요인들에 임팩트가 되면서 공급사슬 생산에 직접적인 영향을 미친다. 그 결과 공급사들은 기후변화 취약성과 그린하우스 가스 배출 감소 전략과 관련된 정보 공유 요청을 받는다.

Scope 3: 기업들은 공급사슬 전반에서 이뤄진 모든 생산의 배출에 대해 책임을 지게 된다. 따라서 공급사슬과 관련된 투명성을 높이고 또 정확한 배출 리포팅을 보증하기 위한 공급사슬 협력사들과의 협력을 개선하는 요청을 받고 있다.

⑥ 정부

장기적 안정: 기업들은 정책 당국과 협의해 탄소중립 정책 로드맵과 관련한 장기적인 안정을 도모한다. 중장기 배출 감축 타깃으로 확실성을 탐구하며, 정책당국이 제시하는 확실성은 기업의 탄소중립 경제로의 원만한 빠른 전환을 지원한다.

피드백 룹(feedback loop): 정책당국과의 협의를 통해 기업이 의욕적인 기후행동을 실행하고 있다는 '피드백 룹'을 과시할 필요가 있다. 그럼으로써 정책기관이 기업에 인센티브를 제공하는 기회도 열린다. 그럼으로써 기업과 정책기관 사이의 긍정적인 피드백 룹을 창출할 수 있다.

⑦ 시민사회

책무성: 기업이 기후 리포팅 측면에서 그리고 명성 리스크 완화를 위한 자료공개에서도 시민사회와의 협력을 필수적이다. 시민사회는 기업의 불투명하거나 부적절한 기후행동에 문제를 제기하므로 기업은 보다 투명한 기후행동을 실천하는 것이 중요하다.

신뢰성과 전문성: 제3자 이해관계자 그룹에 시민사회가 핵심이 된다. 제3자 그룹은 기업의 기후행동에 문제를 제기하면서도 신뢰성과 전문 식견을 제공해 기업의 기후행동의 정당성을 인정해준다. 기업의 탄소배출 관련해서 시민사회의 전문가 접촉부터 탄소배출 활동의 공증 등이 있다.

'기후변화 학교파업'(School strike for climate change) 운동은 글로벌 시민사회운동이 되고 있다. 기후위기에 책임있는 주체들인 정부와 기업을 대상으로 기후변화에 적극 대응할 것을 요구하는 청소년들의 학교 결석 시위로 2018년 그레타 툰베리의 1인 결석시위에서 시작되었다. 툰베리는 스웨덴 의회가 기후변화 비상대책을 내놓을 것을 촉구하며 매주 금요일 학교를 결석하고 의회 앞에서 〈school strike for climate change〉라는 피켓으로 저항하였다. 툰베리의 시위는 폭발적으로 글로벌 운동으로 퍼지며 세계 수백만 명에 이르는 청소년들도 매주 금요일 결석시위를 하고 있다. 세계적으로 학생뿐 아니라 청년, 직장인 등 다양한 사람들도 동참하는 기후파업(Climate Strike) 등으로 확산되었다.

또 '기후위기 비상행동'은 기후변화 문제에 대한 사회의 인식을 높이고 적극적 대응을 촉구하기 위해 시민 누구나 참여하고 청소년, 환경, 인권, 노동, 종교 등 각계각층의 시민단체가 함께 하는 기후운동 기구이다. 기후위기비상행동은 광범위하고 시급한 사회적 변화를 추동하기 위한 비폭력 행동주의(activism)를 추구하면서 정부에 다음을 요구한다. i) 기후위기 진실의 인정과 비상상황 선포, ii) 온실가스 배출 제로 계획의 수립과 기후정의에 입각한 행동, iii) 기후위기에 맞설 범국가기구의 설치.[14]

⑧ 관련 산업

집단행동: 동종의 기업들 사이의 공조적 활동으로 기업은 기후행동의 실행을 원만히 추진할 수 있다. 연대 활동으로 활동의 장애가 극복되고, 다

14 http://climate-strike.kr/

른 한편으로는 새로운 혁신적 제품과 서비스 개발로 수요 증대를 유도하는 시그날을 보낼 수 있다. 또 연대활동으로 정책기관들의 진보적인 규제조치들에 후원자 역할도 한다.

지식공유: 탄소중립 경제로의 전환은 복잡한 과정이다. 기업들은 혁신적인 프로젝트에 대해 동료기업들과 경쟁적인 협력관계를 추구한다. 여러 기업들이 집단적인 전문 역량으로 규모의 경제를 이루고 개별 기업들이 당면한 리스크를 보다 잘 완화할 수 있다.

5) 기후행동 최고경영자 인식

(1) 기후위기와 이사회 결정

기후위기는 이제 이사회의 의결결정의 현실이 되고 있다는 조사결과가 나오고 있다. 2021년 글로벌 기업조사(Eversheds Sutherland and KPMG 2021)에서 최고경영자 1,095명 대다수는 자신의 기업이 당면한 기후위기에 대해 '매우 잘 이해하고 있다'(35%), '잘 이해하며 또 이해하려고 노력한다'(52%)로 나타났다. 기업이 당면한 기후위기 먼저 물리적 리스크(physical risk)로는 재산 피해, 운영 회복력 피해, 공급망 피해 등이 있고, 또 전환적 리스크(transitional risk)로는 기업 핵심이해관계자(투자자, 규제자, 협력사, 고객, 임직원 등)가 탈퇴를 결정하는 리스크가 있다. 대다수의 최고경영자들은 기후변화의 위기에 대처하는 기술에 대해서는 상당히 개선(37%), 다소 개선(37%)로 답했고, 현재로는 적절하다는 의견은 소수(13%)로 나타났다(앞글: 12).

기후위기에 대해 외부에 공표하는 기업들은 점차 늘고 있지만 여전히 공표한다는 기업(45%)보다 안 한다는 기업(51%)이 더 많다. 공표하는 기업들의 공표 이유에 대해서는 규제 때문(76%)이거나 투자자 요청 때문(68%)이 가장 중요한 것으로 나타난다. 다른 이유들로는 해당 분야에서 자사의 모범사례를 리포팅하기 위해서(67%)라는 선도적 의미도 주요 요인으로 제시되고 있다.

(2) 기후위기와 이해관계자 압력

기후위기가 향후 5년 사이에 자신의 일자리를 지키는데 핵심적 요인이 될 것인지에 대해서는 '높은 가능성'(6%), '가능성'(72%)으로, 가능성이 없다(16%)를 압도한다(앞글: 18). 기후변화에 대해 임직원들의 목소리는 어떻게 높아지고 있는가? 직원들이 기업의 기후임팩트에 실망해 직장을 떠나거나(40%), 실망의 목소리를 높이고 있다(33%)로 나타나 있다.

기업의 기후정책에 압력을 행사하는 집단으로는 보험사(56%), 정부/규제기관(55%), 투자자(52%)가 가장 비중이 높고, 그밖에도 신용평가기관, NGO/캠페인단체, 은행, 임직원/예비임직원, 소비자/고객 등으로 나타났다(앞글: 20).

그림 5-3 기업의 기후정책에 압력을 행사하는 집단

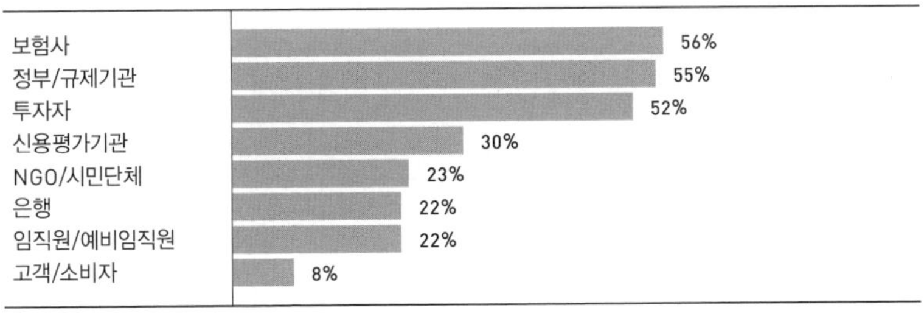

자료 Eversheds Sutherland and KPMG (2021 : 20).

(3) 탈탄소화 전략

탈탄소화에 대한 기업의 전략과 목표가 설정되어 있다는 의견은 73% 다수로 나타나, 없다는 의견(20%)를 압도한다. 탈탄소화는 기업에게 이익이 되기 때문에 적극적인 입장이 지배적이다. 이에 비해 정부 규제 때문이거나 기업 평판 때문 등의 소극적인 방어 입장도 상당하다.

그림 5-4 탈탄소화 이유는? 사업성공, 비용절감, 장기적 가치

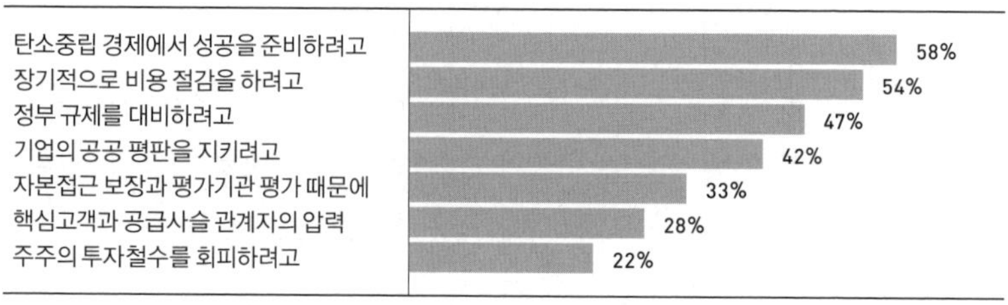

자료 Eversheds Sutherland and KPMG (2021 : 24).

비즈니스 탈탄소화는 기존의 비즈니스 모델의 상당한 변화를 필요로 하는가? 이에 내해 절대 나수(74%)가 그렇다고 답한 반면, 그렇지 않으며 약간의 변화만 필요하는 응답은 21%, 전혀 변화가 필요없다는 응답은 5%에 불과하다(앞글: 25).

탈탄소화에 가장 큰 장애는 무엇인가? 이에 대해 기업대표들은 탈탄소화 비용이 감당하기 어렵다는 의견이 가장 많고, 이어서 탈탄소화 기술 부족 문제도 제기되었다.

그림 5-5 기업 탈탄소화에 가장 심각한 장애는?

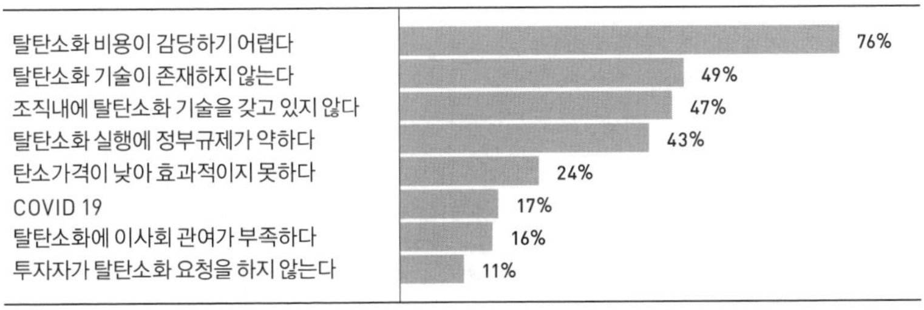

자료 Eversheds Sutherland and KPMG (2021 : 26).

COVID 19의 영향에 대해서는 긍정과 부정이 혼재되어 있다. COVID 19가 탈탄소화 전략을 가속시키고 있다(29%)는 응답보다 지연시키고 있다(52%)는 응답이 압도적이다(앞글: 30). 실제로 COVID 19가 비즈니스 탈탄소화에 어떤 장애가 되는지에 대해, 첫째로 탈탄소화에 투자할 자본의 부족(76%)이 가장 심각한 것으로 나타난다.

3. 기후금융과 기후투자

이제 '지속가능한 금융'이라 강조하지 않아도 될 것이 모든 금융에는 '기후' 그리고 ESG가 고려되기 때문이다(Howard 2019: 50). 어느 회사든 금융을 다루면서 기후변화 해결에는 기여하지 않는 일이 불가능해지는 시대가 되고 있다.

1) '탄소중립 경제'를 위한 기후금융

(1) 기후금융이란?

기후금융(climate finance)은 UN 기후변화(UNCC)에 따르면, "기후변화를 해결하는 적응과 완화 행동을 취하는 공공, 민간 및 대안적 금융의 소스들에서 제공되는 지방, 국가, 초국가 파이낸싱"을 의미한다.[15] 기후협약, 교토 협약과 파리기후협약은 모두가 금융 자원 여유가 있는 국가들로부터 취약국으로의 금융지원을 요청한다. 기후변화에 대한 국가들의 기여와 예방 역량과 그에 따른 적응은 국가마다 커다란 차이가 있다는 점을 전제로 하는 요청이다.

기후금융은 대규모의 획기적인 배출 감축에는 대규모 투자가 필요하기 때문에 완화에는 기후금융이 뒷받침되어야 한다. 또 적응에도 기후금융이 동일한 비중을 중시되고 있다. 기후변화의 부정적 효과에 대처하고 예측이 어려운 기후임팩트를 감소하는데도 상당한 규모의 금융 자원이 뒷받침되기 때문이다.

2015년 파리 기후협약은 '공통의, 그럼에도 차등화된 책임과 각국의 역량'의 원칙을 제시한다. 개발국들이 개발도상국의 기후변화에 대한 적응과 완화를 위한 기후금융을 지원하는 원칙이다. 또 개발국들은 각국 주도의 전략 지원을 비롯한 다양한 행동으로 공적 기금의 주도적인 역할로 다양한 유형의 소스, 도구, 채널을 통해 기후금융의 동원에서 주도적 역할을

15 UNCC https://unfccc.int/topics/climate-finance/the-big-picture/introduction-to-climate-finance

지속해야 한다. 파리기후협약이 제시하는 노력들은 GHG '저배출'과 '기후 복원적' 개발을 지향하는 경로에 부합하는 금융 제공의 목적을 추구한다.

'녹색' 금융은 최근 상당한 붐을 이루는 성장 분야다. 다양한 펀드, 프로그램, 이니셔티브들이 있다. 대표적으로 GEF(Global Environment Facility), UN REDD 프로그램, 기후변화 적응기금(Adaptation Fund), 녹색기후기금(Green Climate Fund)이 있다.[16] 대표적인 GEF의 기후 파이낸싱 성과는 다음과 같이 광범위하다(GEF 2019: 11).

- 130개국 2,700만 명의 기후 취약성을 감소시키는 적응 금융 17억 달러,
- 497개 재생에너지와 에너지 효율성 프로젝트에 25억 달러 지원,
- 435개 지속가능한 숲 관리 프로젝트,
- 1억 4,300만 헥타르 지속가능한 토지관리, 8천만 명 소농 수혜,
- 450개 민간부문 프로젝트 시행으로 공동 파이낸싱 레지리지 비율 1:8,
- 58개국의 제도적, 기술적 역량 구축 지원금 8,940만 달러.

16 UNCC https://unfccc.int/topics/climate-finance/the-big-picture/introduction-to-climate-finance; GEF https://www.thegef.org/; GCF https://www.greenclimate.fund/home;

(2) 녹색채권과 블루 채권

① 녹색채권

녹색금융 가운데 가장 급성장하는 분야가 '녹색채권'(green bonds)이다. 녹색채권은 채권의 수익금을 환경친화적 투자에 연계시키는 금융수단이다. 채권의 발행은 영리기업, 다자은행 등의 국제금융기관, 중앙 정부나 지방정부 등의 공공기관이 될 수 있다(UNDP 2016: 41). 기후채권이니셔티브(Climate Bonds Initiative)에 따르면, 녹색채권은 수익금의 100%를 환경적 목적이나 프로젝트에 투자되도록 규정한 '녹색'(green) 명칭을 가진 채권들이다. 또 다른 '녹색' 명칭을 갖고 있지는 않은 채권들도 발행되어 기부/환경 문제해결에 투자되도록 되어 있다.

다자개발은행과 기업들이 녹색채권의 주요 채권 발행기관이다. 2014년과 2015년 유럽투자은행(European Investment Bank) 116억 달러, 세계은행 85억 달러, 독일개발은행 (KfW) 40억 달러의 채권을 발행하였다. 산업국에서는 지방자치단체도 녹색채권을 발행하는데, 에너지, 저탄소 건물과 운송 관련 프로젝트들이 가장 인기 있는 프로젝트다. 브라질, 중국, 인도, 멕시코, 남아공 등 일부 신흥개발 강대국들은 국내에 역동적인 녹색채권 시장을 구축해두고 있다. 유럽투자은행이 세계 최대의 녹색채권 발행기관으로, 리베리아와 같은 저소득국에도 활용하지만 주로 고소득국의 '기후인식채권'(Climate Awareness Bonds)으로 에너지 프로젝트에 투자한다.

세계은행 또한 주요 발행기관으로 2015년말까지 18개 다양한 화폐의 100개의 녹색채권 거래를 시행하였다. 그런데 절대 다수가 동티모르를 제외한 중소득국 프로젝트 지원에 활용되고 있다. 아프리카개발은행도 2013년 '녹색채권 프로그램'을 개설해, 재생에너지, 에너지 효율성, 배출감소, 폐기물관리 등에 재정지원을 한다. 르완다, 우간다, 잠비아 등의 저소득국에 녹색채권 수익금을 지원하고 있다. 아시아개발은행은 2015년 5억 달러의 녹색채권 프로그램을 개시해, 저탄소와 기후복구를 지원하는 아시아개발은행의 프로젝트에 투자자의 투자를 유치하는 채널로 활용하고 있다. 중국, 인도네시아, 필리핀 등의 중소득국이 수혜를 받았다. 세계은행에 따르면 녹색채권 발행 규모가 늘면서 투자자 유형도 다양해지며 앞으로의 전망이 밝은 것으로 본다. 일부 국제은행들이 녹색채권과 같은 사회적, 환경적으로 혜택이 되는 활동에 투자를 확대하는 추세다.

② 블루 채권

한편 '블루'(Blue) 채권은 소도서국(Small Island Developing States)에 초점을 맞춘 채권으로, 세이셸이 주도적인 역할을 한다(UNDP 2016: 42). 녹색채권을 벤치마킹해서 채권의 수익금을 해안 보전과 지속가능한 수산업 개발 등에 투자하는 금융수단이다. 세이셸은 2016년 아프리카은행과 세계은행의 지원으로 1,000만 달러의 채권판매를 계획해서, 비용을 줄이고 적정가의 이자율을 보장해 투자자 유치에 나섰다. 채권 판매가 성공적이면, 프로젝트를 더 확장시켜 코모로스, 마다가스카르, 모리셔스 등 다른 인도양 도서국들과 연대할 계획을 갖고 있다.

녹색채권, 지속가능 채권, 사회임팩트채권은 각기 최근 급성장하고 있다. 2020년 현재 각기 2,910억 달러, 1,760억 달러, 2,370억 달러에 달한다.

그림 5-6 녹색, 지속가능, 사회채권 발행의 성장(2012~2020)

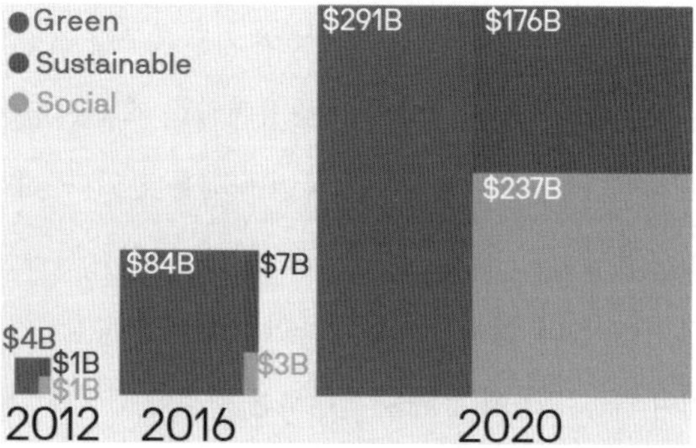

자료 JP Morgan (2021).

2) 기후투자

기업 등 민간자본이 파트너로 참여하는 임팩트투자, 블렌딩, 녹색금융은 이제 글로벌 개발협력 패러다임의 이동을 주도한다. 이 셋은 모두 넓은 의미에서 기후임팩트를 생산하기 위한 기후투자를 대표한다고 볼 수 있다.

(1) 녹색금융, 블렌딩, 사회임팩트투자

블렌딩(blending)은 "추가적 파이낸싱의 동원"에 있으며, 사회임팩트투자(SII)는 "측정가능한 사회적 임팩트"에 있기 때문에, 둘은 상호보완적이다(OECD 2019c: 51). 특히 둘은 지속가능개발을 지원하는 파이낸싱에서 수십조 달러의 자본을 유치해 "지속가능한, 측정가능한 결과"를 창출하는데 자본을 활용한다. 블렌딩은 유치가능한 민간자본을 대거 동원하는 역할을 한다면, 이렇게 유치된 자본을 지속가능한 개발의 '결과'와 '임팩트'를 창출하는 사업이나 프로그램에 투입하는 역할을 SII가 맡아, 둘은 보완적 분담 역할을 한다. 여기에 최근 활성되고 있는' 녹색금융'이 결합해서, 탄소제로(zero-carbone) 경제로의 '전환'에 초점을 맞춰, 투자가'지속가능한 투자'로의 전환을 유도하는 역할을 한다.

OECD는 "블렌딩, 사회임팩트투자, 녹색금융, 셋은 지속가능개발을 위한 민간자본를 레버리지 하기 위한 효과적인 접근법이자 도구"라 설명한다(OECD 2019c: 51-52).

> "셋 모두가 SDGs 파이낸싱의 갭에 대한 파이낸싱 문제 해결과 파리기후협약 이행에도 도움을 준다. 블렌딩 파이낸스 모델로 추가적인 상업자본의 유치, 투자를 측정가능한 임팩트로 연계, 그리고 투자를 녹색 전환의 경로로의 전환이 그것이다. 셋은 각자의 비교 우위를 활용해, 공동으로 지속가능개발 파이낸싱 패러다임의 변화를 이끌고 있다. 정부와 시장행위자들도 자신들의 원칙, 정책, 실행 등 모든 차원에서 동원, 전환, 임팩트를 우선으로 하는 통합전략을 추진해야 할 것이다."

녹색기후금융은 저탄소(low carbone), 기후복원(climate resilient), 자원효율(resource-efficient) 경제로의 전환을 추구한다. 다음 수십년에 걸쳐 에너지와 산업 시스템의 전환이 SDGs 달성과 파리기후협약의 섭씨 2° 이하 목표 달성에 결정적으로 중요하다. 기후관련 개발금융의 20% 가량이 민간부문에 타깃을 맞추고 있는데 이를 더 레버리지 해야 하는 과제가 있고, 식수 또한 ODA를 통한 상업자본의 동원 비중이 1.9%에 지나지 않아 더 큰 레버리지 과제를 제시한다(앞글: 53).

기후변화의 핵심 이해관계자인 기업들은 SDGs에 관심을 갖고 일부 기업들이 선도적인 역할을 하지만 여전히 많은 기업들의 참여가 부진하다. 자본투자에 따른 리스크를 감소시키는 역할을 하는 블렌딩으로 녹색금융과 SII 참여 확대를 촉진할 필요가 있다.

(2) 영국의 녹색금융 시장

NASA의 연구에 따르면 20세기 이래의 지구 온난화 현상의 95% 이상이 인간 활동에 기인한다(Gifford 2019: 15). 더 놀라운 점은 온난화 동향이 지난 수십년에 걸쳐 전대미문의 빠른 속도로 진전하고 있다는 사실이다.

영국은 '탄소 제로'국가를 선언했고, 런던시는 세계 금융시장의 중심으로 '녹색투자은행'을 통해 녹색금융을 선도한다. '풍요투자'(Abundance Investment) 등의 금융사 플랫폼이 지역의 녹색 프로젝트에 9천만 파운드 이상의 녹색금융 투자가 이뤄지도록 지원한다(앞글: 16). 38개의 기업들이 선도하는 이런 혁신적인 운동은 런던 증권거래소에서 100억 파운드의 투자유치를 하고 있다.

금융서비스 분야는 '탄소중립' 경제의 달성을 위한 노력에 협력해야 한다. 이를 위해 140개 조직들이 참여하는 녹색금융 TF가 조직되어 영국 정부에 다음과 같이 제안하였다(앞글: 16).

- 혁신적 청정 테크놀러지에 대한 투자 진흥
- 녹색 대여품의 수요과 공급 촉진

- 청정성장재생지역(Clean Growth Regeneration Zones) 설치
- 데이터 활용으로 기후리스크 관리 개선
- 기업 공시의 개선과 연금기금투자 요건 향상
- 녹색, 복원적 인프라 파이프라인 구축

런던증권거래소에 등록된 녹색채권은 16개국에서 100개 이상의 규모로 260억 파운드 이상에 달한다. 이 정도는 좋은 출발이며 지속가능한 개발과 기후 목표 달성을 위해 2030년까지는 90조 달러 유치를 목표로 한다(Gifford 2019: 16).

(3) EU의 탄소국경세

EU의 탄소국경조정제도(CBAM)는 EU로 수입되는 제품의 탄소 함유량에 EU ETS(탄소배출권거래제)와 연동된 탄소가격을 부과해 징수하는 조치다. 수출기업에는 일종의 추가 관세가 된다. 한국무역협회의 〈EU의 CBAM 수정안 평가와 시사점〉 보고서(신규섭 2022)에 따르면, 2021년 12월 EU 의회는 CBAM 규제 수준을 강화했다.

초안에서 CBAM 적용 품목인 철강 · 전력 · 비료 · 알루미늄 · 시멘트 등 5개에 추가해 유기화학품 · 플라스틱 · 수소 · 암모니아 등이 새로 포함되었다. 9개 품목에 대한 한국기업의 연평균 수출액은 55억 1천만 달러(약 6조 7천억 원)로 EU 수출액의 15.3%에 달한다. 그만큼 국내 관련 업계의 부담이 커지게 된다.

또 초안에서는 '상품 생산과정에서 배출'되는 직접배출만 포함했지만, 수정안에서는 '상품 생산에 사용된 전기의 발전과정에서 발생하는 온실가

스 배출'을 의미하는 간접배출도 포함했다. 또 CBAM의 전면 도입시기를 2025년으로 앞당겼고, EU 내 탄소누출 위험 업종으로 분류되는 사업장에 무상으로 할당하는 탄소배출권을 폐지하는 시기도 2028년으로 앞당겨 규제 강화방안을 제시했다.

3) 대기업의 '지속가능한 금융'

대기업들도 이제 '지속가능한 금융' 전략을 추진할 수밖에 없는 티핑 포인트에 달했다는 것을 의미하는가? 2019년 3월 지구의 날에 실시한 설문조사에서 세계인 37%가 기후변화가 공기오염(35%)보다 앞선 세계 환경 이슈로 제기되고 있다(Page 2019: 20). 다른 이슈들인 쓰레기와 폐기물 처리(34%), 숲제거(24%), 자연자원 고갈(22%), 소비제품 과대포장(15%) 등이다. 그럼에도 기후변화 이슈는 고용, 건강, 안전 다음의 우선순위가 되고 있다는 점에서 세계인들에게 2차적 현안으로 비춰지고 있다.

또 소비자 행태의 변화를 크게 기대하기도 어려운 현실이다. 기후변화에 대한 관심이 높지만, 기후변화에 주도적 역할을 할 책임이 있다는 소비자는 영국인 9%에 지나지 않는다. 플라스틱 사용의 환경 피해에 대해서도 영국인 85%가 관심을 갖고, 그 중 41%는 매우 관심을 갖고 있다고 답했지만 소비자 행동에서는 매우 미온적이다. 개인적으로 플라스틱 문제 해결에 나서겠는지를 물었을 때, 18%가 가장 심한 제품사에서 쇼핑을 하지 않겠다고 답했다(앞글: 21).

영국에서는 플라스틱 백 부과금이 도입되어 1년 만에 85% 사용 감소를 보였다(앞글: 21). 일종의 '넛지'(nudge) 효과다.[17] 런던시의 교통혼잡료 부과는 평일 7~18시에 교통혼잡지대를 이용하는 자동차에 하루 £11.50을 부과되는 것으로 2004년 런던시장이 도입해 시장 재선에 활용했던 넛지 정책이다.

유럽에서는 녹색당 정치인들이 유럽의회에 상당히 진출해서 EU 또한 2050년 '넷제로' GHG 배출 세계를 꿈꾸고 있다. 이런 변화가 임팩트투자 결정에 영향을 미칠 것인가? 어디에 투자할 것인지를 결정하는데 소비자들이 기후변화 문제해결에 노력하는 기업들을 더 선호할 것이라는 기대를 하기는 어렵다(Page 2019: 21). 그럼에도 젊은 투자자, 밀레니얼은 지속가능한 투자에 더 강한 동기유발이 된다는 분석도 나와 있다. 이들은 2015년까지 자신의 베이비부머 부모들로부터 30억 달러 유산을 상속받아 보다 지속가능한 투자에 동참할 것으로 기대된다.

기후변화 리스크를 해결하면서 지속적인 경제성장이 가능한가? 이에 대해 글로벌경제기후위원회(Global Commission on the Economy and Climate)는 '저탄소 경제'로의 전환 비용으로 90조 달러의 투자금이 필요하다는 것이다. 투자에 장애가 되는 것은 정치적 리더십과 기후위기에 대응하는 에너지, ICT에 자본 이동 투자, 건축과 운송 인프라 정책의 부재 등으로 꼽는다 (Holmes 2019: 32).

무수한 자산 소유자와 투자 관리사들이 저탄소 경제로의 전환에 필요한 자본시장의 연계에서 중요한 역할을 할 것을 주문한다. 첫 단계는 기후

---

17 넛지(nudge)는 사람들이 합리적 선택으로 자발적인 행동을 하도록 유도한다. 행동경제학자 리처드 탈러와 카스 선스타인의 공저 〈넛지〉로 알려지기 시작했다. 사람들의 자발적인 행동을 이끄는 넛지 효과는 정책뿐만이 아니라 사회 공익적인 요소와 디자인, 마케팅, 광고 등 다양한 분야에서도 활용되고 있다.

변화 위협과 기회에 관한 이들의 인식을 형성하는 것이다(앞글: 33). 사회책임투자 또는 ESG 접근의 투자는 기후 리스크와 기회를 통합하며 상당한 성장세를 보여준다. 단순히 리스크 관리를 위한 것은 아니라 기후변화와 다른 환경 및 사회적 이슈들의 해결의 기회를 자본화하는 임팩트 기금은 크게 성장하고 있다.

자산소유자, 투자관리사, 투자은행 등의 자본시장 형성자들이 만들 수 있는 거대한 변화는 저탄소 전환에 가장 심각하게 대처해야 하는 대기업들을 관여시키는 것이다. 그래서 기업들이 더 신속하게 리스크 해결의 행동을 하도록 강력한 스튜어드십(stewardship)을 제공하는 것이다. 투자자들의 사회목적 지향적이며 결과초점의 스튜어드십 역할이 필요하다. 영국의 새로운 스튜어드십 코드에 따르면, "스튜어드십은 수혜자, 경제, 사회에 지속가능한 가치를 창출하기 위한 기관 투자 공동체에서의 자본의 책임있는 배분과 관리"를 의미한다.

한편 기업 거버넌스 코드(Corporate Governance Code)[18]는 이사회의 역할을 중시한다. 성공적인 기업은 "기업의 장기적인 지속가능한 성공을 진흥하면서 주주에게 가치를 생산하고 광범하게 사회에 기여하는 역할"을 하는 효과적, 다양한 기업가직 이사회가 주도한다고 강조한다(앞글: 33). 투자자, 정부, 시민 개인들 사이의 협력도 시급하다. 각자가 행동을 기다리게 되면 기후변화의 심각한 도전에 대응하는 자원 동원의 시간을 허비하게 된다. 기후위기를 혁신적으로 해결하는 선도기관들이 제시하는 기회를 상실하게 될 것이다. 기업, 자산소유자, 투자관리사들이 협력해야 기업들의 저탄

---

18 1992년에 처음 시행된 기업 거버넌스 코드는 "기업 거버넌스는 기업들이 관리되고 통제되는 시스템"이라 정의한다(Financial Reporting Council 2018:1). UK Corporate Governance Code.

소 경제로의 전환을 유도할 수 있다. 이들은 또 정부로 하여금 전환 과정을 가속화하기 위한 시장 프레임워크를 창출하도록 압력을 행사해야 한다. 욕구는 크고, 자본은 있으며, 이제 기후변화 리스크를 해결하면서도 경제성장을 지속할 수 있다.

4) 은행, 보험사, 금융섹터

기후금융의 진흥에 정부나 금융사 등 제도권의 역할이 중요하지만 금융섹터가 녹색금융에 완전히 결합되도록 하는 역할은 소비자와 고객의 몫이다. 금융섹터가 저탄소 세계로 전환하는데 은행, 투자기금, 보험사 및 타 금융 서비스 조직들에게는 상당한 상업적 기회들이 늘고 있다(Thompson 2019: 18). 그럼에도 여전히 투자 갭이 상당한 상태에 정체되어 있다. 공적 금융 단독의 문제가 아니라 금융서비스 섹터의 상당한 협력이 필요하다.

글로벌경제기후위원회(Global Commission on the Economy and Climate)에 따르면, 저탄소 세계로의 전환에 연간 6조 달러씩 15년간 93조 달러가 필요하다(앞글: 18). 그 중 2/3 가량이 개발도상국에 투자되어야 한다. UNEP에 따르면, 그 전환 기금이 2050년까지 최소 60조 달러가 필요하다. 그 중 35조 달러가 에너지 탈탄소화 자본금으로, 나머지는 기후변화 적응 자본금이 된다.

금융서비스 부문이 상업적 기회뿐 아니라 사회적 목적 추구의 기회를 활용해야 한다. 그럼으로써 기후변화 적응과 완화에 기관들과 소비자들이 집단적인 행동으로 역량을 발휘하도록 지원할 수 있다(앞글: 19). 이를 위해서는 녹색금융 자체도 전환이 필요하다. 기후금융의 작은 일부라는 현상

유지에서 은행과 금융의 주류가 되도록 해야 한다. 일부 기관들이 녹색금융과 지속가능금융에 대한 참신한 발표를 하고 있지만, 많은 은행들과 투자기관들이 여전히 환경 파괴적인 사업에 상당한 펀딩을 하고 있는 실정이다(Thompson 2019: 19).

금융은 금융 자본과 인적 자본의 기반에서 구축된다. 금융의 변화는 궁극적으로 조직들이 아니라 개인들이 주도한다. 금융 전문가들이 주도적인 역할을 할 때 녹색금융의 원칙들과 실천들의 주류화가 가능하다. 이들의 전문성 역량의 지식과 기술을 갖추도록 하는 제도적 방안이 필요하다.

2018년 영국은행(Bank of England) 설문조사 결과를 보면, 영국 은행들 70%가 기후변화를 금융 리스크가 있다고 인식하면서도 기후변화에 총체적, 장기적 전략으로 인식하는 은행은 10%에 불과했다(Caldecott 2019: 23). 또 은행 30%는 기후변화를 은행의 비즈니스 전략과 거의 관계없는 사회적 책임(CSR) 차원으로만 간주한다.

a) 기후변화는 단순한 CSR 이슈를 넘어 리스크 관리, 고객 관계, 투자자 관계, 상품 개발, 정부 관계, 마켓팅 등의 톱 관심사가 되고 있다. 따라서 이사회와 임원진이 심각하게 고려할 관리 대상이 되고 있다.

b) 은행들 10%만이 기후변화를 총체적, 장기적 전략으로 간주하는 현황에서 상당한 진전을 이루려면 갈 길이 아직 먼 것으로 보여진다. 은행들이 전략 차원에서 의미있는 변화를 이룰 것인지는 여전히 불투명하다.

c) 기후 관련 리스크가 어젠다로 급부상하고 있지만, 자연과 생다양성 관련 리스크를 포함한 시스템 차원의 중요성을 가진 환경 리스

크들이 광범위하다.

d) 기후변화 리스크뿐 아니라 고객, 정책당국, 기타 이해관계자들의 요구는 파리 기후협약을 준수하기 위해 은행들이 제공하는 융자와 서비스의 긍정적, 부정적 임팩트에 대한 검토에도 집중되어 있다.

이상과 같이 은행들과 은행 섹터가 직면한 도전과 기회들은 다음과 같이 광범위하다(Caldecott 2019: 23-24). 첫째는 사고의 전환이다. 규범, 실천, 기준들이 변화하고 있고, 또 급격히 변할 수 있다. 둘째는 규제적 변화다. 영국은행은 2019년 4월에 은행과 보험사에 대한 새로운 규제감독을 발표해, 기후변화의 금융적 리스크를 관리하는 종합 계획을 갖추고 관리자를 지정해 운영하도록 규제한다. 6개월 안에 종합계획서와 책임자 지정 계획을 제출하도록 규제한다. 단기, 장기 시나리오 분석을 포함한 기후 관련 리스크를 측정해 관리하는 역량과 기술을 갖추도록 규제하는 것이다. 지속가능성 개선 융자 등의 새로운 금융 상품은 고객이 지속가능성 측정치를 충족하거나 초과달성한 경우에 낮은 이율 혜택을 받는 상품이다. 은행은 또 소매 고객들, 특히 고액 자산가들의 임팩트투자 동참을 유도할 수 있다. 은행의 시스템 변화와 비즈니스 성공에 커다란 기회가 된다.

(2) 보험사

영국보험협회의 보험사들은 2018년 최대의 보험금 지출을 기록했다. 극심한 한파로 인한 수도관 파열로 3개월 기간에 1억 9,400만 파운드를 지출했다(Evans 2019: 29). 폭염 피해로 지불된 보험금은 1만 가구에 6,400만 파운드에 달했다. 그밖에도 2017년의 허리케인 피해로 최대 보험금 지불이 이뤄졌지만 전체 피해금의 절반 이상은 보험 적용이 되지 않았다.

보험 산업은 ESG 투자 성장을 지원하는데 특별한 위치에 있다. 보험사들이 지속가능한, ESG 순응적인 투자로 이동하는 것이다. 급성장하는 녹색채권 시장에서 보험사와 연금기금은 1조 3천억 파운드를 투자해 초기 투자자 그룹에서 다수를 차지한다(앞글: 29).

(3) 보험사 ESG 시민운동

보험사들의 기후금융 리더십을 압박하는 글로벌 시민운동 〈Insure Our Future〉은 보험사들의 성적표를 공개한다. 〈2021년 성적표〉를 보면, 새로운 석유와 가스 생산 프로젝트에 대해 14개 보험사들이 여전히 보험을 받고 있지만 3개사(Axa, Generali, Suncorp)는 모두 또는 일부에 보험 거부/철회 정책을 도입하였다(Insure Our Future 2021). '탄소중립보험연대' 창설 보험사들인 Allianz, Munich Re, Zurich는 정책을 바꾸지 않으며 비협조적이다. 석탄에 대해서는 보험사들이 발빠르게 호응하고 있다. 2017년 이후 37개 보험사들이 보험을 받지 않으며 석탄사들이 곤경에 처해 있다.

보험사들의 투자 철수(divestment)의 경우, 2020년 65개 이상이 석탄 투자에서 발을 빼며 재투자를 고려하지 않겠다고 공표하였다. 유럽과 달리 미국 보험사들만이 석탄에 호의적인 정책을 유지하는데, 이는 석탄산업의 단계적 폐쇄를 공언한 바이든 정부와는 대조적인 입장이다. 중국은 2021년 9월에 해외에 새로운 화력발전소 건설을 종료할 것을 공표했다.

표 5-9 화석연료 보험과 투자 철회 글로벌 캠페인

〈Insure Our Future〉 캠페인은 2017년부터 보험사들이 파리 기후협약의 1.5°C 목표에 호응하는 비즈니스를 할 것을 요구해왔다. 2021년에는 세계 최대 화석연료 보험사들에게 공개서한을 보내 다음 여섯 가지를 즉각 이행할 것을 요청했다.

1) 석탄, 석유, 가스 프로젝트 신규 및 기존 보험을 즉각 중단하라.
2) 2030년까지 EU/OECD 국가에서 2040년까지 전 세계에서 모든 석탄 자산을 동결하는 석탄출구 계획이 없는 석탄사 보험을 즉각 중단하라.
3) 1.5ºC 목표에 맞춰 석유와 가스 기업의 보험을 단계적으로 철회하라.
4) 1.5ºC 목표에 호응하지 않는 석탄, 석유, 가스 기업 투자(제3자 운영의 투자 포함)를 철수하라.
5) 스튜어드십 활동, 무역협회 멤버십, 주주의 공적 지위, 기업시민을 1.5ºC 목표에 투명하게 연계하라.
6) '자유, 사전동의, 정보제공'(FPIC)에 대한 원주민의 권리를 포함한 모든 인권을 고객들이 존중하고 관찰할 수 있도록 하는 메카니즘을 설치하라.

자료 Insure Our Future (2021 : 8).

표 5-10 글로벌 보험사 기후금융 성적표

보험사	국가	화석연료 보험		화석연료 투자		기타기후리더십	
		순위	점수	순위	점수	순위	점수
Allianz	독일	1	4.7	3	4.4	2	4.5
AXA	프랑스	2	4.6	1	5.4	3	4.0
Swiss RE	스위스	4	3.6	4	3.5	4	3.8
Samsung FM	한국	17	0.8	16	0.4	11	0.0
Ping An	중국	21	0.2	16	0.4	11	0.0
Sompo	일본	21	0.2	16	0.4	11	0.0
AIG	미국	23	0.0	24	0.0	11	0.0

자료 Insure Our Future (2021 : 9).

4. 기후금융 민관 파트너십

1) 기후금융의 메카니즘

기후금융의 메카니즘은 무엇인가? 기후협약은 기후금융의 제공을 원활하게 하기 위해 개발도상국에 금융자원을 제공하는 금융 메카니즘을 개설하였다. 글로벌환경기금(Global Environment Facility : GEF)은 기후금융의 메카니즘의 실행 주체 역할을 한다. 2010년 16차 당사국회의(COP16)는 녹색기후기금(Green Climate Fund : GCF)을 설치해 2011년에 이를 금융 메카니즘의 주체로 지정했다. 금융 메카니즘은 기후금융 정책, 프로그램 우선순위, 자격요건 등을 결정하는 총회에 책무성을 갖는다. 이상의 GEF, GCF 이외에도, 회원국은 두 개의 특별기금(Special Climate Change Fund : SCCF, Least Developed Countries Fund : LDCF)을 개설해, GEF가 관리하도록 결정하였다.

(1) 녹색기후기금(Green Climate Fund)

GCF(Green Climate Fund)는 글로벌 기후행동을 지원하기 위한 목적으로 UN국가기후변화프레임워크회의(UNFCCC)에 의해 창설되었다. 개발도상국의 저배출 기후복원적(climate resilient) 전환을 진흥하는데 초점을 맞춘다. GCF는 파리 기후협약을 지원하는 역할로 개도국들이 국가 자율로 결정한 기여목표를 달성하도록 지원한다.

GCF는 완화와 적응 투자에 50 : 50 균형을 목표로 적응 펀딩의 절반 이상이 최빈국(LDCs), 소도서국(SIDs), 아프리카 국가들에 투자된다(UNFC-

CC 2019: 3).

GCF는 공공 및 민간 부문과 협력해 높은 임팩트의 패러다임 전환의 기후투자를 확대하는 노력을 한다. 이를 위해 다양한 융통적인 금융수단을 제공해 특수한 투자배경과 시장장애 극복에 대응한다. GCF는 저배출의 기후복원적인 개발을 지향하는 패러다임 전환을 촉진하는 비전을 공유하는 파트너들을 찾고 있다.

정부간기후변화패널(IPCC)의 〈1.5°C 특별보고서〉는 제로탄소 기후복원적 글로벌 경제로의 전환에 연평균 8,300억 달러의 지속가능한 에너지 투자를 긴급 요청한다(앞글: 4). 이에 GCF는 민간부문퍼실리티(Private Sector Facility: PSF)를 설치해, 기관투자자 등의 민간부문 투자자를 동원해 펀딩해서, 기업들의 GCF와 공동투자할 것을 요청한다. PSF의 미션은 지역사회와 글로벌 민간부문이 개도국의 기후변화 적응과 완화 프로젝트를 지원하도록 하는 것이다. GCF의 공인기관(Accredited Entities (AEs)과 협력해 PSF는 개도국에서 고임팩트, 전환적, 혁신적 기후프로젝트와 활동을 펀딩하는 촉매자 역할을 한다. PSF는 지금의 패러다임을 민간자본의 공급에 리스크를 제거해 저탄소 기후복원적 개발을 위한 민간자본 투자 흐름을 스케일링업을 추구한다.

GCF는 민간부문의 가치에 대해 다음과 같이 제안한다(앞글: 5).

- 개도국의 기후 문제들을 해결하는 글로벌 자본 운동에 리스크를 제거하는 목표를 둔다.
- 최빈국, 소도서국, 아프리카 국가에 특별한 초점을 맞춘다.
- 프로젝트 아이디어의 잠재적인 기후 혜택을 사정하는 전문성을 지원한다.

- 다양한 금융수단으로 장기적인 펀딩을 제공해 결과 달성에 필요하다면 양허성(concessionality)의 구조를 갖출 수 있다.
- 전략적이며 융통적 접근을 한다.

GCF는 2019년말 현재, 25개의 민간 부문 프로젝트가 추진되었다. GCF 자본 22억 달러에 공공 파이낸싱으로 70억 달러가 유치된다(앞글: 7). 기후변화 완화 효과는 1.1 기가톤 탄소배출 감소, 4,700만 명에 대한 수혜가 기대되는 포트폴리오다.

표 5-11 민간부문의 기후금융 서비스

민간 지분	금융기관
기후투자 지분/융자 펀드에서 거점 투자자 • 기술분야의 창설 펀드매니저에 초기 지분과 기후적응 펀드 제공 • 지분 전통이 없는 취약지역에 초기 지분투자 진흥 • 고혁신 국가의 지역 혁신과 글로벌 액설레이터 지원 • 성공적인 기후적응 펀드 개시	금융부문의 기후변화 완화와 적응을 주류화 • 완화와 적응 프로젝트 재정지원을 위해 지역 금융기관에 크레딧 라인 확대 • 리스크 공유 퍼실리티로 중소기업에 대한 녹색금융 접근 확대 • 지속가능 금융 진흥으로 금융부문의 녹색화를 위한 준비지원 제공 • 녹색은행 설립

자료 UNFCC (2019 : 8). "Green Climate Fund"s Private Sector Facility."

GCF의 민간부문 협력 프로젝트 투자 기준은 다음과 같이 임팩트와 패러다임 이동의 목적에 부합한 기준이다(앞글: 14).

a) 임팩트 잠재력 : 프로젝트는 GCF위 목표와 결과 분야에 기여할 수 있는가?
b) 패러다임 이동 잠재력 : 프로젝트는 일회성 프로젝트 이상의 임팩

트 촉진을 할 수 있는가?

c) 지속가능개발 잠재력: 프로젝트는 광범한 혜택과 우선순위를 가지고 있는가? 환경, 사회적 안전장치, 젠더 평등이 프로젝트에 통합되어 있는가?

d) 수혜층 욕구: 프로젝트는 수혜국가와 인구에 금융적 욕구를 제공하는가? 다른 금융 자원이 존재하지 않는가?

e) 수혜국 오너십: 수혜국 오너십이 있으며 수혜국의 정책, 기후변화 및 제도에 연계되어 프로젝트를 시행할 역량이 있는가?

f) 효율성과 효과성: 프로젝트는 비용효과성과 민간부문 펀딩 동원을 촉진하는가?

(2) 녹색채권과 은행의 역할

기후채권 이니셔티브(climate bond Initiative) 공동창설자 키드니(Sean Kidney) 대표는 녹색채권 시장의 급성장이 낙관적인 신호를 보낸다고 설명한다. 2018년 10월 IPCC SR15 보고서는 글로벌 탄소배출이 연간 10%씩 감축되어야 하는 시점에 계속 증가해 지구 생명체를 위협한다는 경고를 알린다(Kidney 2019: 35). 이에 대처하는 솔루션에 대해서도 상세하게 소개한다. 청정에너지, 저탄소 운송, 에너지 효율적 건축, 산업 및 도시 등이 그것이다.

녹색채권 시장의 급성장은 낙관적이다. 2018년에 채권발행가로는 1,676억 달러에 달하고 2019년에도 지속 성장이 기대된다. 녹색채권이 완벽한 기후금융의 종합형은 아니지만, 그 인기는 기후관련 투자를 재투자하기 용이하므로 지분과 융자 파이낸싱의 재활용을 가속화시킬 수 있다(Kidney 2019: 35).

한 가지 심각한 문제는 '자격이 되는' 투자가 무엇인지에 대한 분명한 안내가 부족하다는 점이다(앞글: 35). 중국에서는 인민은행의 2015년 녹색 금융 TF 보고서의 제안을 따른다. EU에서는 지속가능한 금융 기술자문그룹이 유럽 은행, 투자자 기업의 기금 조성의 가이던스를 제시한다.

녹색금융에 투자하지 않고 있는 기업들, 저탄소 경제로의 전환에 기여하지 않는 기업들에 대한 공적 감시도 강화되고 있다. 많은 국가에서 기후 관련 금융 공표 권고안이 이제 투자결정의 환경적 고려를 투명하게 만드는 금융 분야에 대한 공식 가이던스 또는 규제가 되고 있다. 투자자들 또한 저탄소 경제로의 전환에 적극적인 투자를 하는지, 더 강한 감시를 받고 있다.

투자자들은 세계 최대 배출기업에 더 강력한 압력을 행사하고 있다. 〈기후행동 100+ 이니셔티브〉(Climate Action 100+ initiative)의 '투자자 어젠다'는 3조2천억 달러의 기관투자자 투자금으로 160대 세계최대 배출기업의 기업 거버넌스에 관여하는 라인을 개설해두었다(앞글: 36).

세계 최대 규모의 은행 Bank of America, HSBC, Barclays 등이 최대 금액의 녹색채권을 발행했다. 중국에서는 인민은행, 건설은행이 대규모 기후채권을 발행한다. 호주, 캐나다, 유럽의 100대 은행들도 녹색채권을 발행해 공조한다. 일부 은행들이 녹색채권을 넘어 녹색융자, 녹색모기지 등의 투자상품을 개발해 서비스를 제공하지만 아직 충분하지는 않다. 참여하지 않은 은행들도 이제 기관투자자와 시민사회의 감시와 압력 때문에 영업허가권을 유지하기 위해서도 동참하게 될 것이다. 국가들도 국부 녹색채권 발행을 하며 동참한다. 칠레, 이집트, 케냐, 스웨덴, 덴마크 등이 대표적이다.

2) 탄소회계(Carbon Accounting)

네덜란드는 정부와 산업들 사이의 협의와 협력을 바탕으로 파리협약의 이행을 위한 국가적 시행에 들어갔다. 그럼에도 여기에는 잠재적 도전들이 발생한다. 경쟁적인 정치적, 상업적 이해관계가 그것이다(Vendrik 2019: 45). 금융 섹터는 기후변화를 해결하는 올바른 과정을 거치도록 다른 기관들을 독려하고 촉진하는 중요한 역할을 한다. 금융기관이 누구에게 자본을 빌려줄 것이며 어디에 투자할 것인가를 결정하는 일은 사회에 광범한 긍정과 부정의 영향력을 미치게 된다.

2015년 파리기후협약에서 네덜란드 은행 ASN 등의 금융 기관들이 두드러진 중요한 역할을 수행했다. 투자자와 금융기관이 저탄소 경제로의 급진적 이동을 유도하는데 결정적인 역할을 하도록 요청하고 나선 것이다. 그 그룹은 자신들의 융자와 투자에서의 GHG 배출을 사정하는 보다 투명한 접근법을 창출하는 실행에 나섰다. 이래서 탄생한 것이 탄소회계금융플랫폼(Platform for Carbon Accounting Financials: PCAF). 세계 최초의 금융기관에 의한 금융기관을 위한 노력이다.

융자와 투자의 탄소배출 회계는 참여한 기관들에게는 많은 여러 혜택을 제공한다. 은행들과 은행 섹터는 자신들의 GHG 배출을 모니터링해서 기관들 사이의 비교 경쟁의 기회를 제공하며 이해관계자에게 보다 투명하고 책무적인 역할을 한다. 궁극적으로 이 정보를 활용해 기후 타깃을 설정해 저탄소 경제를 지향하는 투자를 통제하는 역량을 발휘하게 된다. '과학기초적 타깃'을 설정해 파리 협정의 기준을 충족시키려면 어느정도 그리고 얼마나 신속하게 GHG 배출을 감축할 것인지를 구체적으로 제시하는 확고한 경로를 창출한다.

PCAF는 참여기관들로 하여금 자신의 배출의 발자국을 사정하게 한다. Triodos는 2018년 연간보고서에서 최초로 실제 배출을 기초선으로 해서 고객들과 함께 배출을 감축하는 진전도를 개선하고 모니터링을 개시하였다. 어떤 금융 의사결정이 배출에 가장 비중있는 임팩트를 생산했는지를 결과로 확인한다. Triodos가 파이낸싱을 제공한 기업에서 창출된(generated) 배출의 결과와, 흡수된(sequestered), 회피된(avoided) 배출의 결과가 비교된다. '흡수된' 배출은 숲 프로젝트 등으로 흡수된 결과, '회피된' 배출은 재생에너지 프로젝트로 생산된 녹색에너지 이용에 따른 결과다.

특히 가치은행들의 역할이 주목받고 있다. 글로벌가치뱅킹연대(Global Alliance for Banking on Values: GABV)는 가치기반의 은행들이 유럽의 Triodos 은행과 북미의 아말가메이티드(Amalgamated) 은행 주도로 탄소회계를 은행 운영에 적용하는 공조적 활동을 한다. 세계 28개 회원 은행들이 3년 내에 GHG 배출을 사정해 공시하는 2019년 벤쿠버에서 GABV 10주년 행사를 가졌다. 참여한 1,500억 달러 자산 규모의 은행들이 연대한 탄소회계는 곧 글로벌 운동이 될 것이라는 동향을 보여준다. 혁신적인 은행들뿐 아니라 전통적인 은행들과 다른 금융기관들도 탄소회계를 도입할 것으로 전망된다. PCAF 방법을 주류화하는 한 가지 방법으로 2019년 UN의 '책임있는 뱅킹 원칙'(Principles for Responsible Banking) 이니셔티브에 많은 은행들이 동참하는 것이다.

GABV는 2022년 현재 44개국 66개 은행이 멤버로 동참해 임팩트투자 등으로 사회적 임팩트를 생산하고 있다며 보고하는데, 몇 사례를 소개하면 다음과 같다.[19]

---

19 GABV. https://www.gabv.org/resources/

a) '지불가능한 주택'임팩트투자: 캐나다 토론토의 주택위기를 해결하기 위해 시당국의 지원과 5개 재단의 재정지원(400만 달러)으로 지역은행(Vancity Community Investment Bank: VCIB)이 토지신탁사(PNLT)와 2019년 15가구용 주택을 구입, 2020년에도 '지불가능한 주택'(affordable housing) 임팩트투자를 지속했다.

b) 유럽의 GABV 멤버은행들은 EU 의회가 투자의 환경 임팩트 택소노미(taxonomy)를 도입해, '그린 와싱'을 차단하자는 것이다. 나아가 GABV 단순한 '피해 안주기'(do no harm) 소극적 차원을 초월하는 '사회'택소노미(social taxonomy)를 제안한다. 이를 위해 Open Society Foundations과 파트너십으로 가치은행들이 공정한 금융수익과 함께 사회적 임팩트를 생산하는 혁신사례들을 제시하는 프로젝트를 추진하고 있다.

c) 포용적 금융 운동을 한다. 세계 70개국에서 여성들이 은행계좌나 신용카드를 개설하지 못하고 있어 이를 해결하는 가치은행들의 노력이 성과를 내고 있다. GABV 멤버들은 방글라데시의 BRAC Bank 등과 여성기업가들의 대출 차별 등에 저항하는 글로벌 운동을 한다. 세계적으로 여성 은행임원은 20%에 불과해, 리더십 문제를 제기한다. 또 인종차별을 하는 은행에 저항하는 풀뿌리 운동 #BankBlack은 흑인소유 은행으로 계좌를 바꾸서 지역사회를 지원하도록 하는 운동을 한다.

3) 기후금융의 민관 파트너십

투자자들의 사고방식과 행동의 전환이 개시된 것을 목격할 수 있다. 투자자들이 점차 자신들의 포트폴리오 성과에 대한 기후변화의 부정적 임팩트를 인식하고 있다는 것이다(Ang 2019: 44). 그래서 투자자들은 기후 리스크와 다른 ESG 요인들을 자신들의 거버넌스, 전략, 리스크 관리에 통합시키고 있다. 세계적으로 자산 소유자 대다수(78%)가 ESG 요인들을 통합해 투자 결정을 한다는 서베이 결과가 있다. 또 투자자들이 지속가능한 성장에 대한 파이낸싱이 새로운 시장과 투자 기회를 개척한다는 긍정적 인식을 갖고 있다는 것이다.

녹색채권은 2008년에 첫 도입된 이래로 2020년 2,910억 달러에 달했다. 지난 10년간 누적된 녹색채권 발행은 9천억 달러를 넘어섰다. 또 앞으로 15년 기간에 밀레니얼이 24조 달러의 유산을 물려받게 되면 ESG 결과에 타깃을 맞춘 자산에 다른 세대보다 두 배 높은 투자가 이뤄질 것이라는 추산도 있다.

이런 큰 진전과 기대에도 불구하고 진전도는 느리며 시간은 촉박한 것이 현실이다. 글로벌 탄소배출량이 2018년 다시 최고점을 갱신한 것이다. 생다양성은 1970~2015년 기간에 자연 습지가 35% 사라져버렸다. 기업들이 생다양성 보호에 노력하고 있지만 생다양성 리스크를 통합하는 노력은 기후 리스크에 비하면 제한적 활동에 지나지 않는다.

그럼 정책당국은 지속가능한 금융을 스케일업 하기 위한 어떤 전략을 추진할 수 있는가? 첫째, 환경 파괴와 관련된 부정적 외부경제를 내재화함으로써 올바른 가격을 책정하는 노력이 필요하다. 녹색 인프라를 위한 국내의 호혜적인 환경을 강화하고, 개별 프로젝트의 리스크 조정의 수익 프로필을 개선할 필요가 있다.

둘째, 글로벌 자본의 유용성 풀과 은행 담보가 가능한 지속가능한 자산 사이에 미스 매치가 있다. 정책당국이 공공 녹색투자은행과 국립개발은행 등 국내외 금융기관과 협력해 (블렌딩, 녹색채권 등) 적절한 금융도구를 활용해 지속가능한 은행에 담보가능한 프로젝트로 투자가 유치되도록 지원할 수 있다(앞글: 45).

셋째, 정책당국은 시장 투명성, 통합성과 효율성을 지원하면서 금융섹터의 지속가능한 투자 지향을 촉진시킬 수 있다.

마지막으로 정부는 기업과 투자자의 책임있는 비즈니스 행동을 가이드하는 중요한 역할을 할 수 있다. OECD의 다국적기업 가이드라인은 환경적, 사회적 리스크를 파악해 호응하는 성실 의무 원칙을 제시한다.

기업들과 투자자들은 생다양성 관련 리스크와 기회에 대한 이해가 부족하므로 정부가 이들로 하여금 비즈니스와 투자 결정에서의 생다양성 측정과 통합을 위한 방법론적 프레임워크를 개발하도록 독려할 수 있다.

4) '저배출, 복원적 개발' 파이낸싱

(1) 시스템 차원의 전환 과제

글로벌 차원의 기후와 개발 목표 달성에서 에너지, 운송, 건축, 식수 인프라가 글로벌 GHG 배출의 60% 이상을 차지한다(OECD 2019b: 1). 지금의 인프라 시스템의 획기적인 전환이 기후와 개발 목표달성에 필요하다고 볼 수 있다.

2015년 파리협약이 제시한 기후목표와 SDGs의 동시적 달성을 위해서는 저탄소 개발 경로에 금융자본의 투입은 결정적으로 중요하다. 환경을 보호하면서 서비스 개선에 필요한 인프라 시스템을 개발하는 이중의 특별한 기회가 주어진 것이다. 급성장하는 테크놀러지, 새로운 비즈니스 모델과 금융 혁신을 확장하는 일이 '저배출, 복원적인 미래'로 가는 새로운 경로를 개방하는데 핵심이 된다. 공공 및 민간 자본을 동원해 지속가능한 인프라 구축에 필요한 수조 달러의 자금을 창출해야 하는 특별한 사명이 주어지고 있다.

공공 금융기관, 은행, 기관투자자, 기업, 자본시장 모두가 동시에 금융 생태계 전반에서 중요한 역할을 한다. 정부는 올바른 인센티브 제도를 마련해 배출 집약적인 프로젝트를 회피하는 금융의 동원해 금속, 급진적 전환을 지원하는 투자와 기후정책 프레임워크를 제공해야 한다(OECD 2019b: 1). 일부 진전이 있는 영역에 대해 기후에 대한 점진적 접근법을 진흥하는 정책 추진이 필요하다. 기존의 정책 프레임워크와 정부 세입과 경제적 이해가 여전히 화석연료와 배출집약적인 활동에 얽혀 있는 것이 현실이다.

시스템 차원의 변화를 추진해 제도적 타성을 극복하고 '저배출, 복원가능한 개발'에 상애가 되는 기득권과 결별하는 심도깊은 노력이 요청되고 있다. 파리협정, G7, G20 회담 등의 국제협력이 전환을 촉진하는 주요 부분이 된다. 2017년 G20 〈함부르그 기후에너지행동계획〉(Hamburg Climate and Energy Action)에서 기후와 개발 목표달성과 연계된 글로벌 에너지 전환의 개시에 대해 20개국 거의 모두가 확고한 의지를 밝혔다.

또한 '정의로운 전환'과 포용적 전환을 지향하는 기후행동 요청이 늘면서 불평등을 해소하며 모두에게 기회가 되는 정책 추진이 요청되고 있다. 정부는 그 전환이 모두에게 혜택이 되고 빈곤층과 취약층에게 부정적 영향을 미치지 않도록 하는 정책 추진의 책임을 가진다.

OECD(2019b)는 기후개발 목표 달성을 위한 시스템 차원의 전환에 시급한 6대 과제와 20가지 행동방안을 제시한다. 이들 모두가 금융 지원이 뒷받침될 때 정책 기획, 혁신, 공공 재정지원, 금융 시스템, 개발 금융과 도시 재생 등의 기후와 개발 목표 달성이 가능하다.

첫째는 '저배출 복원력이 있는 미래'를 위한 인프라 기획이다. 정부 모든 차원에서 지금의 인프라 프로젝트를 장기적인 기후와 개발 목표에 연계시켜, 탄소 고정화(carbon lock-in)[20] 회피, 그리고 인프라 의사결정에서의 복원력(resilience)을 규범으로 삼으면서 기획의 재검토가 필요하다.

둘째는 혁신을 추진해 전환을 가속화시킨다. 타깃을 맞춘 혁신 정책들을 활용해 기존의 테크놀러지, 비즈니스 모델과 서비스의 적용을 가속화하며, 다음 세대의 솔루션을 연구실에서 시장으로 신속히 이동시키고, 혁신이 모두에게 혜택이 되도록 국제 테크놀러지 전파를 진흥한다.

셋째는 '저배출 복원력이 있는 미래'를 위한 금융적 지속가능성이다. 정부의 세입원을 다변화시켜 탄소 관련성을 감소시키고 기후목표에 재정과 예산 인센티브를 연계하며, 공공조달과 공공기관의 지출 구매력을 강화하며 포용적 전환을 공고히 한다.

넷째는 장기적인 기후 리스크와 기회에 연계되는 금융 시스템이 되도록 재조정한다. 편향된 인센티브제, 역량 갭, 부적절한 기후리스크 공개와 가격제 등은 '저배출, 복원적인 인프라'에 대한 금융의 배분을 방해하므로 이들을 교정해야 한다.

---

20 과다 비용 발생으로 기술 전환을 못하고 있는 상태.

다섯째는 기후에 맞춘 개발 금융이다. 개발금융기관은 자원, 규율, 인센티브를 갖고 있으므로 전환적 기후행동을 주도하고, 양허적 금융을 전략적으로 활용해 새로운 투자자와 금융의 소스를 유치하고, 각국이 국별 기후 어젠다를 진전시켜 호혜적인 환경과 '기후시장'(climate markets)을 구축하도록 보증하는 정부의 역할이 중요하다.

마지막은 도시 지방정부들이 '저배출, 복원적인 도시' 사회를 구축하도록 임파워링을 하는 것이다. 효과적인 기획, 올바른 인프라에 금융 지원, 투자 욕구에 국가와 지방적 금융 규제의 연계, 도시 차원의 기후관련 프로젝트 금융 역량 구축 등이 중요하다.

표 5-12 기후미래 파이낸싱: 〈렌즈 바꾸기〉 보고서

〈렌즈 바꾸기〉(Shifting the Lens) 보고서는 기후미래 파이낸싱 이니셔티브의 하나로, 예측방법론과 시나리오 개발로 '저배출 미래'의 금융지원을 위한 오늘의 인프라 투자결정에 중요한 정보를 제공한다.

보고서는 4층의 분석틀을 제시하며, 7개 분야의 핵심적 불확실성을 파악해 이들이 '저배출의 복원적인 인프라'의 금융적 의사결정에 상당한 임팩트를 갖고 있다고 본다. 그것들은

- 기후변화 그 자체
- 지구화(globalisation)의 경제적, 지정학적 특성의 변화
- 인프라의 기술적 강화
- 새로운 경제적, 비즈니스 모델(공유, 순환경제와 렌털화 등)
- 새로운 시민참여 유형
- 금융 시스템 변화
- 경제 침체와 외부 쇼크

등이다.

이상의 불확실성 요인들은 정책, 시장 실행, 시민행동에 광범한 통찰력을 제시한다.

- 장기적 시계 : 장기 기획의 핵심에는 시장 세력이 아니라 정부다.
- 정책 가이드를 받는 금융 : 민간 금융 시장이 저배출 인프라 투자에서 핵심 역할을 할 수 있다는 확신이 정책 가이던스와 지원으로 뒷받침된다.
- 시민행동 : 시민들이 저배출 인프라 파이낸싱에 영향력을 행사할 수 있다.
- 복원력이 있는 투자 : 경제 침체와 외부 충격의 상황에서 강력한 정부와 정책 주도적 금융이 필요하다.
- 지구화 바꾸기 : 자동화, 기후, 비즈니스 모델 혁신을 강화하는 정책은 글로벌 경제의 분절화를 높여, 인프라 수요를 재구성하며 지역사회 금융 솔루션의 중요성을 높인다.
- 국제 협력 : 국제 협력이 핵심이지만, 이에 저항하는 이해관계와 제도적 저항에 맞서기 위한 시스템 차원의 상당한 쇼크가 필요할 수 있다.
- 리스크 가격책정(Risk pricing) : 단순한 확률 분석에 의존하기보다는 시나리오 기획을 활용할 수 있다.
- 역량 : 투자자로부터 조달에 이르기까지 모든 투자 가치사슬에 걸쳐 불확실성의 상황에서 의사결정을 개선할 필요가 있다.
- 인센티브 : 기술집약적인 인프라와 관련된 비즈니스와 금융 접근법 중심의 도입율을 증대시키는 새로운 세대의 제도적 규범과 인센티브 이동이 필요하다.

자료 OECD (2019b : 4). "Accelerating Climate Action."

도시의 순환경제는 특히 도시에서 실천되어야 하는 타당성이 상당하다. 도시는 글로벌 에너지 2/3 가량을 사용하고 GHG 배출의 80%, 쓰레기의 50%를 생산한다(OECD 2022c). 이에 기후정책으로 대응해 경제성장, 일자리, 환경의 질 개선의 기회로 삼는게 중요하다. 순환경제는 정부 단독의 정책추진만으로 실현되기 어려운 과제다. 기업, 시민, 시민사회단체 등이 이해관계자로 참여해 각자의 역할을 실천하고 공동의 지속가능한 도시공동체를 만들어야 한다.

순환경제에서 기업의 역할을 상당히 중요하다. 실제로 '순환경제로의 전환'을 추진하는 스웨덴 우메아(Umea) 시의 순환경제 이니셔티브 개발과 시행에서 각 이해관계자의 기여도를 분석한 결과, 기업계(80%)로 가장 높으며, 과학학술계(76%), 생산자와 시민(73%), 비정부단체(NGO)와 공급사(65%) 등이다(OECD 2022c: 79).

(2) 녹색경제 일자리 마련

OECD(2022b)는 〈코로나19와 웰빙〉 보고서에서 코로나 팬데믹 위기를 극복하며 '녹색경제로 일자리 마련'을 촉구한다. 경제를 녹색화 하면 코로나로 퇴보한 웰빙을 개선하고 불평등을 해소하며 지속가능한 미래에 기대가 높아지는 새로운 기회를 창출한다는 것이다. OECD 등의 녹색경제 연구들에 따르면, 재생에너지, 에너지 효율성, 그린 수송과 에코시스템 복원을 포함한 다양한 부문에서 상당한 녹색 일자리를 만들 전망이 밝다는 것이다. 녹색경제에 투자를 늘려 일자리를 서둘러 마련하면 지속가능하며 동시에 형평성을 지향하는 경제발전에 기여할 것이라는 전망이다. 주택과 빌딩의 에너지 효율성에 대한 투자로 생활비를 줄이고 건강을 개선할 수 있는데, 특히 에너지 비용과 건강에 취약한 저소득층, 약자층, 장애인가구, 소수민족 등에게 임팩트가 훨씬 더 크다. 녹색경제는 지속가능성과 형평성을 동시에 추구하는 전략이 된다.

재생에너지 투자는 단기, 장기 고용기회를 확장한다. 또 전기 지불가능성(affordability)을 개선해 공기오염 감소로 인한 건강 개선 효과도 있다. 녹색 운송과 인프라 투자는 공기오염을 줄이고 적극적 운송을 촉진시켜 건강개선 효과가 상당한다. 자연 생태계 복원과 보전 투자는 저기술 일자리를 빠르게 만들며 장기적으로 식량안전과 빈곤해소에 도움을 준다. 또 녹색 공간에 접근하게 되면서 정서적, 신체적 건강 증진에 도움이 된다.

이처럼 녹색 일자리 창출로 모두에게 웰빙 개선이 되도록 포용성에 정책 초점을 맞춰야 한다. 녹색 일자리 확대로 다른 부문 일자리 감소가 일어나는데, 정의로운 전환에서 일자리 고용훈련 등으로 새로운 일자리로 대체하며 포용성이 우선되는 정책이 뒷받침되어야 한다.

CO2 배출이 팬데믹 기간에 일시적 감소를 기록했지만 경기가 회복되면 다시 증가세로 돌아설 것이므로, 탄소중립 전환을 주저해서는 안된다. 팬데믹 극복과 경제활성화 정책 패키지에는 생다양성 손실과 기후변화 재정투입이 미미하다. 2021년 2월 43개국의 정책 패키지에는 기후변화 대응에 겨우 17%가 포함되어 있다(OECD 2022c). 더구나 경제활성화 패키지로 탄소 배출 증가 등 환경에 부정적 영향을 미칠 것이므로 기후변화 대응에 경계를 늦춰서는 안된다고 OECD(2022b)는 보고한다.

제6장

한국의 ESG, CSI, CSV, 기후투자

1. 기업시민정신: CSR, CSV, CSI

1) CSR → CSV 발전

한국 기업들이 최근 ESG 경영을 수용하기까지는 CSR에서 CSV로 이어지는 글로벌 변화에 적응해온 오랜 역사가 있다. 한국 기업들의 글로벌 CSR은 글로벌 동향과 발맞추어 2000년대 중반부터 초기 발전의 단계에 들어갔다. 2000년대초 UN의 글로벌 컴팩트의 출범으로 2000년대 중반까지 다양한 글로벌 이니셔티브들이 진전되면서 한국에서도 글로벌 CSR에 대한 새로운 인식이 확산되기 시작하였다. 이 시기는 한국의 기업들이 글로벌 다국적기업으로 발전하는 중흥기로 글로벌 비즈니스를 하는 한국의 다국적기업들에게는 글로벌 CSR을 경시할 수 없었다. 기업의 비즈니스 전략으로 글로벌 CSR을 추진하게 된 계기가 되었다.

(1) 기업 이해관계자 인식

국민들이 인식하는 기업 사회공헌 활동에 대해서는 긍정과 부정이 혼합되어 있다. 〈2021 사회공헌 백서〉에 따르면, "기업 사회공헌을 통한 우리 사회의 긍정적 변화를 체감하고 있는지"를 '크게 체감'(1.9%), '체감할 수 있음'(25.3%)인 반면에 '전혀 체감 안됨'(4.4%), '체감할 수 없음'(22%)로 부정적 인식도 적지 않다. 기업, 정부, 연구소, 언론, 학계 등 이해관계자 인식에서도 체감할 수 있음(49.7%)이 과반수를 넘지 못하고 체감할 수 없음(23.6%), 잘 모름(26.7%)로 과반수가 넘는다.

기업이 사회공헌을 하는 이유에 대해서는 일반 국민은 '기업 브랜드 이미지 향상'(52.8%)이 '사회적 책임 이행'(20.5%)보다 크게 앞선 것으로 나온다. 이해관계자 인식에서도 '사회적 책임 이행'(31.1%)에 머물러 있다.

ESG에 대해서는 기업과 공공기관 사회공헌 담당자 인식조사에서 ESG가 가장 핵심적인 변화라는 답이 많았다.

- 기업사회공헌 의사결정에 가장 큰 영향을 미치는 것은 ESG, SDGs라는 답이 52%, 13.3%이며, 앞으로 10년의 사회공헌 의사결정에도 ESG, SDGs가 가장 큰 영향을 미칠 것이라는 응답도 47%, 9%로 나타났다.
- 조직의 미션을 달성함에 있어 ESG가 '매우 중요'(29.3%), '중요'(50.7%)이며, ESG 경영에 대해서는 이미 실행하고 있다(10.7%), 실행체계가 있다(14.7%), 실행하고 평가하고 개선하고 있다(12%)로 나타나, 전체적으로 준비가 미흡하지는 않은 것으로 나타난다.

(2) SDGs 추진 현황

국내 기업들도 글로벌 동향에 호응하며 SDGs 프레임워크를 적용하는 CSV 전략을 추진하고 있다. 그런데 〈기업 사회공헌 백서 2020〉에서 조사한 국내 100대 기업의 SDGs 추진 전략은 팬데믹 여파 때문인지 별다른 진전이 없다. 100대 기업 중에서 SDGs 목표를 언급하고 있는 기업은 41개, 대표 사회공헌 프로그램과 SDGs 세부 목표를 연결한 곳은 27개이다. 그 중에서 2030년까지 수행할 SDGs 세부 과제와 연결된 사회공헌의 정량적 목표를 공시하는 기업은 10개이며, SDGs와 연결된 사회공헌의 정량적 목표 대비 성과까지 언급하는 기업은 4개에 불과하다.

기업들이 가장 많이 집중한 SDGs 목표는 '모두에게 공평하고 양질의 교육 보장 및 평생학습 기회 제공(SDG 4번)'으로 전체 프로그램의 21.2%를 차지한다. 그 다음으로 '국민 모두의 건강한 삶과 웰빙 증진(SDG 3번)' 16.3%, '모든 형태의 가난과 빈곤 종식을 위한 노력(SDG 1번)' 13.8%이다.

산업 특성에 따라 두드러진 차이가 있는데, 전문업에 집중하는 것 같지도 않다. 유틸리티 산업은 '일자리 및 경제성장(SDG 8)', 헬스케어 및 필수소비재 기업들은 '건강 및 웰빙(SDG 3)'에 집중하고 있다. 또 에너지 및 유틸리티 산업은 '빈곤(SDG 1)', 자동차 및 커뮤니케이션 산업은 모든 형태의 차별 관행과 정책 및 권리 개선을 추구하는 '불평등(SDG 10)'에 집중하고 있다. IT·정보기술, 금융 등 4개 산업은 기업의 기술 및 역량을 반영한 '교육(SDG 4)'을 중시한다.

(3) KOICA의 기업파트너십 사업

한편 한국국제협력단(KOICA)은 기업을 개발협력의 주요 파트너로 삼아 새로운 '글로벌 사회공헌' 사업을 2010년부터 추진해왔다. KOICA가 지원하는 글로벌 사회공헌 예산은 2010년도 12억 원에서 2013년도는 48억으로 책정되어 네 배로 대폭 증액되며 초기부터 상당한 투자를 했다. 2009~10년에 5개 사업들이 참여하기 시작해 2010~11년 10개, 2011~12년 12개, 2012~13년 19개로 늘었다. 기업들이 정부(KOICA)와의 50:50 재정 매칭으로 독자적인 사업을 추진해 왔는데, 2012~13년부터는 중소기업의 경우 매칭 비율이 70:30으로 부담을 줄여 참여를 적극 유도했다.

2015년부터는 혁신파트너십사업으로 기업의 개발협력 사업으로 새로운 변화를 추진하였다. 스타트업 협력사업으로 '창의적 가치창출 프로그램'(CTS : Creative Technology Solution)이 개시되었다. 스타트업의 혁신 기술 및 아이디어가 ODA 사업에 접목되고 있다. 2017년에는 BOP 대상의 포용적 비즈니스 모델을 도입한 '포용적 비즈니스 프로그램'(IBS(Inclusive Business Solution)도 개시되었다. 2019년 현재 19개 국가에서 교육, 지역개발, 보건, 기술, 환경, 에너지 분야 34개의 사업이 성과를 내고 있다(한국국제협력단 2019). 또 2021년부터는 코이카의 IBS의 신규 지정주제로 'ESG 임팩트투자형 시범사업'을 실시하고 있다. ESG 임팩트투자형 시범사업을 통해 개도국 난제 해결 솔루션을 보유한 현지 소셜벤처를 발굴 및 육성하고, 국내 기업 파트너는 현지 소셜벤처 대상 투자집행을 통해 ESG 달성과 개도국 진출을 동시에 실현하는 기회를 확장한다(한국국제협력단 2021).

2) CSV 사례 : 포용적 비즈니스

(1) CSR → CSV 전환기

한국 기업들의 글로벌 CSV에 대한 학습효과가 대단하다고 볼 수 있다. 또 ESG 전략을 추진해 글로벌 스탠다드에 접근한 기업들도 상당하다. 새로운 CSV 동향을 주시하고 기업들의 모임이나 전경련, 상공회의소, 무역협회 등의 기업연합 네트워크를 통해, 그리고 학계의 연구와 공동 세미나 등을 통해 해외기업들의 선도적인 글로벌 CSV의 미션과 전략을 탐구하고 있다. 삼성, 현대, SK 등 글로벌 비즈니스를 하는 일부 국내 기업들 차원에서 발전되고 있는 CSV에 대한 이해와 논의의 전개는 새로운 바람직한 동향이라 볼 수 있다.

글로벌 CSV의 성과는 기술훈련이나 기술이전부터 고용창출과 소득증대에 우선 초점을 맞출 필요가 있다. 기업들이 BOP 시장을 개척하면서 전략적으로 접근해야 하는 전략이 고용창출과 소득증대라고 볼 수 있다. 지속가능한 공급사슬을 구축하고 안정적인 고용창출과 소득증대 전략을 갖추게 되면, 기업이 추구하는 비즈니스 목표와 지역사회의 개발 목표가 일치하는 CSV가 이뤄진다고 볼 수 있다.

한국기업들의 글로벌 CSR 또는 CSV 상황은 저자의 선행연구(주성수, 김성현 2015)의 분석을 기초로 다음과 같이 정리될 수 있다. 글로벌 CSR은 형식적인 면에서 혁신모델에 수렴하고 있지만 실제 내용과 실천에 있어서 대부분 가장 낮은 수준의 '관여모델'의 특징을 보이고 있다. 관여모델이 많고 다음으로 혁신모델이 일부 있으며, 통합모델은 3개에 불과하고, 전환모델은 하나도 없는 것으로 평가된다.

다음으로 CSV의 실천과 내용을 보여줄 수 있는 BOP 비즈니스, 공급사슬, 기술훈련, 고용창출, 소득증대, BOP창업 등에서는 혁신단계에 못 미치는 관여모델 수준에 머무르고 있음이 확인되었다. 일방적인 시혜성이 강한 CSR 활동이 이 지표들을 모두 낮은 수준에 머무르게 하는 주요 원인이다. 개발협력의 성과지표가 되는 기술훈련에서는 비교적 양호한 편이지만, 고용창출, 소득증대, BOP 창업, 빈곤해소 등 경제적 성과에서는 미흡한 수준에 머물러 있다. 기업들은 대부분이 가난한 지역사회 그리고 빈곤층을 대상으로 글로벌 CSR을 추진하고 있지만, 자신들의 주력 사업의 비즈니스 전략과 관련된 CSV 전략을 추구하지 않거나 추진해도 단기간에 그쳤다.

한국기업들의 사례에서 BOP 비즈니스의 목표가 발견되는 사례는 통합모델 사례 3개와 혁신모델 사례 하나로, 이를 차례로 살펴볼 만하다.

(2) 삼익악기

삼익악기는 30년 이상의 현지화를 통해 지역의 청년기술훈련 프로그램을 통해 정규 직원으로 채용해 왔다. 사업 대상지역인 칠릉시 지역은 자카르타 대도시 인근지역으로 사회경제적인 혜택을 받을 수 있는 환경이지만, 대다수 인구가 농촌에 거주하며 낮은 소득으로 생활하고 있다. 삼익악기는 1차년도 PPP사업의 경험을 토대로, 전문성 있는 직업훈련 프로그램을 신설해 특정 기술훈련을 제공하며 이를 통해 산업체 수요에 부응하는 주문식 맞춤교육을 폭넓게 제공한다.

주력 사업인 피아노와 기타 제작에 필요한 목공예 인력과 피아노 조율 인력을 확보하기 위한 비즈니스 목표와 현지의 가난한 청년들의 고용과 소득 및 빈곤해소의 개발협력의 목표가 일치하는 '공유가치창출'(CSV) 모델이다. 인도네시아 현지인 고용이 3천여 명에 달하고 한국인 직원은 15명에 불과해, 현지의 향토 기업으로 정착되어 있다.

KOICA와의 공동사업을 통해서는 연간 2회의 기술교육훈련을 실시해, 목공예반 60명, 피아노조율반 40명, 제빵과 봉제 20명 등을 대상으로 우수수료생에게는 삼익악기에 채용하는 우수수료생 채용 프로그램을 갖고 있다. 기술교육과 직무적응 훈련을 통과한 수료생 중 본인이 희망하고 직업훈련 교사 및 실무적응훈련 슈퍼바이저가 추천한 졸업생에 대하여 삼익 인도네시아에서 고용하도록 한다. KOICA와의 공동 사업인 기술교육훈련은 직업훈련원, 기숙사의 증축으로 안정화되어 있다. 직업훈련원 2개동을 증축하고, 기숙사도 증축하여 150명까지 수용하며, 여기에 교재, 기자재 등 시설을 투자한다. 또한 수료생을 대상으로 직무전문훈련을 실시하는 것도 주요 특징이다. 과정 수료생을 중심으로 실무에 투입하여 실무 적응훈련을 하여 고용 가능성을 점검하고, 수강생들에게 실무경험을 쌓도록 하기 위해 인도네시아 공장에서 1개월간 진행된다.

(3) 세아상역

세아상역은 2011년 대지진으로 26만 명의 사망자를 냈던 아이티에 의류공장을 건설해 시장을 개척한 CSV 사례다. 절대빈곤 지역으로, 북부지역에 산업단지를 조성해, 여성 등의 빈곤층과 취약층 수천 명을 고용해 이들에게 안정적인 소득을 보장하며 빈곤탈출을 하도록 하는 전형적인 BOP 비즈니스 전략이다. 직업 경험이 없는 사람이 대부분이라 직업교육훈련이 선행되었고, 직업훈련센터가 건립되어 운영되었다.

지난 10여 년간의 경제사회적 실적은 대단하다. 세아상역의 2019년

〈임팩트 보고서〉에 따르면, 1만 1,25명을 고용했는데, 그 중 80%는 직업 경험도 소득도 전혀 없는 계층이다.[1] 여성이 60%이며, 현지 직원 631명이 임원직으로 승진하는 포용적 경영을 했다. 소득에서는 70% 이상 직원들이 국가 수준 이상의 급여를 받아, 평균 임금이 GDP의 세 배가 넘는다. 직원 복지 또한 양호한다. 연 15일의 병가, 급여 휴가가 있다. 세아재단을 통해 550명 학생의 고등학교를 설립해 연간 50명씩 증원하며, 모든 학생이 무상 점심을 제공받는다.

(4) SK이노베이션

'SK My Eco-Tech Farm'은 SK이노베이션이 2009년부터 시행해 온 농촌개발 프로그램을 사회적기업 형태로 전환시킨 프로젝트다. 농촌 빈민 가구에 농업기술 전수, 농기구 대여 및 컨설팅, 판로 지원 등을 통해 참여 농가가 성공적으로 자립할 수 있도록 돕는 마을 자립형 사회적기업이다. 페루 야차이와시의 기술 지원과 교육으로 농가 지역에 효율적인 농업 기술을 설치한다. 야차이와시 농업 진흥 프로그램은 농촌가정의 지속적이고 통합적인 개발을 위해 실행되며, 특히 한정된 자원으로 생활하는 농촌 소규모 생산업자와 생산을 시작한 가정을 위한 프로그램이다.

My Eco-Farm은 사업의 시작단계에서부터 오너십의 원칙이 강조된다. 사업의 1단계는 농촌 가정으로 조직된 그룹이 야차이와시를 방문하여 스스로 기술의 이점을 확인하는 것이다. 2, 3단계(계획단계, 평가단계)에서는

1 http://www.sae-a.com/

전문가들과 농촌가정들이 함께 사업계획을 구상하고 적절한 농업기술들을 평가해 채택한다. 그 후 적절하고 유연한 금융서비스를 통해(FINCA Perú 담당) 장비와 기술획득에 필요한 재원을 확보하고 실행에 들어간다. 운영은 PROSYNERGY가 주관하고 야차이와시의 기술, 행정관리직원 등이 참여해 통합적 관리팀을 구성하여 운영한다. 이 과정을 통해 생산자들은 시장에 통합되고 생산 확대와 함께 가정의 안전한 먹거리 확보, 흑자생성, 시장조사, 사업 관리 워크숍으로 공급사슬을 확보하고 문제점을 개선한다. 나아가 자체 평가 과정을 통한 기업 및 자신감을 강화시키고, 지역적으로 보다 넓은 범위에서 가족, 지역 사회, 도시를 개선한다는 점을 인식한다.

My Eco-Farm은 SK이노베이션이 2009년부터 시행해 온 사회적기업으로서 사업 자체가 창업과 관련이 되어 있다. 제1호점이라는 명칭을 사용해, 향후 지속적인 My Eco-Farm이 사회적기업으로 설립되어 빈곤층의 고용과 소득지원을 통해 빈곤해소의 개발협력에 기여했다. 그런데 이후 개발의 성과, 특히 고용과 소득의 성과가 제시되지 않아 '결과'나 '임팩트'가 검증되지 않고 있다. 포용적 비즈니스를 추진하지만 CSI 차원의 검증이 어려운 사례다.

3) 기업의 사회적경제 파트너십 전략

한국의 기업들도 사회적경제 조직과의 파트너십으로 사회적 임팩트 창출에 동참해오고 있다. 대표적으로 SK의 사회적경제 생태계 지원사업과 포스코의 해외개발 사례를 살펴볼 수 있다. SK 사업은 상당 기간에 걸쳐 사회적 임팩트를 생산한 CSI 혁신사례이지만 포스코 사업은 사회적 임팩트를 제시하지 않아 평가가 어려운 사례다.

(1) SK의 CSI 모델 : 사회적기업과의 파트너십

한국에서도 사회적기업에 대한 임팩트투자가 개시되었다. SK행복나눔재단은 2012년부터 소액의 임팩트투자를 공모방식으로 개시해왔다. 2013년 2억 4천만 원을 투자하기 시작해 2014년과 2015년에 17억 규모를 투자했고, 투자 수단은 지분투자(보통주 13%, 우선주 33%)와 전환사채 인수 54%로 이뤄지고 있다(행복나눔재단 2016: 5-6). 공모를 통한 선정 방식은 사회기업가정신 (사회적 미션), 사회적 가치(사회적 가치 창출 수준과 모델의 혁신성), 경제적 가치(경영성과 성장성, 재무구조 건전성), 그리고 경영 역량 등에 기초한다.

특히 투자 준비(investment readiness: IR)를 지원하는 IR 캠프를 통해 투자 유치에 성공하도록 지원한다. 기업별 전담 매니저를 배치해, 압축적인 지원을 실행하는 경영 코칭을 비롯해 사회적 긍정적 임팩트를 측정하는 가치측정 지원과 SK 그룹의 ICT, 에너지, 반도체 등 다양한 산업과 연계하는 기회를 제공하기도 한다. 또 투자 이후에도 경영 목표를 함께 설정해 달성한 목표에 대한 인센티브를 제공하는 등 성장 지원을 뒷받침해준다.

SK의 CSI 활동은 사회적기업 육성에 초점을 맞춘다. 2006년 결식아동 급식 사업인 행복도시락 사업을 프랜차이즈 모델로 시행해 많은 주목을 받았고, 이어서 취약계층 고용을 위한 사업으로 2008년에 메자닌아이팩/에코원과 2009년 고마운손 사회적기업 설립을 지원하는 등 사회적기업 설립을 지원하거나 직접 설계해 투자하는 선도적인 역할을 해왔다(SK 동반성장위원회 2014). 대표적인 사례로 사회적기업들을 지원하는 사회적기업으로 SK행복나래 사례를 참고해볼 만하다.

표 6-1 사회적기업을 지원하는 사회적기업, SK행복나래

> SK그룹의 계열사 행복나래는 '사회적기업을 돕는 사회적기업'이다. 볼펜, A4 용지 같은 소모성 자재(MRO)를 구매대행하는 회사로 영리기업에서 2011년 사회적기업으로 전환한 것이다. 그룹의 사회공헌 차원에서 최태원 회장이 주도적인 역할을 하였다.
>
> 2013년 사회적기업 인증을 받아, 매출은 대부분 SK그룹을 상대로 한 MRO 공급에 의존하는데, 다른 기업과의 거래로 올리는 매출도 늘고 있다. 행복나래가 판로개척 지원 차원에서 구매하는 사회적기업 제품 판매의 순이익은 전액 사회적기업에 대한 직접적인 지원과 사회적기업 활성화에 투입하는 사회공헌을 한다. 사회적기업 제품을 팔아 올린 매출은 이익의 50%를 해당 사회적기업에 돌려주며 상생한다. 행복나래가 이익을 많이 낼수록 사회적기업 생태계가 좋아지는 선순환을 만드는 것이다.
>
> 행복나래가 사회적기업을 지원하는 일은 판로개척 지원, 사회적기업 간 네트워크 구축 지원, 상품개발 및 개선 등이다. 사례로 제너럴바이오가 설립을 추진중인 사회적기업 품질센터를 지원해, 여기에서 다시 다른 사회적기업들의 R&D를 돕는 지렛대 역할을 하도록 한 것이다. 친환경 세제 전문기업 다래월드도 제너럴바이오 덕에 친환경 천연 울샴프를 개발했다. 사회적기업 간 네트워킹 효과이다. 행복나래 측은 이를 '사회적기업 간의 융복합'으로 풀이했다. 이런 융복합을 통해 사회적 가치를 크게 창출하면 사회적기업으로서 행복나래의 지속가능성도 증진된다는 것이다.

자료 한국사회적기업진흥원(2015 : 24-27).

또한 SK는 '사회성과인센티브'를 선도하는 역할도 한다. 사회적 가치의 화폐가치를 그 금액만큼 금전으로 기관에 보상한다. 이를 통해 기관들은 사회적 가치를 창출하고자 하는 지속성을 가지고 안정적으로 성장해 나가는 기반을 다지게 된다. 2015년 시작된 사회성과인센티브 프로젝트에는 2018년 기준 188개 기업이 참여하고 있으며 총 87억 원의 사회성과 환산 인센티브를 지급받았다.

사회성과 인센티브에 참여한 사회적기업은 2015년 44개에서 2022년 222개로 세 배 가량 늘어났다. 이들이 생산한 사회적 가치도 103억 원에서

1,680억 원으로 증가했다.[2] 사회적기업이 성장하면서 주변의 일자리도 늘어났다. 또 사회적기업 펀드로 생태계 활성화도 행복나래의 대표적인 사업이다. 펀드는 자생력 있는 사회적기업 금융 생태계 조성을 위해 주류 금융 파트너들과 함께 펀드 결성해, 2021년 현재 5건의 펀드로 1,385억 원을 조성해 38개사에 738억 원을 투자했다.[3]

(2) 포스코 1% 나눔재단의 투자

포스코의 인도네시아 사례는 찔레곤시 지역자립기반강화 사업으로, 주성수 외(2015)의 연구결과를 아래와 같이 정리한다. KOICA와 POSCO는 인도네시아 정부의 지속가능한 성장(SDG)을 위한 양질의 일자리 창출, 지속가능한 생계 확보, 공평한 성장이라는 개발의제의 실현을 위해 인도네시아 내 POSCO 제철소 PT.KP의 비즈니스 가치사슬 및 네트워크를 활용하여 지역사회 내 사회적 안전망을 구축하는 프로젝트를 진행한다. 이를 위해 다자간 협력을 통해 친환경 용역을 수행하는 사회적기업 설립하고 안정적 외주작업 확보와 창업역량 지원을 통한 지속가능한 자립모델을 구축하고자 한다.

POSCO는 인도네시아 내 PT.KP를 통해 사회적기업을 설립하고 직접 고용을 달성하는 경제적 목적뿐 아니라 직업 교육을 통해 안정적인 청년 일자리 확보 체계를 마련하는 사회적 목적을 이루고자 한다. 이를 위해 단순 노무직 지원 대상을 사업대상지역 내 무직청년(고졸, 18세~24세)로 제한

2 http://www.socialincentive.org/

3 https://www.happynarae.com/

하고 컴퓨터 중심의 직업교육과 인성교육을 실시한다. 또한 지역청년연합회(Youth Community Association)와 협력하여 창업 아이디어전을 개최하고 선발된 우수팀에게 실제로 창업할 수 있는 기회를 부여함으로써 새로운 일자리를 창출하는 경제적 목적을 이루고 지역기반산업을 육성할 수 있도록 한다.

프로젝트의 변화이론을 투입-산출-결과-임팩트 모형으로 살펴보면 아래와 같다.

첫째, 투입(inputs)에서는 인도네시아 법인인 PT.KP의 인프라(120만평의 제철소)와 네트워크를 활용하여 PT.KP의 외주업무를 수행하는 자회사를 사회적기업 형태로 설립하고 사회적기업 내에 HRD 프로그램을 운영한다.

둘째, 산출(outputs)에서는 인도네시아 내 사회적기업 설립으로 청년실업률 감소에 기여하고 사회적기업 내 단순노무직 직원을 대상으로 HRD 프로그램 운영을 통해 우수 청년 인력을 양성하고 이들의 재취업의 기회를 보장한다. 창업 아이디어전에서 선발된 팀들이 마을사업을 런칭할 수 있도록 한다.

그림 6-1 포스코의 지역자립기반 강화 사업

투입	산출	결과	임팩트
사회적기업 설립 교육 제공 창업 아이디어전	청년 직접 고용 교육 우수수료자 재취업 연계 마을 사업 런칭	취약계층 포용 일자리 창출 소득 증대	빈곤감소(퇴치) 청년 역량강화 마을 기반산업 육성

자료 주성수 외(2015).

셋째, 결과(outcomes)를 살펴보면, 사회적기업 설립을 통해 사회적기업 고용 상시인원 26명 및 단순노무 계약직 연 2회 각 30명 등 지역주민에게 일자리를 제공한다. 녹화(Green zone) 및 저수지 청소 용역작업을 수행할 단기 일용직 200명 규모로 고용하여 주민소득 향상에 기여할 수 있다. 창업 아이디어 전에서 선발된 팀들이 1년간 총 6개의 마을사업을 런칭할 수 있도록 지원한다.

마지막으로, 임팩트(impacts)로는 인도네시아 찔레곤 빈곤지역의 청년 실업자들의 일자리 창출을 이루고, 사회적기업의 수익은 지역사회에 다시 투자하는 경제적 임팩트가 있다. 또한 HRD 프로그램을 운영하여 우수 근로자들을 PT.KP 외주사협의회(23개 기업, 고용규모 2200명) 네트워크를 통해 보다 안정적인 직장으로 재취업 할 수 있도록 지원하며 경제적 임팩트뿐 아니라 청년들의 역량 강화라는 사회적 임팩트가 있을 것으로 보인다.

요약하면, 포스코와 재단 그리고 개발원조기관 KOICA와 삼자 파트너십에 의한 CSI(기업사회임팩트)로의 접근이 상당히 진전된 사례다. 그럼에도 포용적 비즈니스의 고용성과 등 주요 임팩트가 증거로 제시되지 않아 평가를 유보할 수밖에 없다.

4) ESG 시대의 CSI 이니셔티브

ESG 시대로 진입하면서 혁신적인 국내 기업들은 CSI 전략의 이니셔티브를 선보이기 시작했다. 앞서 살펴보았던 기업-사회적경제 파트너십 사례는 여러 형태로 제시되고 있으며, 아래의 사례에서는 순환경제 사례들과 CSI 연대 사례를 주목해볼 만하다. 2022년에 개시된 사례들로 의미있는

CSI의 임팩트는 향후 3년 이상의 시행을 거쳐 결과와 임팩트 검증으로 확인될 필요가 있다.

(1) LG 화학의 자원선순환 플랫폼

LG화학은 이너보틀, CJ대한통운과 연대해 플라스틱 생산, 사용 후 수거, 리사이클까지 이뤄지는 선순환 플랫폼을 구축해 자원선순환에 나섰다.[4] LG화학이 구축하는 에코 플랫폼은 〈소재(LG화학) → 제품(이너보틀) → 수거(CJ대한통운) → 리사이클(LG화학 · 이너보틀)〉로 이어지는 생애주기(life cycle) 과정이다. LG화학이 제공한 플라스틱 소재로 이너보틀이 화장품 용기를 만들고, 사용된 이너보틀의 용기를 CJ대한통운이 회수한 뒤, 다시 LG화학과 이너보틀이 원료 형태로 재활용한다.

LG화학의 플라스틱 소재만으로 단일화된 용기를 전용 시스템을 통해 수거하고 재활용해서 플라스틱 자원을 빠르게 100% 재사용한다. 소비자가 이너보틀의 온라인 화장품 리필샵 웹사이트 또는 어플리케이션을 통해 제품 리필을 신청한 뒤 현관 앞에 사용한 제품을 놓아두면 CJ대한통운 택배 기사가 이를 수거하고 새로 충전된 리필 제품을 배송한다. 이너보틀은 수거한 제품 용기를 재사용하기 위한 세척 작업을 진행한다. 수거된 용기 중 재사용이 안 되는 용기는 LG화학이 구매한 후 리사이클링으로 원료로 재탄생한다.

---

4 뉴시스 2022.3.30. https://newsis.com/view/?id=NISX20220330_0001814316&cID=13001&pID=13000

(2) SK지오센트릭의 재활용 포장재

SK지오센트릭 또한 애경산업의 세탁세재 '스파크' 제품에 단일소재 포장재를 공급해 양사가 플라스틱 자원 선순환 파트너가 되었다.[5] 양사는 단일소재 변경으로 재활용 비율을 높이고, 그만큼 탄소배출량이 줄어드는 효과를 기대하고 있다. 기존 복합재질로 만든 포장재를 SK지오센트릭이 제조한 저밀도 폴리에틸렌 단일재질 포장재로 대체하면 분리배출과 재활용이 가능해진다. 양사는 연간 약 45만 개의 스파크 리필 포장재가 복합재질에서 단일재질로 대체되고, 이를 통해 연간 약 1.7톤(t) 이상의 탄소배출 감축 효과를 기대한다. 동시에 재활용 비율도 높아져 플라스틱 자원선순환 효과도 상당할 것으로 기대된다.

나아가 SK지오센트릭은 미국 플라스틱 재활용업체 퓨어사이클 테크놀로지(PureCycle Technologies)에 5500만 달러의 지분 투자를 했다. 퓨어사이클은 용제를 활용해 폐플라스틱에서 오염물질과 냄새, 색을 제거한 초고순도 재생 폴리프로필렌(Ultra Pure Recycled PP)을 뽑아내는 화학적 재활용 기술을 보유하고 있다. 양사는 전략적 파트너로 글로벌 확장을 공동 추진한다는 계획이다.

5 뉴시스 2022.3.30. https://newsis.com/view/?id=NISX20220330_0001814316&cID=13001&pID=13000

(3) 카카오-SKT 공동, ESG 펀드

카카오와 SK텔레콤은 유티씨인베스트먼트가 운용하는 ESG 펀드를 통해 ESG 스타트업에 투자했다.[6] 양사는 각기 100억 원을 출자해 ESG 공동펀드를 조성했다. "일반적인 수익성과 성장성 중심의 스타트업 투자와 달리 사회에 선한 영향력을 미칠 수 있는 ESG 혁신성에 높은 비중을 두고 투자 대상을 발굴했다"고 설명했다.

투자처 3개 스타트업 중 코액터스는 청각 장애인이 운행하는 택시 서비스를 제공한다. 이번 투자를 통해 운행 차량 수를 현행 20여 대에서 100대까지 늘려 청각장애인 일자리와 소득 개선에 기여한다는 사회적 목적이 뚜렷하다. 또 센시는 디지털 문서를 점자로 자동 변환해 점자책 출판 기간을 단축하는 기술을 보유한 스타트업이며, 마블러스는 유아·아동에게 메타버스 기반 교육 서비스를 제공하는 에듀테크 스타트업이다.

(4) LGU+, SKT, KT 연대의 ESG 펀드

통신사 공동의 ESG 펀드는 주목할 만한 전망을 보여준다. 향후 의미 있는 임팩트 창출이 이뤄지면 한국을 대표하는 CIV로, CSI 혁신 사례가 될 것이다. ESG 펀드는 LGU+, SKT, KT가 각기 100억 원씩 출자하는 등 전체 400억 원 규모로 조성되며, 탄소중립 등 ESG 분야의 기술을 보유한 유망 스타트업들의 육성에 전액 투자된다.[7] 탄소중립 경제로의 전환이 가속

6 한국경제, 2021.12.20. https://www.hankyung.com/it/article/202112201245

7 KBS TV, 2022.3.29. https://news.v.daum.net/v/20220329080302505?f=o

화되는 ESG 상황에서 혁신적인 ICT 기술들을 발굴해 투자하는 사회적 목적이 분명하다. 3사는 ESG 펀드와 각사가 운영 중인 육성 프로그램을 연결시켜 유망한 혁신 벤처업체들을 지원하고 3사 ICT 사업과도 연계하는 선순환 육성 체계를 구축할 계획이다.

표 6-2 KT, SKT, LGU+의 ESG 투자

KT는 사회경제적기업 공모전을 통해 환경/안전 분야에서 유망한 기업을 발굴하고 육성한다. 또 KT가 모태펀드 출자를 받아 결성한 '스마트 대한민국 KT 넥스트 투자조합'은 200억 원 규모의 헬스케어 벤처기업에 투자하고 있다. SKT는 2021년 국내외 기업·기관 등과 함께 'ESG 코리아 얼라이언스'를 결성하고, ESG 분야 스타트업 14개를 선발해, 6개사 100억 원 규모 투자유치와 사업연계 3개사의 성과를 거두었다. 2022년에도 ESG 분야의 유망 스타트업 15곳을 선발할 예정이다. LGU+는 ICT 기술을 활용한 사회문제 해결과 이를 통한 서비스 혁신에 집중하고 있다. 교육격차 해소를 위해 에누마, 호두랩스와 같은 에듀테크 스타트업에 투자했다.

자료 KBS TV, 2022.3.29. https://news.v.daum.net/v/20220329080302505?f=o

(5) 현대차의 LNG 열병합발전의 에너지 절감

현대자동차는 '2045년 탄소중립' 달성을 하기 위해 에너지 사용량부터 줄인다. 현대차가 추진 중인 184MW 규모의 LNG 열병합발전소가 완공되면 한국전력에서 연간 공급받는 전력량(129만 MWh)의 72%를 생산하게 된다.[8]

8 한경닷컴 2022.5.04. https://news.v.daum.net/v/20220508173216006

15대의 보일러가 공급하는 연간 스팀량(71만 t)의 59%도 대체하는 열병합발전소의 에너지 절감 효과는 전력과 스팀을 각각 생산할 때와 비교해 20%, 온실가스 감축 실적은 30% 이상 높다.

2. ESG 현황과 ESG 투자 과제

1) ESG 동향

(1) 소비자 ESG 선호

최근 기업 ESG에 대한 소비자의 선호는 여러 조사에서 확인되는 중요한 트렌드이다. 2021년 소비자 63%가 제품 구매시 ESG 활동을 고려한다는 조사가 있다.[9] 이어서 소비자 79% 이상은 ESG에 부정적인 기업의 제품을 의도적으로 구매하지 않는 경험이 있다고 답했고, 88%는 ESG 우수제품의 경우 추가가격을 지불하고 구매할 의사가 있다고 밝혔다.

또 환경이나 사회에 도움이 되는 소비라면 조금 더 비싼 가격의 제품을 구매하겠다는 응답이 68%에 이르며, 사회 문제를 이유로 제품 불매 운동에 참여한 경험이 있는 비율도 절반 이상에 달한다.[10] 불매 이유는 복합

---

9 ESG 정보포탈 http://esg.krx.co.kr/contents/01/01020100/ESG01020100.jsp

10 ESG 정보포탈. 국내 19~54살 성인남녀 2천 명 대상.

적인데, 비윤리적/비위생적 생산 55%로 가장 높은 비중을 차지하고, 뒤이어 친일(51%), 협력업체 갑질(50%), 횡령 부정부패 비리(47%), 비정규직 차별 및 하대 (37%) 등으로 나타났다.

(2) ESG 활동 동향

한국 기업들의 ESG 활동 동향은 아직 상세히 파악되지 않고 있다. 어떤 활동이 중요하며, 또 활동별 일반적 동향은 어떠한지 잘 파악되지 않고 있다. 다음의 몇 가지 보고서를 참고해 대충의 동향을 정리해볼 만하다. 먼저 ESG 경영을 위한 국내 기업의 활동은 다양한 것으로 조사되고 있다. 2021년 조사에 따르면 우선순위가 '사업혁신'(22.8%), 'CSR 활동'(12.7%), 'ESG 투자'(11.9%), 'ESG 정책 수립'(10.0%)으로 나타나고 있다(백인규 2021: 105). 많은 기업이 신규 연구개발(R&D)을 통한 제품과 서비스, 공정상의 '사업혁신'에 초점을 맞추면서, 일부는 여전히 전통적인 'CSR 활동'에도 상당히 의존하는 모습이다. 그밖의 다른 활동으로 '외부 공시/평가'(4.0%), 'ESG 목표 설정'(3.8%), '이니셔티브 참여'(2.2%)는 매우 저조하다.

국내 기업들의 ESG 활동은 자체 ESG 경영 전략 차원을 넘어 글로벌 동향에 호응하며 다양한 전략을 병행하고 있다는 낙관적인 보고도 있다. i) 글로벌 이니셔티브 참여를 비롯해, ii) 다른 기업과 ESG 협력, iii) 소비자·협력사 관계 중심 프로젝트 실시, iv) 친환경 기술개발 및 투자 등이 대표적인데, 이에 대한 언론의 보도는 다음 사례들에 국한된 점을 감안해 볼 수 있다.[11]

---

11 연합뉴스 2021.4.13. https://www.yna.co.kr/view/AKR20210413057100003?input=1179m

첫째는 글로벌 이니셔티브 참여이다. 재생에너지 100% 사용을 약속하는 'RE100'에는 SK그룹 8개사를 비롯해 LG화학이 참여한 것이 대표적이다. 또 탄소공개프로젝트 'CDP'에는 삼성전자 등 삼성그룹 7개사, 현대차 6개사, LG 8개사, SK 3개사, 롯데 2개사 등이 참여했다.

둘째는 ESG와 관련해 경쟁사나 다른 업종 간 협업이다. GS건설과 LGU+는 산재 예방을 위한 스마트건설 기술 개발에 나섰고, SK텔레콤과 카카오는 ESG 공동 펀드를 조성했다. 탄소중립 혁신기술 개발을 목표로 현대차와 GS에너지, 한화에너지, 효성중공업 등 10여 개사가 에너지 연대를 체결하기도 했다.

셋째는 소비자·협력사 관계 증진을 위한 ESG 활동이다. 삼성전자는 협력회사 리스크 통합관리시스템인 'G-SRM' 등을 운영 중인 것을 꼽을 수 있다. 롯데케미칼은 소비자 대상 페트병 재활용 캠페인인 '프로젝트 루프'를 진행하고, 이마트는 에코 리필 스테이션을 설치했다. GS리테일의 '무라벨 생수'·LG생활건강의 그린제품심의협의회 운영 등도 소비자 대상 ESG 경영에 포함된다.

넷째는 친환경 등 기술 개발 투자도 급증하고 있다. LG와 SK는 '썩는 플라스틱'을 공동 개발 중이고, 롯데는 롯데케미칼 등 화학 계열사를 중심으로 친환경 제품 생산, 기후변화 대응 등 과제에 5조 2천억 원을 투입한다.

(3) 한국 기업의 ESG 성적

글로벌 ESG 평가에서도 정확한 성과가 수렴되고 있지 않다. 대표적으로 모건스탠리캐피털인터내셔널(MSCI)과 스탠더드앤드푸어스(S&P) 글로벌 점수가 가장 많이 참고되는데, 이들의 평가결과는 상충적인 것으로 나타나 논란이 되고 있다.

MSCI는 700개 안팎의 기초 데이터를 활용해, 11개의 산업 분류에 따라 다시 세부 산업군을 나눈 다음 가중치를 부여해 등급을 도출한다. 그런데 평가방식이 복잡해서 탄소배출량 등 주요 개별 지표의 변별력이 높지 않은 문제를 드러낸다. 대표적 플랫폼 기업 네이버는 MSCI에서 세 번째인 A등급을 받았는데 S&P 글로벌의 ESG 점수는 100점 만점에 10점으로 나왔다.[12] 동종 기업 23개 중 최하위 수준인 22위에 해당한다.

S&P 글로벌의 ESG 점수 또한 문제가 적지 않다. ESG 성적에서 일부 기업들이 선도적인 역할을 하며 다른 글로벌 기업에 못지 않은 성과를 내고 있다. SK 그룹이 선도적인데, 100점 기준으로 SK하이닉스(79), SKI(77), SKT(88) 등이다. 그밖에 삼성바이텍(56), LG화학(63), LG전자(75), 삼성전자(38), 아모레(78), KIA(63), 카카오(54), NAVER(24) 등이다. 그런데 미국을 대표해 탄소중립을 선도하는 기업의 ESG 점수는 Apple(32), Amazon(25), Tesla(28) 등으로 S&P ESG 점수 평가를 의심하게 한다. 평가지표 문제, 자료 검증 문제 등을 드러낸 것 같다. 다양한 방법론이 제시하는 평가의견들을 모두 만족시킬만한 ESG 프로그램 개발은 사실상 불가능하므로 이들을 참고하면서 기업 특유의 ESG 프로그램 개발에 매진하는 것이 중요한다 (Papadopoulos & Araujo 2020)

12 https://www.hankyung.com/economy/article/2021041249761

(4) SK이노베이션 사례

SK 이노베이션은 S&P ESG score에서는 관련 산업 최고치에 근접하고 관련 산업 평균을 월등히 앞선 성과(77점)을 보여준다. 이 성적은 2021년 11월말 기준으로 2017년부터 같은 성적을 유지해, 한국에서 ESG 전략을 선도적으로 실행한 것으로 보여진다. 직장 보건과 안전 점수가 상대적으로 저조하며 에코 효율성과 인적자원개발도 다소 취약하다.

SK 이노베이션은 2023년까지 모든 공급사슬에 ESG 리스크 평가를 통합하는 계획을 추진하고 있다(SKI 2019). 공급사들과 협력해, 친환경 제품 생산으로 환경오염을 최소화하고 사회적기업 제품 구매를 확장해 공급사슬 생태계를 육성하는 전략을 추진한다. 사업 현장에서의 환경 임팩트 관리를 추진한다. 기업이 개발한 폐기물 관리 체계를 이용해 폐기물 관리를 철저히 한다. 전체 폐기물 60%가 재활용되고 있다.

SK 이노베이션은 ESG 리스크에 대비해 적극적인 CSI 전략을 제시한다.

표 6-3 SKI의 ESG 전략과 SDGs와의 연계

E(환경; 지구)	S(사회; 사람)	G(거버넌스)
자원이용: 에너지, 산업용수, 기타 자원 이용 절감 **환경오염**: CO2 배출 및 오염 최소화	**노동**: 고용 불평등 해소, 취약층 일자리 창출, 노동환경 개선 **개인 삶의 질**: 보건, 교육, 문화, 예술, 생활환경개선 **사회생태계**: 용역시행과정 공정성, 조화로운 성장과 공존의 협력	**기업 거버넌스**: 기업 거버넌스 관련 규정 위반 방지(상업법, 자본시장법 등) **반부패**: 비즈니스 활동에서의 임직원 불법 행동 방지
SDGs 기여: SDG 3, 6, 7, 12, 13	SDGs 기여: SDG 3, 6, 7, 12, 13	SDGs 기여: SDG 3, 6, 7, 12, 13

자료 SKI(2019: 4). "SK Innovation Green Financing Framework."

2) 임팩트투자 동향과 과제

(1) 임팩트투자 펀드

국내 임팩트투자 펀드 현황은 〈2021 사회적금융 비전 토론회〉에서 보고된 내용을 살펴보면 다음과 같다.[13] 2020년 말까지 누적된 임팩트 펀드 규모는 약 5,500억 원으로, 사회적 금융이 본격 활성화된 2019년과 2020년만 볼 때 연 1,000억 원 정도 결성된다. 그 외 금융기관과 공공기관에서 연 약 6,000억 원이 들어온다는 추산이다. 사회적 금융 포럼 25개 회원사의 총 운용자산은 약 1조 4,010억 원, 2020년 금융 공급액은 약 1,394억 원, 사회적금융 공급 건수는 1,468건으로 기관당 평균 58.7건에 해당된다(사회적금융포럼 2021: 10).

한편 사회적금융 자본조달 방식은 복합적이다. 비영리재단 기금(14.4%)과 사회적경제 도매기금(한국벤처투자, 성장사다리펀드, 한국사회가치연대기금 등) (14,4%)가 선도적이며, 뒤이어 기업/공공기관 사회공헌자금(13.3%), 지자체 사회적경제기금(13.3%) 등이다(사회적금융포럼 2021: 11).

(2) 도매은행: 한국사회가치연대기금

한국사회가치연대기금은 민간의 자발적 기부와 출연을 중심으로 재원을 마련하고 기금 운용 또한 정부로부터 독립적이다. 기금의 독립성 확보

---

13 이로운넷. 2021.1.13. https://www.eroun.net/news/articleView.html?idxno=22266

를 위해 정부의 출연·출자는 민간재원 이내의 범위로 한정했다. 민간의 투자를 독려하기 위해 세제혜택 등 인센티브를 제공한다.

또 임팩트 금융을 확산시키기 위한 정부와 공공 재원도 대폭 확대했다. 신용보증기금과 지역신용보증재단의 사회적경제기업 특례 보증을 550억 원으로 확대하고 신보에 2022년까지 5,000억 원의 보증 공급이 가능한 별도의 사회적경제기업 계정을 신설한다.

한국사회가치연대기금은 효과적인 사회적 금융 공급체계를 구축을 위해 사회적 금융 중개기관의 임팩트펀드 결성 및 비영리 융자상품 개발 등을 위한 도매기금을 공급한다. 정책금융, 제도권금융, 민간투자자 간 협력을 촉진하는 촉매자본으로 기능하면서 필요시 후순위·선투자·보증지원 등을 통해 사회적 투자자의 참여를 지원한다.

(3) 정부의 역할

ESG 투자의 핵심이 되는 임팩트투자는 여전히 저조한 상황에 머물러 있다. 기업, 재단 등 민간부문 참여가 활성화되지 않은 가운데 정부의 역할도 초기 단계에 머물러 있다. 주요국의 임팩트투자 동향에서 나타나는 글로벌 동향과 비교하면 다음 몇가지 차이점이 발견된다. 첫째는 민간(기업, 재단, 투자기관)의 역할이 활성화되어 있지 않다. 둘째는 사회적 금융을 활성화하기 위한 정부의 노력으로 한국형 도매은행(사회가치연대기금)이 창설되어 민간의 갭을 매우는 중요한 역할을 하고 있지만, 선진 국가들에 비교하면 투자자의 규모 등에서 초기 발전의 단계에 있다는 것을 알 수 있다.

한국은 민간주도의 국가자문위원회(NAB) 구성을 어렵게 마칠 수 있었지만 위원회의 본격적인 활동은 나타나지 않고 있다. 대신 정부가 강력한

'시장진흥자' 역할을 하는 것으로 평가받고 있다. 정부부처 합동회의에서 〈사회적경제 활성화〉(2017.10.) 종합계획과 〈사회적금융 활성화〉(2018.2) 계획이 제시되면서 '사회가치연대기금'이 도매은행으로 제도화되어 점차 활성화되고 있다.

둘째, '시장참여자'로서의 정부의 역할은 정부 관계부처의 다양한 기금 마련으로 자본접근이 활성화한 것으로 평가받고 있다. 또 임팩트 기업인 사회적기업, 소셜벤처 등이 생산하는 사회적 가치를 인정하는 정부조달의 상당한 진전 또한 긍정적 평가를 받고 있다.

셋째, '시장규제자' 역할도 상당한 것으로 나타난다. 사회적기업육성법(2007) 도입을 비롯한 협동조합법(2015) 시행, 그리고 사회적경제기본법과 사회적가치법의 입법 계획 등 특별 법제를 통한 정부의 '시장규제자' 역할도 GSG의 긍정적인 평가를 받는 부분이다.

사회적기업이나 소셜벤처에 투자되는 사회적 금융에 대한 수요측 인센티브는 비교적 강하다. 반면에 자본 공급측 인센티브는 미미하거나 불확실한 것으로 평가되고 있다. 또 고액자산가나 일반 소비자의 임팩트투자참여를 이끄는 소매상품의 개발도 불확실한 상태로 국가적 과제로 남아 있다.

3) ESG 투자 현황

(1) ESG 공시와 ESG 등급

국내에서도 ESG 논의는 처음 연기금 중심의 책임투자 논의에서 기업들의 지배구조 및 지속가능경영 사항 공시 논의로 확대되고 있다. ESG 관련 책임투자 논의는 2016년 12월 스튜어드십 코드 제정을 계기로 본격화되었다(금융위원회 2021). 2018년 국민연금은 스튜어드십 코드를 채택한 이후, 2019년 지속가능성 및 ESG 요소를 고려하는 방향으로 기금운용원칙을 개정하였다.

ESG 관련 사항 공시는 현재 사업보고서(의무), 거래소 지배구조보고서(자율/의무) 및 지속가능보고서(자율) 등을 통해 추진되고 있다(금융위원회 2021). 지속가능보고서는 '자율공시' 사항으로, 보고서 발간 법인 중 거래소 공시 법인은 증가 추세에 있다. 전체 발간건수와 거래소에 자발적으로 공시한 기업수가 2016년 125건 8개사 → 2019년 136건 20개사로 늘었다. 2021년 금융위원회는 지속가능보고서 공시에 대해 현행 (1단계) 자율공시 → (2단계: 2025년~) 자산 2조 원 이상 코스피 상장사 의무 → (3단계: 2030년~) 코스피 모든 상장사 의무로 발표하였다.

〈ESG 포털〉에는 개별 기업 ESG 등급이 공시되어 있다. KCGS(한국기업지배구조원)과 MSCI가 비교될 수 있게 게시되어 있고, 지속가능경영보고서 공시 여부도 표시되어 있다. 전체 778개사 중 일부 기업들의 사례를 보면 아래와 같다.

표 6-4 기업의 ESG 등급: KCGS와 MSCI

회사명	KCGS				MSCI
	종합 등급	E 환경	S 사회	G 거버넌스	
삼성전자	B+	A	A+	B	A
SK Hynics	A	B+	A+	A	A
현대자동차	A	A	A+	A	B

자료 ESG 포털. http://esg.krx.co.kr/contents/02/02020000/ESG02020000.jsp

ESG 보고서 현황은 〈ESG 포털〉에 소개된 80개 기업의 공시를 참고할 수 있는데, 지속가능경영보고서에서 다양한 활용기준이 제시되어 있다. GRI와 UNSDG가 가장 공통적인 기준이며, TCBD 또한 일반적인 것으로 나타난다. 〈ESG 포털〉에는 ESG 통합 등급도 공시되어 있는데 2021년 765개사 중 최고 'S ' 등급은 없으며, A+ (14), A (174), B+ (136), B (211), C (221), D (12)로 나타나, B와 C가 전체 56%를 차지한다. 이는 2020년에 비해 다소 개선되고 있어, 앞으로의 개선 여지는 충분한 것으로 볼 수 있다.

(2) 기업 및 금융사 현황

국내 ESG 펀드 및 ESG 채권 발행규모는 지속 확대되는 추세이다. ESG 펀드시장의 절대적 규모는 작은 편이나, 최근 규모증가 및 자금유입 추세 가속화되고 있다(금융위원회 2021). 2017년 대비 2020년에 ESG 액티브 펀드 약 3배 증가, 인덱스펀드 약 6배 증가를 기록했다.

ESG 채권 또한 급성장하고 있다. 2021년말 국내 ESG 채권 발행잔액은 169조 원으로 전체 채권발행액의 7.4%를 차지했다. 이 중 사회적 채권 79%, 지속가능채권 11% 및 녹색채권 10% 차지하고 있다. 점차 지속가능채권과 녹색채권 발행량이 증가하고 있는 추세다. 국민연금, 공무원연금 등 국내 연기금은 스튜어드십 코드 도입 이후 ESG 투자를 적극 확대하고 있다. 2019년말 기준 약 33.2조 원으로 국민연금 비중이 약 97%를 차지한다.

또 5대 금융지주를 중심으로 ESG 요소를 전사적 경영전략에 통합시키려는 노력도 진행중이다. 금융사 내부 ESG 지배구조 강화, ESG 연계 리스크 모니터링 내실화, ESG 분야 금융지원 확대 등의 전략을 마련하고 있다(금융위원회 2021). 그럼에도 일부 금융사 및 공적 투자자를 제외한 국내 금융권의 ESG에 대한 대응은 아직까지 전반적으로 낮은 수준이라고 금융위원회는 분석한다.

국내 금융사들의 ESG 공시 현황을 〈ESG Finance Hub〉에서 검색해 보면, 2021년 226개사 대부분이 지속가능보고서를 공시하고, 글로벌 이니셔티브 가입 활동으로는 TCFD와 UNEP FI에 집중되어 있다. UNGC 또한 절반 이상의 금융사가 가입되어 있다. RE100 가입은 KB금융지주와 미래에셋증권 둘뿐이다.

(3) ESG 책임투자

이제 투자 결정도 ESG 관점에서 이루어지는 시대로 진입해가고 있다. 기업의 ESG 경영이 구축 되지 않으면 투자가 이뤄지지 않는다는 의미다. 투자자들은 스튜어드십 코드를 도입하고, 기업 신용도평가에 ESG가 반영되며, 기업 ESG 등급이 공시되고 있다.

스튜어드십 코드(Stewardship code)는 기관투자자가 의결권 행사 등으로 기업 경영에 관여하는 것을 말한다. 2010년 영국에서 최초로 도입되어, 한국에서는 2016년에 제도가 갖추어졌다. 국가별 스튜어드십 코드 내 세부원칙은 동일하지 않으나, 투자대상의 지속가능한 성장 및 투자 수익률 제고를 위해 기관투자자 등 수탁자가 책임과 의무를 다하도록 요구하고 있다.

2018년 국민연금을 시작으로 보험사, 자산운용사 등의 스튜어드십 코드를 도입해오는 추세다. 기관투자자들은 ESG 경영을 잘하지 못하는 기업들에게 직접 의결권을 행사하는 사례가 늘고 있다. 〈ESG 포털〉에는 2021년 기준 보험사, 자산운영사, PEF 운용사, 증권사, 투자자문사, 은행 등 146개 기관이 스튜어드십을 도입했는데, 이는 2018년 73개에 비해 두 배 증가한 발전이다.

투자자들의 투자대상 선택에도 ESG가 적극 고려되고 있다. 국내 3대 연기금이 앞장서서 책임투자를 확대해가고 있다. 국민연금은 국내주식 일부에 대해 ESG 통합 및 스크리닝 전략을 활용하고 있는데, 국민연금은 ESG 투자확대를 통해 2022년에는 ESG 투자자산이 전체 자산의 50%에 이를 것이라고 전망하고 있다. 연기금의 사회적 투자 규모는 〈ESG 포털〉 통계에는 국민연금(101.4조 원), 사학연금(3,041억 원), 공무원연금(3,215억 원)이다.

(4) 국민연금의 ESG 투자

국민연금은 2009년 유엔 산하 책임투자원칙(PRI)에 가입했고 2015년에는 국민연금법상 책임투자 근거 규정과 기업 ESG 평가기준을 마련해 평가를 시작했다. 이런 준비 과정을 거쳐 국민연금은 2019년 11월 '국민연금기금 책임투자 활성화 방안'을 채택함으로써 ESG를 투자의 핵심 원칙으로 끌어올렸다.

국민연금은 국내 주식에 대해 매년 정기적인 ESG 평가를 한다. E(환경) 3개(기후변화 · 청정생산 · 친환경 제품 개발), S(사회) 5개 (인적자원 관리 · 산업안전 · 하도급 거래 · 제품안전 · 공정경쟁), G(지배구조) 5개(주주의 권리 · 이사회 구성과 활동 · 감사제도 · 관계사 위험 · 배당) 등에 대해 52개 평가지표로 매년 2차례 ESG 평가를 한다. 평가 결과가 일정 수준 아래로 떨어지면 기업과의 대화 등 주주활동을 수행하며, ESG 관련 사건·사고로 기업가치 훼손 등의 우려가 발생할 경우 필요에 따라 서신이나 면담 등으로 기업에 개선방안 마련을 요청하고 있다.

4) K-ESG 가이드라인

정부는 관계부처합동으로 2021년 "K-ESG 가이드라인"를 제시하며 ESG 중요성을 다음과 같이 제시했다(관계부처합동 2021: 6).

a) (기업목적) ESG는 미래사회에서 기업 가치를 제고하기 위한 사회적 가치로 기업의 목적에 내재화 되어야 하는 필수적 요소.

b) (자본조달) ESG가 다양한 분야의 투자자들의 핵심 가치로 부각되는 시점에서 기업의 자본조달 측면에서 ESG는 필수적 관리 요소.

c) (지속가능) 지속가능성의 포괄적인 개념 하에서 발전한 ESG 요소들은 기업들의 지속가능한 성장을 위한 리스크 관리 수단으로 필수적.

또 국내 ESG 대응 현황에 대해서는 i) 국내 ESG 투자는 글로벌 수준에 비해 현재 규모는 작으나, 빠르게 증가하는 추세이며, ii) 국내 ESG 펀드는 자금유입 추세가 가속화되면서 규모가 급증한다(앞글: 13). iii) 연기금 및 금융기관은 ESG 평가시스템 구축, 관련 상품 출시 등 ESG를 반영한 투자전략 추진 중이며, iv) 주요 대기업 등은 ESG 관련 정책 및 목표를 선언하고, 계열사의 ESG 추진을 위한 전담조직 및 체계를 수립중이다.

ESG 평가와 지표의 혼란을 줄이기 위해 정부가 나선 것이지만, 민간에서는 정부 개입이 부적절하다는 의견이 상당하다. 민관협의체를 통한 ESG 가이드라인이 대안이 될 지도 불투명하다. 또한 제시된 항목이 ESG를 실질적으로 대표하는 지표가 되는지도 논란이 있다.

3. 탄소중립과 정의로운 전환

1) 탄소중립 경제로의 전환

글로벌 기후위기가 가중되며 각국 정부와 UN 등 국제기관의 빠른 대응방안 마련 등 글로벌 압력에 정부도 2020년 12월 〈2050 탄소중립 추진 전략〉을 발표했다. 또 2021년말에는 2018년을 기준으로 2030년까지 40% 감축하겠다는 NDC 목표를 UN에 제출했다.

(1) 2030년 NDC 40%

NDC 40% 감축목표는 주요 선진국들이 2030년까지 온실가스를 정점 대비 50~68% 이상 감축하겠다는 계획에 비해 상대적으로 약하다. 그러나 유럽 주요국들이 1990년, 미국과 캐나다가 2005년을 기준 연도로 해서 25~40년 간 감축하겠다는 계획에 비해 한국은 12년만에 40%를 줄이겠다는 도전적인 계획이다. 이는 2030년까지 연평균 4.17%씩 감축한다는 계획이다. 줄여나간다는 한국의 목표는 선진국에 비해 2배 정도의 속도로 빠르게 감축해야 한다는 것을 의미하기 때문에 도전적이다.

(2) 글로벌 규제와 압력

정부가 인식해 파악한 시대적 배경은 다음 두 가지로 요약된다. 하나는 기후변화에 적극 대응하기 위해 글로벌 규제 강화 및 경영 활동 변화이다.

EU와 미국의 탄소국경세 도입 논의가 본격화되고, EU의 자동차 배출규제 상향, 플라스틱세 신설 등 환경규제도 강화되기 때문이다. IMF 등 주요 국제기구도 탄소세 인상, 기후변화위험 금융감독 관리체계 구축 등 선제적 대응을 권고하고 있다. 또 선도적인 글로벌 기업들과 금융사의 RE100 참여 및 ESG 투자 확대도 두드러진 상승세를 보여준다. 특히 비환경친화적 기업 투자 제한 등 환경을 고려한 ESG 경영 활동이 확산되며 관련 분야 기업들도 글로벌 규제에 호응하지 않을 수 없는 시대적 압력이 지속되고 있다.

다른 하나는 새로운 친환경 시장의 성장이다. 주요국은 신시장 선점을 위해 친환경 투자를 크게 확대하고 있다. 태양광 · 풍력 등 재생에너지 산업 발전 및 수소 가치가 크게 부각되고, 이차전지 시장 확대로 전기차 생산도 급성장할 전망이다. 더불어 선진 주요국은 탄소중립 선언과 함께 녹색 투자를 연달아 발표하고, 주요 기업들과 금융권도 녹색채권 발행 등 녹색 투자에 동참하고 있다.

(3) 투자자와 금융사의 기후행동

포스코 사례가 참고될 만하다. 포스코는 원전 2기와 맞먹는 규모의 초대형 석탄화력발전소 '삼척블루파워'를 삼척에 짓고 있다.[14] 사업비 4조9천억 원 가운데 80%는 회사채를 발행하거나 은행에서 대출을 받기로 했다. 그런데 투자자들이 회사채를 사지 않으면서 문제가 생겼다. 석탄화력발전이 기후위기의 주범으로 몰리며 퇴출 위기에 몰렸기 때문이다. 삼척블루파

14 MBC TV, 2022.4.1. https://imnews.imbc.com/replay/2022/nwdesk/article/6355503_35744.html

워의 회사채는 1천억 원 어치가 발행됐는데, 하나도 팔리지 않았다. 금리를 최대 1% 더 주겠다고 해도 투자자들은 위험하다며 외면했다. 결국 회사채를 발행해준 증권사들이 이걸 다 떠안아야 했다.

은행들도 석탄기업에 대한 위험을 인식해 기후행동에 나섰다. 국내 주요 은행 등 100여 개 금융사들은 탄소배출 기업에는 대출과 투자 모두 하지 않겠다고 선언했다. 이들은 2050년까지 자체 탄소 배출은 물론, 거래 기업의 탄소 배출량도 0으로 만들겠다고 선언했다.

(4) 탄소중립 실현의 과제

정부는 GHG 배출 정점 이후 탄소중립 소요기간 및 산업구조, 에너지 믹스 등 감안시 탄소중립은 도전적인 과제로 파악한다. 먼저 소요기간이 촉박하고, 산업구조는 높은 제조업 비중, 탄소 다배출 업종(철강, 석유화학 등) 비중 때문에 탄소중립 조기 실현을 제약한다. 또 주요국 대비 석탄발전 비중(40.4%, 2019년)도 높은 상황이다.

따라서 탄소중립 이행 과정에서 기업과 국민의 부담이 상당한 것으로 우려한다. 먼저 산업구조 변경(고탄소→저탄소) 및 에너지 전환(석탄→신재생)에 따라 산업계 부담 증가 및 경쟁력 약화가 따른다. 국민들에게는 화력발전, 내연차 등의 기반 약화로 인한 일자리 감소와 전기요금·난방비 등 공공요금 상승 등으로 물가상승도 우려된다.

그럼에도 탄소중립을 미온적으로 대응시에는 주력산업의 투자 및 글로벌 소싱 기회 제한 등 수출, 해외 자금조달, 기업신용등급 등에 부정적 영향이 초래될 것이다. 반면에 선제적 대응시에는 산업구조 저탄소화 및 신산업 육성 등 선도적 대응→'탄소중립+경제성장+삶의 질 향상' 동시 실현이 가능하다. 한국이 보유한 배터리·수소 등 우수한 저탄소 기술, 디지털 기술, 혁신역량 등은 탄소중립 실현에 강점으로 작용한다.

2) 정의로운 전환 과제

(1) 한국형 RE100 이행수단

글로벌 기업들이 RE100 참여를 서두르고 있는 가운데, 한국 기업은 2020년에 SK Hynix 등 SK 계열사 6개사가 참여했고, 2021년에 아모레퍼시픽과 한국수자원공사가 동참했다. 대부분 RE100 목표 연도를 2030, 2040년, 또는 2050년으로 설정해두고 있다. RE100이 제시하는 RE100 이행수단은 다섯 가지로, 한국에너지공단은 한국형 이행수단 안내를 제시한다(표 6-5).

표 6-5 한국형 RE100 이행수단

1. 녹색프리미엄
   전기소비자가 기존 전기요금과 별도의 녹색 프리미엄을 한전에 납부하여 재생에너지 전기를 구매. 한전에서 공고하는 녹색프리미엄 입찰에 참여하여 재생에너지 전기를 구매.
2. REC구매
   전기소비자가 RPS 의무이행에 활용되지 않는 재생에너지 REC를 에너지공단이 개설한 RE100 인증서(REC) 거래 플랫폼을 통해 구매. 전기소비자는 전기 또는 REC를 구매하고 구매한 REC를 RE100 관리시스템에 제출하여 「재생에너지 사용 확인서」를 발급, RE100 이행 등에 활용.

3. 제3자PPA
한전 중개로 전기소비자와 재생에너지 발전사업자 간 전력구매계약(PPA)을 체결하여 재생에너지전력을 구매. 전기소비자가 재생에너지 전력을 구매하고 발급받은 「재생에너지 사용 확인서」로 RE100 및 온실가스 감축 이행에 활용.

4. 지분참여
전기소비자가 재생에너지 발전사업에 일정 지분을 투자하고, 해당 발전사와 제3자 PPA 또는 REC 계약을 별도로 체결. 전기소비자는 전기 또는 REC를 구매하고 구매한 REC를 RE100 관리시스템에 제출하여 「재생에너지 사용 확인서」를 발급, RE100 이행 등에 활용

5. 자체건설
전기소비자가 자기 소유의 자가용 재생에너지 설비를 설치해 직접 사용. 전기소비자는 재생에너지 전기를 사용하고 발급받은 「재생에너지 사용 확인서」를 RE100 이행에 활용.

자료 한국에너지공단. https://www.knrec.or.kr/business/policy_re100.aspx

(2) 기후투자 과제

기후투자는 민간 부문이 선도적인 역할을 해야 하는데, 국내 금융회사, 공적 투자자, 기업, 재단 등의 기후투자는 여전히 낮은 수준에 머물러 있다. 2019~22년 사이에 상승세를 이어오고 있지만 여전히 기후위기 대응 전략으로 미흡한 수준이라 볼 수 있다. '그린 와싱' 단계에 머물러 있지, 진정한 '탄소중립 경제'로의 전환을 준비하는 중장기계획의 추진으로 보이지 않는다.

ESG 채권에서 녹색채권과 지속가능채권의 비중은 상당히 미약하다. 2020년말 기준 ESG 채권 상장종목은 총 549개, 상장잔액 82.6조 원으로 빠르게 성장중이지만, 일부 금융회사 및 공적 투자자를 제외한 국내 금융

권의 ESG에 대한 대응은 아직까지 전반적으로 낮은 수준이다(금융위원회 2021: 5). 전체 ESG 채권 중 사회적 채권이 90% 이상을 차지하고, 녹색채권은 4% 이하로 3조 300억 원, 지속가능채권은 5조 4,400억 원이다.

정부의 그린뉴딜 정책에 따라 금융권도 ESG 투자 비중을 늘리는 추세다.[15] KB금융그룹은 2030년까지 탄소 배출량을 2017년 대비 25% 줄이고, ESG 상품·대출·투자를 50조 원까지 늘리겠다고 밝혔다. 신한금융그룹은 2030년까지 녹색산업에 20조 원을 투자하고, 온실가스 배출량을 2012년 대비 20% 감축하기로 했다. 신재생에너지 기업 및 프로젝트사업에 금융 지원을 강화하고, ESG 펀드와 환경채권 발행도 활성화하겠다는 것이다. NH투자증권은 환경산업 담당 애널리스트를 따로 지정해 환경보호 관련 투자 강화에 나섰다.

(3) 탄소배출권

국내 주요 기업들은 탄소배출권 과제에 직면해 있다. 최근 보도를 참고하면,[16] 기업들의 배출 부채는 쌓이고 앞으로 더 늘어날 것으로 예측된다. 기아차는 미국의 친환경 규제 정책으로 1,520억 원의 탄소 배출 부채가 쌓였다. 국내 1위 탄소배출 기업 포스코는 무상 할당된 탄소배출권을 모두 쓰고 786억 원을 추가로 사들였다. 삼성전자와 SK하이닉스도 탄소 배출 비용으로 각각 수백억을 썼다.

---

15 국민일보, 2020.8.15. http://news.kmib.co.kr/article/view.asp?arcid=0924151341&code=11151300&cp=du

16 KBS TV. 2021.5.30. https://news.v.daum.net/v/20210530211013549

탄소배출권 거래제 적용을 받는 기업이 대폭 늘었고, 기업이 의무적으로 사야 하는 '유상 할당량'도 3배 이상 커졌다. 배출권 가격은 이미 5년 새 3배 가까이 올랐는데, 3배 이상 더 오를 거라는 분석도 있다. 기업마다 탄소 경영, 친환경 설비 투자 같은 대책 마련에 사활을 걸어야 한다. 한국 경제를 떠받치고 있는 철강·시멘트·석유화학의 탄소 비용은 2050년까지 최소 400조 원이다. 탄소감축이 기업 존폐를 가르는 생존 열쇠가 되고 있다.

국내 상위 50개 기업의 탄소 배출량은 전체의 70%에 이르고 있는 상황이다.[17] 이에 비해 기업들의 탄소중립 참여도는 저조하다. 탄소 배출권거래제 참여 기업 4백여 기업 중 30% 정도만이 탄소중립 정책에 대응 중이라는 조사가 있다. 또 중소기업을 비롯한 전체의 43%는 탄소중립이 어렵다며 경쟁력 약화와 업종 존속 위기를 이유로 꼽았다.

대표적인 LG화학은 2050년까지 탄소중립 성장을 통해 현재 배출량 수준인 1천만 톤으로 억제하겠다고 발표했다. LG화학의 배터리와 제품들을 사가는 해외 기업들이 탄소 감축을 요구하기 때문에 불가피했다는 것이다.[18] LG화학은 생산과정에서 쓰는 에너지를 재생에너지로 전환하고 있는데, 전기차 배터리를 만드는 유럽과 미국 공장은 이미 100% 재생에너지로 전환했다. 그런데 국내에서는 공장 내부에 설치한 태양광 시설에서 발생하는 전력만으로 재생에너지를 쓰지만 양이 부족한 상태다.

---

17 KBS TV. 2021.5.31.https://news.v.daum.net/v/20210505085116165

18 KBS TV, 2020.11.04. http://news.kbs.co.kr/news/view.do?ncd=5040804

(4) 정의로운 전환 과제

탄소중립 사회로 가는 정의로운 전환에는 크게 3대 과제가 있다고 정부는 파악한다(관계부처합동 2021). 첫째는 취약 산업·계층 보호 및 신산업 체계로의 편입 지원이다. 업종전환 및 지역경제 대책, 고용안정 등 피해 최소화 위한 보호 정책이 병행될 필요가 있다. 산업별 사업재편에 대한 인센티브 강화, 취약산업 종사자 재교육으로 신산업 체계로 편입 지원 등이 필요하다.

둘째는 지역 중심의 탄소중립 추진 방안이다. 지자체 탄소중립 역량 강화와 지원기반 구축이 되고, 탄소중립 성과에 따른 인센티브 확대가 뒷받침되는 방안이다.

마지막은 탄소중립 사회로의 전환에 대한 국민인식 제고이다. 환경교육과 홍보 를 강화하고, 시민사회, 산업계, 중소기업 등 주체별 기후행동 확산 등을 통해 탄소중립 문화의 정착을 도모하는 방안이다.

그럼에도 이상의 방안은 정의로운 전환에 대한 중장기 국가전략을 제시하지 못해 각계에서 우려와 비판에 직면해 있다. 2022년 대선기간에 대통령후보들도 법제정 이외에는 다른 핵심적인 '정의로운 전환' 공약을 국가비전으로 제시하지 못했다.[19] 취업이 보장되지 않는 일자리 재훈련과 재교육, 재정계획이 부실한 복지제공이나 사회안전망 정도로 국가 대계의 '정의로운 전환'을 할 수 있겠는가?

---

19 KBS TV. 2022.2.9. https://news.v.daum.net/v/20220209174729043?f=o

4. 맺는말

한국의 기업들은 글로벌 위기뿐 아니라 글로벌 규제 등 압력에 직면해 전대미문의 혁신에 나설 수밖에 없다. 팬데믹과 기후위기에다 경제위기가 지속되는 삼중의 위기가 중장기간 지속되는 특징이 있다. 또 글로벌 규제가 강화되며 글로벌 투자자 또한 ESG 공시와 경영의 압력을 행사하고 있는 상황이다. 국내에서는 주주와 소비자와 시민사회의 압력이 거세지고, 정부와 지자체 등 규제기관의 법과 제도적 규제 또한 ESG 경영과 탄소중립으로 가지 않으면 안 되는 시대상황을 만들고 있다.

1) ESG

글로벌 압력과 국내 이해관계자들의 압력에 순응해 ESG 경영 전략을 잘 갖추고 추진하는 기업은 얼마 되지 않는다. 대다수 기업들이 급변하는 동향을 지켜보는 입장이지만, 국내외 압력은 더 거세지며 기업의 '재무 중요성'에 직접적인 영향이 발생하는 상황이 전개되고 있다.

글로벌 기업들은 글로벌 ESG 상황에 보조를 맞춰 전략을 수립해 추진하지 않을 수 없다. 글로벌 경쟁기업들은 줄지어 공급사슬에도 탄소중립을 앞당겨 선언하고, RE100 가입이 늘고 있고 100% 목표를 달성한 기업들도 점차 늘고 있다. EU는 환경 택소노미 시행에 이어 사회 택소노미 시행을 예고하며 투자자본의 지속가능성과 기업의 투명성과 지속가능성을 강하게 규제하고 있다. 택소노미는 글로벌 ESG 규제가 강화되는 추세에서 글로벌 비즈니스를 하는 모든 기업들과 공익 관련 조직들 모두에게 해당되는 강력한 글로벌 동향이다.

글로벌 투자자들의 압력은 ESG 공시와 신용도 평가로 강화되며 기업들이 비껴나갈 틈을 주지 않는다. 실제로 ESG 경영을 하지 않은 기업들에 대해 투자를 회피 또는 철회하는 경우가 늘고 있다. 또 더 많은 투자가 ESG 펀드에 몰리며 이제 '지속가능한' 투자가 크게 확대되고 있다. PRI가 제시하는 투자결정에 ESG 통합은 점차 뉴노말이 되고 있다.

소비자, 주주, 시민사회 등 이해관계자들도 기업의 성과에 적지 않은 영향을 미칠 만한 역량과 기회를 갖추고 있다. 선도적인 기업들은 ESG 이슈들의 성과 개선을 위한 이니셔티브를 이해관계자들과 함께 마련하는 자구적 혁신을 일으키고 있다. 이런 행동에 나서는 기업들은 경쟁적 어드밴티지를 누릴 것이며, 이런 기업들을 선택한 투자자들은 수익의 혜택을 누릴 것이다.

기업의 긍정적 또는 부정적 외부경제에 관한 증거만으로 ESG 이슈가 재무적 중요성으로 부각되는 것은 아니다. 탄소배출이 기후변화나 건강에 미치는 피해가 재무적 중요성이 된다는 '촉매적 증거'를 이해관계자들이 행동으로 보여주고 있다. NGO들과 시민활동가들이 이제는 투자자들의 역할에 초점을 맞춰 사회운동의 역량을 높이고 있다. 〈Insure Our Future〉 글로벌 캠페인은 보험업계로 하여금 화석연료 산업에 대한 보험과 투자를 중단하도록 압력을 행사한다. 〈Global Coal Exit List〉를 제안한 NGO는 금융섹터에서의 석탄산업 투자 철회를 제시한다.

소비자는 구매결정으로 기업에 압력을 행사한다. 소비자는 유권자이자 납세자로 정부를 압박해 기업에 규제 강화를 취하도록 하는 주권을 행사한다. 또 소비자는 은행이나 보험사 등 금융기관의 고객으로 사람과 지구에 피해를 주는 기업에 대한 투자나 보험을 철회하도록 여론을 형성하는 주권자이다.

주주의 관여도 강력한 동향을 보여준다. 글로벌 스튜어드십 팀(Global Stewardship Team)이 가진 기업과의 미팅 대다수가 ESG 리포팅, 사회적 환경적 리스크, 이사회 구성을 포함한 ESG 요소들에 초점을 맞추었다. 이는 팬데믹 직전의 동향으로 이후에는 더 급진되는 동향을 보여준다. 미국에서는 환경과 사회 이슈들을 포함시키는 주주 의결이 점차 늘고 있고, 투자은행과 자산운영사들은 투자자 스튜어드십을 강화해가고 있다.

투자자들은 이상의 급진적 변화에 호응하는 투자결정의 변화를 겪고 있다. 투자자들의 연대로 기업의 ESG 성과가 측정되는 과정에 대한 의견수렴을 하고 있다. 일부 투자자들은 보다 공개적으로 ESG 이슈들을 강조하는 영향력을 행사하고 있다.

2) 정의로운 전환

파리기후협약을 계기로 글로벌 기후 이니셔티브들이 다수 등장하며 선도적인 글로벌 기업들은 기후행동에 동참하고 있다. 국내 기업들도 RE100 이니셔티브를 비롯해, We Mean Business, B Corp 등에 참여를 늘리고 또 실적도 높이는 변화에 직면해 있다.

기업의 탄소중립 전환을 압박하는데는 자산 소유자, 투자관리자 및 투자은행 등의 행동이 비교적 효과적이다. 기업들이 리스크 해결에 신속히 행동하도록 강력한 스튜어드십을 제공하는 역할도 필요하다. 투자자들이 사회목적 지향적이며 결과초점의 스튜어드십 역할을 하는 것이 더욱 중요해지고 있다.

기업들이 '정의로운 전환'에 기여할 수 있는 여지는 무궁하다. 기업들은 코로나 팬데믹 위기를 극복하며 '녹색경제로 일자리 마련'에 선도적 역할을 할 수 있다. E와 S를 동시에 실현하는 시너지 실적을 높일 수 있다. 경제의 녹색화로 코로나로 퇴보한 웰빙을 개선하고 불평등을 해소하며 지속가능한 미래에 대한 기대가 높아지는 새로운 기회를 창출할 수 있다. 선도적인 기업들은 재생에너지, 에너지 효율성, 녹색 수송과 에코시스템 복원을 포함한 다양한 부문에서 녹색 일자리를 만들어 '정의로운 전환'에 기여하고 있다.

녹색경제에 투자를 늘려 일자리를 서둘러 마련하면 지속가능하며 동시에 형평성을 지향하는 경제발전에 기여할 수 있다. 녹색 일자리 창출로 모두에게 웰빙 개선이 되도록 포용성에 정책 초점을 맞춰 사회적 임팩트를 창출하는 것이 중요하다. 녹색 일자리 확대로 다른 부문 일자리 감소가 일어나는데, 정의로운 전환에서 일자리 고용훈련 등으로 새로운 일자리로 대체하며 포용성이 우선되는 정책으로 사람과 지구 모두에 책임지며 투자하는 것이 중요하다.

3) CSI와 CSV

한국 기업들이 최근 ESG 압력을 수용하기까지는 CSR에서 CSV로 이어지는 글로벌 변화에 적응해온 수십년의 역사가 있다. CSI 전략은 수동적인 '리스크 완화' 접근에서 능동적인 CSV 또는 포용적 비즈니스 등 '가치창출'로의 전환을 이끌고 있다. CSI 전략은 전통적인 접근과 달리 ESG 경영이나 ESG 투자 중심의 ESG 제도를 갖추고, 기업 필랜스로피보다는 CIV(기업임팩트벤처링)으로, 또는 CSV와 포용적 비즈니스가 주류를 이룬다.

일부 대기업들은 그간 회계부정, 정경유착, 자금세탁, 환경오염 등 심각한 문제를 일으킨 다음에는 기부나 사회공헌으로 죄값을 치루는 구태를 거듭해왔다. 이같은 그린 와싱, 소셜 와싱에 CSR이 이용된 게 아니었는지 의심을 받았다. 이제는 방어적인 리스크 관리 접근에서 벗어나 능동적으로 혁신적인 가치창출, 임팩트 창출의 주역으로 탈바꿈할 시기다. 그렇게 하도록 ESG 시대가 압박하고 있다. 임팩트가 있는 것처럼 위장하지 않고, 투자가 실제로 긍정적인 임팩트가 있다는 것을 보증해서 '임팩트 워싱'을 없애야 한다. 대한상공회의소 회장은 리스크 관리 차원에서 사회공헌 활동을 확대하거나 탄소배출권으로 세금을 내는 수동적인 차원을 넘어 제대로 된 투자를 하도록 '넷 제로 성장'이 필요하다고 주창한다.[20] 기업이 탄소중립의 초기 비용에 상당한 부담을 갖고 있지만 투자의 편익이 비용을 넘어서는 '골든 크로스' 시점을 앞당기는 국가적 전략을 강조한다.

'임팩트 기업'은 세상이 빈곤퇴치, 기후변화 완화 등 지속가능한 목표를 달성하는데 필요한 솔루션, 제품, 서비스를 생산하는 임팩트 있는 기업을 말한다. CSI '변화이론'을 수립해 산출 차원을 넘어 사람과 지구를 살리는 중장기적 결과와 임팩트를 창출할 시기에 와 있다. 기업은 경제적 발전을 이끄는 강력한 주도자이며 동시에 기업의 역량, 지식, 기술, 네트워크 및 자산을 사회적 솔루션에 적용시켜 사회적 임팩트를 창출하는 임팩트 기업이 될 수 있다.

CSI 전략을 선도하는 국내외의 글로벌 기업들의 사례들은 여러 교훈

---

20 아시아경제, 2022.5.1. https://news.v.daum.net/v/20220501060022851

을 제시한다. CSI 전략으로 현지 시장에서 고객들과 가까이 활동하는 토착 조직들과 협력해 필요한 시장 정보를 잘 취득할 수 있다. 또 사회혁신 친화적인 생태계 구축 또는 개발의 전략이 되기도 한다. 사회혁신 친화적인 생태계는 장기적으로 전략적 비즈니스 수익을 위한 보다 유리한 조건들을 창출할 수 있다. CSI 전략은 기업 브랜드에 잠재적 피해를 주는 다운사이드 리스크를 감소시키는 역할도 한다. 또 CSI 전략은 기업의 핵심 비즈니스에서 운영비와 자본 지출을 절감하는 성과를 내기도 한다.

4) 임팩트투자

선도적인 기업들은 사회에 대한 부정적인 임팩트를 감소시키는 차원에 머물지 않는다. 사회에 긍정적인 임팩트 창출을 최대화 하는 전략을 선도하는 역할을 한다. 이런 CSV 또는 CSI를 추구하는 기업의 비즈니스 수익 추구가 사회적, 환경적 혜택과 충돌하는 것은 아니다. 둘 다 동시에 추구하는 기업들의 사례는 무수하다. 기업의 사회적, 환경적 임팩트가 기업의 장기적 지속가능성과 성장에 기여한다는 시각이 이제 주류로 정착해가고 있다. 기업이 ESG로 사람과 지구에 긍정적인 임팩트를 창출하는 '임팩트 중요성'은 '재무적 중요성'과 차별되는 임팩트를 가진다.

임팩트투자는 새로운 고액자산가 또는 자산통제자로 새롭게 등장하는 여성과 밀레니얼 사이에서 새로운 투자문화로 정착되고 있다. 또 사회적, 환경적 임팩트를 고려하는 것이 장기적으로 지역사회로부터 비즈니스 인정을 받아 수익성을 개선하는 '좋은 비즈니스'라는 인식도 확산되고 있다. 지속가능성이나 ESG 실천에 '임팩트'를 통합하면 여러 재무적 성과를 낸다. 자본비용이 감소하고, 운영성과와 주가성과가 개선된다는 선행 연구들의 결과를 참고해볼 만하다.

5) 사회적경제 파트너십

기업의 사회임팩트(CSI) 전략은 기업과 사회적경제 사이의 협력 또는 파트너십으로 활성화될 수 있다. SK 그룹, 포스코 등이 오래전부터 국내 사회적경제 투자에 선도적 기업 역할을 해왔다. 또 기업임팩트벤처링(Corporate Impact Venturing : CIV)으로, "사회적, 환경적, 재정적 수익을 추구하는 임팩트가 있는 외부의 벤처에 대한 투자"를 선도하는 기업사례들도 있다. 또 내부의 벤처에 투자하거나 또는 벤처 필랜스로피와 사회적 투자를 하는 자신의 기업재단에 대한 사회적 가치 창출의 아웃소싱을 하는 사례들도 점차 늘고 있다.

또 선도적 기업들은 해외에서도 현지에 사회적기업을 설립해 청년고용, 창업, 지역사회 개발에 임팩트 생산의 잠재력을 보여주었다. 사례로 살펴보았던 SK이노베이션은 사회적기업(My Eco-Farm)을 설립해 빈곤층의 고용과 소득지원을 통해 빈곤해소의 개발협력에 기여했다. 그런데 이후 개발의 성과, 특히 고용과 소득의 '결과'나 '임팩트'가 제시되지 않아, CSI 차원의 검증이 안 된 사례다. 포스코와 재단과 개발원조기관 KOICA의 삼자 파트너십 프로그램은 CSI(기업사회임팩트)로의 접근이 상당히 진전된 사례다. 그럼에도 포용적 비즈니스의 고용성과 등 주요 임팩트가 아직 발표되지 않고 있어 평가를 유보할 수 밖에 없다.

또 선도적 기업들은 사회적기업에 대한 임팩트투자 또는 임팩트벤처링(CIV)를 개시했다. 앞서 소개한 주요 통신사들이 각기 전문업과 관련된 혁신적 벤처를 육성하는 ESG 투자를 하고 있다. KT는 사회적기업 육성사업으로 환경/안전 분야의 유망한 기업을 발굴하고 육성하고 모태펀드 출자를 받아 헬스케어 벤처기업에 투자하고 있다. SKT는 2021년 ESG 분야 스타트업 14개를 선발했고 2022년에도 ESG 분야의 유망 스타트업 15곳을 선발해 투자한다. LGU+는 ICT 기술을 활용해 교육격차 해소 솔루션을 만드는 스타트업에 투자한다.

사회적기업이나 소셜벤처에 투자되는 사회적 금융에 대한 수요측 인센티브는 비교적 강하다. 반면에 자본 공급측 인센티브는 미미하거나 불확실하다. 고액자산가나 일반 소비자의 임팩트투자 참여를 이끄는 소매상품의 개발도 불확실한 상태로 국가적 과제로 남아 있다. 정부가 생태계 조성에 많은 역할을 해야 한다.

참고 문헌

관계부처합동, (2021) "K-ESG 가이드라인"

대한상공회의소, (2022) "국내 제조기업의 RE100 참여 현황과 정책과제 조사."

박혜진, (2020) "국내 ESG 펀드 시장 현황." 자본시장연구원

백인규, (2021) "2021년 국내 ESG 경영 동향 및 2022년 전망." 한국딜로이트그룹.

사회적가치연구원, (2018) "사회성과인센티브 활용 사례 보고서."

사회적가치연구원, (2019) " 사회성과인센티브 Social Progress Credit."

사회적금융포럼 (2021). "2020 사회적금융 서베이."

신규섭, (2022) "EU의회의 탄소국경조정제도 수정안 평가와 시사점." KITA 통상리포트 No.4.

전경련, (2013) 『사회공헌 백서』

전경련, (2019) "2019 주요 기업의 사회적 가치 보고서."

주성수, 김성현, (2015a) "글로벌 CSR 현황과 발전방안" KOICA.

주성수, 김성현, (2015b) "글로벌 CSR 사례집." KOICA.

주성수, 남영숙, 김성규, (2016) "사회적경제 접근법을 활용한 민간협력 추진전략." KOICA.

주성수, (2017) 『사회적경제와 사회적 임팩트』. 한양대 출판부.

주성수, (2018) 『시민사회, 제3섹터, 비영리섹터, 사회적경제』. 한양대 출판부.

주성수, (2019) 『사회적경제 : 이론, 제도, 정책』. 한양대 출판부.

주성수, (2020) 『글로벌 개발 임팩트 투자』. 한양대 출판부.

한국국제협력단, (2019) "혁신적 개발협력 사업."

______, (2021) "ESG 가치 실현하는 시범사업."

한국노동연구원, (2013) "2012 사회적기업 성과분석." 한국사회적기업진흥원.

한국사회복지협의회, (2020) "2019 사회공헌 백서."

______, (2021) "2020 사회공헌 백서."

한국사회적기업진흥원, (2015) 『따뜻한 혁신 알찬경영 사회적기업 16.』.

______, (2016) "2015 사회적기업 개요집."

행복나눔재단, (2016) "2015 Impact Investing."

SK 동반성장위원회, (2014) 『행복한 동행』. 이야기가 있는 집.

Accountability, (2018) "AccountAbility Principles (AA1000AP, 2018)."

AIAF, (2022) "ESG Integration at the Time of COVID-19."

Akinyemi, J.O.; Dilyard, J.; Anderson, D. & Schroeder, K. (2013). Innovation and Technology for Social Enterprises. United Nations.

Ang, G. (2019) "Tackle Climate Change : Biodiversity and Other Sustainable Development Goals?" In Social Market Foundation (ed), *How Sustainable Finance Can Tackle the Climate Emergency*. pp.43~45.

Attac Deutschland (2018) "Toward Global Regulation of Human Rights and Business."

B4IG, (2021) "Scaling up Inclusive Social Innovation." 2021 Incubator Graduation Event.

Bekefi, T. (2006) "Business as a Partner in Tackling Micronutrient Deficiency." CSRI Report No.7. Harvard Kennedy School.

Birdsall, N. & Kuczynski, P. (2015) "Look to the Forests : How Performance Payments can Slow Climate Change." Working Papers, SocialSciences.

BSDC(Business and Sustainable Development Commission), (2017) "Better Business Better World."

BSR(Business for Social Responsibility), (2010) "OECD Discussion Paper on Responsible Supply Chain Management."

B Team, (2020) "Net-Zero Economy Report – 2020."

Caldecott, (2019) "How Banks Can Contribute to the Paris Agreement and the Sustainable Development Goals." In Social Market Foundation (ed), *How Sustainable Finance Can Tackle the Climate Emergency*. pp.23~25.

Carroll, A. (1979) "A Three-dimensional Conceptual Model of Corporate Performance." Academy of Management Review 4/4, 497~505.

______, (2006). Corporate social responsibility : a historical perspective. In The Accountable Corporation, vol. 3, Marc J. Epstein and Kirk O. Hanson, eds. Westport, C.T. : Praeger. pp.3~30.

______, (2008) "A history of corporate social responsibility : concepts and practices." In The Oxford Handbook of Corporate Social Responsibility, C. Andrew and others, eds. Oxford : Oxford University Press. pp.19~46.

CCC(Center for Corporate Citizenship), (2014) "The State of Corporate Citizenship 2014." Boston.

______, (2020) "The State of Corporate Citizenship 2020." Boston.

CDP, (2022) "RE100 Annual Disclosure Report 2021."

Cemex, (2012) "Empowering Communities." http://www.cemex.com

Ceres, (2019) "Running the Risk : How Corporate Boards Can Oversee Environmental, Social and Governance (ESG) Issues."

CGG(Commission on Global Governance), (1995) "Our Global Neighborhood."

CGG, (1999) "The Millennium Year and the Reform Process."

Chevron, (2013) "The Niger Delta Partnership Initiative In Review 2010-2013"

Climate Action 100+ (2021) "2021 Year in Review A Progress Update."

Corporate Citizenship, (2020) "Business for Social Impact(B4SI) Guidance."

Dachs, B. (2018) "The Impact of New Technologies on the Labour Market and the Social Economy." EPRS. Brussels.

Deacon, B. (2000) "Globalization and Social Policy : The Threat to Equitable Welfare." UNRISD Occasional Paper 5.

Defourny, J. & Nyssens, M. (2016) "Fundamentals for an International Typology of Social Enterprise Models." ICSEM Working Papers.

Dentchev, N. et al. (2016) "Embracing the Variety of Sustainable Business Models : Social entrepreneurship, corporate intrapreneurship, creativity, innovation, and other approaches to sustainability challenges." *Journal of Cleaner Production*. 113.

Doucin, M. (2011) "Corporate Social Responsibility : Private Self-Regulation is Not Enough." The International Finance Corporation, A Global Corporate Governance Forum Publication 24.

Drucker, P. (1984) "The New Meaning of Corporate Social Responsibility." *California Management Review*, 26 : 53~63.

_____, (1996) *The New Realities*, New York : Harper & Row.

EC(European Commission), (2011) "A Renewed EU strategy 2011~14 for Corporate Social Responsibility."

_____, (2013) "How Companies Influence Our Society : Citizens' View" EUROBAROMETER 363.

_____, (2018a) "Commission legislative proposals on sustainable finance"

_____, (2018b) "Financing a Sustainable European Economy." High-Level Expert Group on Sustainable Finance

_____, (2019) "Social Business Initiative (SBI) Follow up : Co-operation between Social Economy Enterprises and Traditional Enterprises."

EITI, (2013) "EITI Progress Report 2013."

Evans, H. (2019) "Can Insurance Help Drive a Greener Future?" In Social Market Foundation (ed), *How Sustainable Finance Can Tackle the Climate Emergency*. pp.29~31.

Eversheds Sutherland and KPMG, (2021) "Climate Change and Corporate Value."

EVPA, (2015) "Corporate Social Impact Strategies."

_____, (2020a) "Collective corporate impact strategies to broaden the impact on society." Case Study Vodafone Institute.

_____, (2020b) "Collective corporate impact strategies to scale the impact of a societal solution." Case Study Rabo Foundation.

_____, (2020c) "Collective corporate impact strategies to deepen the impact on particular communities." Case Study Schneider Electric.

_____, (2022) "Impact Integrity : Unique Challenges for Corporate Social Investors."

Fraser, N. (2005) "Reframing Justice in a Globalizing World." New Left Review, 36:69-88.

GEF, (2019) "The GEF and Climate Change Catalyzing Transformation."

Gifford, R. (2019) "Green Finance Harnessing the Power of Markets." In Social Market Foundation (ed), *How Sustainable Finance Can Tackle the Climate Emergency*. pp.15~17.

GIIN(Global Impact Investing Network), (2018) "Roadmap for the Future of Impact Investing."

_____, (2020) "The State of Impact Measurement and Management."

Googins, B. and Mirvis, P. (2009) "Moving to Next Generation Corporate Citizenship." Boston College Center for Corporate Citizenship.

Green, D. (2009) *From Poverty to Power*. London: Oxfam International.

GSAM(Goldman Sachs Assest Management), (2020) "ESG Amplified." GSAM Insights.

GSG, (2019) "Transition to Impact Economies: A Global Overview."

Healy, Noel, and John Barry, (2017) "Politicizing Energy Justice and Energy System Transitions." *Energy Policy*, 108: 451~459.

Heitmann, T. et al. (2020) "The Rise of the Corporate Social Investor." *Stanford Social Innovation Review* Summer 2020, 42~49.

Holmes, I. (2019) "How Do We Align Capital Markets with the Transition to a Low Carbon Economy?" In Social Market Foundation (ed), *How Sustainable Finance Can Tackle the Climate Emergency*. pp.32~34.

Hopwood, Bill, Mary Mellor, and Geoff O'Brien. (2005) "Sustainable Development: Mapping Different Approaches." *Sustainable Development*, 13:38~52.

Howard, S. (2019) "How Do We Best Speak and Act to Best Help Finance Tackle Climate Change?" In Social Market Foundation (ed), *How Sustainable Finance Can Tackle the Climate Emergency*. pp.50~51.

ICA, (2016) *Sustainability Reporting for Co-operatives: A Guidebook*.

International Labour Organization, (2007) International Instruments and Corporate Social Responsibility: A Booklet to Accompany Training. Geneva.

Impact Investing Institute, (2019) "Investing in a Better World."

ImpactInvestor, (2022) "Social taxonomy could prove a step too far for EU."

Insure Our Future, (2021) "Insure Our Future 2021 Scoreboard."

IPCC(Intergovernmental Panel on Climate Change), (2014) *Climate Change 2014: Impacts, Adaptation, and Vulnerability*. Part A. Cambridge: Cambridge University Press.

______, (2018) *Global Warming of 1.5°C*.

______, (2022) *Climate Change 2022: Mitigation of Climate Change*.

Jayadev, A. (2010) "Global Governance and Human Development: Promoting Democratic Accountability and Institutional Experimentation." UNDP.

Jenkins, B. and Fries, L. (2013) "Project Nurture: Partnering for Business Opportunity and Development Impact." Harvard Kennedy School.

Jenkins, B. and Ishikawa, E. (2009) "Business Linkages: Enabling Access to Markets at the Base of the Pyramid." Harvard Kennedy School.

JICA, (2011) "Brazil: Chocolate from the Amazon Rain Forest."

JTC (Just Transition Centre) and B Team. (2018) "Just Transition: A Business Guide."

Kidney, S. (2019) "THE Potential of Green Finance." In Social Market Foundation (ed), *How Sustainable Finance Can Tackle the Climate Emergency.*

Koehler, G. (2020) "Creative Coalitions in a Fractured World: An Opportunity for Transformative Change?" Geneva: UNRISD.

KPMG, (2012) "International Survey of Corporate Responsibility Reporting 2011."

_____, (2018) "The Impact of Impact Investment."

_____, (2022) "Climate change and the people factor."

LafargeHolcim, (2021) "Sustainability Performance Report 2020."

Lamy, Y. et al. (2021) "The Next 10 Years of Impact Investment." *Stanford Social Innovation Review.*

Levi Strauss, (2012) "Improving Workers' Well-being: A New Approach to Supply Chain Management."

Lewin, A. et al., (1995) "Corporate Citizenship in Japan: Survey from Japanese Firms." *Journal of Business Ethics*, 14/1, 83~101.

Mahmud, A. and Parkhurst, M. (2007) "The Role of the Health Care Sector in Expanding Economic Opportunity." Harvard Kennedy School.

Movement Generation. (2016) "From Banks and Tanks to Cooperation and Caring. A Strategic Framework for a Just Transition."

MSCI, (2019) "ESG Trends to watch."

M&S, (2019) "M&S PLAN A PERFORMANCE SUMMARY 2018/19."

Nelson, J. (2004) "The Public Role of Private Enterprise."

Nelson, J. (2006) "Building Linkages for Competitive and Responsible Entrepreneurship." CSRI Report No.8, Harvard Kennedy School.

Nestle, (2013) "Creating Shared Value Global Forum 2013."Harvard Kennedy School.

Novartis, (2012) "Corporate Responsibility Overview."

OECD, (2000) "OECD Guildelines to Multinational Enterprises." Paris.

_____, (2001) "Corporate Responsibility: Private Initiatives and Public Goals." Paris.

_____, (2018) "Financing Climate Futures." Paris.

_____, (2019a). "Aligning Development Co-operation and Climate Action." Paris.

_____, (2019b). "Accelerating Climate Action: Refocusing Policies Through a

Well-being Lens." Paris.

_____, (2019c). *Social Impact Investment 2019*. Paris.

_____, (2019d). "Inequality puts our world at risk." Paris.

_____, (2020a). "Building Back Better : A Sustainable, Resilient Recovery after COVID-19." Paris.

_____, (2020b). "ESG Investing : Practices, Progress and Challenges." Paris.

_____, (2022a) "ESG ratings and climate transition." Paris.

_____, (2022b) "The Circular Economy in the Cities and Regions." Paris.

_____, (2022c) "COVID-19 and Well-being." Paris.

Oxfam, (2013) "Labour Rights in Unilever's Supply Chain." London.

_____, (2015) "Extreme Carbon Inequality." London.

_____, (2020) "Confronting Carbon Inequality." London.

_____, (2022) "Inequality Kills." London.

Page, B. (2019) "Does Public Pressure Mean That We Are Reaching a Tipping Point Whereby Big Business Has No Choice But to Pursue a Sustainable Finance Strategy?" In Social Market Foundation (ed), *How Sustainable Finance Can Tackle the Climate Emergency*. pp.20~24.

Paine, E. (2000) "The Road to the Global Compact." Global Policy Forum.

Papadopoulos, K. and Araujo, R. (2020) "The Seven Sins of ESG Management." Harvard Law School Forum on Corporate Governance.

Platform on Sustainable Finance, (2022) "Social Taxonomy : Final Report on Social Taxonomy."

Porter, M. and Kramer, M. (2006) "Strategy & Society : The Link Between Competitive Advantage and Corporate Social Responsibility." *Harvard Business Review*, December 2006.

_____, (2011) "Creating Shared Value." *Harvard Business Review*, January-February 2011.

Prahalad, C. (2005) The Fortune at the Bottom of the Pyramid. Wharton School Publishing.

Quak, E. (2018) "Balancing profit-making with social value creation." K4D.

Reynolds, F. (2021) "Why COVID-19 is driving action on climate, biodiversity and social justice."

Robins, N. (2019) "Financing a Just Transition." In Social Market Foundation (ed),

How Sustainable Finance Can Tackle the Climate Emergency. pp.52~54.

Robinson, M. (2019) "How Can Finance and Industry Step up to Meet the Challenge of Climate Change? In Social Market Foundation (ed), *How Sustainable Finance Can Tackle the Climate Emergency*. pp.12~14.

Rockefeller Foundation, (2017) "Social Success Note."

Roy, N. (2021) "3 ways businesses can harness their might for the good of all." Davos Forum 2021.

Ruggie, J. (2002) "Taking Embedded Liberalism Global : The Corporate Connection." American Political Science Association.

Sachs, D.J. (2012) "A Global Solutions Network."

______, (2021) "Sustainable Development Report 2021." Cambridge.

Schwartz, M.S., and A.B. Carroll, (2003) "Corporate social responsibility." *Business Ethics Quarterly*, October, pp.503~30.

Seymour, F. (2017) "Five Key Findings from Why Forests? Why Now?" Center for Global Development.

SII TF(Social Impact Investment Taskforce), (2018) "Growing a Culture of Social Impact Investing in the UK."

Social Impact Investment Taskforce, (2018) "Growing a Culture of Social Impact Investing in the UK."

Stevis, D, and R. Felli. (2015) "Global Labour Unions and Just Transition to a Green Economy." *International Environmental Agreements: Politics, Law and Economics*, 15:29~43.

Sweeney, S. and J. Treat. (2018) "Trade Unions and Just Transition. The Search for a Transformative Politics." TUED Working Paper No. 11. New York.

TEG(Technical Expert Group on Sustainable Finance), (2020) "Taxonomy : Final report."

Tewes-Gradl, C. et al. (2019) "Inclusive Business : Make or Buy? Corporate Impact Venturing at the Base of the Pyramid." Endeva.

Thompson, S. (2019) "Banks and Bankers Can Save the World." In Social Market Foundation (ed), *How Sustainable Finance Can Tackle the Climate Emergency*. pp.18~19.

UK DBEIS(Department for Business, Energy & Industrial Strategy), (2017) "World-leading package of corporate governance reforms announced to increase boardroom accountability."

U.K. National Advisory Board, (2018) "The Rise of Impact."

UN, (2011) "UN Guiding Principles on Business and Human Rights."

_____, (2019) *The Future is Now: Science for Achieving Sustainable Development*

UN ESCAP, (2013) "From corporate social responsibility to corporate sustainability: Moving the agenda forward in Asia and the Pacific."

UNDP, (1999) *Human Development Report 1999.*

_____, (2000) *New Patterns of Macro-Economic Governance.*

_____, (2008a) "CFW Shops: A Model of Sustainable Health Care for the Most Vulnerable."

_____, (2008b) "Social Enterprise: A New Model for Poverty Reduction and Employment Generation."

_____, (2008c) "VidaGãs: Powering Health Clinics and Households in Mozambique with Liquefied Petroleum Gas."

_____, (2011a) "Enhancing Value through Inclusive Business Strategies."

_____, (2011b) "L'Occitane au Burkina Faso."

_____, (2014) "Impact Investing in Africa."

_____, (2016) *Human Development Report 2016.*

_____, (2018) "2018 World Green Economy Report."

UNFCC, (2019) "Green Climate Fund''s Private Sector Facility."

UNGA, (2000) "Global Corporate Citizenship." New York.

UNGC, (2013) "Global Corporate Sustainability Report." New York.

_____, (2015) "Impact: Transforming Business, Changing the World." New York.

_____, (2017) "2017 United Nations Global Compact Progress Report." New York.

_____, (2020) "Uniting Business in the Decade of Action." New York.

UNPRI, (2020) "Climate change snapshot 2020." London.

_____, (2021) "2021 Annaul Report." London.

UNRISD, (2016) "Policy Innovations for Transformative Change." Geneva.

_____, (2018) "Mapping Just Transition(s) to a Low-Carbon World." Geneva.

_____, (2019) "Sustainable Development Impact Indicators for Social and Solidarity Economy." Geneva.

UNSG, (2000) "We the Peoples: The Role of the United Nations in the 21st Century." New York.

Unilver Global, (2012) "Sustainable Living Plan."

Unilever Hindustan, (2013) "Annual Report"

Vendrik, K, (2019) "What is Unique about Tiodos Approach to This?" In Social Market Foundation (ed), *How Sustainable Finance Can Tackle the Climate Emergency*. pp.45~48.

WBCSD, (2001) "Corporate Social Responsibility." (www.wbcsd.org)

_____, (2012) World Business Council for Sustainable Development.

_____, (2021) "Future-Proof Business."

Winston, A. (2020) "How Did Business's Role in Society Change in 2020?" *Harvard Business Review*.

Wise, H. and Shtylla, S. (2007) "The Role of the Extractive Sector in Expanding Economic Opportunity." CSRI Report No.18. Harvard Kennedy School.

Wood, D. (1991) "Corporate Social Performance Revisited." *Academy of Management Review* 16/4, 691~718.

World Bank, (2005) *World Development Report 2005*. Washington, D.C.

_____, (2006) "Beyond Corporate Social Responsibility : The Scope for Corporate Investment in Community Driven Development."

_____, (2010) *World Development Report 2010*. Washington, D.C.

World Economic Forum, (2009) "The Next Billions : Business Strategies to Enhance Food Value Chains and Empower the Poor."

_____, (2013) "The Future Role of Civil Society."

_____, (2020) "2020 Davos Manifesto."

_____, (2021) "Global Risks Perception Survey 2021."

_____, (2022) "The Global Risks Report 2022."

Zadek, S. et al. (2001a) "The New Economy of Corporate Citizenship." In Zadek et al., (eds.) *Perspectives on the New Economy of Corporate Citizenship*. Copenhagen : The Copenhagen Centre, 13~32.

Zadek, S. (2001b) *The Civil Corporation : The New Economy of Corporate Citizenship*, London : Earchscan.

찾아보기

주성수 한양대학교 공공정책대학원 교수(1989~2019)로 재직한 이후 지금은 명예교수로, 학술지 〈시민사회와 NGO〉 편집위원장으로 있다. 시민사회에서는 1992년 경실련 사회복지위원회와 강동송파 경실련 공동대표, 1995년 한국자원봉사포럼 총무, 1996년 한국대학사회봉사협의회 전문위원, 1998년 공동모금회(사랑의열매) 기획위원, 1999년 KOPION 자문위원, 2007년 아시안프렌즈 이사로 활동을 이어오고 있다. 2013년에는 서울시NPO지원센터 운영위원장, 2018년 국무총리실 시민사회발전위원회 법제도 분과위원장으로 일했다. 대학에서는 1997년 제3섹터연구소를 창설해 1차(2004~2006)와 2차(2008~2010)에 걸쳐 글로벌 시민사회연대 네트워크 CIVICUS의 48개국 글로벌 시민사회지표 조사분석에 한국 대표로 연구활동을 진행했다. 주요 저서로 『기업시민정신과 NGO』(2003), 『민주주의 대 민주주의』(2005), 『아래로부터의 시민사회』(2008), 『사회적경제와 사회적 임팩트』(2017), 『사회적경제: 이론, 제도, 정책』(2010, 2019 개정), 『시민사회, 제3섹터, 비영리섹터, 사회적경제』(2019), 『글로벌 개발 임팩트 투자』(2020), 『사회적 가치 임팩트 투자』(2020), 『공공정책의 사회적 임팩트』(2022) 등이 있다.

ESG 시대의 CSR, CSV, CSI

펴낸날 2022년 12월 15일 초판 1쇄

지은이 주성수 ● **펴낸이** 김우승

펴낸곳 한양대학교출판부 ● **출판등록** 제4-7호(1972.2.29)

주소 서울 성동구 왕십리로 222 ● **전화** 02.2220.1432-4 ● **팩스** 02.2220.1435

홈페이지 press.hanyang.ac.kr ● **이메일** presshy@hanyang.ac.kr

본문디자인·편집 김민지 ● **표지** 안광일 ● **인쇄** 네오프린텍

정가는 뒤표지에 있습니다. 잘못된 책은 구입하신 곳에서 교환해드립니다.

ISBN 978.89.7218.757.8 (93330)